21世纪高等学校计算机规划教材

21st Century University Planned Textbooks of Computer Science

办公自动化综合案例应用教程

Bangong Zidonghua Zonghe Anli Yingyong Jiaocheng

王秋茸 魏娟丽 主编

祝莉妮 王楠 张晓丽 魏华 王爽 王璠 许艳 侯沁哺 副主编

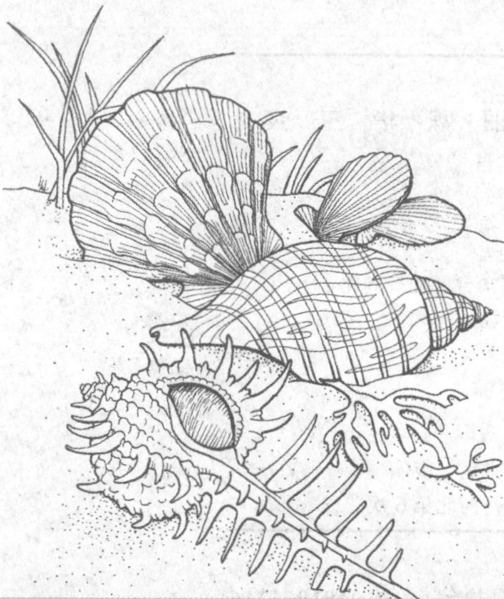

高校系列

人民邮电出版社

北京

图书在版编目（C I P）数据

办公自动化综合案例应用教程 / 王秋茸 ，魏娟丽
主编. -- 北京 : 人民邮电出版社, 2016.2（2020.1 重印）
21世纪高等学校计算机规划教材
ISBN 978-7-115-41296-6

Ⅰ. ①办… Ⅱ. ①王… ②魏… Ⅲ. ①办公自动化－高等学校－教材 Ⅳ. ①C931.4

中国版本图书馆CIP数据核字(2016)第008177号

内 容 提 要

本书围绕信息化下的高效办公，采用任务驱动方式编写，旨在培养学生自动化办公的综合能力。主要内容包括：Word 中的图文混排、Word 中长文档的编排与处理、Excel 数据录入与统计、Excel 中的数据管理、PowerPoint 的综合应用、利用 Publisher 制作出版物、办公设备的使用、网络办公、多媒体信息的处理、常用工具软件的使用。

全书内容丰富，结构清晰，具有很强的操作性和实用性，可作为高等院校、高职学校办公自动化课程教材和各类培训班的教学用书，也可作为计算机爱好者的自学参考书。

◆ 主　　编　王秋茸　魏娟丽
　副 主 编　祝莉妮　王　楠　张晓丽　魏　华　王　爽
　　　　　　王　璠　许　艳　侯沁哺
　责任编辑　马小霞
　责任印制　焦志炜

◆ 人民邮电出版社出版发行　　北京市丰台区成寿寺路 11 号
　邮编　100164　　电子邮件　315@ptpress.com.cn
　网址　http://www.ptpress.com.cn
　三河市中晟雅豪印务有限公司印刷

◆ 开本：787×1092　1/16
　印张：14.5　　　　　　2016 年 2 月第 1 版
　字数：387 千字　　　　2020 年 1 月河北第 6 次印刷

定价：34.00 元

读者服务热线：(010)81055256　印装质量热线：(010)81055316
反盗版热线：(010)81055315

前言

办公自动化是综合运用了计算机技术、通信技术，将现代化办公设备和计算机网络功能结合起来的一种信息化、规范化、自动化的办公方式，是信息技术的重要应用领域。利用办公自动化，不仅能够提高工作效率，也可以节省开支。随着信息化建设的不断深入，许多企事业单位对工作人员的办公处理能力要求越来越高。学习办公自动化，适应社会发展进程，为工作需要做好准备，已是各类专业学生的必由之路。

本书以“任务情境—任务分析—任务实现—拓展实训”为主线，以培养学生实际动手能力、独立思考能力以及实践创新能力为目的，章节内容根据任务的整个解决过程进行编写。通过任务学习，学生可以举一反三，拓展在实践领域中的应用。选取的任务，力求实用性和可操作性强、内容新颖，注重拓展学生视野、提高学生信息文化素养。

全书内容翔实，覆盖面广，结构清晰，共包含 10 个任务。任务 1 实现 Word 中制作健身房宣传海报，任务 2 利用 Word 编排毕业论文，任务 3 应用 Excel 编辑和管理员工档案及工资，任务 4 在 Excel 中实现企业员工团队协作能力考核与统计分析，任务 5 利用 PowerPoint 制作健身俱乐部宣传演示文稿，任务 6 利用 Publisher 制作运动会宣传册，任务 7 介绍办公设备应用，任务 8 讲述网络办公，任务 9 讲解多媒体信息的处理，任务 10 介绍常用工具软件的使用。

通过本书的学习，学生可以掌握办公操作技能，并能熟练使用办公软件、办公设备、办公网络以及应用常用工具软件分析和解决办公业务中的实际问题。

本书任务 1 由张晓丽编写，任务 2 由魏娟丽编写，任务 3 由王秋茸编写，任务 4 由魏华编写，任务 5 由王璠编写，任务 6 由祝莉妮编写，任务 7 由许艳编写，任务 8 由王爽编写，任务 9 由王楠编写，任务 10 由侯沁哺编写，全书由王秋茸、魏娟丽统稿。本书是在我们长期实践教学经验积累的基础上，同时参考了大量的文献资料编写完成的，在此特对这些文献资料的作者表示由衷的感谢和敬意。

由于时间仓促及作者水平有限，错误和疏漏之处在所难免，恳请专家和读者批评指正。

编　者

2015 年 12 月

CONTENTS 目录

目录 CONTENTS

CONTENTS 目录

目录 CONTENTS

任务 1

Word 中的图文混排——制作健身房宣传海报

宣传广告单、海报等是公司在企划和宣传中经常要用到的一种印刷品，它们是 Word 中集文字、图片、表格、页面布局、Flash 动画等多种元素于一体的综合应用文档，需要设计、排版、美化等多种技能，属于 Word 文档处理的高级应用。下面就为飞越健身房制作一份宣传海报。

健身房宣传海报的效果图如图 1-1 所示。

图 1-1 “健身房宣传海报”效果图

1.1 任务情境

小张刚刚从体育学院毕业，来到飞越健身房企划部工作，经理交给他的第一个任务就是为健身房制作一个精美的宣传海报。

知识目标

- 页面布局的设置；
- 图片、艺术字的设置方法；
- 自选图形、文本框等变形设置方法；
- 组合、层次的使用；
- 文本的编辑、项目符号的应用；
- 表格的使用方法；
- Flash 动画的嵌入使用方法。

1.2 任务分析

海报是宣传中非常大众的媒介传播形式，其成本低、宣传效果好。宣传海报一定要画面简洁、图片清晰、通俗易懂。随着大众对健康越来越重视，健身房受到越来越多的青睐。在制作宣传海报前，一定要突出健身房的特色，抓住亮点，简洁美观。宣传海报没有标准，但是基本具备以下特征：①名称和 LOGO 要醒目直接，一般处在宣传单上方且中间的位置；②文字、图片比例搭配合适，排版美观清晰；③特色部分要重点突出。

经过分析，设计一份健身房的宣传海报需要进行以下工作：

（1）页面布局，主要是对页面背景和边框进行设置，定好海报的基础色调；

（2）制作醒目美观的健身房名称及其 LOGO；

（3）利用文字对健身房的发展历程、服务宗旨等进行简要介绍；

（4）呈现健身房具有特色的健身项目图片；

（5）利用表格呈现健身房课程表；

（6）以图片和视频的形式对健身房的环境进行展示；

（7）利用爆炸形自选图形重点突出销售价格；

（8）保存文档。

1.3 任务实现：制作健身房宣传海报

1.3.1 设置宣传海报页面布局

首先要考虑海报的纸张方向是横向还是纵向，在这里，我们选择“纵向，A4 纸”（系统默认）；其次，通过设置页面背景颜色和页面边框，定好海报的基础色调。在本案例中，背景颜色设置为“橄榄色，强调文字颜色 3，淡色 80%”，如图 1-2 所示。页面边框设置为“艺术型”，如图 1-3 所示。

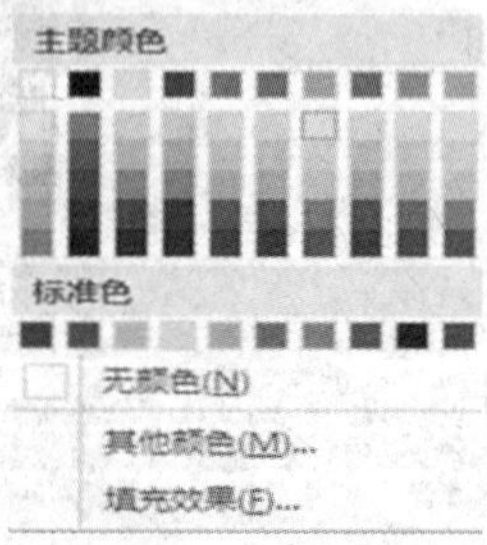

图 1-2　页面颜色设置

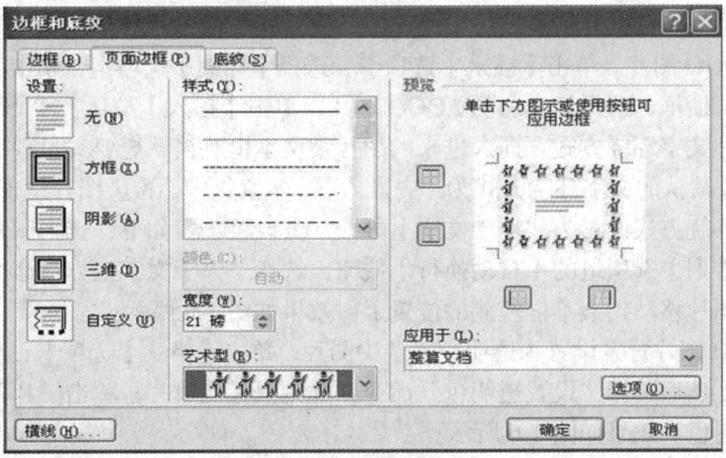

图 1-3　艺术型页面边框

1.3.2　设置标题

本标题由文本框，健身房 LOGO，健身房名称 3 部分构成。

1. 设置文本框

（1）绘制文本框。在【插入】选项卡的【文本】选项组中，单击【文本框】，选择“绘制文本框”，在页面最上方绘制横向文本框（注意：文本框宽度要稍微小于艺术型页面边框的宽度）。

（2）取消文本框的轮廓线条。选中该文本框，选择【格式】选项卡的【形状样式】选项组，单击【形状轮廓】按钮，选择“无轮廓”，这一操作取消了文本框的轮廓线条。

（3）为文本框填充渐变颜色。选中该文本框，选择【格式】选项卡的【形状样式】选项组，单击【形状填充】按钮，选择“渐变”命令下一级的“其他渐变”命令，弹出【设置形状格式】对话框，在此对话框的左侧一栏，选中“填充”，然后选中“渐变填充”单选按钮，在预设颜色中选择“麦浪滚滚”，类型选择“线性”，角度设置为“90°”，其他设置为默认值，如图 1-4 所示。

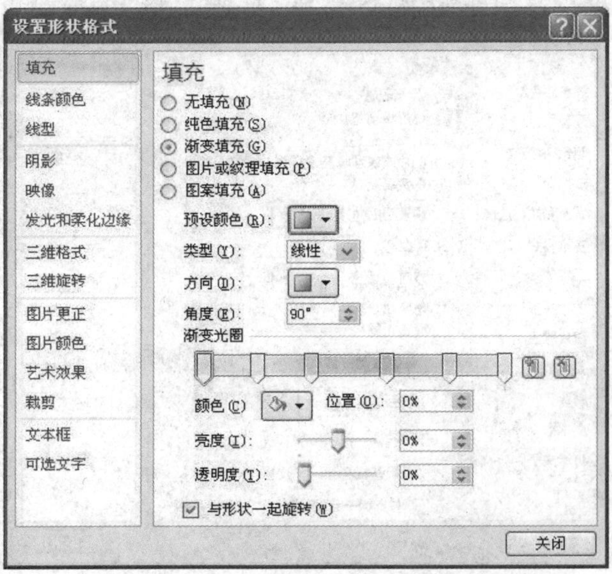

图 1-4　为文本框添加渐变颜色

2. 插入健身房LOGO图片

（1）插入LOGO图片。单击【插入】选项卡，选择【插图】选项组，单击【图片】按钮，弹出【插入图片】对话框，选择健身房的LOGO图片，单击【插入】按钮，将图片插入至文本框。

（2）更改图片文字环绕方式。插入进来的图片被文本框遮挡，想要其呈现，首先要更改其文字环绕方式。图片默认的文字环绕方式为“嵌入式”，本案例中，希望图片呈现在文本框的上方，因此，将其文字环绕方式设置为“浮于文字上方”，其设置步骤如下：选中图片，单击【格式】选项卡，选择【排列】选项组的【自动换行】按钮，选择“浮于文字上方”命令。此时，图片已经呈现出来，将图片移动到文本框左侧的位置上。效果如图1-5所示。

（3）将LOGO图片背景设置为透明色。选中图片，单击【格式】选项卡，选择【调整】组中的【颜色】按钮，然后选择“设置透明色”命令，此刻鼠标变成，单击图片的白色部分，背景色立刻设置为透明色。效果如图1-6所示。

图1-5 底纹为白色的LOGO图片

图1-6 底纹为透明色的LOGO图片

3. 插入艺术字

（1）插入标题艺术字。选择【插入】选项卡，单击【文本】选项组中的【艺术字】按钮，随便选择其中的一个样式。

（2）设置艺术字的格式。选中艺术字，单击【开始】选项卡，选择【字体】选项组，将艺术字的字体设置为“华文行楷”，字号为“初号”。然后单击【格式】选项卡，选择【艺术字样式】选项组中的“文本填充”，选择“渐变”下一级的“其他渐变”命令，弹出类似于图1-4所示的“设置文本效果格式”，选择左侧的“文本填充”，选中“渐变填充”单选按钮，预设颜色设置为“彩虹出岫”，其他设置为默认，如图1-7所示。

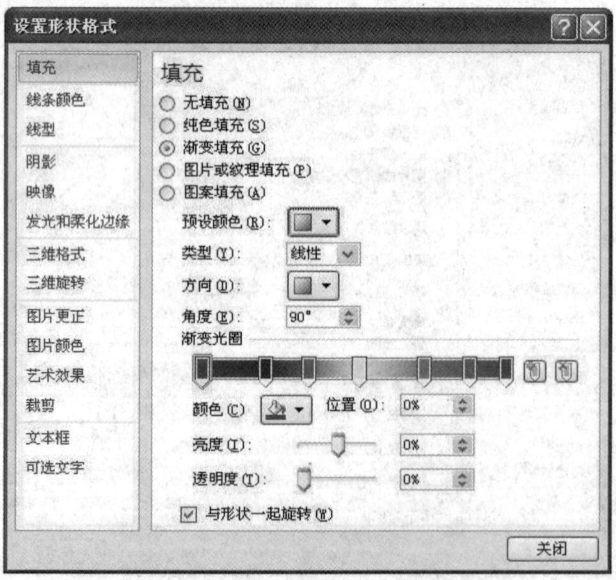

图1-7 设置艺术字文本效果格式

1.3.3 利用自选图形的变形进行文字介绍

本部分由两个自选图形“圆角矩形”的变形构成，一个圆角矩形用于俱乐部的简介，另一个用于俱乐部服务宗旨的介绍。本节的重点在于学习自选图形的变形设置。

1. 插入自选图形

（1）选择【插入】选项卡，单击【插图】选项组的【形状】按钮，选择“矩形”中的“圆角矩形”，鼠标变成“十”，在标题下方绘制两个大小一样的圆角矩形（可以利用复制功能），分别放在文档的左侧和右侧，两个圆角矩形的轮廓填充均设为“无轮廓”，左侧图形的形状填充颜色设置为“橙色”，右侧的设置为“黄色”。

（2）自选图形的变形设置。选择左侧的自选图形，单击鼠标右键，选择“编辑顶点”命令，图形四周出现编辑点，如图 1-8 所示。选择最右侧的两个编辑点的其中一个，鼠标形状变成“”，然后单击鼠标右键，在弹出的快捷菜单中选择“删除顶点”命令，另外一个顶点执行相同的操作，此时，自选图形的右侧变成图 1-9 所示的形状。然后，将鼠标放在右侧弧线的任意地方，单击鼠标右键，在弹出的快捷菜单中选择“抻直弓形”命令。这时，自选图形的最右侧变成图 1-10 所示的形状。最后，选中上侧的顶点，按住 Shift 键，向右拖曳至合适的位置，然后选中下侧的顶点，按住 Shift 键，向左拖曳至合适的位置。此时，自选图形的最右侧变成图 1-11 所示的形状，至此，左侧自选图形的变形结束。

图 1-8

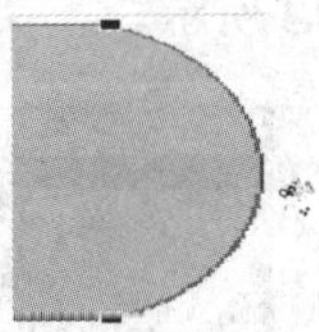

图 1-9

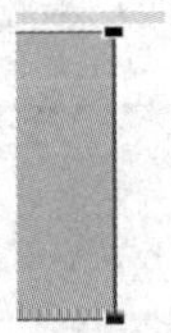

图 1-10

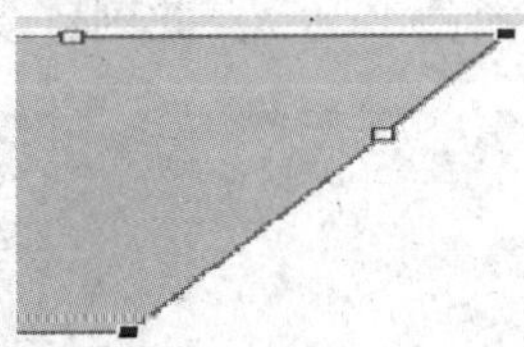

图 1-11

右侧的自选图形的变形设置如法炮制，最终两个图形的变形效果如图 1-12 所示。

图 1-12 两个自选图形的变形效果

2. 插入艺术字

选择【插入】选项卡，单击【文本】选项组中的【艺术字】按钮，在弹出的艺术字库中选择第 4 行第 5 列样式的艺术字，在左侧圆角矩形的上侧输入“俱乐部简介”，右侧输入“服务宗旨”，艺术字字体均设置为“宋体”，字号为“三号”，调整艺术字至合适位置。

3. 插入文字

选中圆角矩形，单击鼠标右键，在弹出的快捷菜单中选择“添加文字”命令。将俱乐部简介的文字输入至左侧的圆角矩形中，将服务宗旨的文字输入右侧的圆角矩形中，文字统一设置为“宋体、五号、黑色”。最终效果如图 1-13 所示。

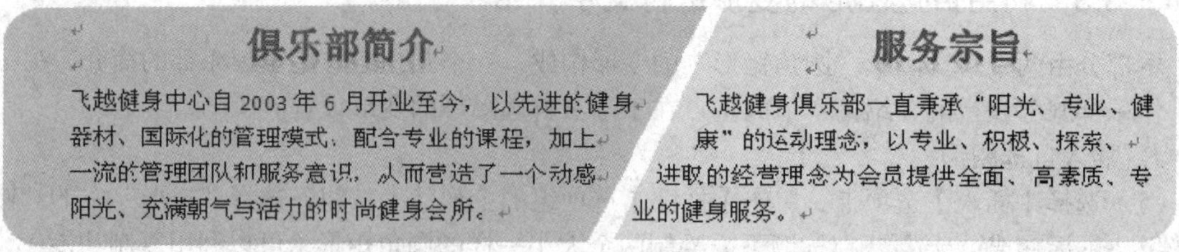

图 1-13　自选图形的最终制作效果

1.3.4　利用自选图形制作图片海报

本节将图片填充进变形的自选图形中，以此来制作形状各异的图片海报。

1. 绘制自选图形

选择【插入】选项卡，单击【插图】选项组中的【形状】按钮，选择“矩形”，在文档中绘制四个大小一样的矩形（也可以绘制出第一个之后，按住 Ctrl 键向右拖动，即可实现复制）。

2. 设置矩形填充格式

四个矩形的“形状填充”均设置为“无颜色填充”，第一个矩形的“形状轮廓”设置为“橙色”，第二个设置为“紫色”，第三个设置为“蓝色”，最后一个设置为“红色，强调文字颜色 2，淡色 40%”。此刻自选图形的效果如图 1-14 所示。

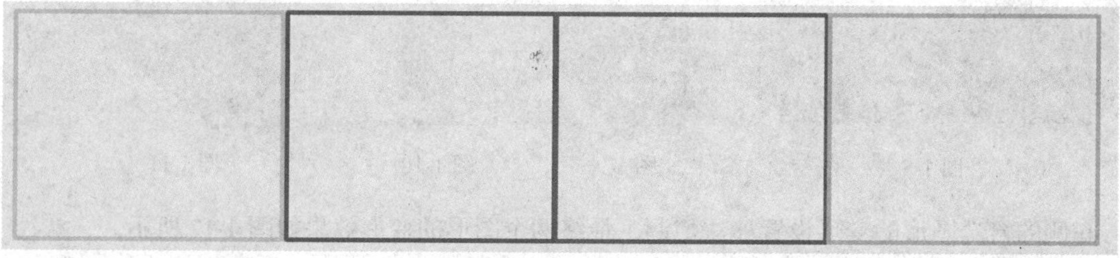

图 1-14　初始的四个矩形

3. 对矩形进行变形

对自选图形的变形操作步骤请参考 1.3.3 小节中的“1. 插入自选图形”内容。对 4 个矩形变形后的效果如图 1-15 所示。

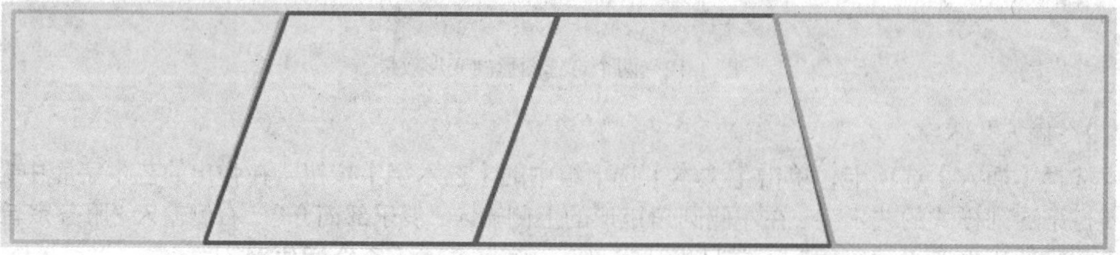

图 1-15　变形的四个矩形

4. 将图片填充进变形的矩形中

选中第一个矩形，选择【格式】选项卡，单击【形状样式】选项组中的【形状填充】按钮，选择“图片”命令，如图 1-16 所示。此时打开“插入图片”对话框，选择“瑜伽.jpg”这张图片，单击【插入】按钮，此时，图片就填充到第一个矩形当中，效果如图 1-17 所示。

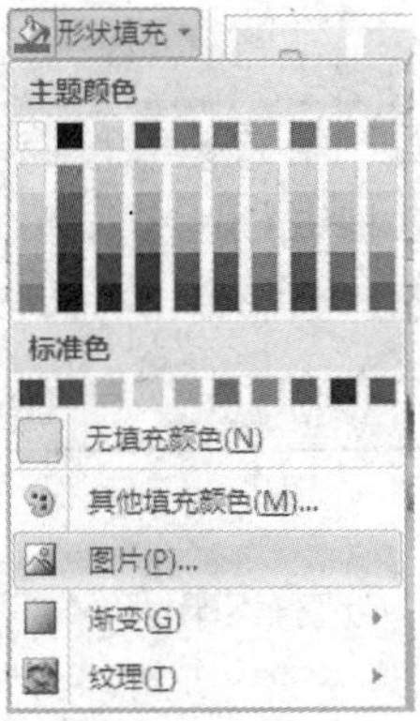

图 1-16　利用“图片”进行“形状填充”

图 1-17　图片填充变形矩形的效果

以此类推，后续的三个矩形分别用“瘦身操.jpg”“钢管舞.jpg”“拉丁舞.jpg”三张图片填充，最终效果如图 1-18 所示。

图 1-18　图片填充效果

5. 利用组合功能将图片组合

先选中第一张图片，按住 Ctrl 键，用鼠标左键依次单击第二张、第三张、第四张，此刻 4 张图片全部选中，如图 1-19 所示。待光标变成时（注意，一定要光标变成这种形状，否则全部选中的图片就前功尽弃了），单击鼠标右键，在弹出的快捷菜单中选择“组合|组合”命令，此时，4 张图片组合成了 1 张图片。

图 1-19　4 张图片全部选中状态

1.3.5　利用表格制作健身房课程表

在健身房，课程表是很重要的一个部分。课程的安排、时间的安排等都会影响客户的数量。在这里，我们仅以一个简单的表格实现课程表的制作。

1. 插入矩形

技巧

在本案例中，由于海报设计的特殊要求，我们制作的图形、图片等宽度几乎占满了文档的所有宽度（即宽于 A4 页面的左右两边的页边距）。如果直接对表格进行插入，那么表格的最大宽度只能和 A4 页边距等同。为了解决这一问题，我们首先插入一个矩形，将矩形的宽度设置为与上面图形等宽，然后在矩形中插入表格，这样表的宽度就不受 A4 页面边距的限制了。

（1）绘制矩形

选择【插入】选项卡，单击【插图】选项组中的【形状】按钮，选择“矩形”，在图片海报下面绘制一个矩形，拖动其宽度，使其与图片海报大致相同。

（2）设置矩形格式

将矩形的内部填充颜色设置为“透明”。选中矩形，选择【格式】选项卡，单击【形状样式】选项组中的【形状填充】按钮，选择“无颜色填充”。此时，矩形内部填充颜色为透明。

说明

先保留矩形轮廓颜色，以便插入表格后调整矩形的长度和宽度。等表格所有格式设置完毕后，再将矩形的轮廓颜色设置为“无轮廓”。

2. 插入表格

选中矩形，单击鼠标右键，选择“添加文字”命令，此时光标在矩形内部闪烁。这表明可以在其中插入表格了。选择【插入】选项卡，单击【表格】选项组的【表格】按钮，选择“插入表格”命令，此时弹出“插入表格”对话框，如图 1-20 所示。在表格尺寸的“列数”栏中输入“9”，“行数”栏中输入“8”，这样就将一个 8 行 9 列的表格插入其中了。

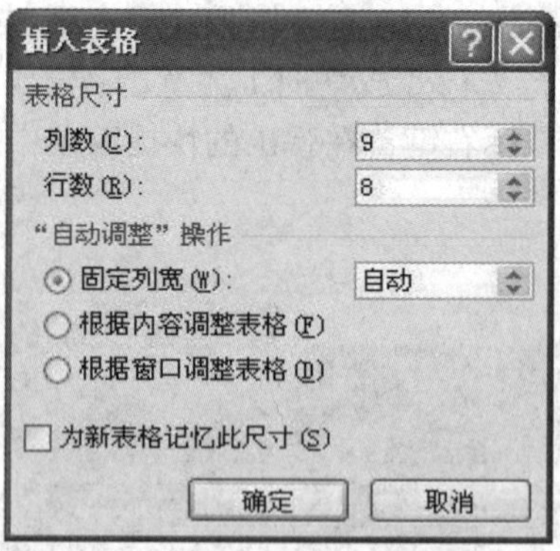

图 1-20 【插入表格】对话框

技巧

选择表格的行列数是一个技巧，如果是规则表格，行数和列数都是明显的。而如果是一个不规则的表格，则输入多少行数和列数才是最合适的？在这里，编者提供一个参考标准：选择不规则表格的最大行数和最大列数。这是因为，一般来说，表格的合并比拆分要简单。当然也不排除一些例外，具体情况具体对待。

相关知识

其他创建表格的方法

（1）使用“虚拟表格”功能创建表格。对于行、列数比较少的表格，可以使用虚拟表格功能创建表格，具体步骤：切换到【插入】选项卡，单击【表格】选项组的【表格】按钮，在弹出的下拉列表中有一个表格，利用鼠标进行移动，表格的行列数随之变换，在此我们选择一个 9×8 的表格，如图 1-21 所示；然后单击鼠标左键，即可快速插入一个空白表格。

（2）手动绘制表格。对于比较复杂的表格，可以采用手动绘制的方法创建。具体操作步骤：切换到【插入】选项卡，单击【表格】组中的【表格】按钮，在弹出的下拉列表中选择【绘制表格】命令，如图 1-22 所示；此时，鼠标成笔状，将鼠标定位到要插入表格的起始位置，然后按住鼠标左键进行拖动，即可在屏幕上画出一个虚拟框，直到大小合适后，释放鼠标即可绘制出表格外框，然后按照同样的方法，在框内绘制出需要的横纵表线即可。

（3）使用“快速表格”功能创建表格。通过该功能，可以快速插入 Word 提供的内置样式表格。操作步骤：切换到【插入】选项卡，单击【表格】选项组的【表格】按钮，在弹出的下拉列表中选择【快速表格】命令，在弹出的级联列表中提供了多种内置表格样式，单击需要的样式，即可将其插入到光标所在位置，如图 1-23 所示。

图 1-21　插入“虚拟表格”

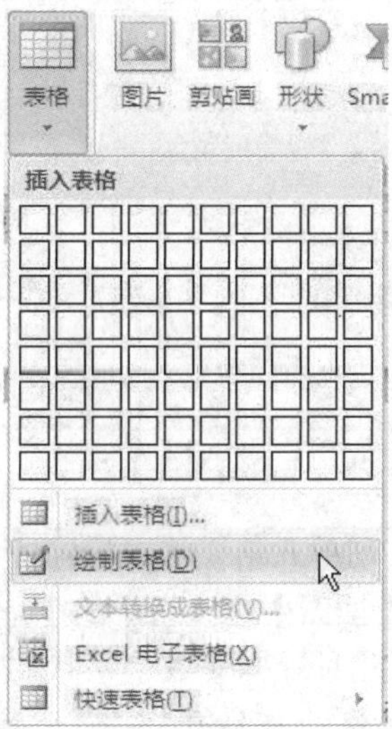

图 1-22　手动绘制表格

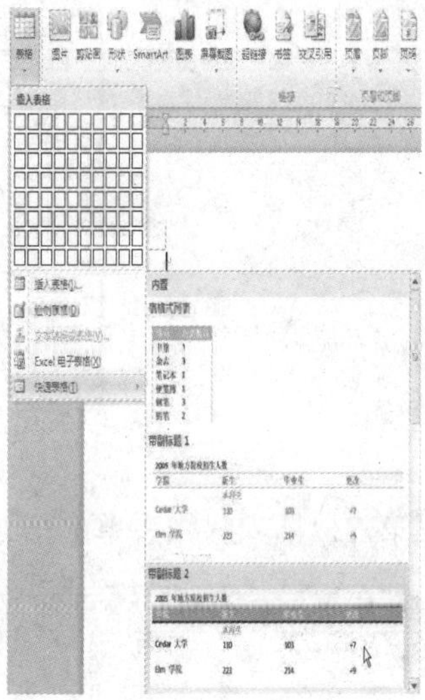

图 1-23　快速表格

3. 表格的编辑操作

① 表格标题的设置。在本案例中，表格的标题是自成一行的，需要将第一行的所有单元格合并为一个单元格。操作方法有两种：第一种，选中第一行的所有单元格，单击鼠标右键，在弹出的快捷菜单中选择“合并单元格”命令，如图 1-24 所示；第二种，选中第一行的所有单元格，切换到【布局】选项卡，单击【合并】选项组的【合并单元格】按钮，如图 1-25 所示。此时第一行的所有单元格合并为一个单元格，输入表格的标题“课程表”。

② 表头的制作。Word 2010 版中缺少“绘制斜线表头”命令，这是其中的一个缺陷。那么我们将利用自选图形进行绘制。

首先，将第二行的前两列选中，合并为一个单元格。

其次，将鼠标放在第二行和第三行的中间线上，待鼠标形状变成“”时，按住鼠标左键往下拖曳至两行宽。（为了精准起见，也可以将第二行选中，单击鼠标右键，在弹出的快捷菜单中选择“表格属性”命令，切换到【行】选项卡，选中“指定高度”前面的复选框，然后在微调框里输入确切的数值，后面的“行高值”选择为“固定值”，如图 1-26 所示。）

图 1-24　快捷菜单命令合并单元格

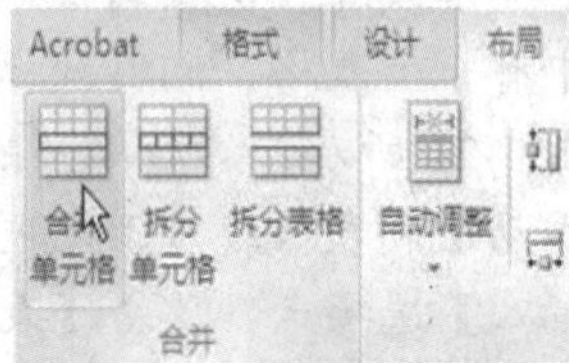

图 1-25　布局中的合并单元格

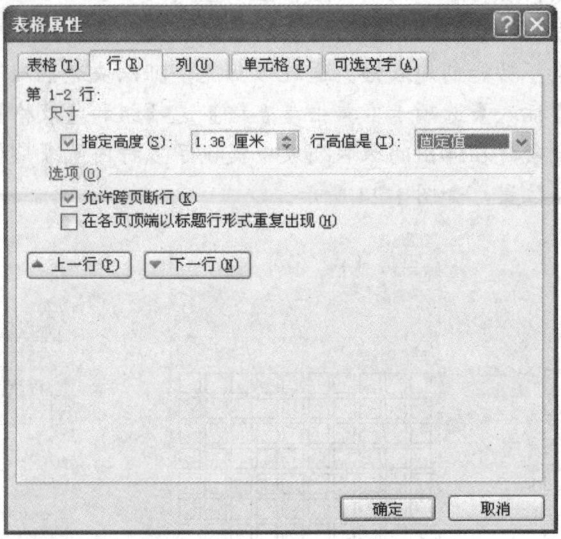

图 1-26　【表格属性】对话框

第三，插入斜线。单击第二行第一列单元格，将鼠标停留在其中，然后切换至【插入】选项卡，选择【插图】选项组中的【形状】按钮，选择【线条】当中的“直线”，此时鼠标变成十字状“+”，将此十字交叉点与第二行第一列单元格的左上角十字交叉点重合，然后将鼠标向右下方拖曳，直至鼠标十字交叉点与第二行第一列单元格的右下角十字交叉点重合，此时拖曳出一条表头斜线，如图 1-27 所示。

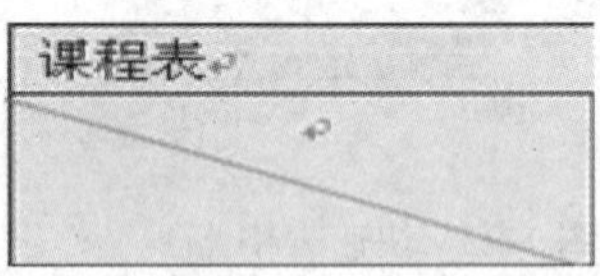

图 1-27　表头斜线

第四，输入表头文字。第一行文字输入“星期”，此刻按回车键，然后输入“时间”，调整两行文字，使“星期”靠近表格的右侧，而使“时间”靠近表格的左侧。

注意

这是一种简便粗糙的方法，为了追求精确，可以分别绘制两个矩形，一个添加文字“星期”，另一个添加文字“时间”，然后调整两个矩形的位置，再将它们的“形状填充”和“轮廓填充”设置为“无填充颜色”和“无轮廓”，然后将两个矩形和表头斜线同时选中，进行组合，使它们成为一个整体。此方法可以在课下进行练习。

③ 制作时间段。将第 1 列第 3～5 行的单元格选中，单击鼠标右键，在弹出的快捷菜单中选

择“合并单元格”命令，此时，这三行的单元格被合并为一个单元格。将光标停留在此单元格中，切换至【布局】选项卡，单击【对齐方式】选项组的【文字方向】按钮，使文字方向由原来的“水平”变为“垂直”，如图 1-28 所示。此时输入“下午”两个字，这两个字垂直排列。用同样的方法将第 1 列第 6～8 行的单元格合并为一个单元格，输入“晚上”两个字。最终显示效果如图 1-29 所示。

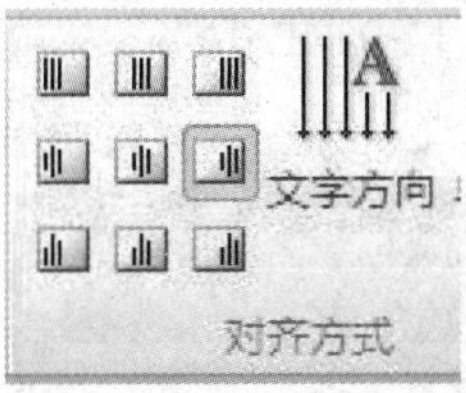

图 1-28　垂直文字方向

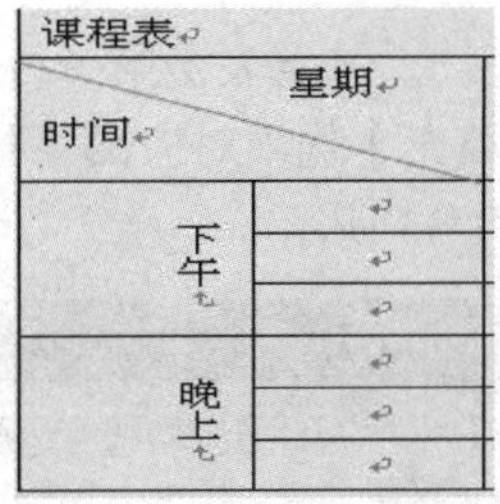

图 1-29　垂直排列的文字

④ 设置单元格文字的对齐方式。将表格中的其他剩余文字填写完毕（技巧：从表格的左侧单元格调至右侧单元格，直接按 Tab 键，如果是反方向，则同时按 Tab + Shift 组合键，而无需使用鼠标操作）。选中整个表格（技巧：单击表格左上角的标志⊞），将表格的字体设置为“黑体，五号，黑色”，表格标题字号设置为“三号”。下面开始设置文字的对齐方式。一般来说，表格单元格的对齐方式有水平对齐（靠左、中间、靠右）和垂直对齐（靠上、中间、靠下），这几种方式两两组合，就产生了 9 种对齐方式。设置单元格对齐有两种方式：第一种，将要设置的单元格选中，单击鼠标右键，在弹出的快捷菜单中选择“单元格对齐方式”命令，级联列表中弹出 9 种单元格对齐方式，选择【水平居中】（即最中间的那个图标）按钮，如图 1-30 所示；第二种，将要设置的单元格选中，切换至【布局】选项卡，选择【对齐方式】选项组中的【水平居中】按钮，如图 1-31 所示。

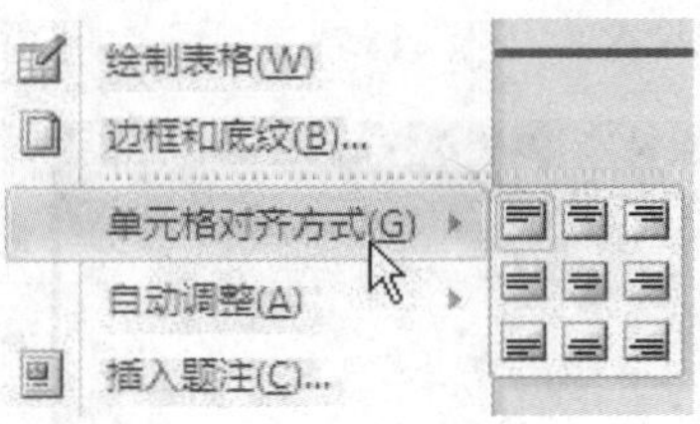

图 1-30　单元格对齐方式（1）

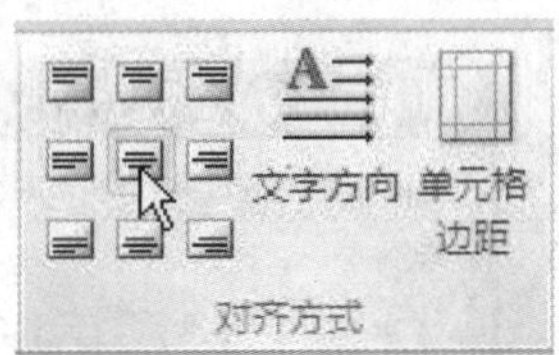

图 1-31　单元格对齐方式（2）

4. 设置表格的格式

经过上述操作，表格已经基本成形，但是美观度不够。因此，为了使表格颜色更加丰富，就要对表格设置边框、底纹、表格样式等。

（1）设置边框和底纹

① 设置表格边框。选中整个表格，切换至【设计】选项卡，单击【表格样式】选项组的【边框】按钮右侧的下拉列表，在其中选择【边框和底纹】命令，此刻弹出【边框和底纹】对话框，在【边框】选项卡中，最左侧的【设置】中选择“自定义”，【样式】选择“双线”，【颜色】选择“橙色”，【宽度】选择“1.5 磅”，在【预览】中单击表格的左右边框线。然后在【颜色】中选择“绿色”，其他不变，在【预览】中单击表格的上下边框线，最后单击【确定】按钮，如图 1-32 所示。此时，整个表格的左右两侧添加了 1.5 磅宽的橙色双线外边框，而上下两侧则添加了 1.5 磅宽的绿色双线外边框。

提示

自定义设置边框是为了给表格的不同边线设置不同的样式、颜色和宽度，首先要在【设置】中选择“自定义”，然后要先选择好【样式】、【颜色】、【宽度】，再单击预览中的边框线。更改样式的步骤以此类推。

② 设置底纹。选定表格第一行，按照上述方法打开【边框和底纹】对话框，切换至【底纹】选项卡，在【填充】选项对应的下拉列表中选择“白色、背景 1、深色 15%”，单击【确定】按钮即可，如图 1-33 所示。

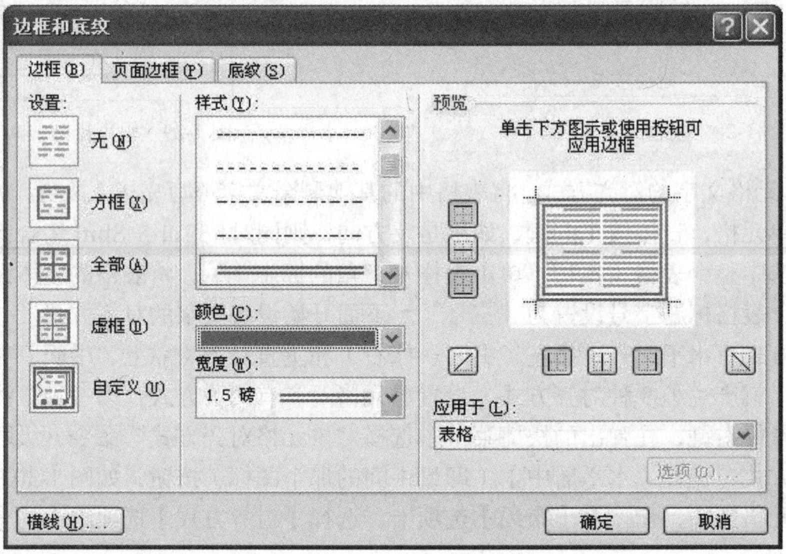

图 1-32　表格边框设置

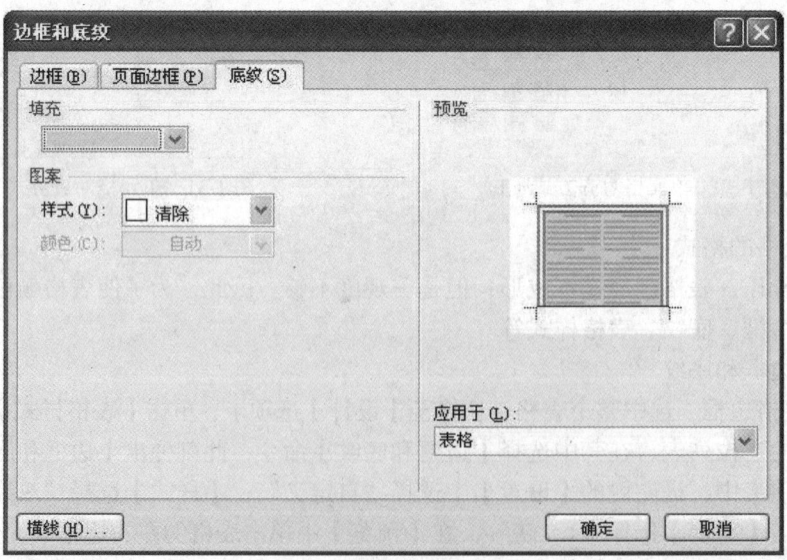

图 1-33　表格底纹设置

表格的最终效果如图 1-34 所示。

课程表								
星期 时间		周一	周二	周三	周四	周五	周六	周日
下午	15:00-16:00	瘦身操	瑜伽		肚皮舞		拉丁舞	
	16:00-17:00			瑜伽		爵士舞		瑜伽
	17:00-18:00	肚皮舞	钢管舞		现代舞		现代舞	
晚上	18:00-19:00	爵士舞		拉丁舞		肚皮舞		瘦身操
	19:00-20:00		肚皮舞	钢管舞	瑜伽		瘦身操	爵士舞
	20:00-21:00	钢管舞	瑜伽	爵士舞	拉丁舞	现代舞	瑜伽	现代舞

图 1-34　设置表格边框和底纹后的效果

（2）设置表格样式

Word 2010 为表格提供了多种内置样式，并提供了“表格样式选项”设置。设置表格样式的操作步骤：选定整个表格，切换至【设计】选项卡，在【表样式】选项组中单击【样式库】的下拉按钮，在弹出的下拉列表中选择需要的样式即可，如图 1-35 所示。

本案例选择“中等深浅网格 3-强调文字颜色 6”表格样式。表格的最终效果如图 1-36 所示。

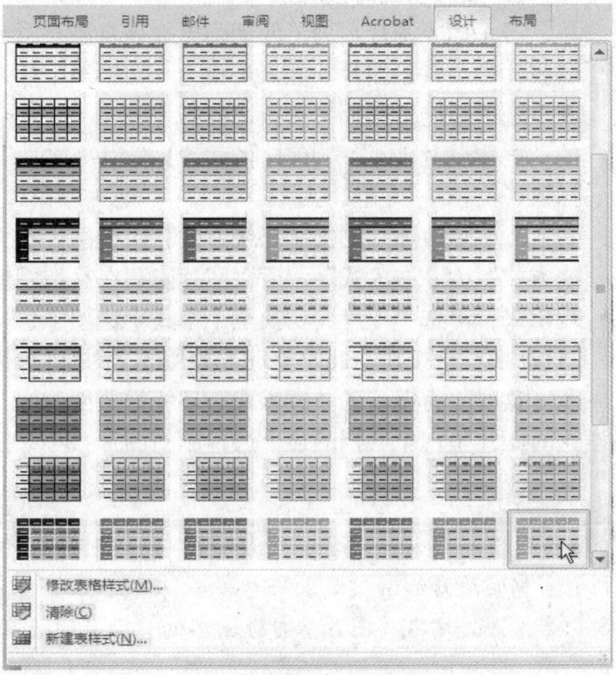

图 1-35　表格内置样式

课程表								
星期 时间		周一	周二	周三	周四	周五	周六	周日
下午	15:00-16:00	瘦身操	瑜伽		肚皮舞		拉丁舞	
	16:00-17:00			瑜伽		爵士舞		瑜伽
	17:00-18:00	肚皮舞	钢管舞		现代舞		现代舞	
晚上	18:00-19:00	爵士舞		拉丁舞		肚皮舞		瘦身操
	19:00-20:00		肚皮舞	钢管舞	瑜伽		瘦身操	爵士舞
	20:00-21:00	钢管舞	瑜伽	爵士舞	拉丁舞	现代舞	瑜伽	现代舞

图 1-36　“课程表”设置表格样式后的效果

至此，一个美观、漂亮的课程表就制作完成了。

重要提示

（1）不要忘记此表格是嵌套在一个矩形图形中的，表格制作完毕后，记得要将矩形的【形状轮廓】设置为“无轮廓”，同时调整表格的大小，使其占满整个矩形。

（2）由于 Word 2010 缺失了“绘制斜线表头”的功能，在本案例中，我们利用自选图形的“线段”自制了一条表头斜线。要将此线的“形状轮廓”设置为“白色”，同时及时调整该线段，使其成为表格的第一列第二行单元格的对角线。

1.3.6 制作 Flash 动画海报

在 Word 中嵌入 Flash 动画是从 Word 2010 开始才有的功能，这一功能使得 Word 元素更加丰富，页面更加生动（如果是将海报做成纸质页面，这一功能则无法体现出来，在这里我们仅仅是作为学习和练习使用）。

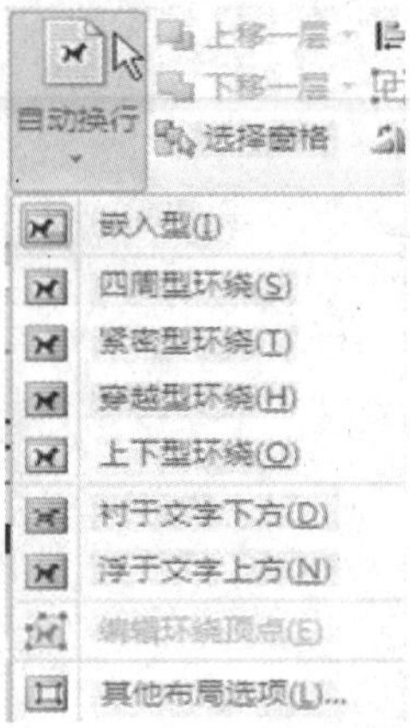

图 1-37　自动换行方式

1. 插入动画海报背景

（1）插入图片。为了使动画更加逼真漂亮，我们特别选取了一张电影胶片作为背景图片。插入步骤为：切换至【插入】选项卡，单击【插图】选项组的【图片】按钮，打开【插入图片】对话框，选择素材库中的“电影胶片.jpg”，单击【确定】按钮，这时，“电影胶片”图片就插入了文档中。

（2）更改图片的文字环绕方式。由于图片较大，且默认的“文字环绕方式”为“嵌入式”，所以图片隐藏在自选图形的后面。为了让它呈现出来，可选中图片，切换至【格式】选项卡，单击【排列】选项组的【自动换行】按钮，此时呈现了图片的 7 种文字环绕方式，如图 1-37 所示。这时，将图片的“嵌入式”环绕方式更改为“四周型环绕”方式。这时图片呈现至文档的最上层，调整图片大小并拖动至合适位置。

提示

Word 中，图片的文字环绕方式一般默认为“嵌入型”，这种形式的图片自成一行，四周没有文字填充，且不利于图片的随意移动，如果将“嵌入型”更改成“四周型环绕”“紧密型环绕”“浮于文字上方”等方式，均可将图片从自选图形的背后呈现出来，而且可以利用鼠标随意拖动至合适的位置。

2. 插入 Flash 动画

（1）嵌入 Flash 动画。切换至【插入】选项卡，单击【Flash】选项组的【嵌入 Flash】按钮，此时弹出【插入 Flash】对话框，单击【浏览】按钮，打开【插入 Flash】对话框，选择素材库中的“爵士舞”，单击【打开】按钮，此时 Flash 动画进入到【插入 Flash】对话框，并能够看到预览播放效果。如图 1-38 所示，单击【确定】按钮，这时 Flash 动画像图片一样插入到文档中。

（2）设置 Flash 动画格式。经过上述步骤之后，Flash 动画被自选图形遮挡在背后。调整自选图形的位置，选中 Flash 动画，单击鼠标右键，在弹出的菜单中选择【设置对象格式】命令，如图 1-39 所示。此时弹出【设置对象格式】对话框，切换至【版式】选项卡，将 Flash 动画的版式更改为“浮于文字上方”，单击【确定】按钮，如图 1-40 所示。此时，Flash 动画呈现在文档的最上层，拖动并调整其大小和位置，使其恰巧镶嵌在电影胶片左侧的空白处，效果如图 1-41 所示。

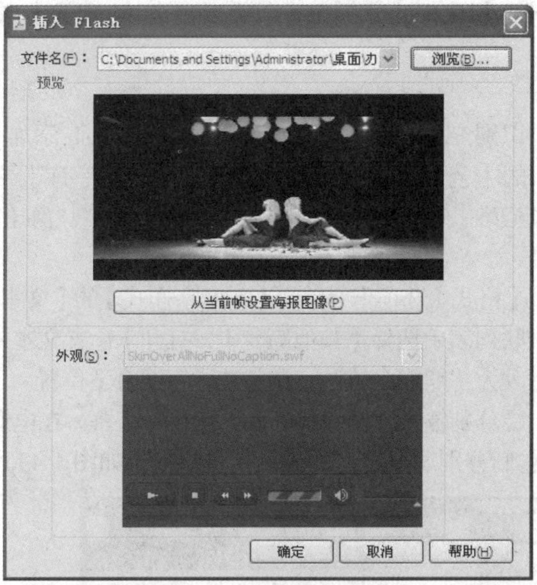

图 1-38 【插入 Flash】对话框

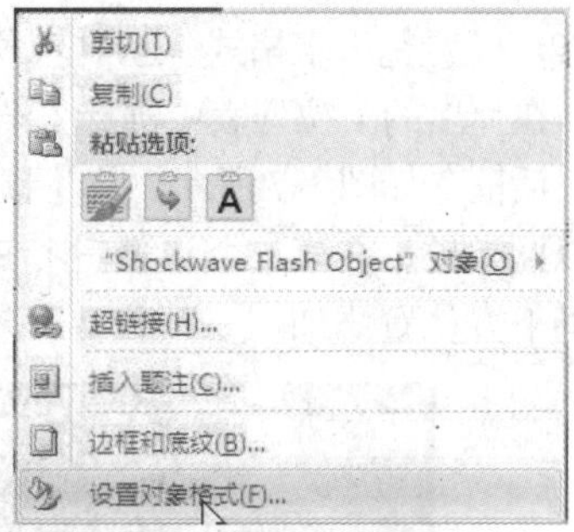

图 1-39 设置 Flash 动画格式

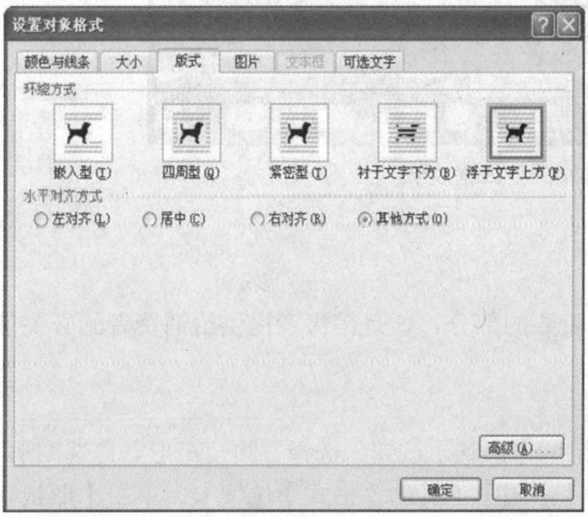

图 1-40 设置 Flash 动画版式

图 1-41 电影胶片中嵌入 Flash 动画效果

按照上述方法，将其他两个 Flash 动画（分别是健身操和瑜伽）嵌入电影胶片相应的位置上，最终效果如图 1-42 所示。

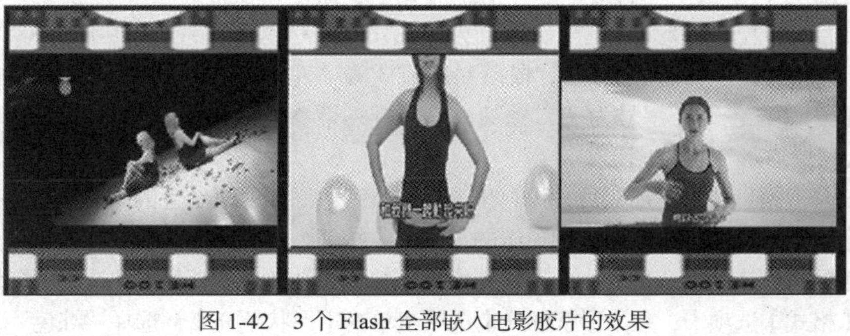

图 1-42 3 个 Flash 全部嵌入电影胶片的效果

尽管嵌入文档中的 Flash 形状像图片，但是它们是可以播放的。播放的操作比较简单：双击要播放的 Flash 界面，进入 Flash 动画播放模式。想要停止其播放，只需要单击 Word 文档中的其他地方即可。

3. 为 Flash 动画添加字幕

（1）输入艺术字。为了让观众更加清晰地识别 Flash 动画的内容，我们将给 Flash 添加字幕。切换至【插入】选项卡，单击【文本】选项组的【艺术字】按钮，在打开的“艺术字库”中选择第四行第二列的艺术字形，移动艺术字文本框至第一个 Flash 动画的上层，输入文字“爵士舞”，选中其中的艺术字，字体设置为“宋体、二号”。

（2）设置艺术字格式。选中艺术字，切换至【格式】选项卡，单击【艺术字样式】的【文本填充】按钮，在弹出的下拉列表中选择【渐变】，在级联列表中选择【其他渐变】，打开【设置文本效果格式】对话框，如图 1-7 所示，将【预设颜色】更改为“熊熊火焰”，调整艺术字至合适位置。

以此类推，在第二个和第三个 Flash 动画上层分别输入“健身操”和“瑜伽”字幕。在电影海报的中间下方位置添加“视频欣赏”艺术字，将它们分别调至合适的位置，最终效果如图 1-43 所示。

图 1-43　添加字幕的动画海报效果

1.3.7　制作销售价格与联系方式

一个宣传海报中，销售价格与联系方式是很重要的部分，这是销售者提供给消费者的必要信息，也是消费者与商家联系的重要渠道。

1. 插入背景图形

切换至【插入】选项卡，单击【插图】选项组的【形状】按钮，选择“圆角矩形”自选图形，在海报的最底部自左至右铺满文档宽度。切换至【绘图】工具的【格式】选项卡，单击【形状样式】选项组的【形状填充】，选择【纹理】选项组，在弹出的【纹理】级联列表样式中选择“纸莎草纸”，如图 1-44 所示。【形状轮廓】中选择“无轮廓”。

2. 输入文字

选中自选图形，单击鼠标右键，选择【添加文字】命令，在自选图形中输入文字“年卡 900 元，季卡 300 元，月卡 100 元，不限次数，火爆热卖中……健身热线：029-85908888”，设置其字体和字号为“黑色、幼圆、三号”，段落对齐方式为“左对齐”，其中，数字“900,300,100”字体颜色设置为“红色”，字号为“二号”。段落排列请参考效果图。

3. 输入“爆炸形”自选图形

为了使健身卡销售价格更加醒目，我们在销售价格旁边添加一个红色的“爆炸形”自选图形。切换至【插入】选项卡，单击【插图】选项组的【形状】按钮，选择【星与旗帜】中的“爆炸形 1”，将图形在文字的右侧拖动至合适大小，调整其位置，并填充红色。步骤如下：选中“爆炸形”自选图形，切换至【格式】选项卡，在【形状样式】选项组单击【形状填充】，选择“红色”，单击【轮廓填充】，选择“红色”。至此，醒目的“爆炸形”图形制作完毕。文字和图形的效果如图 1-45 所示。

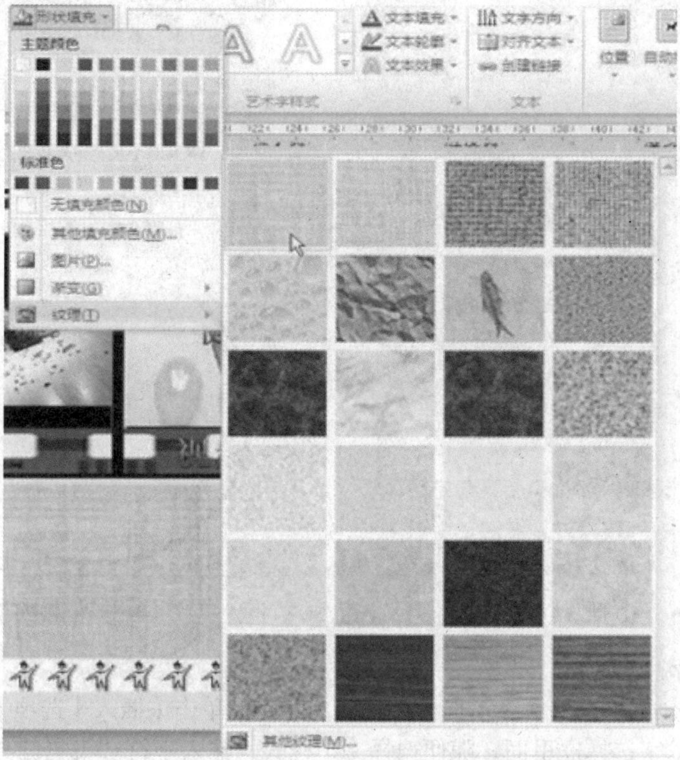

图 1-44 “纹理”填充

图 1-45 销售价格和联系方式效果图

4. 制作健身房电子公章

制作电子公章的软件非常多，常用的有 Photoshop、CorelDRAW、Adobe Illustrator、Word 等，其实制作电子公章最方便、最快捷的还属 Word 了。今天就以 Word 2010 为例介绍如何用 Word 2010 制作一个属于自己的电子公章。

制作电子公章需要用到的素材有：圆形、艺术字、五角星、文本框。

（1）制作圆形

① 进入【插入】选项卡，单击【插图】选项组的【形状】，然后选择“椭圆”形状，如图 1-46 所示。

② 按住键盘上的“Shift”键，然后按住鼠标左键拖动，画出一个圆。

③ 选中圆，然后切换至【格式】选项卡，在【形状样式】选项组中，将【形状填充】设为“无填充颜色”，将“形状轮廓”设为“红色”，再设置粗细为“3 磅”，如图 1-47 所示。

图 1-46　选择椭圆形状

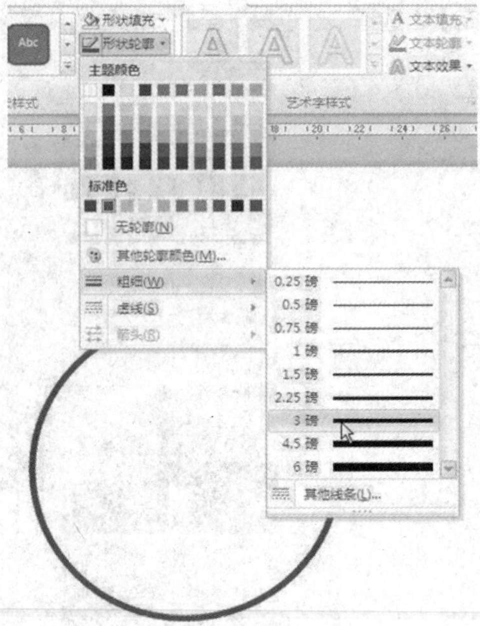

图 1-47　无形状填充的圆

（2）插入艺术字

① 插入艺术字。圆形画好了，下面开始插入艺术字。单击【插入】选项卡，然后选择【艺术字】，在弹出的艺术字选择框里面，随便选择一个样式，输入字符“飞越健身俱乐部”。

② 设置艺术字格式。选中艺术字，切换至【格式】选项卡，将【艺术字样式】选项组的【文本填充】和【文本轮廓】均设置为“红色”。然后单击【文本效果】按钮，选择【转换】，在弹出的级联列表中选择【跟随路径】的“上弯弧”形状，这个操作将艺术字从横向排列转换为弧形排列，如图 1-48 所示。尽管这时文字已经变成“上弯弧”形状，但是力度明显不够，还没有完全变成半圆形，因此需要继续调整形状，调整的方法为：选中艺术字，将鼠标放在艺术字周边的上下边框上，待鼠标变成↕时，将边框拉宽，直至艺术字的形状和外部圆圈贴合，如图 1-49 所示，最终效果如图 1-50 所示。

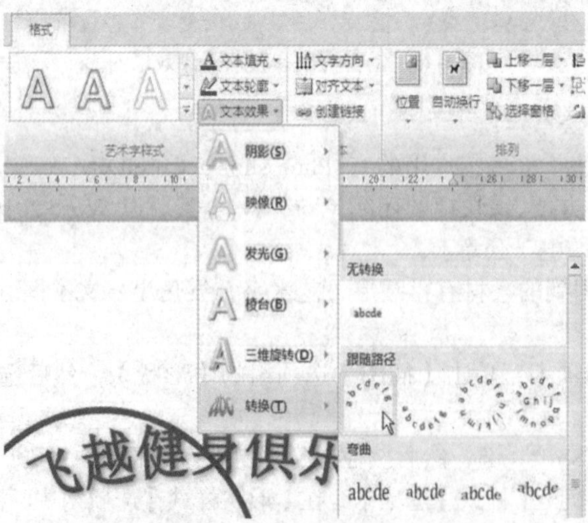

图 1-48　更改艺术字形状

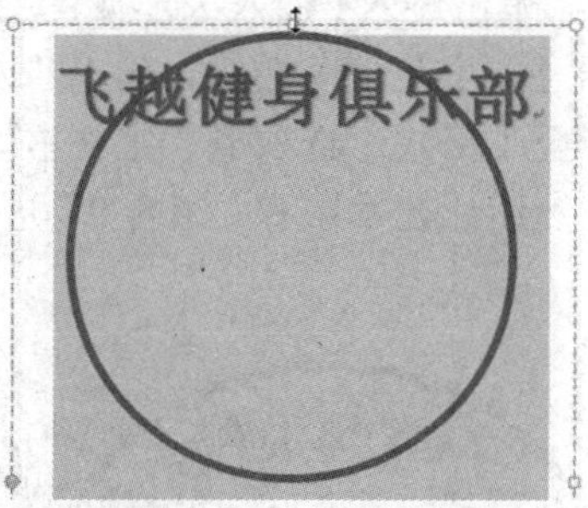

图 1-49 调整艺术字形状

图 1-50 艺术字和圆形组合效果

提示

在 Word 2010 中，组合好的图形还可以对单一图形进行形状、位置等调整。如本例中，无须着急先将两个图形排列整齐，否则，艺术字的边框会覆盖圆形边框，导致艺术字选中之后，圆形无法随之选择。

③ 将艺术字和圆圈组合。目前圆圈和艺术字各自边框线所占区域较大，如果再加入后面的其他元素，选择这两个图形就变得困难起来。因此，在这里我们先对这两个图形进行组合，后续的操作也实行“两两”组合，即添加一个图形或艺术字，调整好其格式和位置后，接下来和之前的组合图形进行再次组合。组合的操作是：先选中艺术字，按住 Ctrl 键，待鼠标变成时，再单击圆形，此刻，松开 Ctrl 键，待鼠标变成时，然后单击鼠标右键，选择【组合】命令，级联命令中也选择【组合】命令，如图 1-51 所示。此时，圆形和艺术字就成为了一个整体，我们简称为“组合 1”。

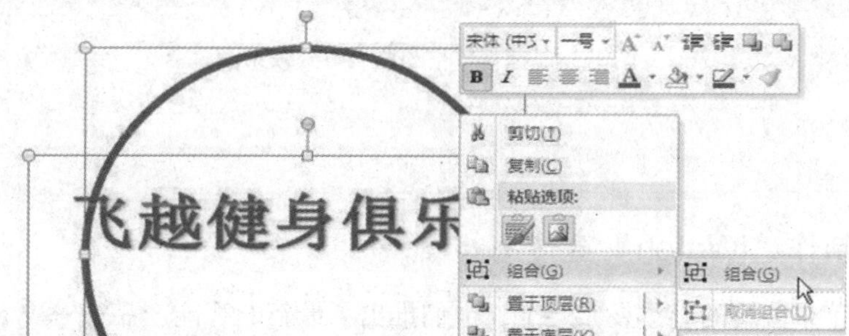

图 1-51 组合命令

④ 插入星形图形。现在该画五角星了。单击【插入】选项卡，选择【形状】，然后选择最下面的“五角星”，按住 Shift 键不放，用鼠标左键拖曳可画出正五角星。同样，选中“五角星”进入【格式】选项卡，将【形状填充】与【形状轮廓】全部设置成“红色”。选中“五角星”，调整其大小与位置，然后按住 Ctrl 键，单击“组合 1”，将“五角星”与“组合 1”进行组合，简称“组合 2”，最终效果如图 1-52 所示。

⑤ 插入艺术字。现在该插入最后的“办公室”艺术字了。单击进入【插入】选项卡，选择【文本】选项组，单击【艺术字】按钮，随便选择艺术字库中任意一个艺术字样式，输入“办公室”三个字，设置字体与字号分别为“宋体”和“二号”。切换至【格式】选项卡，【文本填充】和【文本轮廓】均填充为“红色”。调整艺术字的大小和位置，然后让艺术字和“组合 2”进行组合，最终效果如图 1-53 所示。

图 1-52 插入星形的公章效果图

图 1-53 公章的最终效果

至此，底部的销售价格与联系方式部分制作完成，最终效果如图 1-54 所示。

图 1-54 销售价格与联系方式效果图

拓展实训

实训 1 制作“iWatch”宣传海报

2015 年，在苹果公司的春季发布会上，他们推出了最新的智能产品——iWatch。为了更好地进行宣传推广，请给此产品制作一份营销宣传海报，最终效果图如图 1-55 所示。

制作要求如下。

（1）标题中的两张自选图形的【形状填充】样式为“图片”，【形状效果】为“棱台”的“斜面”。艺术字字体为“黑体、50 磅”，【文字填充】为【渐变】中的预设颜色“心如止水”。

（2）四个自选图形分别为“六角星”“心形”“云形标注”和“矩形标注”，四个形状样式分别为“细微效果，橙色，强调颜色 6”“细微效果，水绿色，强调颜色 5”“细微效果，紫色，强调颜色 3”和“细微效果，红色，强调颜色 2”。中间“爆炸形 1”自选图形的形状样式为“强烈效果，橙色，强调效果 6”，内部填充文字为“华文行楷，10.5 磅”。四组艺术字字体格式分别为“华文琥珀，18 磅，黄色，文本效果为‘发光’‘红色，18 磅发光，强调文字颜色 2’”“方正舒体，18 磅，红色，文本效果为‘发光’‘红色，18 磅发光，强调文字颜色 2’”“华文行楷，18 磅，紫色，文本效果为‘发光’‘紫色，18 磅发光，强调文字颜色 2’”“华文隶书，18 磅，红色，强调颜色 2，深色 25%，文本效果为‘发光’‘橙色，18 磅发光，强调颜色 6’”。将艺术字和自选图形进行组合，然后旋转合适的角度。

（3）插入图片。将图片的文字环绕方式更改为“四周型”。嵌入 Flash 动画，更改 Flash 动画图片的文字环绕方式为“四周型”。将艺术字和 Flash 动画进行组合。

（4）页面设置。纸张大小为“A4 纸”，页面颜色为“填充预设颜色：雨后初晴”，底纹样式为“角部辐射”。插入艺术性页面边框。

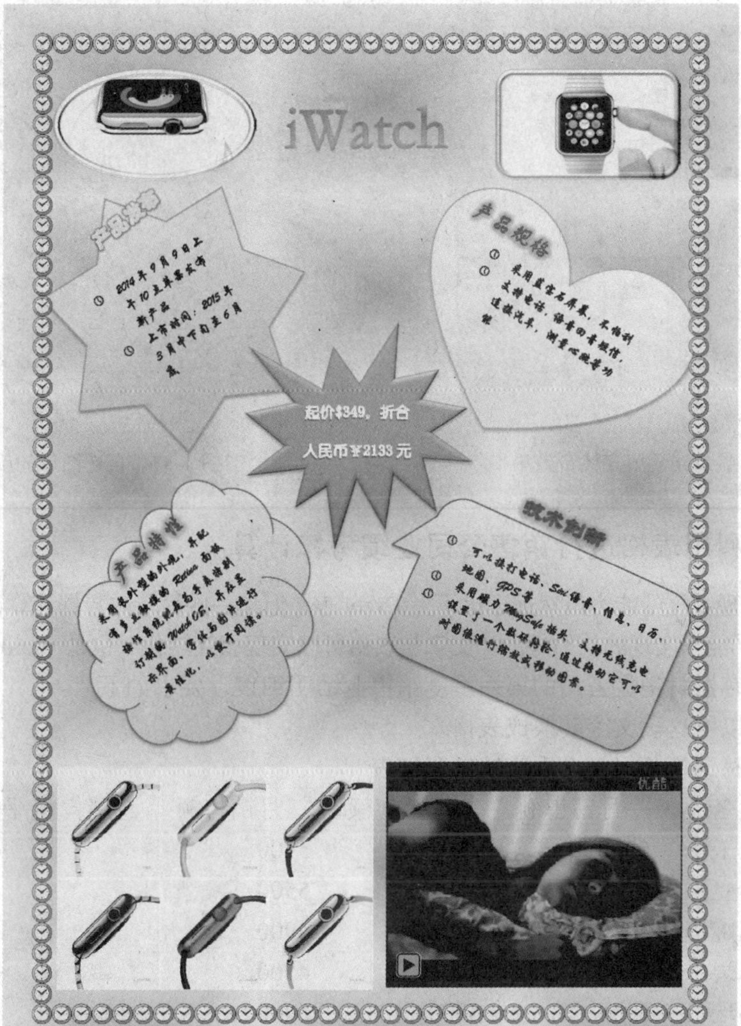

图 1-55　iWatch 宣传海报效果图

技巧

（1）制作顶部自选图形的立体边框效果，可通过【绘图工具】下的【格式】选项卡的【形状样式】选项组，单击“形状效果”，选择“棱台”|“斜面”，如图 1-56 所示。

（2）效果图中间的五个自选图形及其上层的艺术字都经过了旋转。旋转自选图形的快速方法是：选中图形，将鼠标放在控制旋转的绿点上，对图形进行转动，直至合适的位置，如图 1-57 所示。

图 1-56　填充棱台效果

图 1-57　自选图形的旋转

实训 2　利用表格进行销售公司业绩考核计算

Word 表格处理数据的能力虽然远远比不上 Excel 表，但是一些简单的数据计算还是可以利用表格自带的“公式”功能来实现的。另外，“文字与表格可以实现相互转化”也是 Word 表格的一大功能。

制作一个体育器材销售公司的第一季度销售业绩明细表，要求如下。

（1）首先将以下这段文字转换成表格。

金君体育器材销售公司第一季度销售明细表

工号　姓名　一月销售额　二月销售额　三月销售额　总销售额 平均销售额

1001　张玉华　5000　4800　5100

1002　李立强　6100　4500　5500

1003　赵婉华　3900　6200　4900

1004　陈碧　5800　4900　4500

1005　曲瑞　3900　5000　5400

销售总额最大值　平均销售额最小值

（2）计算出相应空白位置上的数据。

（3）最终将表格的格式设置为图 1-58 所示的效果。

具体格式要求如下。

表格标题文字为“黑体，小三号，居中”。表格中的文字设置为“楷体_GB 2312，五号，居中”。表格边框和底纹设置如下：表格上下边框格式设置为“样式为‘双线’，颜色为‘橙色，强调文字颜色 6，深色 25%’，宽度为‘3.0 磅’，表格左右边框格式设置为“样式为‘双波浪线’，颜色为‘水绿色，强调颜色 5，深色 25%’，宽度为‘0.75 磅’”。表格第一行底纹颜色设置为“橙色，强调颜色 6，淡色 60%”，第 7 行底纹颜色设置为“深蓝，文字 2，淡色 60%”。

金君体育器材销售公司第一季度销售明细表

工号	姓名	一月销售额	二月销售额	三月销售额	总销售额	平均销售额
1001	张玉华	5000	4800	5100	14900	4966.67
1002	李立强	6100	4500	5500	16100	5366.67
1003	赵婉华	3900	6200	4900	15000	5000.00
1004	陈碧	5800	4900	4500	15200	5066.67
1005	曲瑞	3900	5000	5400	14300	4766.67
销售总额最大值		16100		平均销售额最小值		4766.67

图 1-58　表格格式最终效果

技巧

将文字转化为表格的步骤如下。

① 首先选中文字（标题除外），单击【插入】选项卡的【表格】下拉列表，选择【文字转换成表格】命令，如图 1-59 所示。

② 弹出【将文字转换成表格】对话框，如图 1-60 所示。在对话框中，所有需要填写的数字和选择的按钮是计算机默认的，如果没有特殊情况，这些信息是不需要修改的。

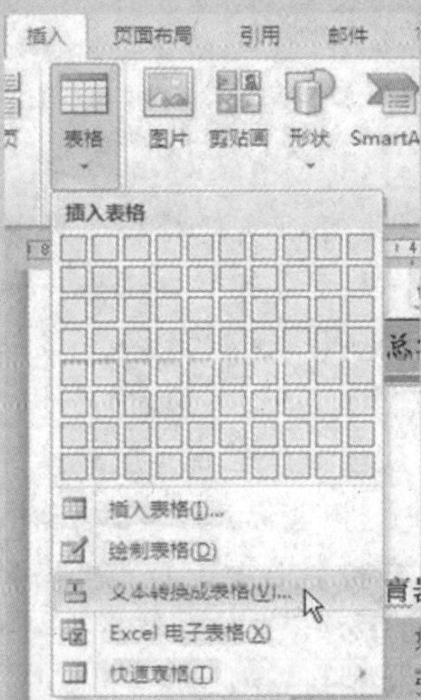

图 1-59 【文字转换成表格】命令

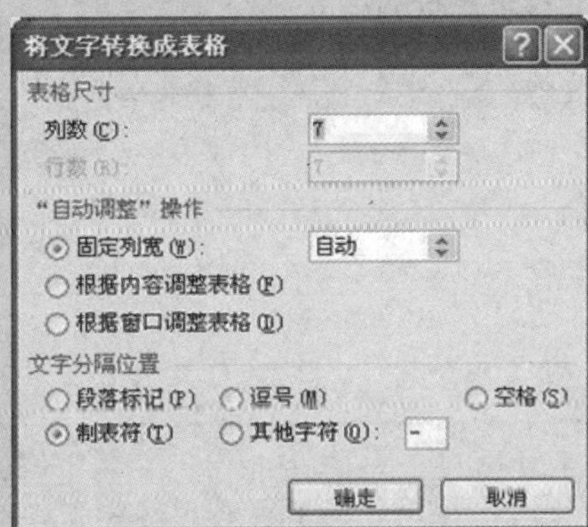

图 1-60 【将文字转换成表格】对话框

③ 如果检查没有问题，单击【确定】按钮，此时，文字就已经转换成表格了，如图 1-61 所示。调整各列的宽度，使其更加美观整齐。

金君体育器材销售公司第一季度销售明细表

工号	姓名	一月销售额	二月销售额	三月销售额	总销售额	平均销售额
1001	张玉华	5000	4800	5100		
1002	李立强	6100	4500	5500		
1003	赵婉华	3900	6200	4900		
1004	陈碧	5800	4900	4500		
1005	曲瑞	3900	5000	5400		
销售总额最大值	平均销售额最小值					

图 1-61　文字转换成表格的最初效果图

提示

能够转换成表格的文字是有特殊要求的，它们之间相对排列整齐，文字和文字之间必须有特殊的分隔符，这个分隔符是“段落标记、逗号、空格、制表符，其他自定义符号”中的一种，系统会根据这些分隔符自动判断文字分割位置，然后为文字分配合适行列数的表格。

（1）表格合并拆分技巧

系统根据文字的内容产生的表格都是规则的行数和列数，而该表格的最后一行由于其特殊的内容，其列数和上述几行的列数不同，需要对它进行重新调整，即利用“合并拆分单元格”的功能对其进行相应的改变。在使用表格的“合并单元格”和“拆分单元格”的功能时，要根据所要处理的表格对象进行灵活的变换，没有统一的标准，但是操作步骤越少越好。

在本案例中，最后一行根据内容来看，只需要四列，而刚刚转换过来的表格是七列。如何将七列的表格转换为四列呢？方法可以有很多种，但如果本着“操作步骤越来越少”的原则，我们这样转换：先将最后一行选中，把所有单元格合并成一行，然后将这一单元格拆分成“4列1行”。这样，最后一行的列数就变成了4列，如图1-62所示。

销售总额最大值		平均销售额最小值	

图1-62　经过合并拆分后的表格的最后一行效果图

（2）表格中数据的计算

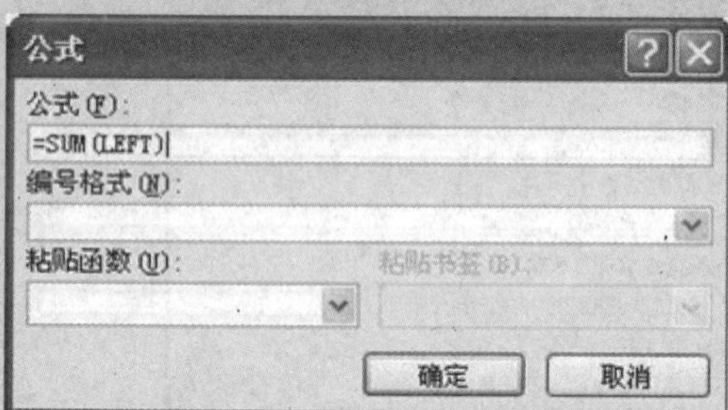

图1-63 【公式】对话框

表格中的数据可以实现排序、计算等操作。首先表格的每个单元格都有自己唯一的名称，其命名规则如同Excel表格单元格。数据计算的步骤如下。

① 首先将鼠标定位在将要呈现结果的单元格中，如本案例中，将鼠标放在F2单元格中。

② 单击【布局】选项卡的【数据】选项组的【*fx*】按钮，弹出【公式】对话框，如图1-63所示。

③ 在本对话框中有三个部分：公式（F）、编号格式（N）和粘贴函数（U）。本案例中，Word经过自动判断，在“公式（F）”中生成了一个公式“=SUM(LEFT)”，意思是，将该单元格所有左侧数据进行求和计算，这对于本案例来说，格式和表达方式是对的。当然，也可手动输入公式。首先将公式删掉（注意保留等号），然后在“粘贴函数（U）”中选择“SUM”函数，此时，在“公式（F）”一栏中自动产生了“=SUM()”，然后将光标移至函数括号内，手动输入函数参数。每个函数的参数格式是不同的，但它们的格式与Excel参数格式是一致的。在本SUM函数中，参数格式是（起始单元格名称：终止单元格名称）。如本案例是输入（c2:e2）.

在“编号格式（N）”中，需要选择的是最终数据呈现的格式，如是否保留2位小数，计算数字前是否需要添加¥等格式。在本案例中，我们在总销售额中不设置编号格式，而在平均销售额中，设置编号格式为“0.00”，即保留两位小数。

④ 求和函数为SUM()，平均函数为AVERAGE()，最大值函数为MAX（），最小值函数为MIN()，这些函数的参数写法相似，均为“函数名（起始单元格名称：终止单元格名称）”。

任务 2
Word 中长文档的编排与处理——编排毕业论文

通过前面内容的学习，我们已经学会了制作各种效果的文档。其中，既有简单的文字型文档、表格类文档，也有各种常用公文和图文混排文档。这些文档大多都是篇幅较小的短文档，但是在实际工作或学习中经常会遇到大量数据的复杂文档。这类文档篇幅长，结构复杂，如果仅用手工设置，不仅费时费力，也不利于后期编辑与修改，很难做到整篇文档布局风格一致。

2.1 任务情境

硕士研究生 S 即将毕业，最近一直忙碌于他的毕业论文，由于论文格式复杂，要求章节和正文均设置相应格式，自动生成正文目录和图表目录，为不同章节添加不同的页眉页脚，能够使用脚注和尾注添加需要的说明等。下面我们帮 S 同学一起完成论文格式的编排。

知识目标

- 样式的创建与应用；
- 图表的自动编号和交叉应用；
- 分节符的应用；
- 页眉页脚的创建；
- 添加脚注和尾注；
- 审阅功能的应用；
- 自动生成文档目录。

2.2 任务分析

S 同学的毕业论文格式包括的文档的字符格式、段落格式、图表插入等在前面章节已详细学习，本章主要介绍处理长文档的编辑策略。

硕士毕业论文一般至少 3 万字，图形、公式、表格不可或缺，正文、标题格式都有严格要求；设置得体合适的页眉页脚，既是论文格式要求，也便于自己和读者阅读；为了对文档中的引用信息进行注释或补充说明，S 同学使用了脚注和尾注功能；硕士毕业论文的参考文献通常有几十篇，由于论文需多次修订，参考文献难免会增添或删除，使用交叉应用可以快速插入参考文献并自动更新；目录是论文重要的组成部分，要求能迅速、准确地生成目录。

对 S 同学的毕业论文进行分析后，该环节主要从以下几个方面做起。

（1）统一设置文档格式，创建三级标题样式并灵活应用样式；

（2）为论文设置奇偶页不同的页眉页脚；

（3）使用脚注和尾注功能对文档某处内容进行补充说明，或对文档中的引用信息进行注释；

（4）应用题注对论文中创建的图形、公式、表格等进行自动编号；

（5）创建目录，并对目录自动更新。

2.3 任务实现：编排 S 同学的毕业论文

下面以 S 同学的毕业论文为例，来逐步学习长文档的常用编排与处理方法。

S 同学的毕业论文题目为：竞技体育人才培养现状与发展对策研究。

2.3.1 样式的创建与应用

样式是应用于文档中的字体格式与段落格式等特性的组合，其作用是方便用户对重复格式进行设置。毕业论文篇幅长，内容格式复杂，同样的格式会在文档中的不同位置多次重复出现，如果在排版时先创建需要的样式，然后再应用样式，会达到事半功倍的效果。同时，应用样式后既能在大纲视图中方便地进行文档结构和内容的修改，又能使得文档的标题多级符号增、删、改后能自动调整编号。

由于 Word 的内置样式无法满足 S 同学的毕业论文格式要求，所以论文的不同标题需要在 Word 模板的内置样式基础上修改，正文的不同部分也可以根据论文排版要求创建相应的样式。

根据论文排版要求，按照表 2-1 所示的参数，对 Word 模板内置样式进行修改。

表 2-1　　论文标题参数

名称	字体格式	段落格式
标题 1	黑体，三号	固定行距 20 磅，段后间距 30 磅，居中对齐
标题 2	黑体，四号	固定行距 20 磅，段后间距 20 磅，左对齐，首行缩进 2 字符
标题 3	黑体，小四	固定行距 20 磅，段后间距 20 磅，左对齐，首行缩进 2 字符
正文	中文五号宋体，西文五号 Times New Roman 体	固定行距 20 磅，首行缩进 2 字符

（1）打开 S 同学的毕业论文“竞技体育人才培养现状与发展对策研究”，在【开始】选项卡的【样式】组中，单击右下角的启动器，打开【样式】任务窗格，如图 2-1 所示。

图 2-1 【样式】任务窗格

（2）将鼠标指针移到“标题 1”样式，单击其右侧的下拉按钮，在弹出的下拉列表中选择【修改】命令，打开【修改样式】对话框，在【格式】选项区域中设置字体为“黑体”，字号为“三号”，单击【居中】按钮，如图 2-2 所示。

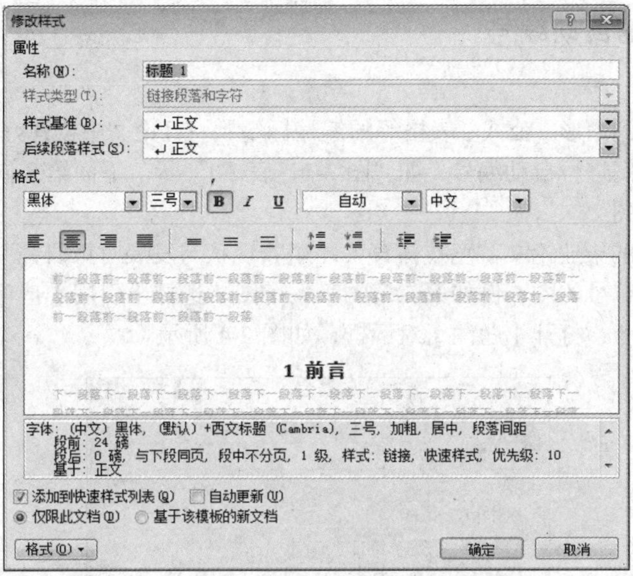

图 2-2 【修改样式】对话框

（3）在【修改样式】对话框中，选择【格式】下拉列表中的【段落】选项，打开【段落】对话框。在【缩进和间距】选项卡的【行距】下拉列表中选择【固定值】选项，在【设置值】文本框中输入“20 磅”，在【段后】文本框中输入“30 磅”，如图 2-3 所示。

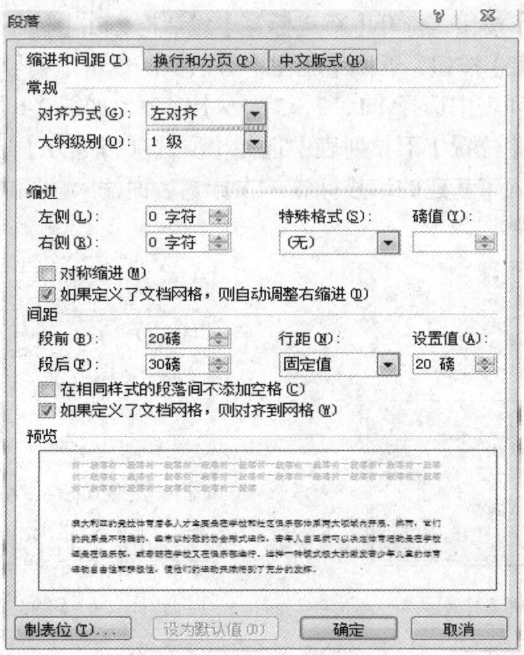

图 2-3 【段落】对话框

（4）单击【确定】按钮。

（5）按照同样的方法，根据表 2-1 所示的参数要求设置其他样式格式。

（6）样式设置好以后就可以应用样式。选中文档中要应用样式的位置，然后单击【样式】任务窗格中相应的样式名称即可。

2.3.2　图表的自动编号

1. 插入题注

题注是用来添加到图形、公式、表格等的编号标签，一旦论文中创建好图形、公式、表格等，可以使用该功能对它们进行自动编号，如“图 2-1、表 2-1”等。下面给 S 同学论文中的图形添加题注，格式设置为“图 2-×”。

（1）打开 S 同学的毕业论文“竞技体育人才培养现状与发展对策研究”。

（2）选择要设置编号的图，例如第二章的第一个图，选择【引用】选项卡下的【题注】组，单击【插入题注】命令，打开【题注】对话框，如图 2-4 所示。

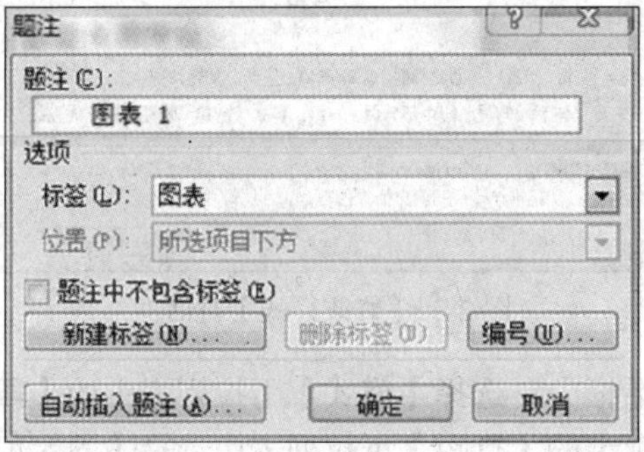

图 2-4 【题注】对话框

（3）单击【新建标签】按钮，打开【新建标签】对话框，在【标签】文本框中输入“图 2-”，如图 2-5 所示。单击【确定】按钮，返回【题注】对话框。单击【编号】按钮，打开【题注编号】对话框，在【格式】下拉列表中选择【1，2，3，…】选项，如图 2-6 所示，单击【确定】按钮，返回【题注】对话框，在【位置】下拉列表中选择【所选项目下方】选项，单击【确定】按钮即可。这样在图的下方就插入了新建的编号标签，在标签后面输入该图的文字说明，这样就可以自动插入标签。

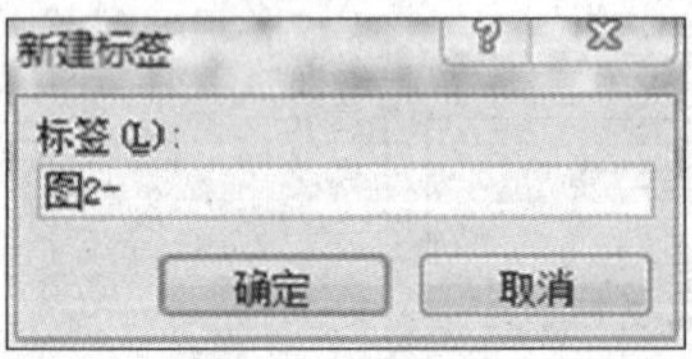

图 2-5 【新建标签】对话框

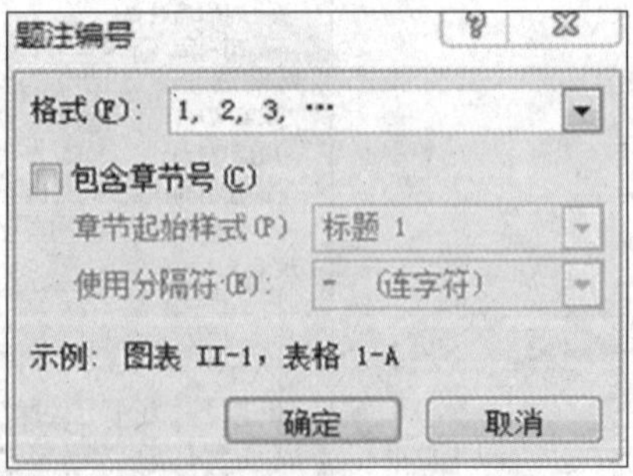

图 2-6 【题注编号】对话框

（4）按照上面的方法可以插入其他图形的题注，如果是插入同一级别的题注，则选中图形后直接单击【引用】|【题注】|【插入题注】命令，在打开的【题注】对话框中单击【确定】按钮即可，Word 会自动按序给文档中的图形插入题注。

提示

（1）将图表的编号制作成题注，实现了图表的自动编号。如果要修改插入题注的图表，对部分图表进行添加、删除等操作，编号标签会自动修改。

（2）图的编号改变时，文档中的引用没有自动更新，可以使用鼠标右键单击引用文字，在弹出的快捷菜单中选择【更新域】命令。

（3）表格的题注一般在表格的上方。

2. 交叉引用

交叉引用就是在文档的一个位置引用文档另一个位置的内容，类似于超级链接，只不过交叉引用一般是在同一文档中互相引用而已。交叉引用常常用于需要互相引用内容的地方，如“有关××××的使用方法，请参阅第×节”和“有关××××的详细内容，参见××××”等。交叉引用可以使读者能够尽快地找到想要找的内容，也能使整个书的结构更有条理，更加紧凑。在长文档处理中，如果想靠人工来处理交叉引用的内容，既要花费大量的时间，又容易出错。如果使用 Word 的交叉引用功能，Word 会自动确定引用的页码、编号等内容。如果以超级链接形式插入交叉引用，则读者在阅读文档时，可以通过单击交叉引用直接查看所引用的项目。

（1）创建交叉引用

创建交叉引用的方法如下。

① 打开 S 同学的毕业论文“竞技体育人才培养现状与发展对策研究”。

② 在文档中输入交叉引用开头的介绍文字，如“关于竞技体育后备人才概念的界定请参见××××。”

③ 单击【插入】选项卡下的【交叉引用】命令，出现图 2-7 所示的【交叉引用】对话框。

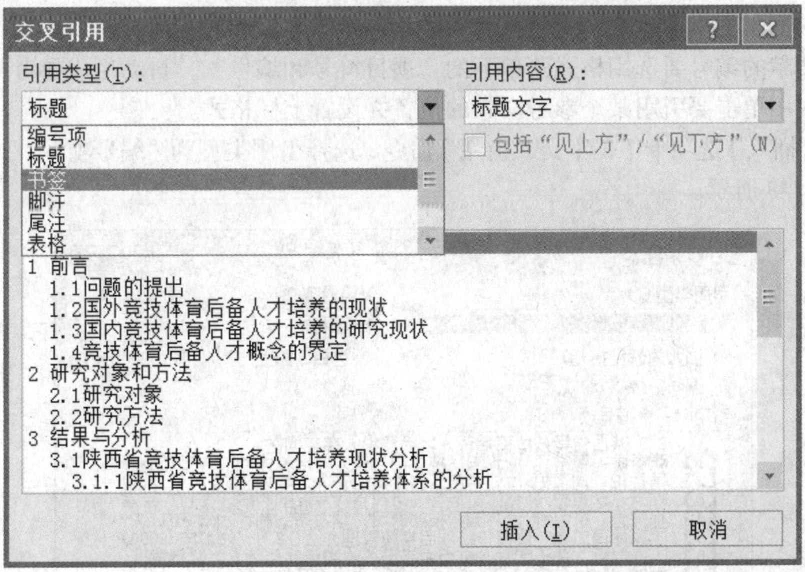

图 2-7 【交叉引用】对话框

④ 在【引用类型】下拉列表框中选择需要的项目类型，如“标题”。如果文档中存在该项目类型的项目，那么它就会出现在下面的列表框中供用户选择。

⑤ 在【引用内容】列表框中选择相应地要插入的信息，如“标题文字”。

⑥ 在【引用哪一个标题】下面选择相应合适的项目。

⑦ 要使读者能够直接跳转到引用的项目，请选择【插入为超级链接】复选框，否则，将直接插入选中项目的内容。

⑧ 单击【插入】按钮即可插入一个交叉引用。如果用户还要插入别的交叉引用，可以不关闭该对话框，直接在文档中选择新的插入点，然后选择相应的引用类型和项目后单击【插入】按钮即可。如果选择了【插入为超级链接】复选框，那么把鼠标移到插入点，鼠标指针即可变成小手形状，按住 Ctrl 键并单击即可直接跳转到引用的位置。

（2）修改交叉引用

在创建交叉引用后，有时需要修改其内容，例如，原来要参考 1.4 节的内容，由于章节的改变，需要修改为参考 1.3 节的内容。具体方法如下。

① 选定文档中的交叉引用，注意不要选择介绍性的文字。

② 选择【插入】选项卡下的【交叉引用】命令，弹出【交叉引用】对话框。

③ 在【引用内容】框中选择需要新引用的项目。

④ 单击【插入】按钮。如果要修改说明性的文字，在文档中直接修改即可，不会对交叉引用造成影响。

（3）利用交叉引用完成参考文献

一般在写论文的时候，总会在文章里引用参考文献，而参考文献在文章最后是以【1】、【2】、【3】……的方式列出来。我们在写论文的过程中，往往会对参考文献进行一定的增添或删除，这样，在正文中已经引用了参考文献编号的地方，就和增删以后的不一致了。如果手动逐一进行修改和处理，不仅工作量大，而且会出现疏漏之处。

下面就让我们用 Word 的“交叉引用”功能帮助 S 同学完成论文的参考文献，保证事半功倍。具体操作方法如下。

① 打开 S 同学的毕业论文“竞技体育人才培养现状与发展对策研究”。

② 参考文献的编号要选用格式菜单下的“项目符号和编号”，自动生成参考文献的编号。

③ 在正文中单击要引用某个参考文献的位置并设置上标格式。

④ 单击【插入】选项卡下的【交叉引用】命令，选择引用类型为“编号项”，引用内容为“段落编号”如图 2-8 所示。

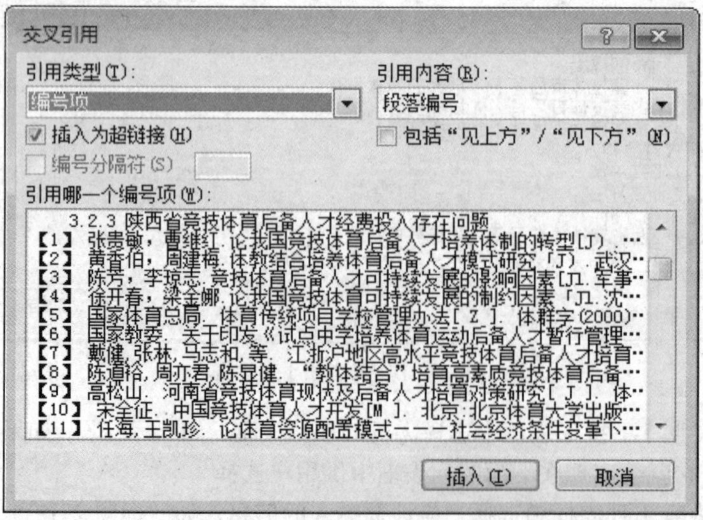

图 2-8 【交叉引用】对话框

⑤ 在【引用哪一个编号项】下面选择相应的参考文献。插入结果如图 2-9 所示，按住 Ctrl 键并单击鼠标左键，可以直接跳转到引用的参考文献位置。

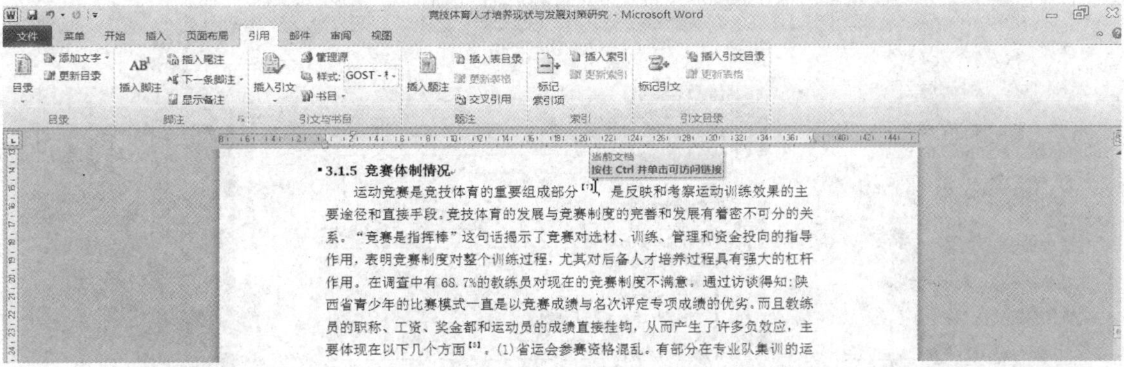

图 2-9 利用交叉引用插入参考文献

⑥ 如果对参考文献的顺序进行了修改、增添或删减，那么就对正文进行全选，并单击鼠标右键，选择快捷菜单中的【更新域】命令，那么正文中所有引用的编号就自动修改为修改后的参考文献的编号。

3. 创建图、表目录

由于毕业论文中插入的图、表较多，按照正规排版要求，一般需要在正文目录后面列一个图、表目录。具体方法如下。

（1）定位插入点于文档中需要插入图、表目录的位置。

（2）选择【引用】选项卡下的【题注】组，单击【插入表目录】命令，打开【图表目录】对话框，如图 2-10 所示。

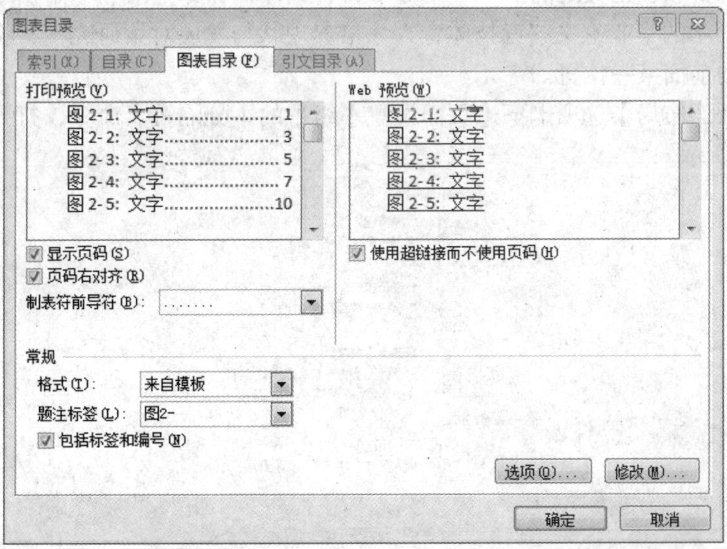

图 2-10 【图表目录】对话框

（3）在【题注标签】下拉列表中选择要创建目录的内容对应的题注“图 2-”。

（4）单击【确定】按钮，就可以为本文档插入图形目录，效果如图 2-11 所示。

用同样方法给文档中所有表格或公式等项目插入目录，使论文结构完整。

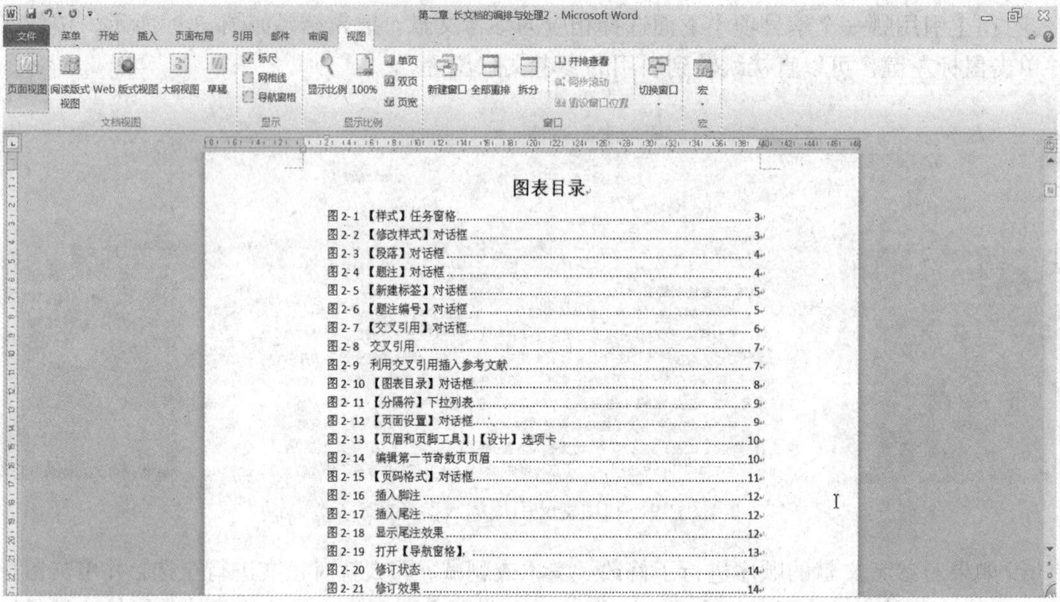

图 2-11 插入的“图表目录”

2.3.3 插入分节符

毕业论文是一篇较长的文档，由好几个部分组成，往往几个部分的格式和版式不同，插入了分节符就可以使文档的每个部分的排版和编辑更加灵活自如。毕业论文主要由封面、摘要、目录、论文正文、参考文献等组成，如果文档的某一部分需要采用不同的格式设置，就可以创建一个节。毕业论文可以将封面、摘要、目录、论文正文分别创建一个节，以方便每个部分格式和版式的设置。

比如在论文的目录和正文之间插入一个分节符，具体操作如下。

（1）打开 S 同学的毕业论文“竞技体育人才培养现状与发展对策研究”，将光标定位在目录的后面或者正文的前面某一位置。

（2）选择【页面布局】选项卡下【页面设置】组中的【分隔符】命令，打开【分隔符】下拉列表，如图 2-12 所示。

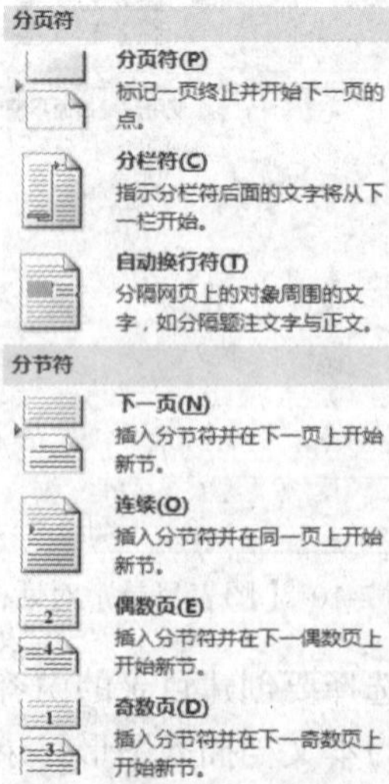

图 2-12 【分隔符】下拉列表

（3）在【分节符】选择区内选择【下一页】选项。

（4）切换视图模式为“草稿”，可以看见插入的“分节符”标志，如图 2-13 所示。

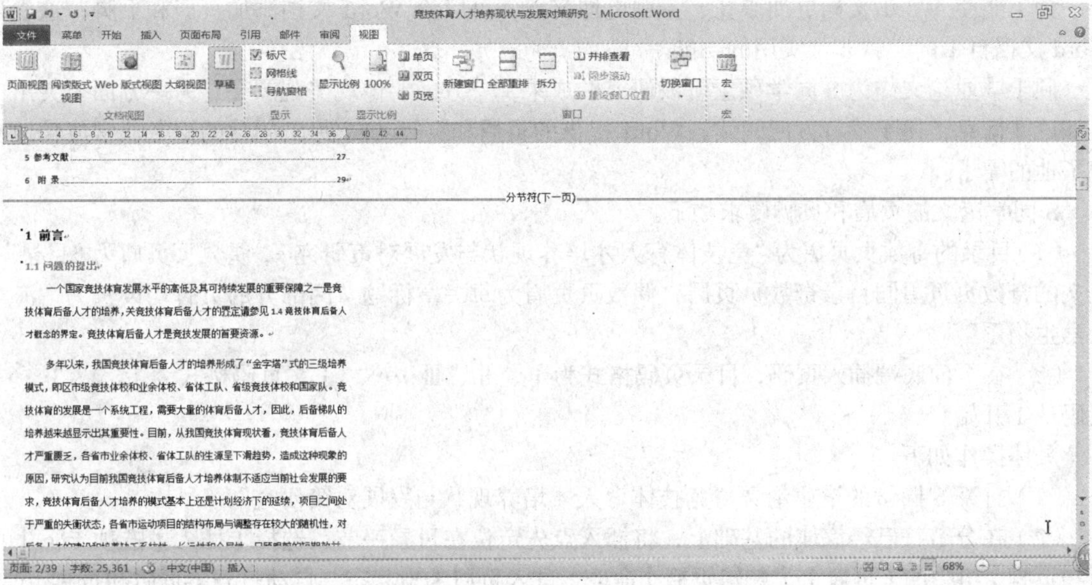

图 2-13　插入分节符

这样就将目录和正文分成了两节，可以对每一节的页面版式、页码格式和起始编号、页眉页脚等独立设置。

提示

如果要对每一节设置不同的版式，必须在【页面布局】选项卡下的【页面设置】对话框中选择【应用于】下拉列表中的【本节】选项才能生效，如图 2-14 所示。

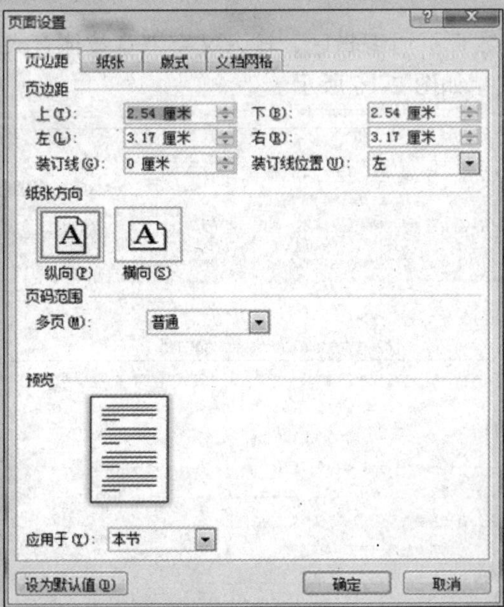

图 2-14 【页面设置】对话框

2.3.4 添加页眉和页脚

为了能使 Word 文档更加漂亮、主题更加突出，可以给 Word 文档添加页眉和页脚，这也是 Word 文档自带的一款非常实用的功能。

硕士毕业论文作为 S 同学硕士阶段研究的成果，一方面要体现美观漂亮，另一方面要突出个人和论文信息，便于读者方便阅读。Word 提供的页眉和页脚功能使 S 同学的论文非常成功地实现了他的需求。

S 同学论文的页眉和页脚要求如下。

（1）目录的奇数页页眉为“竞技体育人才培养现状与发展对策研究”，偶数页页眉为“目录”，正文的奇数页页眉同目录奇数页页眉，偶数页页眉为每一章标题。两部分的页脚均设置为“海洋大学生物系”。

（2）在页面底端插入页码，目录页码格式为Ⅰ、Ⅱ、Ⅲ……，正文页码格式为 1、2、3……，页码从 1 开始。

具体操作如下。

（1）打开 S 同学的毕业论文“竞技体育人才培养现状与发展对策研究”。

（2）在分节符已经完成的基础上，将插入点先定位在目录一节，选择【插入】选项卡下【页眉和页脚】组中的【页眉】|【编辑页眉】命令，进入页眉编辑状态，自动打开【页眉和页脚工具】选项卡下的【设计】选项卡，如图 2-15 所示。在【选项】组中选中【奇偶页不同】复选框。

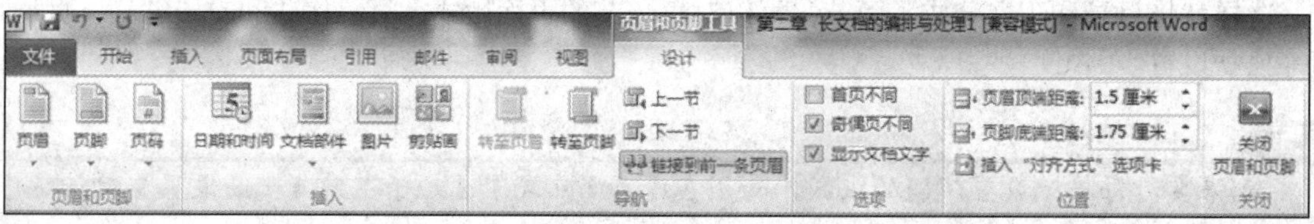

图 2-15 【页眉和页脚工具】选项卡下的【设计】选项卡

（3）将插入点定位到奇数页页眉编辑区，输入文字“竞技体育人才培养现状与发展对策研究”，设置需要的字体格式，如图 2-16 所示。

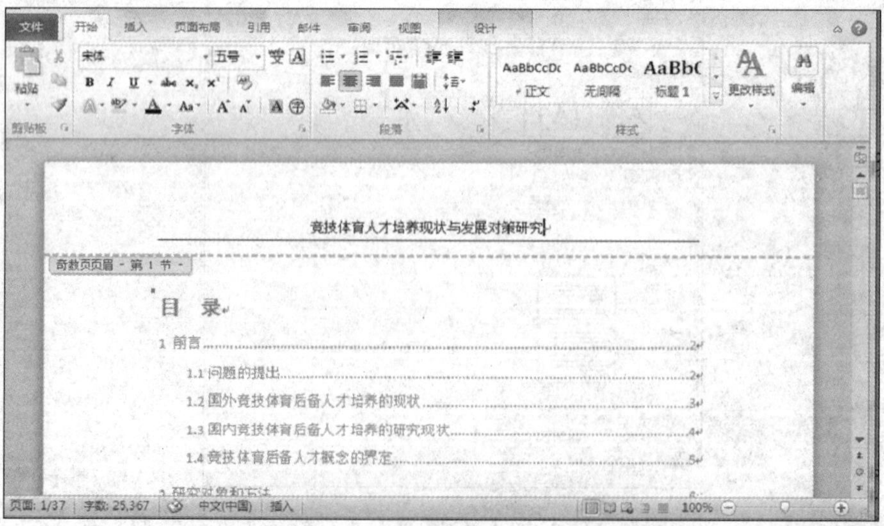

图 2-16 编辑第一节奇数页页眉

（4）将插入点定位到偶数页页眉编辑区，输入文字“目录”，设置需要的字体格式。

（5）设置完页眉，切换到【页眉和页脚工具】|【设计】选项卡，单击【导航】|【转至页脚】命令，就可以直接将插入点定位到页脚编辑区，输入“海洋大学生物系”，如图 2-17 所示。

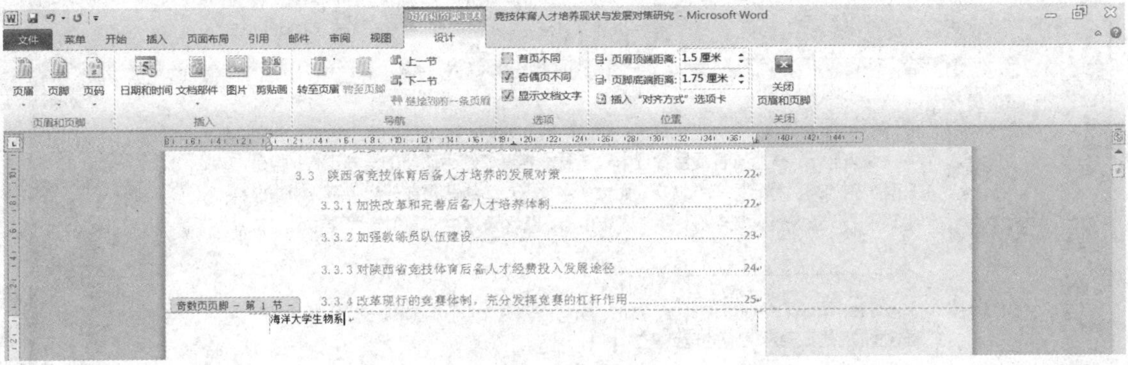

图 2-17　编辑页脚

（6）页脚设置完毕，插入点已经在页面底端，直接单击【设计】选项卡下的【页眉和页脚】|【页码】|【当前位置】命令可以插入页码，然后选择【页码】|【设置页码格式】命令，打开【页码格式】对话框，如图 2-18 所示，设置需要的编码格式，以及起始页码从 1 开始。

（7）文档正文也按照同样的方法设置。

（8）页眉页脚设置完成后，单击【页眉和页脚工具】|【设计】选项卡下的【关闭页眉和页脚】按钮，或者双击正文编辑区就可以完成对页眉页脚的创建并进入正文编辑。

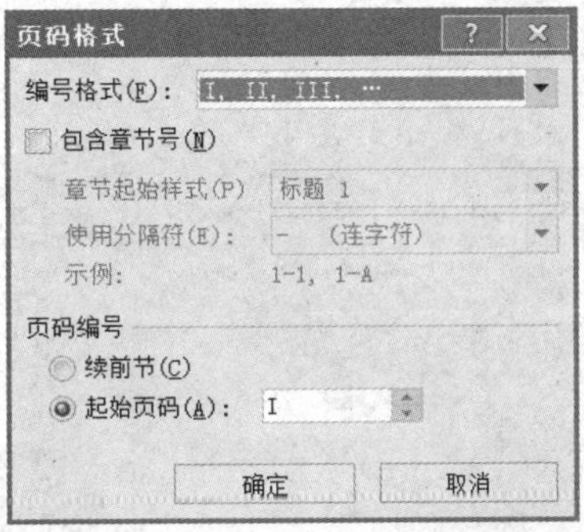

图 2-18 【页码格式】对话框

提示

如果当前设计的页眉和页脚不是该文档的第一节页眉和页脚，并且该文档要求每一节设置不同的页眉页脚，比如设置完目录一节之后，需要设置正文第一单元的页眉页脚，首先应该取消“与上一节相同”功能，再进行页眉设置。具体方法：切换到【页眉和页脚工具】|【设计】选项卡，单击【导航】选项组下的【链接到前一条页眉】按钮，使该按钮处于不选中状态。

2.3.5　脚注和尾注的应用

在编辑论文时，常常需要对一些从别的参考资料中引用的内容、名词或事件加注释。Word 提供的插入脚注和尾注功能，可以在指定的文本处插入注释。脚注和尾注唯一的区别是：脚注是放在每一页面的底端，而尾注是放在文档的结尾处。

（1）打开 S 同学的毕业论文“竞技体育人才培养现状与发展对策研究”。

（2）选择要插入脚注的标题文本“三级训练网”，打开【引用】选项卡，单击【脚注】组中的【插入脚注】按钮，光标即可跳转到该页面底端，直接输入图 2-19 所示的脚注内容。

（3）插入脚注后，文本“三级训练网”处将出现脚注引用标记，将鼠标指针移至该标记，将显示脚注内容，如图 2-20 所示。

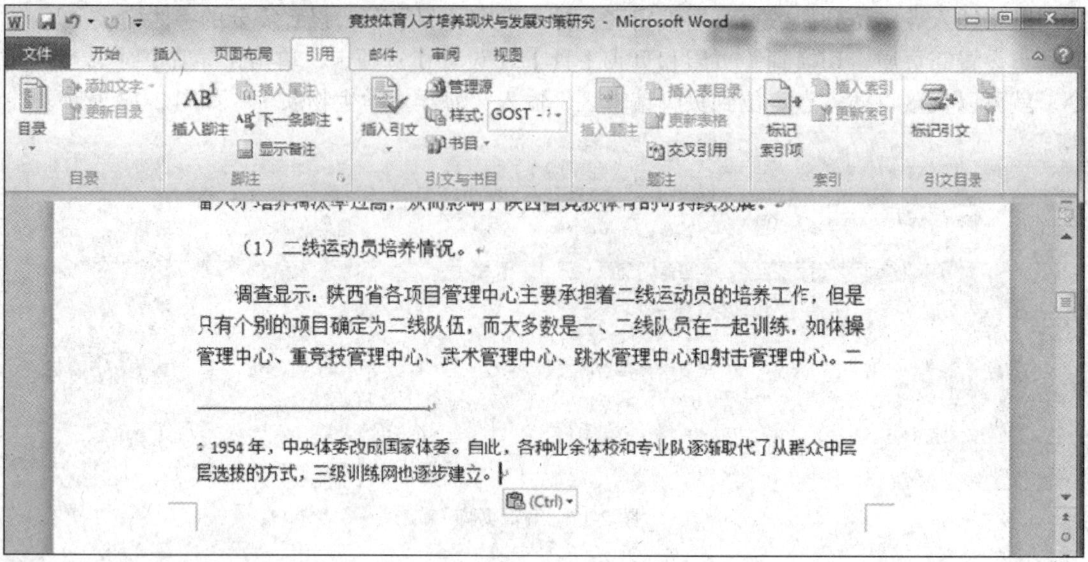

图 2-19　插入脚注

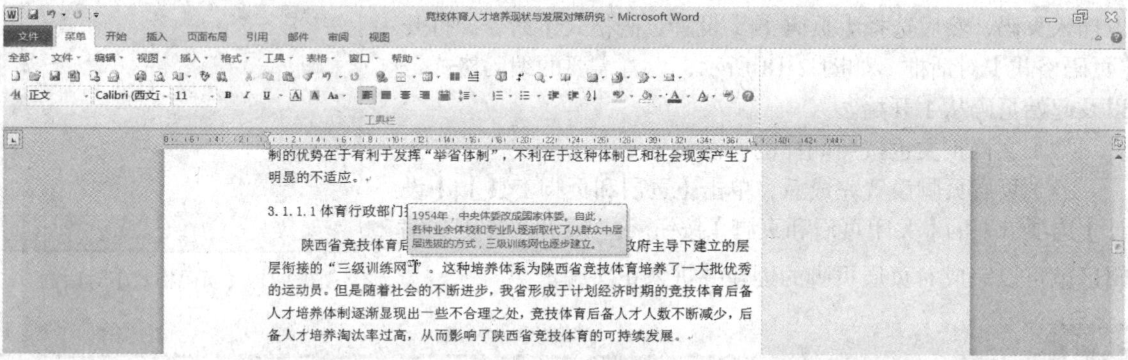

图 2-20　文本处显示脚注内容

（4）选取文档中的“林春源”文本，打开【引用】选项卡，再单击【脚注】组中的【插入尾注】按钮，光标即可跳转到文档的末尾处，在此直接输入图 2-21 所示的尾注内容。

图 2-21　插入尾注

（5）插入尾注后，文本“林春源”处将出现尾注引用标记，将鼠标指针移至该标记，将显示尾注内容，效果如图 2-22 所示。

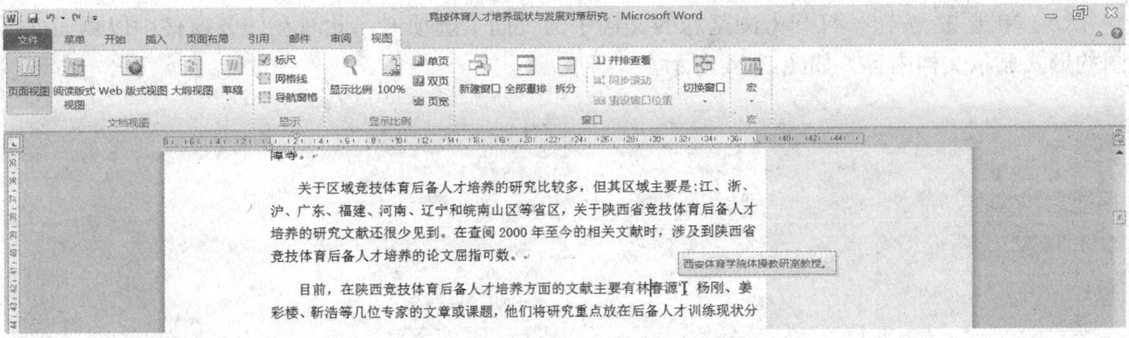

图 2-22　显示尾注效果

（6）保存文档。

2.3.6　使用审阅功能

1. 使用【导航窗格】查看文档结构

文档结构是指文档的标题层次。Word 2010 新增了【导航窗格】功能，使用该窗格可以查看文档的结构。具体查看方法如下。

（1）打开 S 同学的毕业论文“竞技体育人才培养现状与发展对策研究”。

（2）打开【视图】选项卡，切换至页面视图。单击【显示】组中的【导航窗格】，如图 2-23 所示。

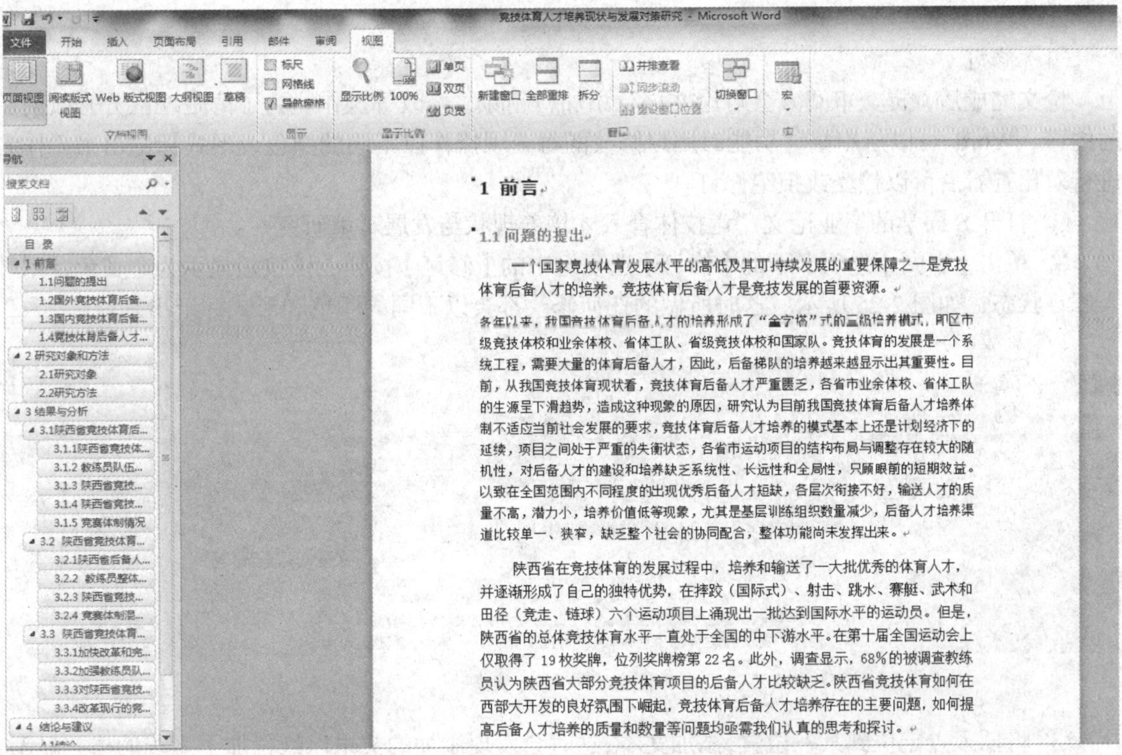

图 2-23　打开【导航窗格】

（3）在自动打开的【浏览您的文档中的标题】选项卡中查看文档的结构。单击任一标题，右侧的文档页面将自动跳转到对应的正文部分。

（4）单击 按钮，打开【浏览您的文档中的页面】选项卡，此时在任务窗格中以页面缩略图的形式显示文档内容，如图 2-24 所示。

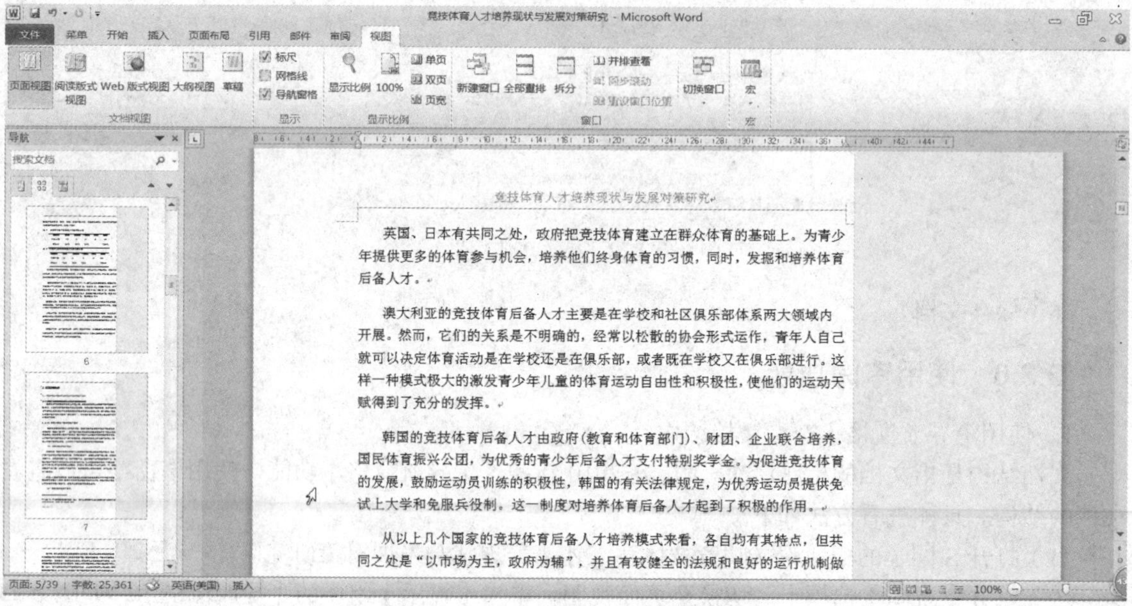

图 2-24　以页面缩略图形式显示文档内容

2. 修订和批注

（1）修订

论文完成后，提交审阅人会对论文进行添加、删除、修改等操作。为了清楚地区分修改前后的内容，Word 可以启用修订功能对用户修改的每一项操作以不同的颜色或形式标记出来，作者进行对比查看后可以接受或拒绝修订。

① 打开 S 同学的毕业论文“竞技体育人才培养现状与发展对策研究”。

② 单击【审阅】选项卡下的【修订】选项组中的【修订】按钮，该按钮显示为金黄色，则进入修订状态，如图 2-25 所示。这时所做的任何修改都会以不同的颜色和形式标记出来。

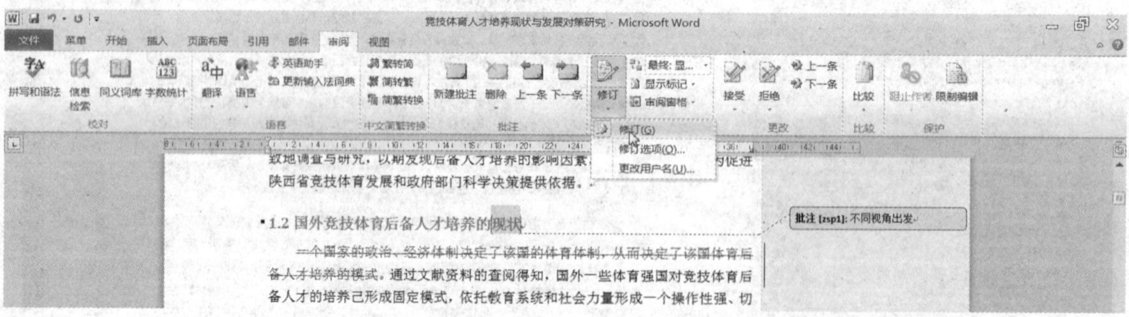

图 2-25　修订状态

③ 将插入点定位到某一位置，添加文本，这时会发现添加的文本以红色加下划线的格式显示，如图 2-26 所示。

④ 选择文档中需要删除的文本进行删除操作后，这时会发现被删除的文本以红色加删除线的格式显示，如图 2-26 所示。

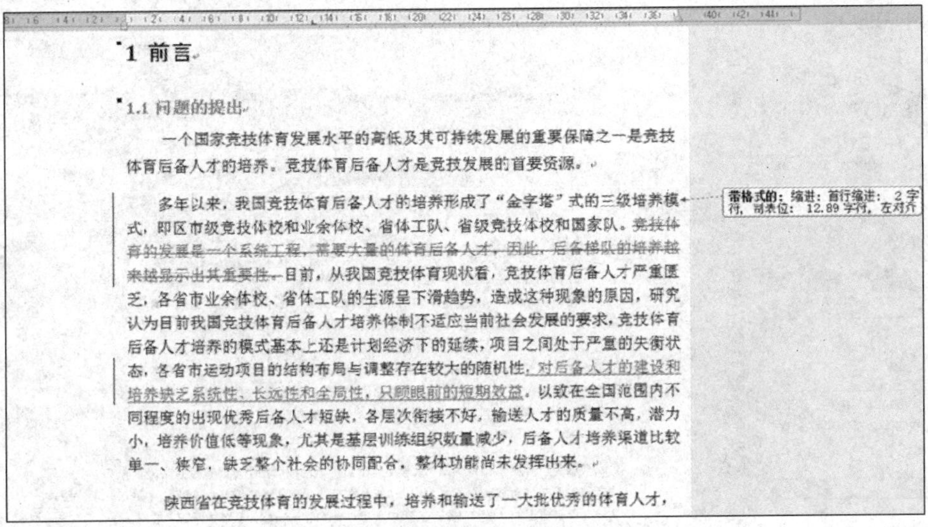

图 2-26　修订效果

⑤ 当所有的修订工作完成后，再次单击【修订】组中的【修订】按钮，退出修订状态。

⑥ 在文档中添加批注和修订后，为了方便作者查看与修改，可以选择【审阅】选项卡下【修订】选项组中【审阅窗格】来浏览文档中的修订内容。

查看完毕后还可以选择是否接受修订内容。下面继续以 S 同学的论文为例来介绍查看、接受和拒绝修订的方法。

① 打开 S 同学的毕业论文“竞技体育人才培养现状与发展对策研究”。

② 打开【审阅】选项卡，单击【修订】组中的【审阅窗格】按钮，在窗口左边出现审阅窗格，单击“主文档修订和批注”，打开文档中修订和批注的内容，双击任一修订或批注的内容框，即可切换到对应的位置进行查看，如图 2-27 所示。

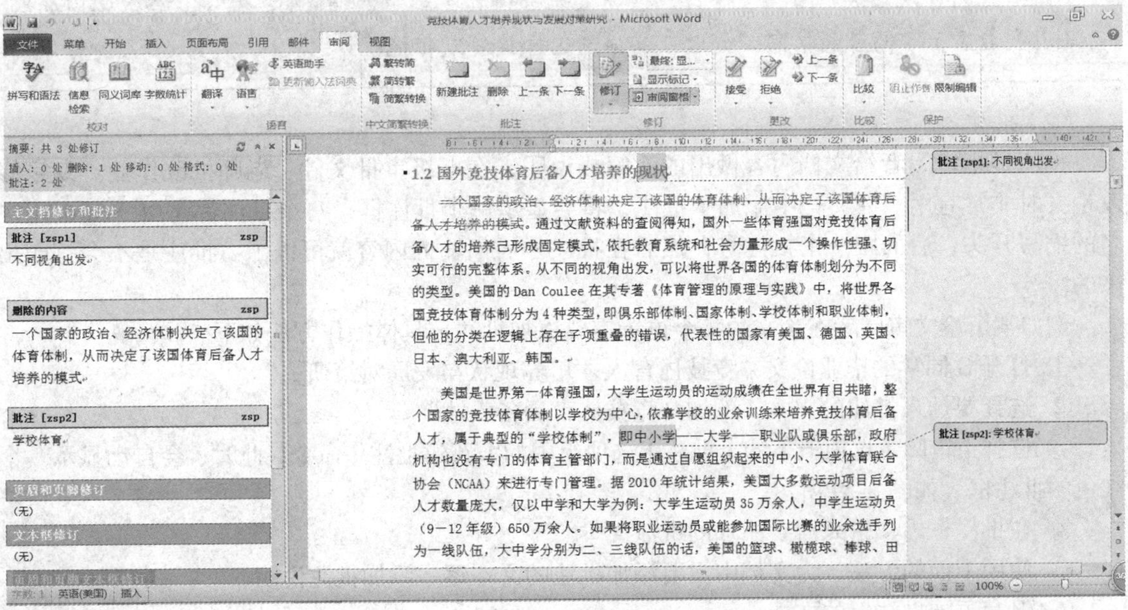

图 2-27　查看修订

③ 将插入点定位到文档修订中删除的内容处，在【更改】组中单击【接受】按钮，接受修订，如图 2-28 所示。

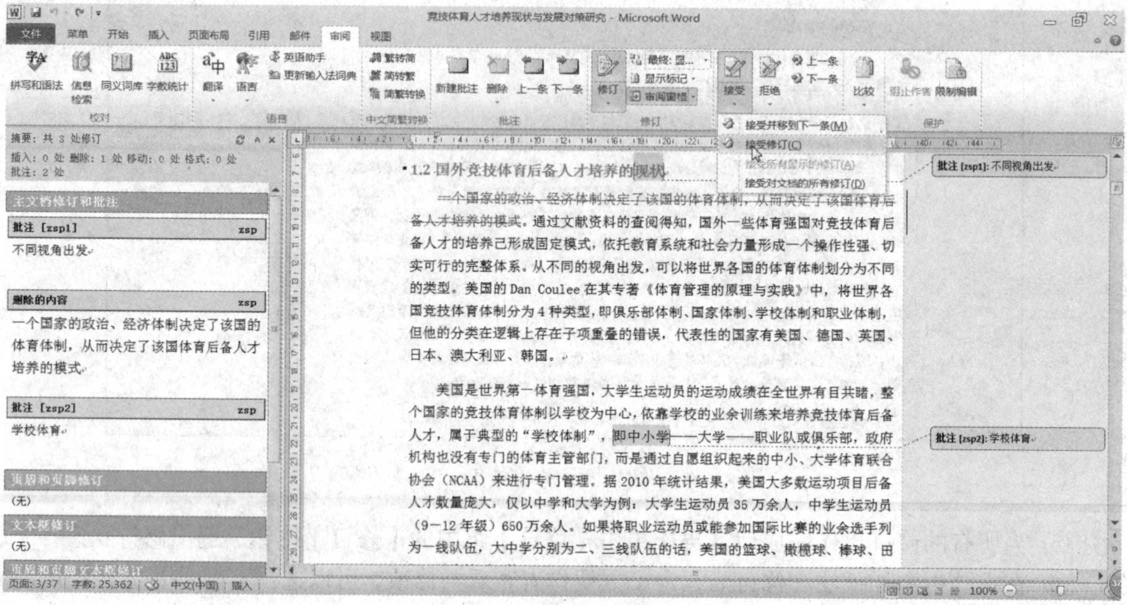

图 2-28 接受修订

④ 把插入点定位到文档中修订删除的内容处，在【更改】组中单击【拒绝】按钮，则拒绝审阅者对文档的修订。

作者也可以将插入点定位到任意位置，单击【更改】组中的【接受对文档的所有修订】按钮，选择接受审阅者对论文所做的所有修订。

提示

同一文档可以由多个审阅者修订，任何人都可以在文档中添加修订，Word 会以不同的颜色及用户名显示审阅者的信息。作者可以分别选择接受或拒绝修订。

（2）批注

批注是指审阅者给文档内容做出的注解或说明，在上级审批文件、老师批改作业、专家修改论文时非常有用。在文档中添加了批注，将会显示一个批注框，每个批注都是由 Word 用户名的缩写开头，后面跟一个批注号，然后在批注号后面输入内容就可以了。批注是不会打印出来的。

例如某个论文审阅者在论文的某个位置需要添加批注，具体操作方法如下。

① 打开 S 同学的毕业论文“竞技体育人才培养现状与发展对策研究”。

② 选择要插入批注的文本，例如“竞技体育后备人才”。

③ 选择【审阅】选项卡下的【批注】选项组中的【新建批注】命令，此时，会自动显示一个红色的批注框，如图 2-29 所示。

④ 在批注框内，输入需要添加的批注文本。

⑤ 使用上面的方法，为文档中需要添加批注的文本逐一添加批注说明。

⑥ 保存添加批注后的文档。

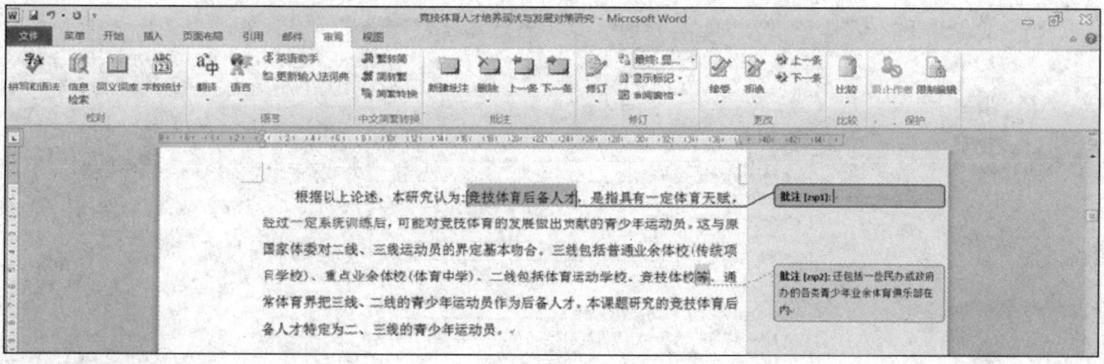

图 2-29　添加批注

2.3.7　生成目录

经过上面的努力，S 同学的论文编辑和排版工作已经初步完成，为了使论文的结构完整、内容清晰明了，方便自己和读者查阅，还需为论文添加美观的目录。

具体操作如下。

（1）打开论文“竞技体育人才培养现状与发展对策研究”。

（2）将插入点定位在“摘要”前，插入分节符中的【下一页】命令，使目录独列一节，便于为目录设置区别于正文的页眉页脚。

（3）单击【引用】选项卡，选择【目录】|【插入目录】命令，打开【目录】对话框，在【格式】下拉列表中选择“来自模板”选项，【显示级别】选择“3”，如图 2-30 所示，单击【确定】按钮，得到图 2-31 所示的目录。

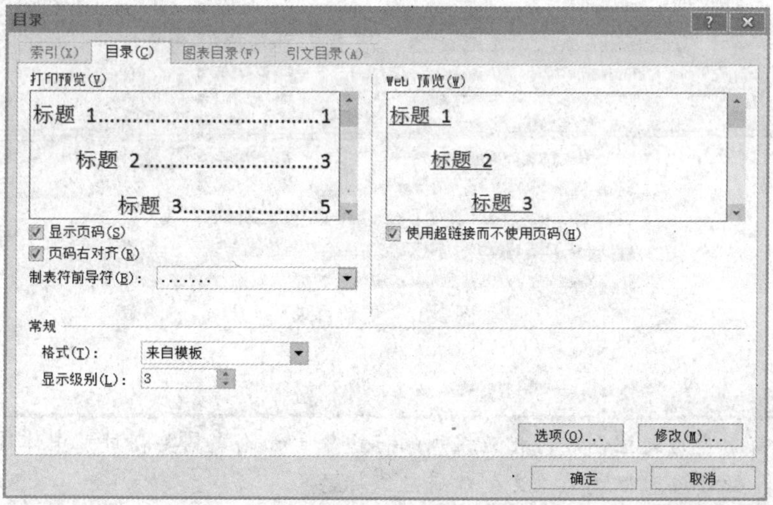

图 2-30 【目录】对话框

（4）目录创建完成后，如果对正文内容进行修改，页码发生了部分改变，这时就需要更新目录。只要把鼠标放在目录区域内单击鼠标右键，在弹出的快捷菜单中选择【更新域】命令就可以更新目录，如图 2-32 所示。

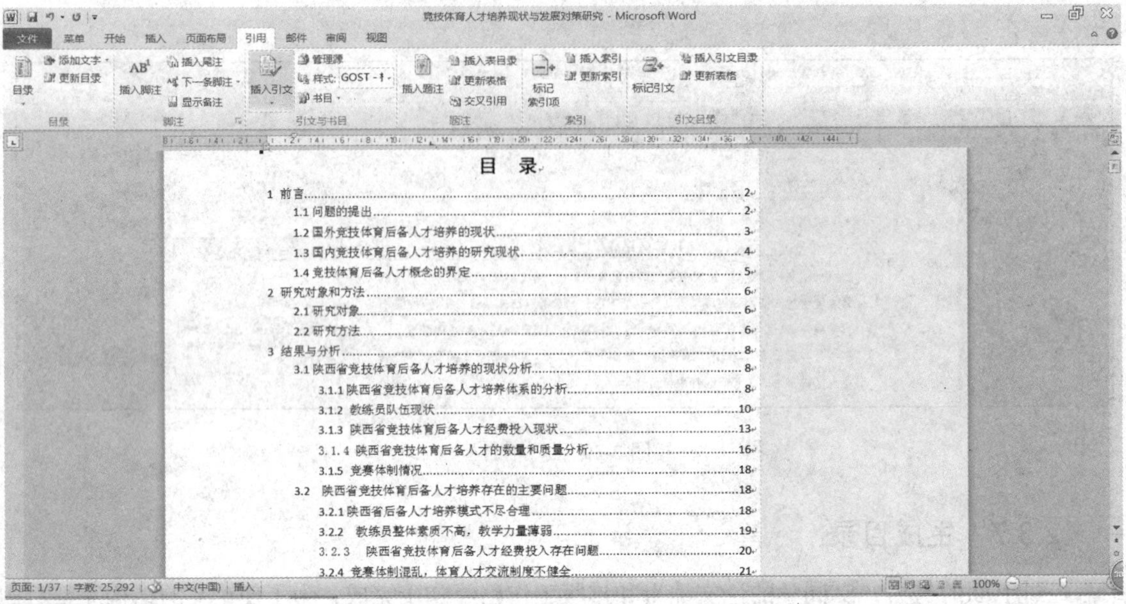

图 2-31 插入目录

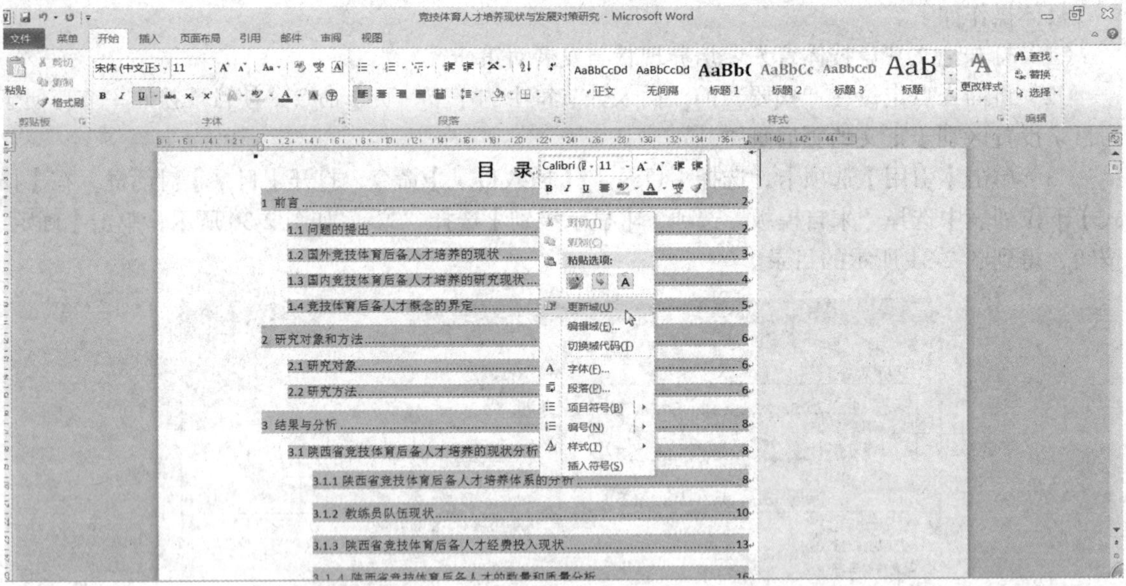

图 2-32 更新目录

提示

添加目录前需要为文档创建好相应级别的标题，比如论文需要在目录中体现三级标题，则在论文排版中就必须应用样式为论文创建好三级标题。

本案例采用S同学的毕业论文，介绍了长文档的编排方法与常用技巧。通过案例示范了样式的创建与应用，分节符和页眉页脚的创建，图表的自动编号，脚注、尾注和批注的添加，目录的自动生成与更新等长文档的编排方法。这些功能的使用使得S同学成功完成了格式规范、结构完整、图文并茂的毕业论文。

拓展实训

实训 1　编辑《网络信息安全学习材料》

为一篇名为《网络信息安全学习材料》的长文档按照要求设置文档格式。

（1）为文档制作图 2-33 所示的封面。

图 2-33　封面效果图

提示

Word 中除了自己制作封面外，还可以直接使用 Word 提供的内置封面样式获得封面。具体步骤为：切换到【插入】选项卡，单击【页】选项组下的【封面】按钮，在弹出的下拉菜单中选择需要的封面就可以了。

（2）设置页面格式，要求如下。

① 设置页面纸张大小为 32 开（13×18.4 厘米）；

② 设置页边距为上“2 厘米”、下“1.5 厘米”，左右各“2 厘米”；

③ 要求文档每页 26 行，每行 24 字符。

提示

单击【页面布局】选项卡中【页面设置】组的对话框启动器，打开【页面设置】对话框，选择【纸张】选项卡，在【纸张大小】下拉列表中选择【32 开（13×18.4 厘米）】选项，如图 2-34 所示。

在【页面设置】对话框中，选择【文档网格】选项卡，选中【网格】选项组中的【指定行和字符网格】单选按钮，在【字符数】选项组的【每行】文本框中输入“24”，在【行数】选项组的【每页】文本框中输入“26”，如图 2-35 所示。

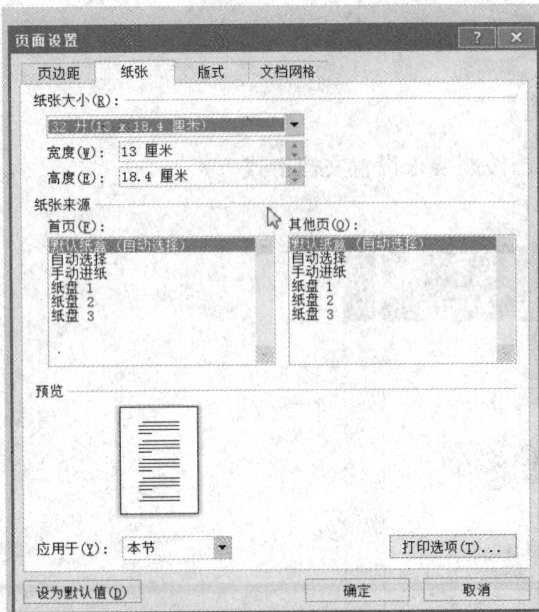

图 2-34　设置纸张大小

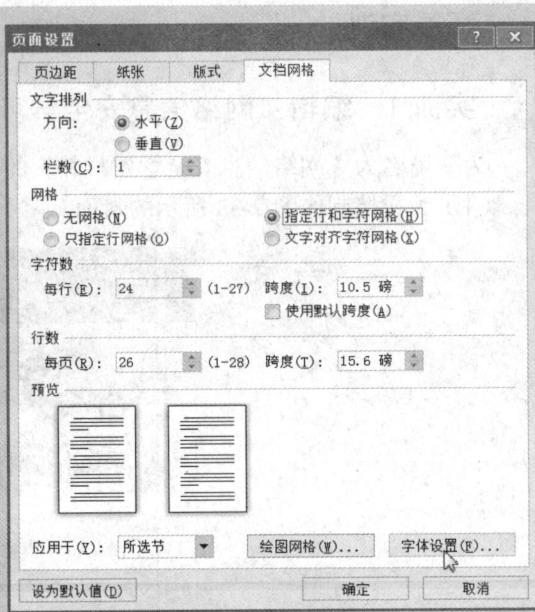

图 2-35　设置行数和字符数

（3）设置文档属性。

标题为“网络信息安全”，作者为“吴一凡　田一天”，单位为“中国网络大学”。

提示

选择【摘要】选项卡，在【标题】文本框中输入“网络信息安全”，在【作者】文本框中输入“吴一凡　田一天”，在【单位】文本框中输入“中国网络大学”，如图 2-36 所示。

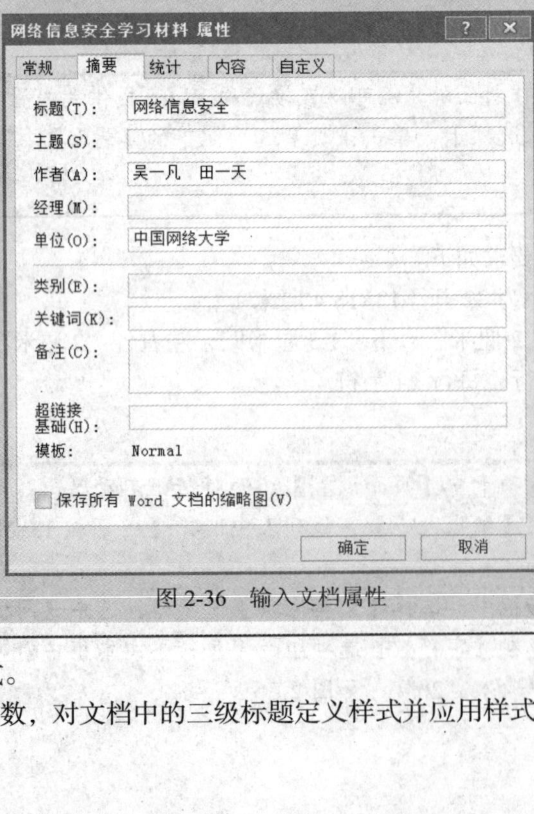

图 2-36　输入文档属性

（4）定义和应用样式。

按照表 2-2 所示的参数，对文档中的三级标题定义样式并应用样式。

表 2-2　　　　　　　　　　　　　　　　**标题参数**

名称	字体格式	段落格式
标题 1	黑体，三号	固定行距 18 磅，段后间距 25 磅，居中对齐
标题 2	黑体，四号	固定行距 18 磅，段后间距 20 磅，左对齐，首行缩进 2 字符
标题 3	黑体，小四	固定行距 18 磅，段后间距 20 磅，左对齐，首行缩进 2 字符
正文	中文五号宋体，西文五号，Times New Roman 体	固定行距 18 磅，首行缩进 2 字符

（5）插入分节符。

插入分节符，使文档的封面、目录和正文内容分节。

（6）添加奇偶页不同的页眉页脚。

封面不需要设置页眉页脚，目录页设置页眉为“目录”；正文奇数页设置页眉为“网络信息安全”，偶数页设置页眉为“校园网学习材料”。

（7）插入页码。

① 封面不需要插入页码。

② 目录页的页码格式为“I，Ⅱ，Ⅲ，……”，起始页码为 I，页码位置为“底端、居中”。

③ 正文页的页码格式为“1，2，3，……”，起始页码为 1，页码位置为“底端、外侧”。

（8）创建目录。

为文档自动生成三级标题目录，要求显示页码，页码右对齐。

实训 2　制作产品说明书

请你为一款苹果 iWatch 手机制作美观实用的产品说明书，效果如图 2-37 所示。

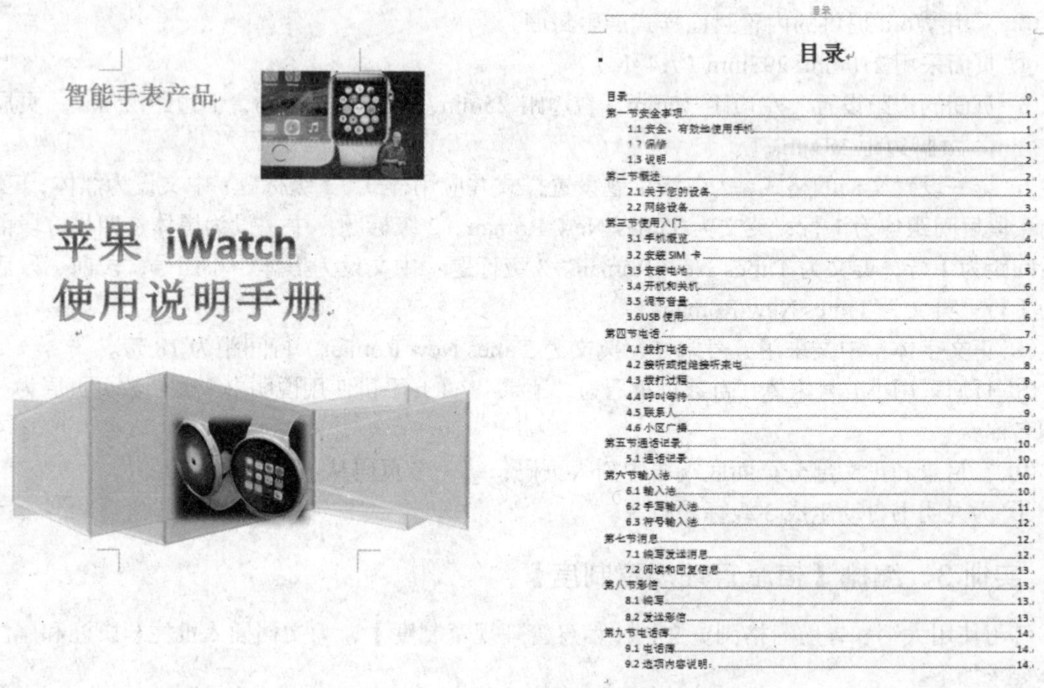

图 2-37　苹果 iWatch 使用说明书

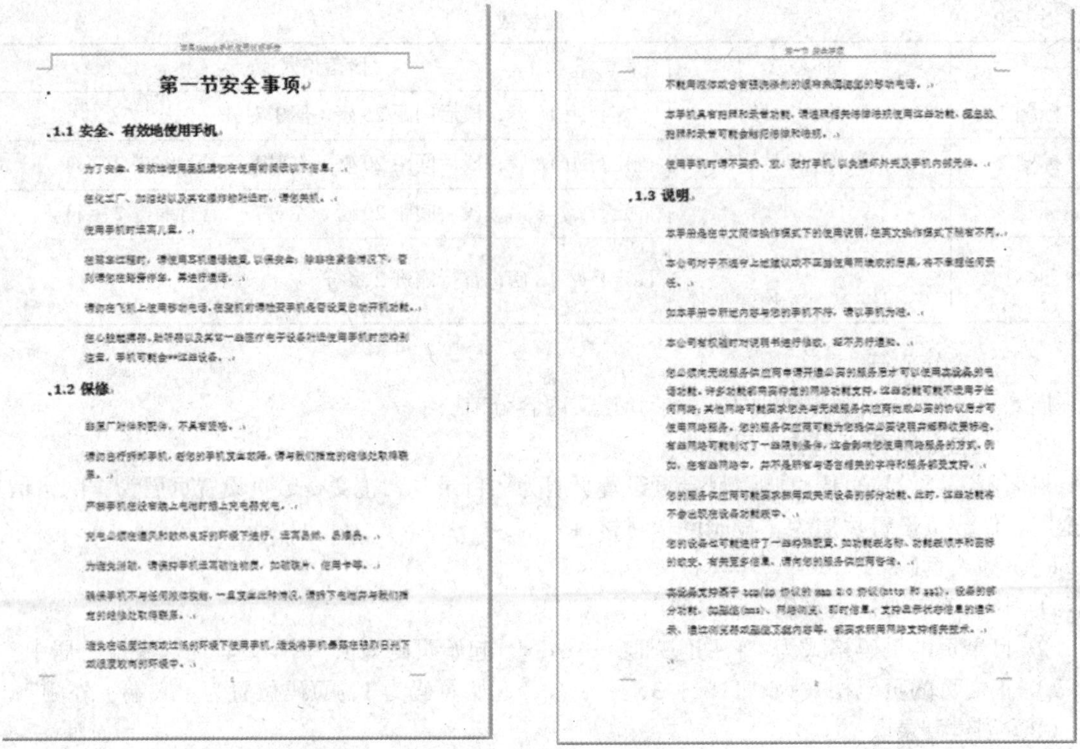
第一节安全事项

1.1 安全、有效地使用手机

1.2 保修

1.3 说明

图 2-37　苹果 iWatch 使用说明书（续）

具体要求如下。

① 产品说明书的内容要求科学性和实用性，既要准确客观，又要通俗易懂。

② 整个文档结构由封面、前言、目录、正文四部分组成，要求每部分为一小节。

③ 采用 Word 提供的内置封面样式产生封面。

④ 页面采用 210mm×297mm（A4 纸）。

⑤ 页面的边距设置。左边距 30mm，右边距 25mm，上边距 30mm，下边距 25mm，页眉边距 23mm，页脚边距 18mm。

⑥ 统一设置文档的格式，为各级标题设置样式并应用样式。1 级标题：中文设为黑体，三号，段前、段后间距均为 1 行；英文为 Times New Roman。2 级标题：中文设为黑体，四号，段前、段后间距为 1 行；英文为 Times New Roman。3 级标题：中文设为黑体，小四号，段前、段后间距为 1 行；英文为 Times New Roman。

⑦ 正文字体：中文采用五号宋体，英文为 Times New Roman，行间距为 18 磅。

⑧ 页眉采用小五号宋体，奇数页页眉为“苹果 iWatch 手机使用说明书”，偶数页页眉为一级标题名称。

⑨ 在目录和正文部分页面底端居中插入页码，每一节页码从 1 开始。

⑩ 为说明书自动生成 3 级标题目录。

实训 3　编排【信息管理规章制度】

练习使用大纲和导航窗格浏览文档【信息管理规章制度】，为文档插入批注、脚注和尾注，具体要求如下。

（1）使用大纲视图浏览文档，分别选择显示级别 2 和 3 显示大纲，如图 2-38 所示。

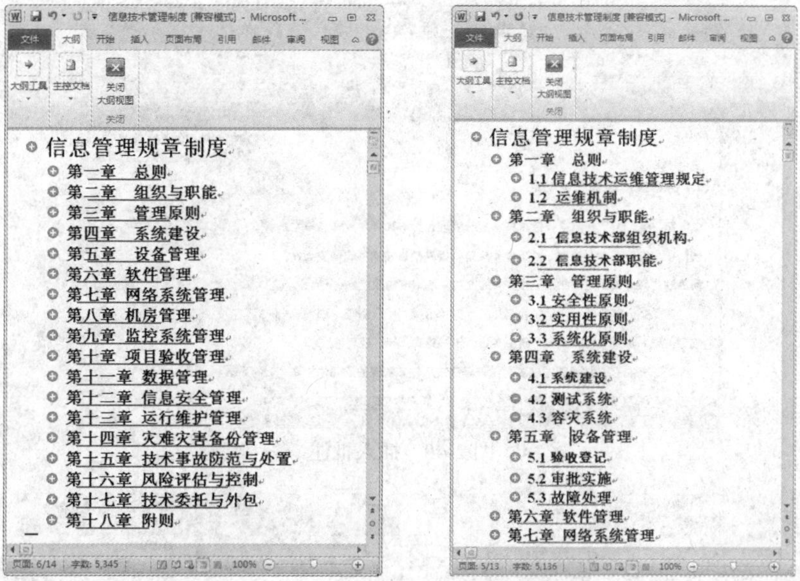

图 2-38 选择显示级别 2 和 3 显示大纲

（2）关闭大纲视图，选择【导航窗格】中的【浏览您的文档中的标题】浏览文档，如图 2-39 所示。

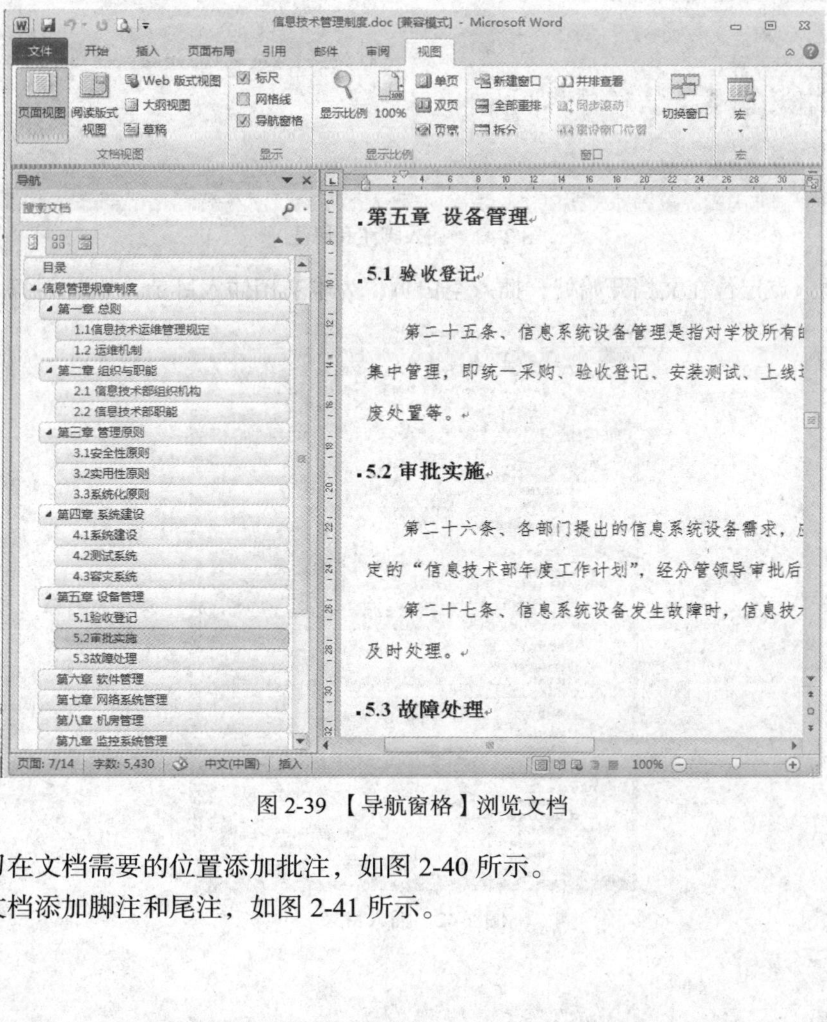

图 2-39 【导航窗格】浏览文档

（3）练习在文档需要的位置添加批注，如图 2-40 所示。

（4）为文档添加脚注和尾注，如图 2-41 所示。

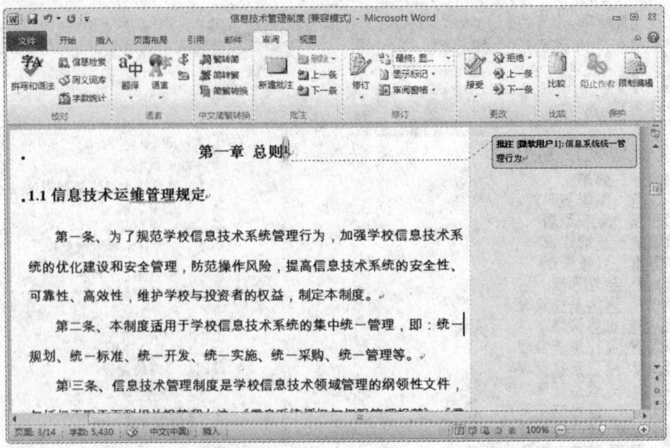

图 2-40　插入批注

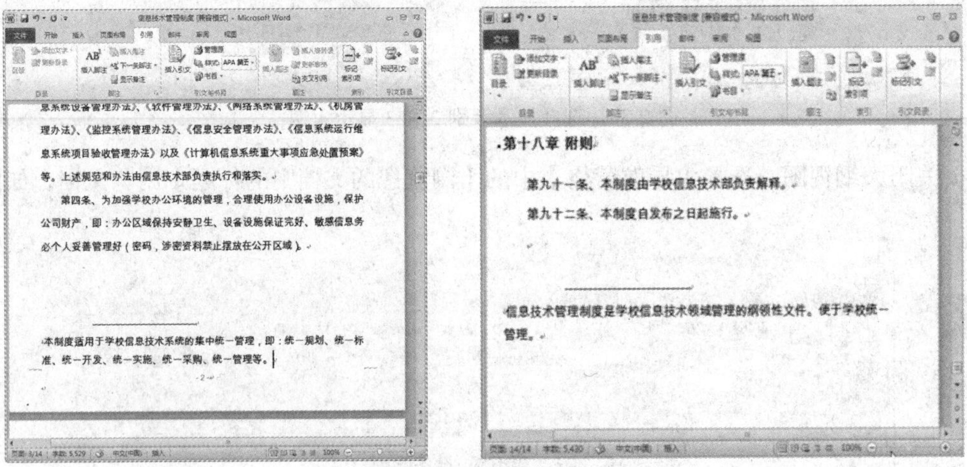

图 2-41　插入脚注和尾注

（5）将插入点定位在文档开始处，插入空白页，为本文档插入目录，如图 2-42 所示。

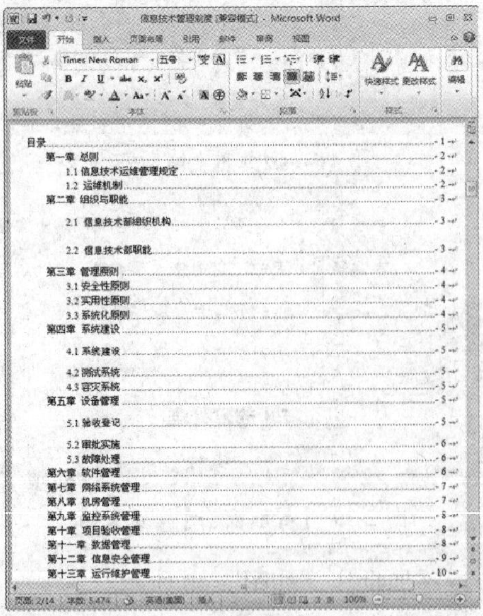

图 2-42　插入目录

任务 3

Excel 数据录入与统计——员工档案及工资管理

企业员工档案及工资管理是一项重要工作，科学有效的管理手段不仅能减轻财务人员的工作量，也方便其他人员查阅。利用 Excel 电子表格提供的自动填充、数据有效性检验及强有力的公式和函数功能可实现员工信息高效管理，界面简洁、方便快捷。

“员工档案及工资管理”设计的部分效果如图 3-1、图 3-2 和图 3-3 所示。

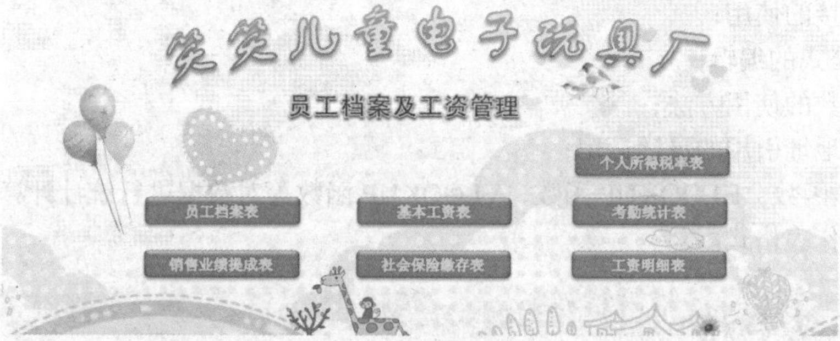

图 3-1 管理目录

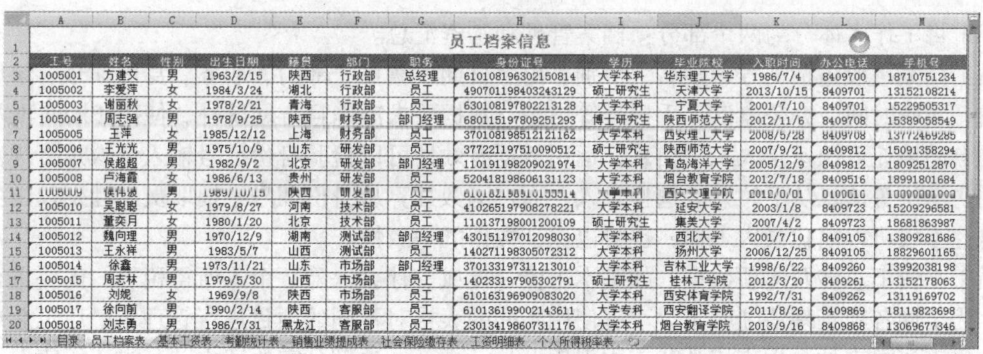

员工档案信息

工号	姓名	性别	出生日期	籍贯	部门	职务	身份证号	学历	毕业院校	入职时间	办公电话	手机号
1005001	方建文	男	1963/2/15	陕西	行政部	总经理	610108196302150814	大学本科	华东理工大学	1986/7/4	8409700	18710751234
1005002	李爱萍	女	1984/3/24	湖北	行政部	员工	490701198403243129	硕士研究生	天津大学	2013/10/15	8409701	13152108214
1005003	谢丽秋	女	1978/2/21	青海	行政部	员工	630108197802213128	大学本科	宁夏大学	2001/7/10	8409701	15229505317
1005004	周志强	男	1978/9/25	陕西	财务部	部门经理	680115197809251293	博士研究生	陕西师范大学	2012/11/6	8409708	15389058549
1005005	王萍	女	1985/12/12	上海	财务部	员工	370108198512121162	大学本科	西安理工大学	2008/5/28	8409708	13772469285
1005006	王光光	男	1975/10/9	山东	研发部	员工	377221197510090512	硕士研究生	陕西师范大学	2007/9/21	8409812	15091358294
1005007	侯超超	男	1982/9/2	北京	研发部	部门经理	110191198209021974	大学本科	青岛海洋大学	2005/12/9	8409812	18092512870
1005008	卢海霞	女	1986/6/13	贵州	研发部	员工	520418198606131123	大学本科	烟台教育学院	2012/7/18	8409516	18991801684
1005009	侯伟波	男	1989/10/15	陕西	研发部	员工	[illegible]	大学本科	西安文理学院	[illegible]	[illegible]	[illegible]
1005010	吴聪聪	女	1979/8/27	河南	技术部	员工	410265197908278221	大学本科	延安大学	2003/1/8	8409723	15209296581
1005011	董奕月	女	1980/1/20	北京	技术部	员工	110137198001200109	硕士研究生	集美大学	2007/4/2	8409723	18681863987
1005012	魏向理	男	1970/12/9	湖南	测试部	部门经理	430151197012098030	大学本科	西北大学	2001/7/10	8409105	13809281686
1005013	王永祥	男	1983/5/7	山西	测试部	员工	140271198305072312	大学本科	扬州大学	2006/12/25	8409105	18829601165
1005014	徐鑫	男	1973/11/21	山东	市场部	部门经理	370133197311213010	大学本科	吉林工业大学	1998/6/22	8409260	13992038198
1005015	周志林	男	1979/5/30	山西	市场部	员工	140233197905302791	硕士研究生	桂林工学院	2012/3/20	8409261	13152178063
1005016	刘妮	女	1969/9/8	陕西	市场部	员工	610163196909083020	大学本科	西安体育学院	1992/7/31	8409262	13119169702
1005017	徐向前	男	1990/2/14	陕西	客服部	员工	610136199002143611	大学专科	西安翻译学院	2011/8/26	8409869	18119823698
1005018	刘志勇	男	1986/7/31	黑龙江	客服部	员工	230134198607311176	大学本科	烟台教育学院	2013/9/16	8409868	13069677346

目录 员工档案表 基本工资表 考勤统计表 销售业绩提成表 社会保险缴存表 工资明细表 个人所得税率表

图 3-2 员工档案信息

6月份员工工资明细表

工号	姓名	部门	岗位工资	工龄工资	基本工资	考勤工资	提成金额	应发工资	养老保险	医疗保险	失业保险	住房公积金	社会保险合计	应纳税额	个人所得税	实发工资
1005001	方建文	行政部	8000	1200	9200	0	0	9200.00	736	184	92	460	1472	4228.00	317.80	7410.20
1005002	李爱萍	行政部	4500	200	4700	150	0	4850.00	376	94	47	235	752	598.00	17.94	4080.06
1005003	谢丽秋	行政部	4500	800	5300	(20)	0	5280.00	424	106	53	265	848	932.00	27.96	4404.04
1005004	周志强	财务部	6500	200	6700	300	0	7000.00	536	134	67	335	1072	2428.00	137.80	5790.20
1005005	王萍	财务部	4700	500	5200	0	0	5200.00	416	104	52	260	832	868.00	26.04	4341.96
1005006	王光光	研发部	5300	500	5800	(533)	0	5266.67	464	116	58	290	928	838.67	25.16	4313.51
1005007	侯超超	研发部	6000	800	6800	(20)	0	6780.00	544	136	68	340	1088	2192.00	114.20	5577.80
1005008	卢海霞	研发部	5300	200	5500	(60)	0	5440.00	440	110	55	275	880	1060.00	31.80	4528.20
1005009	侯伟波	研发部	5300	200	5500	197	0	5697.13	440	110	55	275	880	1317.13	39.51	4777.61
1005010	吴聪聪	技术部	5300	800	6100	0	0	6100.00	488	122	61	305	976	1624.00	57.40	5066.60
1005011	董奕月	技术部	5500	500	6000	150	0	6150.00	480	120	60	300	960	1690.00	64.00	5126.00
1005012	魏向理	测试部	6000	800	6800	0	0	6800.00	544	136	68	340	1088	2212.00	116.20	5595.80
1005013	王永祥	测试部	4500	500	5000	(20)	0	4980.00	400	100	50	250	800	680.00	20.40	4159.60
1005014	徐鑫	市场部	6000	1200	7200	(331)	264.79	7133.76	576	144	72	360	1152	2481.76	143.18	5838.58
1005015	周志林	市场部	3800	200	4000	300	5080.99	9380.99	320	80	40	200	640	5240.99	493.20	8247.80
1005016	刘妮	市场部	3800	1200	5000	(20)	793.57	5773.57	400	100	50	250	800	1473.57	44.21	4929.37
1005017	徐向前	客服部	3600	200	3800	150	0	3950.00	304	76	38	190	608	0.00	0.00	3342.00
1005018	刘志勇	客服部	3600	200	3800	300	0	4100.00	304	76	38	190	608	0.00	0.00	3492.00

目录 员工档案表 基本工资表 考勤统计表 销售业绩提成表 社会保险缴存表 工资明细表 个人所得税率表

图 3-3 员工工资明细总表

3.1 任务情境

小王是笑笑儿童电子玩具厂的财务人员，负责员工信息管理，包括档案整理和工资统计汇总。现该单位共有 7 个部门，18 名员工，由于人员不是很多，加上资金比较紧张，单位未采购专业管理软件，为了能够准确快捷地进行信息处理，小王使用 Excel 2010 对企业员工信息进行管理、统计，极大地提高了工作效率。

知识目标

- 工作表的基本操作；
- 设计工作表；
- 输入与编辑数据；
- 自动填充功能的使用；
- 数据有效性的使用；
- 粘贴链接的使用；
- Excel 公式的编辑；
- 常用函数的使用方法；
- 单元格地址引用的灵活运用；
- 使用 IF 函数、HLOOKUP 函数、VLOOKUP 函数等对数据进行统计计算；
- 设置工作表格式。

3.2 任务分析

小王将工作大体分为两个部分：档案管理和工资汇总。

员工档案一般包括工号、姓名、性别、出生日期、籍贯、部门、职务、身份证号、学历、毕业院校、入职时间、办公电话、手机号等信息。数据要求准确且方便统计，使用 Excel 电子表格提供的自动填充可快速录入工号信息，运用数据有效性可以检验身份证号输入位数是否规范和实现部门、学历等信息从下拉列表选择录入；通过函数计算从身份证号中提取员工性别及出生日期等信息，不仅可以简化录入工作，也可以保证数据的一致性。

员工工资汇总涉及多项数据，如基本工资、提成、社会保险、个人所得税等，需要进行大量计算。为了使各项管理清晰明了，小王使用不同的表格对不同的项目进行管理，最后汇总成为工资总表，工资总表的数据直接从各表中引用，自动更新。这部分需要建立“基本工资表”“考勤统计表”“销售业绩提成表”“社会保险缴存表”“工资明细表”等。

经过分析，完成员工档案及工资管理需要进行以下工作。

（1）设计员工档案表格及录入数据；

（2）设计基本工资表，计算任职时间、工龄工资和基本工资；

（3）根据当月考勤情况，计算加班补助及应扣工资，汇总考勤合计工资；

（4）根据员工销售业绩计算相应的销售提成；

（5）设计社会保险缴存表，计算养老保险、医疗保险、失业保险、住房公积金及各项社会保险总和；

（6）统计应发工资、实发工资。

3.3 任务实现：员工档案及工资管理表格设计及统计

3.3.1 建立员工档案及工资管理工作簿

一个 Excel 文件就是一个工作簿，默认情况下，一个工作簿包括 3 个工作表，每个工作表由若干个单元格组成，单元格的名称由所在列号和行号组成。

Excel 的启动与退出与 Word 操作方法类似，启动 Excel 2010 后，系统会自动创建一个名为“工作簿 1”的空白工作簿，其工作界面如图 3-4 所示。

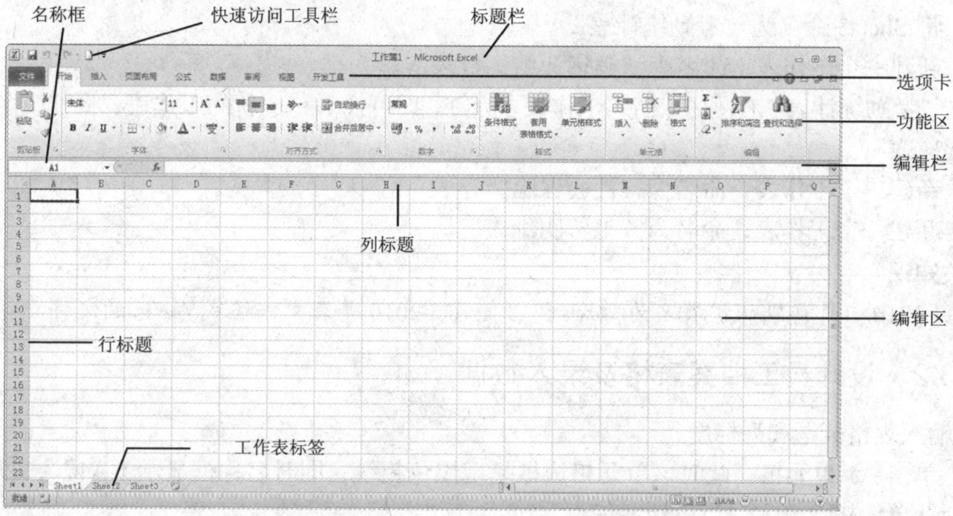

图 3-4　Excel 2010 的工作界面

Excel 2010 的工作界面与 Word 2010 大体相似，包括标题栏、快速访问工具栏、选项卡、功能区等，下面主要介绍与 Word 2010 操作界面不同的部分。

1. 名称框和编辑栏

名称框和编辑栏位于功能区的下方、编辑区的上方，用于显示和编辑当前活动单元格的名称、数据或公式。

名称框用来显示当前单元格的地址和名称。当选择单元格或区域时，名称框中将出现相应的地址名称。使用名称框可以快速转到目标单元格中，例如在名称框中输入“M26”，按 Enter 键即可将活动单元格定位为第 M 列第 26 行。

编辑栏主要用于向活动单元格中输入、修改数据或公式。当向单元格中输入数据或公式时，在名称框和编辑栏之间会出现两个按钮，单击【确定】按钮“√”，可以确定输入或修改该单元格的内容，同时退出编辑状态；单击【取消】按钮“×”，则可取消对该单元格的编辑。

2. 编辑区

编辑区是 Excel 2010 操作界面中用于输入数据的区域，由单元格组成，用于输入和编辑不同的类型数据。

3. 工作表标签

每个工作表有一个名字，工作表名显示在工作表标签上。工作表标签显示了系统默认的前三个工作表名 Sheet1、Sheet2、Sheet3，用户可以根据需要添加工作表。其中白色的工作表标签表示活动工作表。单击某个工作表标签，可以选择该工作表为活动工作表。

为了便于各项数据的查看和统计，可以将数据进行归类和整理，形成不同的数据表保存在一个工作簿中，具体操作如下。

（1）新建工作簿，保存为“员工档案及工资管理.xlsx”。

Excel 中的新建与保存文件与 Word 方法相同。保存类型按默认的“Excel 工作簿”。

（2）将工作簿中默认自动生成的工作表 Sheet1 命名为“员工档案表”。

将鼠标的指针移到工作表标签“Sheet1”上，单击鼠标右键，在弹出的快捷菜单中选择【重命名】命令，输入新的工作表名称“员工档案表”。

（3）将 Sheet2 命名为“基本工资表”。

（4）将 Sheet3 命名为“考勤统计表”。

（5）新建一个工作表，命名为“销售业绩提成表”。

单击“考勤统计表”右侧的【插入工作表】标签，即可插入一个新的工作表，将其改名为“销售业绩提成表”。

（6）新建一个工作表，命名为“社会保险缴存表”。

（7）新建一个工作表，命名为“工资明细表”。

相关知识

Excel 2010 工作簿默认扩展名为“.xlsx”，Excel 2010 兼容文件格式为.xls 的文件。

3.3.2 设计员工档案表格及录入数据

1. 输入表格标题和列标题

（1）单击 A1 单元格，此时该单元格边框呈现黑色粗线，同时名称框显示“A1”，表明该单元格为活动单元格，输入“员工档案信息”。

（2）A2～M2 单元格依次输入各列的标题，列标题输入完的效果如图 3-5 所示。

	A	B	C	D	E	F	G	H	I	J	K	L	M	N
1	员工档案信息													
2	工号	姓名	性别	出生日期	籍贯	部门	职务	身份证号	学历	毕业院校	入职时间	办公电话	手机号	
3														
4														
5														

图 3-5 输入标题

技巧

可使用 Tab 键或向右的方向键实现从当前单元格切换到右边单元格，返回左边单元格时，可按 Shift+Tab 键或使用向左的方向键。

2. 输入工号、办公电话、手机号

工号、电话号码、邮政编码等数据虽然由数字组成，但仅有编号意义，无计算大小的意义，这样的数字编码一般以文本类型处理。

员工工号是依次递增的一组编码，可以使用 Excel 提供的自动填充方法进行快速输入。操作如下。

（1）选中 A3 单元格，输入“'1005001”，这里输入的“'”是英文状态下的撇号，不是中文里的单引号。

（2）选择 A3 单元格并将指针移到其右下角，此时指针变成实心十字形，按下鼠标左键向下移动，鼠标经过的单元格自动填充为“1005002、1005003……”，直至填充到“1005018”。

相关知识

Excel 2010 单元格的数据类型包括数值、文本、日期、百分比、货币等。默认状态下，文本类型的数据左对齐，数值、日期、百分比和货币类型右对齐。

文本类型的数据可以由汉字、字母、数字和其他符号组成。输入文本类型时，一般文字如汉字、字母可以直接输入；而输入由数字组成的文本时，先输入“'”，再输入数字序列。相对于数值类型，文本类型在提取其中一部分内容时比较容易实现。

自动填充功能可以自动填充 Excel 预设的序列，可输入序列中任意值，拖动填充柄自动按序输入其他数据。Excel 预设了一部分序列，其查看方式为：单击【文件】选项卡，选择【选项】菜单项，在弹出的【Excel 选项】对话框中，选择该对话框左侧列表中的【高级】项，单击右侧的【编辑自定义列表】按钮，如图 3-6 所示，在打开的【自定义序列】对话框中显示“星期日、星期一……星期六”“甲、乙……癸”“正月、二月……腊月”等已定义的序列，如图 3-7 所示。

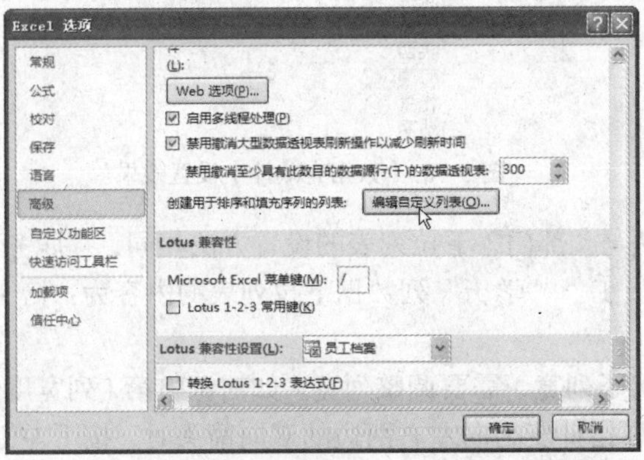

图 3-6 【Excel 选项】对话框

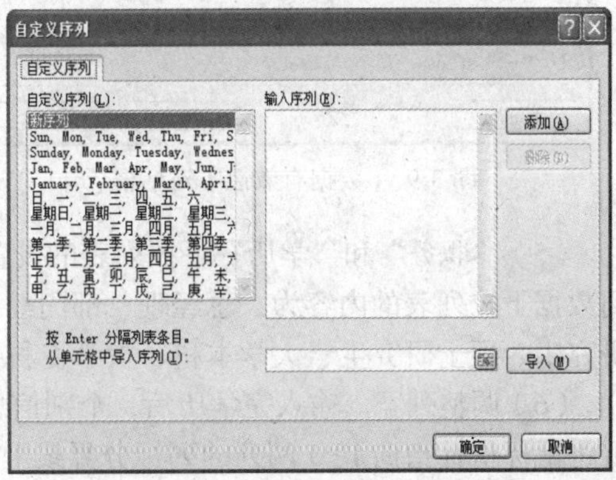

图 3-7 【自定义序列】对话框

3. 输入员工姓名、籍贯、毕业院校

员工的籍贯、毕业院校有可能相同，可以应用 Excel 记忆式键入功能辅助完成相同列重复值的输入，如 J6 单元格输入“陕西师范大学”后，J8 单元格需要输入“陕西师范大学”时，当输入第一个字“陕”或第一个词“陕西”时，该单元格自动显示“陕西师范大学”，此时按回车键确认即可。

4. 输入员工部门、职务、学历

由于该单位现有部门、所设职务固定不变，员工学历信息也限定在国家规定的几个层次中，输入这些数据时可采用从下拉列表中选取的方式，提高效率，防止出错。

下拉列表的设置方法如下。

（1）选中部门列 F3～F20 单元格。

（2）切换到【数据】选项卡，单击【数据工具】选项组中的【数据有效性】下拉列表，从弹出的下拉列表中选择【数据有效性】选项，如图 3-8 所示。

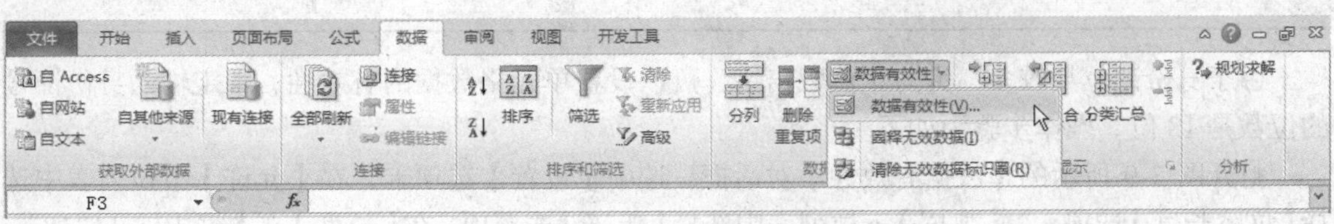

图 3-8 选择【数据有效性】命令

（3）在打开的【数据有效性】对话框中选择【设置】选项卡，从【允许】下拉列表中选择【序列】选项，在【来源】文本框中输入需要在下拉列表中显示的内容，如“行政部，财务部，研发部，技术部，测试部，市场部，客服部”，注意选项与选项之间用英文的逗号相隔开，如图 3-9 所示，单击【确定】按钮。

（4）在设置了下拉列表后，用户可以从中选择列表中的值进行快速输入，如图 3-10 所示。如用户输入列表之外的值，系统会弹出“输入值非法”的报错对话框。

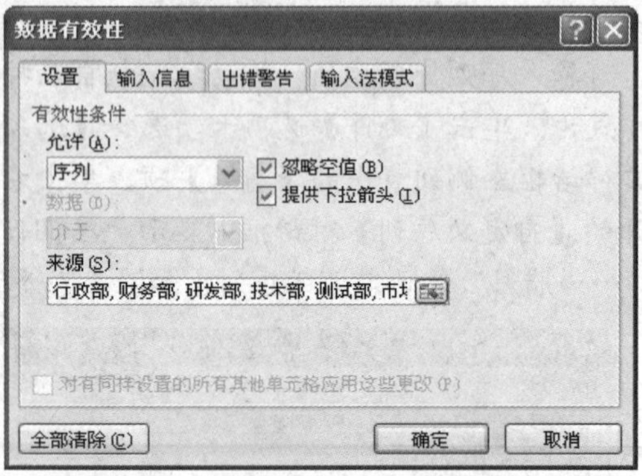

图 3-9 【数据有效性】对话框

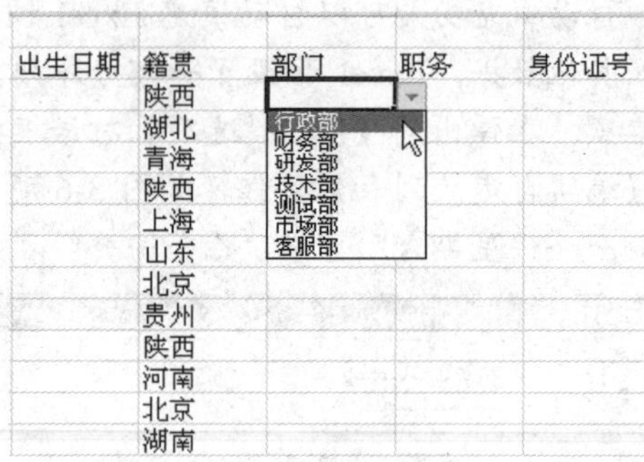

图 3-10 【数据有效性】设置效果

（5）“职务”和“学历”下拉列表的设置方法与“部门”下拉列表的设置方法相同，“职务”列数据下拉列表的内容为：总经理、部门经理、员工。“学历”列数据下拉列表的内容为：博士研究生、硕士研究生、大学本科、大学专科。

（6）调整列宽。输入完学历后，个别信息超出了列宽，需要调整列宽。如需调整第 I 列宽度，可将鼠标指针指向 I、J 两列的列标分界线上，鼠标指针变为向左右两边的双向箭头时，按下左键向右拖动鼠标到合适的宽度。

5. 输入员工身份证号

在直接输入身份证号时，小王发现输入完 18 位数字后，数字自动以科学计数法的形式显示，如输入“610108196302150814”，则显示为“6.10108E+17”，将其单元格格式的数字分类设置为“数值”后，15 位数后面的数字均变为 0。小王将身份证号所在单元格的格式设置为“文本”类型后，重新输入，即可显示正确的数据。

提示

输入类似身份证号、电话号码等位数较多的数据后，如果以科学计数法的形式显示，可以将这些单元格的格式设置为文本类型，而且应该先设置好单元格格式后再输入。设置格式的操作方法为：选中要输入值的单元格，切换到【开始】选项卡，单击【数字】组中的【数据格式】下拉列表中的【文本】选项。

除了设置单元格格式为文本类型之外，前面介绍的在数字前直接加“'”符号，也可以输入文本类型的数字序列。

由于身份证位数较多，为防止位数出错，可以设置单元格数据的有效性，限定输入身份证号的位数是 18 位。操作步骤为如下。

打开图 3-9 所示的【数据有效性】对话框，选中【设置】选项卡，在【允许】下拉列表中选择【文本长度】选项，在【数据】下拉列表中选择【等于】选择项，在【长度】文本框中输入“18”，如图 3-11 所示，单击【确定】按钮。当输入位数出错时，如输入“61011319760923”时，系统会弹出报错对话框，如图 3-12 所示。

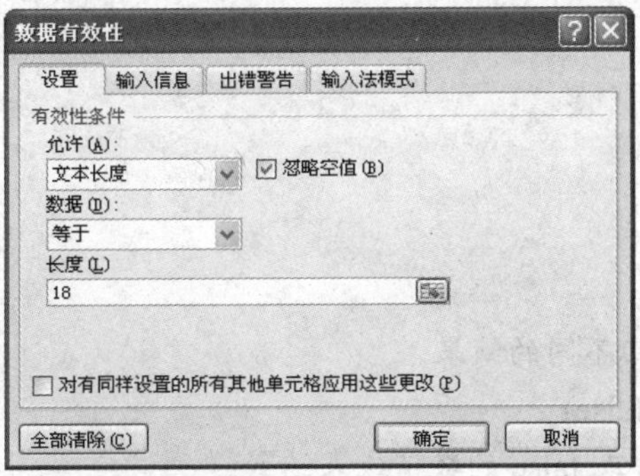

图 3-11 【设置】选项卡

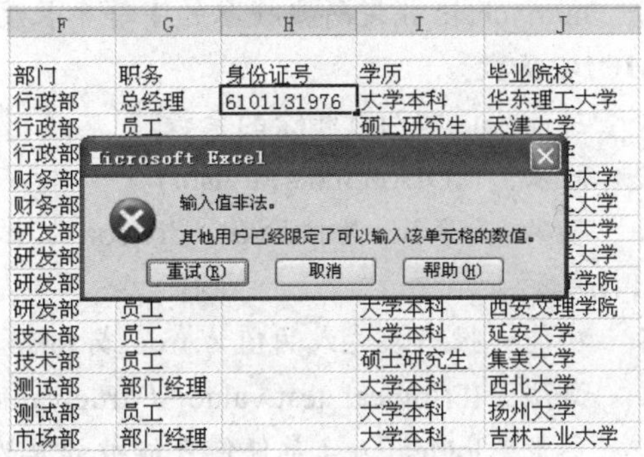

图 3-12 报错对话框

6. 从“身份证号”中提取“性别”信息

我国公民的身份证号中包含性别信息，18 位身份证号中倒数第 2 位是奇数代表男性，偶数代表女性。使用取子串函数，从身份证号码中提取相关信息填入性别列中，既可减少录入，又可防止出错。

（1）选中 C3 单元格，在编辑栏里输入公式：

=IF(MOD(MID(H3,17,1),2)=0,"女","男")

按回车键确认，C3 单元格自动从“方建文”的身份证号 H3 单元格中获取信息，返回性别为“男”，如图 3-13 所示。

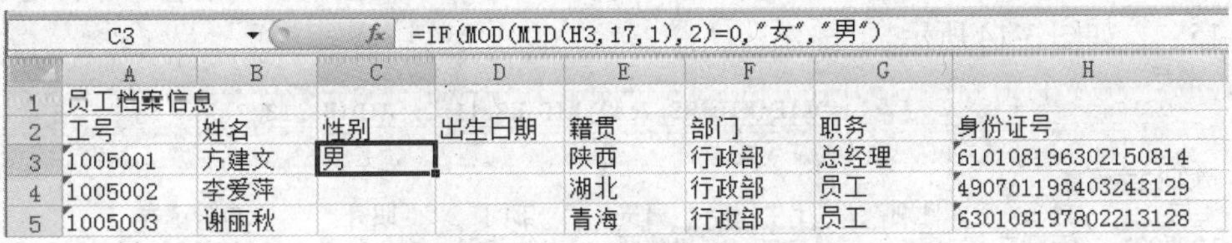

	A	B	C	D	E	F	G	H
1	员工档案信息							
2	工号	姓名	性别	出生日期	籍贯	部门	职务	身份证号
3	1005001	方建文	男		陕西	行政部	总经理	610108196302150814
4	1005002	李爱萍			湖北	行政部	员工	490701198403243129
5	1005003	谢丽秋			青海	行政部	员工	630108197802213128

图 3-13 提取“性别”信息

（2）选中 C3 单元格，向下拖动填充柄，对 C4:C20 所有员工的“性别”信息进行自动填充。

公式 IF(MOD(MID(H3,17,1),2)=0,"女","男")的解释如下。

① MID(H3,17,1)：从 H3 单元格（第一位员工身份证号）第 17 位开始取数，取 1 位，本函数返回值为“1”。

② MOD(MID(H3,17,1),2)：将 MID 函数返回的值除以 2 取余数，如果余数为 0，则可知身份证号第 17 位为偶数，否则为奇数，本例中 MID 函数返回值“1”除以 2，余数不为 0。

③ IF(MOD(MID(H3,17,1),2)=0,"女","男")：MOD(MID(H3,17,1),2)=0 作为判断条件，值为真时返回 IF 函数的第 2 个参数“女”，为假时返回 IF 函数的第 3 个参数“男”，函数 MOD 的返回值为 1，不等于 0，所以判断条件为假，返回“男”。

该公式是 IF、MOD 和 MID 这 3 个函数的嵌套。

相关知识

MID()函数

✧ 功能：从文本字符串中指定的起始位置起返回指定长度的字符。

✧ 语法：MID(text,start_num,num_chars)

✧ 参数：text 指准备从中提取字符的文本字符串。

✧ start_num 是准备提取的第一个字符的位置，text 中第一个字符的位置为 1。

✧ num_chars 指定所要提取的字符串长度。

MOD()函数

✧ 功能：返回两数相除的余数。

✧ 语法：MOD(number,divisor)

✧ 参数：number 为被除数，divisor 为除数。

IF()函数

✧ 功能：根据表达式的值为 true 或 false，返回不同的结果。

✧ 语法：IF(logical_test,value_if_true,value_if_false)

✧ 参数：logical_test 是任何可能被计算为 true 或 false 的数值或表达式。

✧ value_if_true 是 logical_test 为 true 时的返回值。

✧ value_if_false 是 logical_test 为 false 时的返回值。

7. 从“身份证号”中提取“出生日期”数据

18 位身份证号中第 7 位到第 14 位是出生年月日，其中第 7 位到第 10 位是“年”，第 11 位到第 12 位是“月”，第 13 位到第 14 位是“日”，出生日期字符信息可以使用 MID 函数进行提取，再使用 DATE()函数将提取的年、月、日转化成日期类型。

（1）选中 D3 单元格，在编辑栏输入公式：

=DATE(MID(H3,7,4),MID(H3,11,2),MID(H3,13,2))

按回车键，D3 单元格自动从“方建文”的身份证号 H3 单元格中获取信息，并转化成日期型“1963-2-15”，如图 3-14 所示。

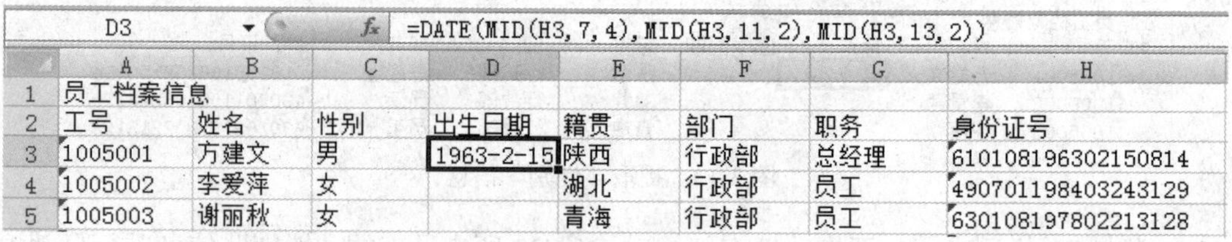

D3 | =DATE(MID(H3,7,4),MID(H3,11,2),MID(H3,13,2))

	A	B	C	D	E	F	G	H
1	员工档案信息							
2	工号	姓名	性别	出生日期	籍贯	部门	职务	身份证号
3	1005001	方建文	男	1963-2-15	陕西	行政部	总经理	610108196302150814
4	1005002	李爱萍	女		湖北	行政部	员工	490701198403243129
5	1005003	谢丽秋	女		青海	行政部	员工	630108197802213128

图 3-14 提取“出生日期”信息

（2）选中 D3 单元格，向下拖动填充柄，对 D4:D20 所有员工的“出生日期”信息进行自动填充。

相关知识

DATA()函数

功能：返回数据代表的日期。

语法：DATA(year,month,day)

参数：year 代表年。

month 代表该年中月份的数字。

day 代表该月中第几天的数字。

提示

出生年月填充完成后，发现有些单元格显示“#########”，这是因为单元格数据的宽度超出了该列列宽，只需要调整列宽即可。

8. 输入员工入职时间

（1）选择 K3 单元格，输入日期型数据“1986/7/4”或“1986-7-4”，按回车键后，单元格均显示“1986-7-4”。

（2）用同样的方法将日期输入 K4～K20 单元格。

（3）修改日期显示格式。切换到【开始】选项卡，单击【数字】选项组中的【数字格式】下拉列表中的【长日期】选项，如图 3-15 所示，则日期显示为“1986 年 7 月 4 日”；也可以在下拉列表中选择“其他数字格式”，弹出【设置单元格格式】对话框，单击【数字】选项卡，在【分类】列表中选择【日期】选项，再在右侧的【类型】列表框中选择所需格式，如图 3-16 所示。

图 3-15　设置长日期格式

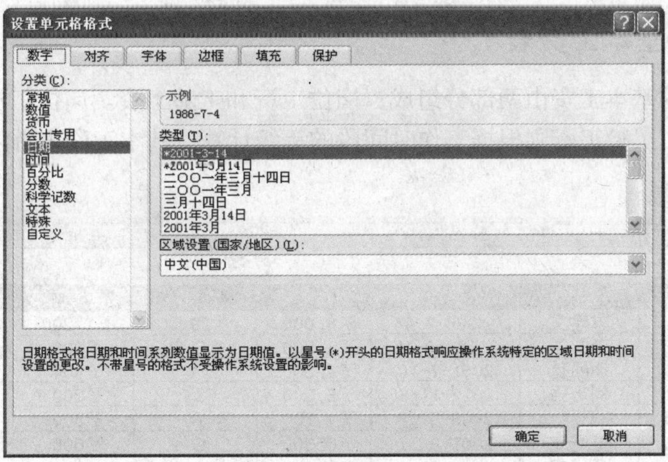

图 3-16　设置日期显示格式

9. 设置员工档案表的格式

（1）选择 A1:M1 单元格，切换到【开始】选项卡，单击【对齐方式】组中的【合并后居中】按钮。

（2）在【字体】组的【字体】下拉列表中选择【宋体】选项，在【字号】下拉列表中选择【16】选项，在【字体颜色】下拉列表的【主题颜色】面板中选择【水绿色，强调文字颜色 5，深色 25%】，单击【加粗】按钮。调整该行行高。

（3）设置列标题格式。选中 A2:M2 单元格，设置字体为“黑体”，在【字体】组中的【填充颜色】下拉列表的【主题颜色】面板中选择“水绿色，强调文字颜色 5，深色 25%”，将字体颜色设置为“白色”。

（4）设置表格整体格式。选中 A1:M20 单元格，单击【对齐方式】组中的【居中】按钮，在【字体】组中的【边框】下拉列表中选择【其他边框】选项，打开【设置单元格格式】对话框，切换到【边框】选项卡，选择线条样式为窄双线，颜色为“水绿色，强调文字颜色 5，深色 50%”，单击【外边框】按钮，然后选择线条样式为细实线，单击【内部】按钮，如图 3-17 所示，单击【确定】按钮。

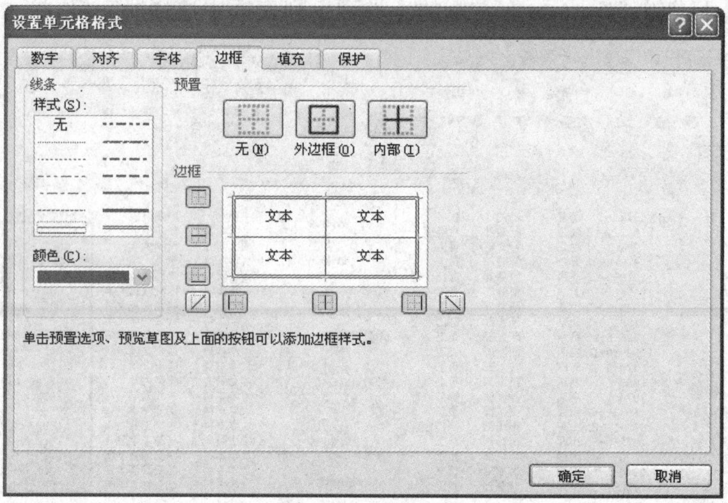

图 3-17　设置边框

3.3.3　设计基本工资表

本案例中员工的基本工资由两部分组成：岗位工资和工龄工资。岗位工资与每个员工所在职位及工作性质有关，工龄工资则根据工作时间段的等级计算。基本工资表所涉及的内容如图 3-18 所示。

	A	B	C	D	E	F	G
1	员工基本工资						
2	工号	姓名	入职时间	岗位工资	工龄	工龄工资	基本工资
3	1005001	方建文	1986-7-4	￥8,000	29	￥1,200	￥9,200
4	1005002	李爱萍	2013-10-15	￥4,500	2	￥200	￥4,700
5	1005003	谢丽秋	2001-7-10	￥4,500	14	￥800	￥5,300
6	1005004	周志强	2012-11-6	￥6,500	3	￥200	￥6,700
7	1005005	王萍	2008-5-28	￥4,700	7	￥500	￥5,200
8	1005006	王光光	2007-9-21	￥5,300	8	￥500	￥5,800
9	1005007	侯超超	2005-12-9	￥6,000	10	￥800	￥6,800
10	1005008	卢海霞	2012-7-18	￥5,300	3	￥200	￥5,500
11	1005009	侯伟波	2012-8-31	￥5,300	3	￥200	￥5,500
12	1005010	吴聪聪	2003-1-8	￥5,300	12	￥800	￥6,100
13	1005011	董奕月	2007-4-2	￥5,500	8	￥500	￥6,000
14	1005012	魏向理	2001-7-10	￥6,000	14	￥800	￥6,800
15	1005013	王永祥	2006-12-25	￥4,500	9	￥500	￥5,000
16	1005014	徐鑫	1998-6-22	￥6,000	17	￥1,200	￥7,200
17	1005015	周志林	2012-3-20	￥3,800	3	￥200	￥4,000
18	1005016	刘妮	1992-7-31	￥3,800	23	￥1,200	￥5,000
19	1005017	徐向前	2011-8-26	￥3,600	4	￥200	￥3,800
20	1005018	刘志勇	2013-9-16	￥3,600	2	￥200	￥3,800

图 3-18　员工基本工资表

1. 引用“员工档案表”中的工号、姓名和入职时间

基本工资表中的工号、姓名和入职时间与员工档案表中的数据一致，可以从员工档案表中直接引用。操作步骤如下。

（1）切换到“员工档案表”，按住 Ctrl 键，选中“员工档案表”中的“工号、姓名和入职时间”的相关信息，在选中区域中单击鼠标右键，在弹出的快捷菜单中选择【复制】命令。

（2）单击“基本工资表”工作表中的 A2 单元格，单击鼠标右键，弹出快捷菜单，选择【粘贴选项】中的【粘贴链接】命令，则可将这三列数据导入基本工资表中。

2. 补充表格标题和列标题

参照图 3-18 补充表格标题和其他列的列标题。

3. 输入岗位工资

单击 D3 单元格，输入“8000”。有些场合下，金额需要使用货币格式显示，可对该单元格格式进行修改：切换到【开始】选项卡，在【数字】选项组的【数字格式】下拉列表中选择【货币】选项，则数据格式显示为“￥8, 000”。以同样的方法输入其他员工的岗位工资。

将基本工资数据单元格的格式设置为“货币”类型。

4. 计算工龄

工龄可以由当前年份减去参加工作的年份得到，使用 YEAR()函数可以计算年份，TODAY()函数返回当前日期。即：

工龄=当前年份-参加工作年份=YEAR(TODAY())-YEAR(入职时间)

（1）选中单元格 E3，在编辑框中输入公式：

=YEAR(TODAY())-YEAR(C3)

按回车键确认，即可得到“方建文”的工龄信息。

（2）利用填充柄，自动填充其他员工的工龄信息。

相关知识

YEAR()函数

- 功能：返回日期的年份值。
- 语法：YEAR(serial_number)
- 参数：serial_number 指一个日期型数据。

TODAY()函数

- 功能：返回系统当天的日期。
- 说明：该函数不需要参数。

5. 计算工龄工资

根据企业文件精神，员工工龄计算标准如表 3-1 所示。

表 3-1　　工龄工资标准表

工龄（年）	工龄工资（元）
工龄<5	200
5≤工龄<10	500
10≤工龄<15	800
工龄≥15	1200

使用 IF 函数对员工工龄进行判断，分为不同等级，填入工龄工资，操作步骤如下。

（1）选中 F3 单元格，输入公式：

=IF(E3>=15,1200,IF(E3>=10,800,IF(E3>=5,500,200)))

（2）选中 F3 单元格，对 F4:F20 所有员工的工龄工资进行自动填充。

公式解释：

=IF(E3>=15,1200,IF(E3>=10,800,IF(E3>=5,500,200)))

该公式是三个 IF 函数的嵌套使用，可对数据进行四个等级的划分，先判断工龄是否大于或等于 15，如果是，则返回 1200；如果不是，再判断其是否大于或等于 10，如果是，则返回 800；否则继续判断，比较工龄是否大于或等于 5，如果是，返回 500，如果不是，则返回 200。

6. 计算基本工资

（1）选择 G3 单元格，输入公式“=D3+F3”，按回车键，G3 单元格显示“￥9, 200”。

（2）使用自动填充功能，将 G3 公式复制到 G4:G20 单元格，完成其他员工基本工资的计算。

7. 设置表格格式

基本工资表的格式设置方法与员工档案表相同，不再赘述。后续的几个表格格式的操作方法也相同，故不再特别说明。

3.3.4 设计考勤统计表

为了规范管理，单位每月都对所有员工的考勤进行汇总统计，请假、迟到需要扣款，加班则补贴加班费。为了便于计算，设计考勤统计表，如图 3-19 所示。在“考勤统计表”中进行以下操作。

	A	B	C	D	E	F	G	H	I	J
1	6月份考勤统计表									
2	工号	姓名	部门	基本工资	迟到（次）	请假（天）	加班（小时）	考勤扣款	加班费	考勤工资
3	1005001	方建文	行政部	￥9,200	0	0	0	0.00	0	￥0.00
4	1005002	李爱萍	行政部	￥4,700	0	0	3	0.00	150	￥0.00
5	1005003	谢丽秋	行政部	￥5,300	1	0	0	20.00	0	(￥20.00)
6	1005004	周志强	财务部	￥6,700	0	0	6	0.00	300	￥0.00
7	1005005	王萍	财务部	￥5,200	0	0	0	0.00	0	￥0.00
8	1005006	王光光	研发部	￥5,800	0	2	0	533.33	0	(￥533.33)
9	1005007	侯超超	研发部	￥6,800	1	0	0	20.00	0	(￥20.00)
10	1005008	卢海霞	研发部	￥5,500	3	0	0	60.00	0	(￥60.00)
11	1005009	侯伟波	研发部	￥5,500	0	1	9	252.87	450	(￥252.87)
12	1005010	吴聪聪	技术部	￥6,100	0	0	0	0.00	0	￥0.00
13	1005011	董奕月	技术部	￥6,000	0	0	3	0.00	150	￥0.00
14	1005012	魏向理	测试部	￥6,800	0	0	0	0.00	0	￥0.00
15	1005013	王永祥	测试部	￥5,000	1	0	0	20.00	0	(￥20.00)
16	1005014	徐鑫	市场部	￥7,200	0	1	0	331.03	0	(￥331.03)
17	1005015	周志林	市场部	￥4,000	0	0	6	0.00	300	￥0.00
18	1005016	刘妮	市场部	￥5,000	1	0	0	20.00	0	(￥20.00)
19	1005017	徐向前	客服部	￥3,800	0	0	3	0.00	150	￥0.00
20	1005018	刘志勇	客服部	￥3,800	0	0	6	0.00	300	￥0.00

图 3-19 考勤统计表

1. 从其他表中引用部分数据

从“员工档案表”中引用“工号、姓名、部门”数据，从“基本工资表”中引用“基本工资”，引用方法与“基本工资表”制作过程相同。

2. 输入表格标题和各列列标题

参照图 3-19 补充表格标题和列标题。

3. 输入迟到、请假和加班数据

分别以次数、天数和小时为单位录入员工考勤数据。

4. 计算考勤扣款

考勤扣款包括迟到扣款和请假扣款两部分。根据该单位的规章制度，迟到每次扣款 20 元，请假扣款以请假天数进行计算，每月的计薪天数按照劳动和社会保障部《关于职工全年月平均工作时间和工资折算问题的通知》规定，法定节假日用人单位应当依法支付工资，即折算日工资、小时工资时不剔除国家规定的十一天法定节假日。据此，日工资、小时工资的折算方法为：

日工资 = 月工资收入 ÷ 月计薪天数

月计薪天数 =（365 天−104 天）÷ 12 月 = 21.75 天（104 天为一年 52 周的双休日）

故该单位的考勤扣款计算公式如下：

考勤扣款 = 迟到次数×20 + 月基本工资/21.75×请假天数

（1）选中 H3 单元格，在编辑栏输入公式"=E3*20+D3/21.75*F3"，如图 3-20 所示。

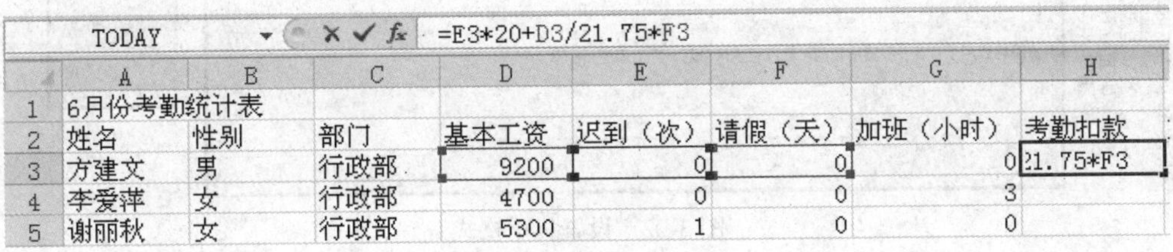

图 3-20　计算考勤扣款

（2）选中 H3 单元格，向下拖动填充柄，对 H4:H20 所有员工的考勤扣款信息进行自动填充。

（3）个别员工考勤扣款可能出现小数位数，选中 H3:H20 单元格，切换到【开始】选项卡，单击【数字】选项组中的【增加小数位数】按钮，则单元格小数位数增加一位，再次单击，显示小数点后两位，如图 3-21 所示。

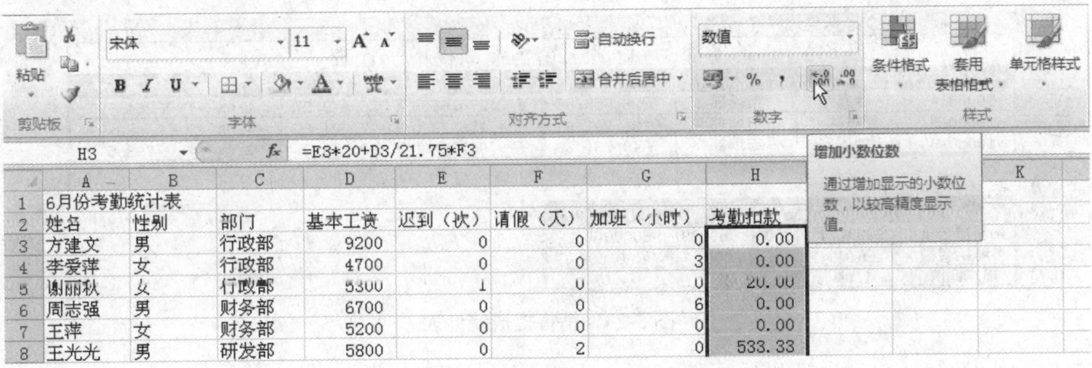

图 3-21　增加数据显示的小数位数

5. 计算加班费

加班费以小时为单位计算，该单位文件规定加班费为每小时 50 元。操作步骤如下。

（1）选中 I3 单元格，在编辑栏输入公式"=G3*50"。

（2）选中 I3 单元格，向下拖动填充柄，对 I4:I20 所有员工的"加班费"数据进行自动填充。

6. 计算考勤工资

考勤工资的计算公式为：考勤工资=加班费−考勤扣款

（1）选中 J3 单元格，输入公式"=I3−H3"。

（2）选中 J3 单元格，向下拖动填充柄，对 J4:J20 所有员工的"考勤工资"数据进行自动填充。

在【设置单元格格式】对话框中的【分类】列表中选择【货币】选项，小数位数可以设置为 2 位，如图 3-22 所示，特别要说明的是图中红色带括号的数字是负数的一种表示方式。

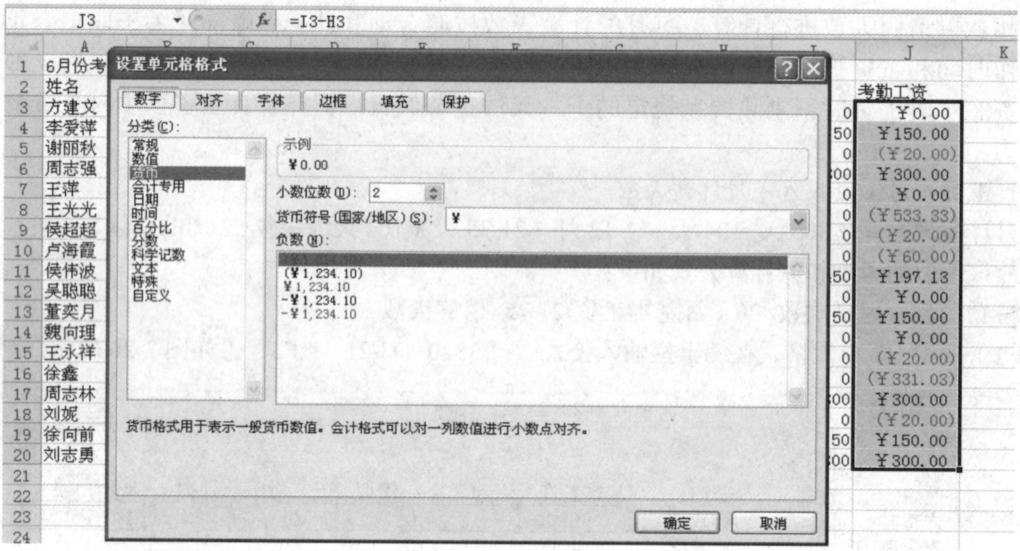

图 3-22　设置货币格式

3.3.5　设计销售业绩提成表

为了提高销售人员的积极性，销售人员可以获得销售提成，销售提成根据销售额的多少按一定比例计算。建立销售业绩提成表，能自动根据销售人员的业绩计算应该得到的提成，如图 3-23 所示。操作步骤如下。

市场部6月份员工销售业绩提成统计表

工号	姓名	部门	销量	应收账款	业绩	提成比例	提成金额
1005014	徐鑫	市场部	￥28,755.88	￥ 2,276.61	￥ 26,479.27	1.0%	￥264.79
1005015	周志林	市场部	￥131,201.64	￥ 4,176.79	￥127,024.85	4.0%	￥5,080.99
1005016	刘妮	市场部	￥40,281.36	￥ 602.75	￥ 39,678.61	2.0%	￥793.57

提成标准			
销售额分段	29999以下	30000～59999	60000以上
参照销售额	￥0	￥30,000	￥60,000
提成比例	1.0%	2.0%	4.0%

图 3-23　销售提成统计表

1. 输入表格标题和各列列标题

表格标题为“市场部 6 月份员工销售业绩提成统计表”，各列标题分别为“工号、姓名、部门、销量、应收账款、业绩、提成比例、提成金额”。

2. 引用部分信息

引用“员工档案表”中市场部的员工工号、姓名和部门信息到销售业绩提成表中。

3. 计算销售业绩

本案例中，销售人员实际销售业绩与销量和应收账款有关，销量指企业与购买单位已经在销售合同中签订的销售金额，应收账款是企业在正常的经营过程中因销售业务应向购买单位收取的款项，包括应由购买单位负担的税金、各种运杂费等。因此，员工的销售业绩=销量-应收账款。

（1）在 D3:E5 单元格内输入 3 位员工的销量和应收账款。

（2）选中 F3 单元格，在编辑栏输入公式“=D3-E3”。

（3）选中 F3 单元格，向下拖动填充柄，自动填充 F4、F5 单元格“业绩”值。

4. 获取每位销售员工的提成比例

销售人员可根据每月的销售业绩获取一定的提成，但不同的销售业绩对应的提成比例是不一样的，业绩越高，提成的比例越高。可使用 HLOOKUP 函数查表获得相应的提成比例。操作方法如下。

（1）在 A8:D11 单元格建立提成比例标准表，并设置单元格格式，如图 3-23 所示。

（2）选择 G3 单元格，切换到【公式】选项卡，单击【函数库】选项组中的【插入函数】按钮，如图 3-24 所示。

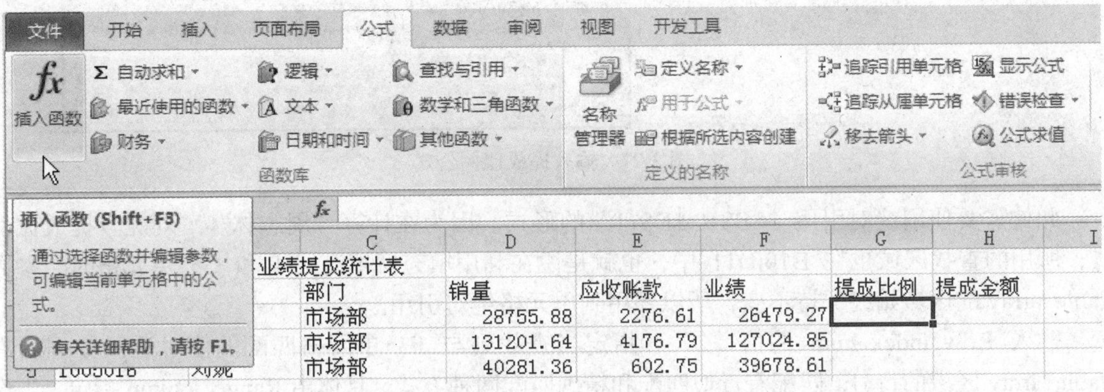

图 3-24 【插入函数】按钮

（3）在【插入函数】对话框的【选择类别】下拉类别框中选择【全部】选项，在【选择函数】列表中选择【HLOOKUP】函数，如图 3-25 所示；或者在【插入函数】对话框【搜索函数】文本框中输入“HLOOKUP”，单击【转到】按钮，此时在【选择函数】列表中显示若干个与输入字样相关的函数列表，从中选择【HLOOKUP】函数，如图 3-26 所示。

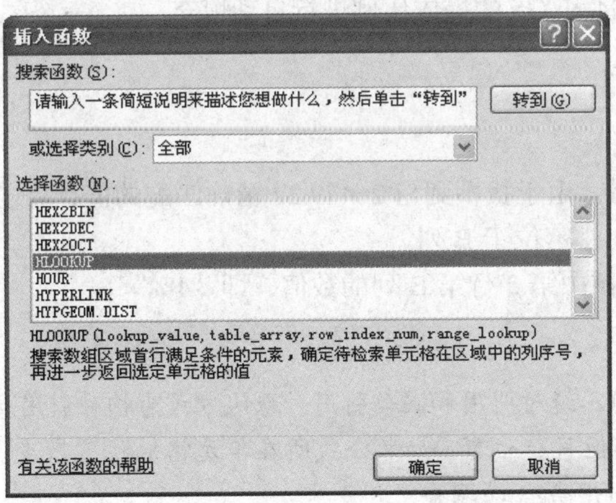

图 3-25 通过选择类别查找函数

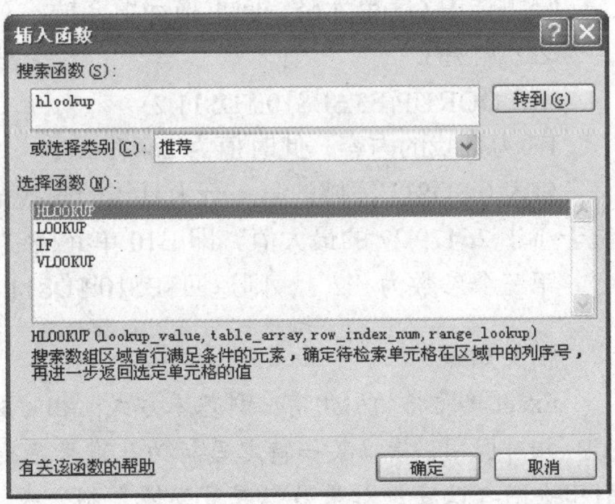

图 3-26 通过输入名称查找函数

（4）输入函数参数。

如图 3-27 所示，输入函数各参数的值。

输入 Lookup_value 的值“F3”，或者单击 F3 单元格，即要在 Table_array 区域中查找值为 26479.27。

输入 Table_array 的值“$B$10:$D$11”，也就是根据销售业绩确定提成比例的数据区域为 $B$10:$D$11。

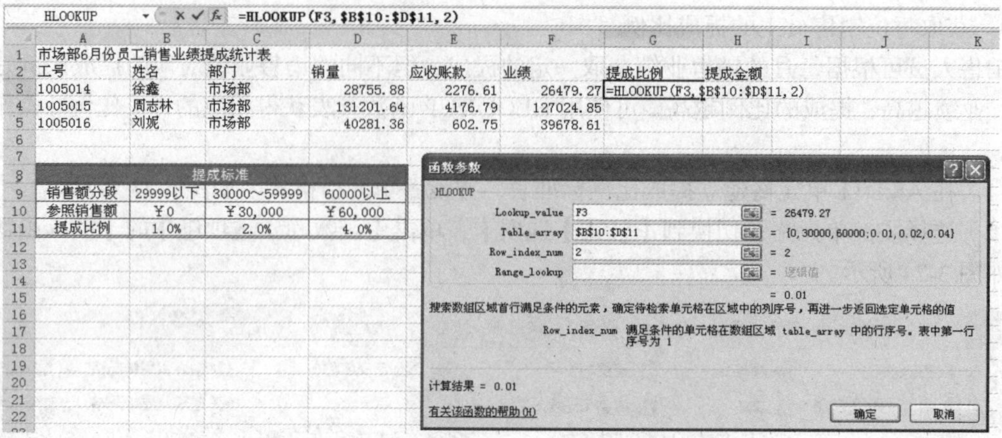

图 3-27　输入提成比例公式

此处需要使用绝对引用“$B$10:$D$11”的形式。因为在计算“周志林”“刘妮”提成比例时，所用的查找区域也在 B10:D11 中，也就是说在利用填充柄填充 G4 和 G5 单元格时，参数 Table_array 的区域始终保持不变，所以要用到单元格绝对引用。

输入 Row_index_num 的值“2”。指定当查找到与 F3 单元格匹配的值时返回数据所在 Table_array 区域的行号。匹配有近似匹配和精确匹配两种方式，具体由 Range_lookup 指定。当设为近似匹配时，如果找不到精确匹配值，则返回小于 Lookup_value 的最大数值。

忽略参数 Range_lookup，表示返回近似匹配值。

在编辑栏里形成公式“=HLOOKUP(F3,$B$10:$D$11,2)”，按回车键确认，因 F3 单元格中的销售业绩为 26479.27，在 29999 以下，故在 G3 单元格返回相对应的提成比例 1%（注意：G3:G5 单元格的格式类型须为百分比）。

（5）选中 G3 单元格，向下拖动填充柄，对 G4 和 G5 的提成比例进行自动填充。

公式解释：

=HLOOKUP(F3,$B$10:$D$11,2)

F3 为查找的内容，此时值为 26479.27。

$B$10:$D$11 区域的第一行为具体的查找范围。由于找不到与 26479.27 精确匹配的值，故定位于小于 26479.27 的最大值，即 B10 单元格“0”，定位于 B 列。

第三个参数为“2”，则返回$B$10:$D$11 区域中第 2 行第 B 列的数值，即“1%”。

相关知识

Excel 单元格的引用有三种基本方式：相对引用、绝对引用和混合引用。默认方式为相对引用。

相对引用：指以某一特定目标为基准来定出其他目标位置。如果公式所在单元格的位置改变，引用也随之改变；如果多行或多列地复制公式，引用会自动调整。

绝对引用：公式中的单元格或单元格区域地址不随公式位置的改变而发生改变，不论公式的单元格处在什么位置，公式中引用的单元格位置都是其在工作表中的固定位置。要在公式中使用绝对单元格引用，必须在构成单元格地址的字母和数字前增加一个“$”，如$A$1。

混合单元格引用：混合单元格引用是指有部分绝对的引用，例如 A$1 或$A1。在使用混合引用的公式复制到另一个单元格时，只调整部分单元格引用。

如果创建了一个公式并需要将相对引用改为绝对引用（反之亦然），可先选定包含该公式的单元格，然后在编辑栏中选择要更改的引用并按 F4 键。每次按 F4 键时，Excel 会在各组合间切换：绝对列与绝对行（如$A$1）；相对列与绝对行（如 A$1）；绝对列与相对行（如$A1）以及相对列与相对行（如 A1），即相对引用与绝对引用之间可以按 F4 键切换。

HLOOKP 函数

功能：在表格或数组的首行查找指定的数值，并由此返回表格或数组当前列中指定行处的数值。

语法：HLOOKUP(Lookup_value,Table_array,Row_index_num,Range_lookup)

参数：Lookup_value 为需要在数据首行进行搜索的值，可以是数值、引用或字符串。

Table_array 是需要在其中搜索数据的文本、数据或逻辑值表，Table_array 可为区域或区域名的引用。

Row_index_num 为 Table_array 中待返回的匹配值的行序号。

Range_lookup 为逻辑值，如果为 TRUE 或忽略，则返回近似匹配值，也就是说，如果找不到精确匹配值，则返回小于 Lookup_value 的最大数值。如果为 FALSE，则查找时精确匹配，如果找不到，则返回错误值#N/A。

5. 计算提成金额

使用公式"提成金额=业绩×提成比例"计算提成金额。

单击 H3 单元格，输入公式"=F3*G3"。按回车键确认输入，拖动填充柄，向下自动填充至单元格 H5。

3.3.6 设计社会保险缴存表

按国家相关规定，企业必须为员工购买养老保险、医疗保险、住房公积金等社会保险，员工个人每月也要交纳社会保险，本案例中社会保险包括"三险一金"，即养老保险、医疗保险、失业保险和住房公积金，个人应缴纳的金额按以下比例核算。

养老保险＝基本工资×8%

医疗保险＝基本工资×2%

失业保险＝基本工资×1%

住房公积金＝基本工资×5%

根据以上公式，可以计算出个人各项交费金额，如图 3-28 所示。

社会保险缴存表

工号	姓名	基本工资	养老保险	医疗保险	失业保险	住房公积金	社会保险合计
1005001	方建文	9200	736	184	92	460	1472
1005002	李爱萍	4700	376	94	47	235	752
1005003	谢丽秋	5300	424	106	53	265	848
1005004	周志强	6700	536	134	67	335	1072
1005005	王萍	5200	416	104	52	260	832
1005006	王光光	5800	464	116	58	290	928
1005007	侯超超	6800	544	136	68	340	1088
1005008	卢海霞	5500	440	110	55	275	880
1005009	侯伟波	5500	440	110	55	275	880
1005010	吴聪聪	6100	488	122	61	305	976
1005011	董奕月	6000	480	120	60	300	960
1005012	魏向理	6800	544	136	68	340	1088
1005013	王永祥	5000	400	100	50	250	800
1005014	徐鑫	7200	576	144	72	360	1152
1005015	周志林	4000	320	80	40	200	640
1005016	刘妮	5000	400	100	50	250	800
1005017	徐向前	3800	304	76	38	190	608
1005018	刘志勇	3800	304	76	38	190	608

图 3-28 社会保险缴存表

1. 引用“工号、姓名、基本工资”数据

使用“粘贴链接”从“基本工资表”引用数据，引用方法与基本工资表制作过程中的引用方法相同，不再详述。

2. 设计表格标题和列标题

参照图 3-28，输入表格标题“社会保险缴存表”及各列列标题。

3. 计算养老保险、医疗保险和失业保险

（1）在 D3 单元格输入公式“=C3*0.08”，如图 3-29 所示，按回车键确认输入。

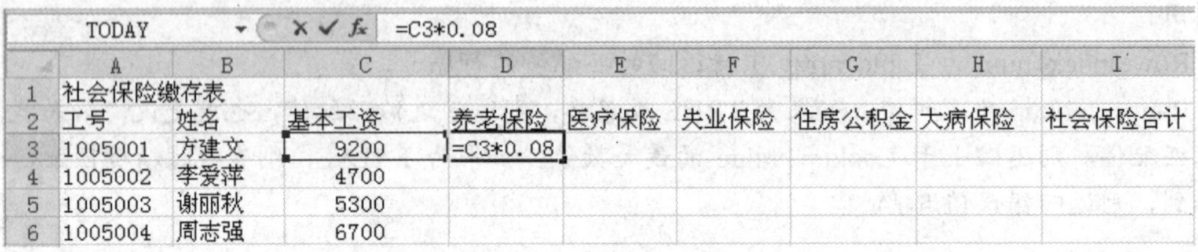

	A	B	C	D	E	F	G	H	I
1	社会保险缴存表								
2	工号	姓名	基本工资	养老保险	医疗保险	失业保险	住房公积金	大病保险	社会保险合计
3	1005001	方建文	9200	=C3*0.08					
4	1005002	李爱萍	4700						
5	1005003	谢丽秋	5300						
6	1005004	周志强	6700						

图 3-29 计算养老保险

（2）拖动填充柄，向下自动填充至 D20 单元格，完成所有员工养老保险的计算。

（3）类似地，在 E3 单元格输入公式“=C3*0.02”，按回车键确认输入，并拖动填充柄计算其他员工医疗保险。

（4）在 F3、G3 单元格分别输入公式“=C3*0.01”和“=C3*0.05”，确认输入后，拖动填充柄计算其他员工失业保险和住房公积金。

4. 计算社会保险合计金额

单击 H3 单元格，切换到【开始】选项卡，单击【编辑】选项组函数列表中的【求和】选项，如图 3-30 所示。

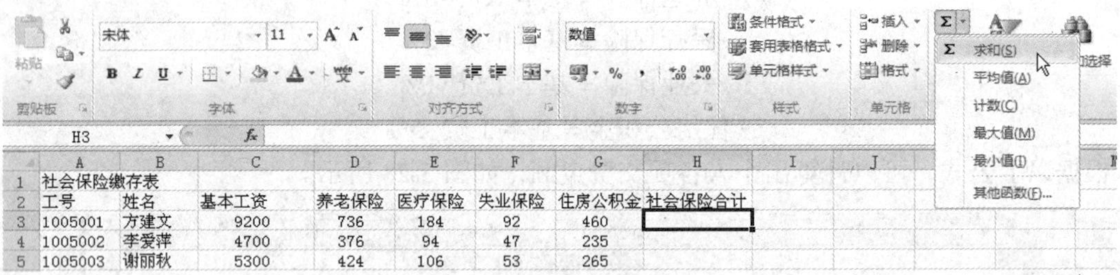

	A	B	C	D	E	F	G	H
1	社会保险缴存表							
2	工号	姓名	基本工资	养老保险	医疗保险	失业保险	住房公积金	社会保险合计
3	1005001	方建文	9200	736	184	92	460	
4	1005002	李爱萍	4700	376	94	47	235	
5	1005003	谢丽秋	5300	424	106	53	265	

图 3-30 【求和】选项

单元格 H3 自动输入公式“=SUM(C3:G3)”，函数参数的范围默认为所选单元格左边的数值区域 C3:G3，而本表只需要计算 D3:G3 的和，所以必须修改参数的选择范围，按下鼠标左键，从 D3 单元格拖动鼠标到 G3 单元格，公式中的参数自动修改成 D3:G3，如图 3-31 所示；或者在编辑栏中将公式中的 C3 直接修改成 D3 即可。

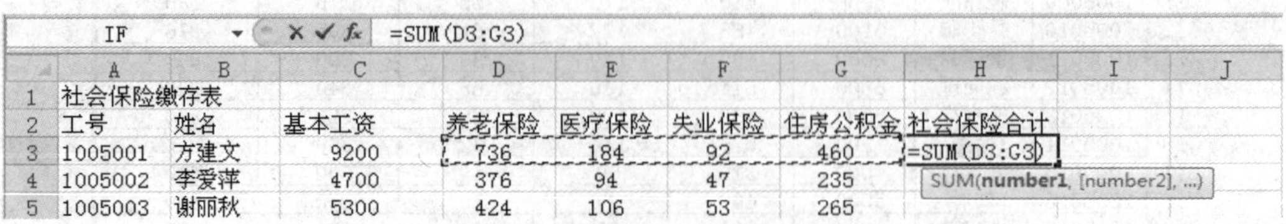

	A	B	C	D	E	F	G	H
1	社会保险缴存表							
2	工号	姓名	基本工资	养老保险	医疗保险	失业保险	住房公积金	社会保险合计
3	1005001	方建文	9200	736	184	92	460	=SUM(D3:G3)
4	1005002	李爱萍	4700	376	94	47	235	
5	1005003	谢丽秋	5300	424	106	53	265	

图 3-31 修改函数参数默认范围

拖动 H3 的填充柄，向下自动填充至单元格 H20，完成所有员工社会保险合计的计算。

3.3.7 设计工资明细表

工资明细表用于月末显示每个员工的各项收支清单，包括应发工资、奖金、扣款及实发工资等，是核算和发放工资的依据，与多项内容有关，部分数据可以从其他表格中引用，实时更新。完成效果如图 3-3 所示，操作步骤如下。

1. 引用数据

从“员工档案表”中引用“工号、姓名、部门”数据，通过“粘贴链接”操作完成 A2:C20 单元格的输入。

用同样的方法，将“基本工资表”中的“岗位工资、工龄工资、基本工资”粘贴到 D2:F20 单元格。

从“考勤统计表”中引用“考勤工资”填入“工资明细表”的 G2:G20 单元格。

复制“社会保险缴存表”中“养老保险、医疗保险、失业保险、住房公积金、社会保险合计”几列数据，单击“工资明细表”的 J2 单元格，单击鼠标右键选择【粘贴链接】选项。

2. 输入其他标题

输入表格标题“6 月份员工工资明细表”，并补充其他列的列标题“提成金额、应发工资、应纳税额、个人所得税、实发工资”。

3. 引用销售提成

从“销售业绩提成表”中引用市场部员工销售提成。

(1) 选中 H3 单元格，在编辑栏里输入公式：

=IF(C3="市场部",VLOOKUP(A3,销售业绩提成表!$A$2:$H$5,8),0)

按回车键确认，C3 单元格为“行政部”，不等于“市场部”，判断员工“方建文”不是市场部员工，返回值为 0。

(2) 选中 H3 单元格，向下拖动填充柄对 H4:H20 所有员工的销售提成进行自动填充，图 3-32 显示出市场部“徐鑫”的提成金额。

H16 =IF(C16="市场部",VLOOKUP(A16,销售业绩提成表!$A$2:$H$5,8),0)

	A	B	C	D	E	F	G	H	I	J	K
1	6月份员工工资明细表										
2	工号	姓名	部门	岗位工资	工龄工资	基本工资	考勤工资	提成金额	应发工资	养老保险	医疗保险
3	1005001	方建文	行政部	8000	1200	9200	0	0		736	104
4	1005002	李爱萍	行政部	4500	200	4700	150	0		376	94
5	1005003	谢丽秋	行政部	4500	800	5300	(20)	0		424	106
6	1005004	周志强	财务部	6500	200	6700	300	0		536	134
7	1005005	王萍	财务部	4700	500	5200	0	0		416	104
8	1005006	王光光	研发部	5300	500	5800	(533)	0		464	116
9	1005007	侯超超	研发部	6000	800	6800	(20)	0		544	136
10	1005008	卢海霞	研发部	5300	200	5500	(60)	0		440	110
11	1005009	侯伟波	研发部	5300	200	5500	197	0		440	110
12	1005010	吴聪聪	技术部	5300	800	6100	0	0		488	122
13	1005011	董奕月	技术部	5500	500	6000	150	0		480	120
14	1005012	魏向理	测试部	6000	800	6800	0	0		544	136
15	1005013	王永祥	测试部	4500	500	5000	(20)	0		400	100
16	1005014	徐鑫	市场部	6000	1200	7200	(331)	264.7927		576	144

图 3-32 引用提成金额

公式解释：

=IF(C3="市场部",VLOOKUP(A3,销售业绩提成表!$A$2:$H$5,8),0)

该公式是 IF()函数和 VLOOKUP()函数的嵌套使用。

当复制公式到 H16 单元格时，可以看到编辑栏中的公式已变成：

=IF(C16="市场部",VLOOKUP(A16,销售业绩提成表!$A$2:$H$5,8),0)

此时 C16 单元格值为市场部，IF()函数条件(C16="市场部")为真，返回函数 VLOOKUP(A16,

销售业绩提成表!$A$2:$H$5,8)的值。VLOOKUP 函数在“销售业绩提成表”的 A2:H5 范围内查找当前工作表中单元格 A16 的值，即查找工号“1005014”，该范围内能够找到“1005014”，返回“1005014”所在行的第 8 列的值即“264.7927”。

相关知识

VLOOKUP 函数功能和 HLOOKUP 函数功能相似，语法、参数意义基本相同。仅仅在查找方式上，HLOOKUP 函数按行查找，而 VLOOKUP 函数按列查找。HLOOKUP 函数中 H 代表行，VLOOKUP 函数中的 V 代表列。

4. 计算应发工资

计算公式为：应发工资 = 基本工资+考勤工资+提成金额。

（1）单击 I3 单元格，在编辑栏输入公式“=F3+G3+H3”。

（2）选中 I3 单元格，向下拖动填充柄，如图 3-33 所示，对 I4:I20 所有员工的应发工资进行自动填充。

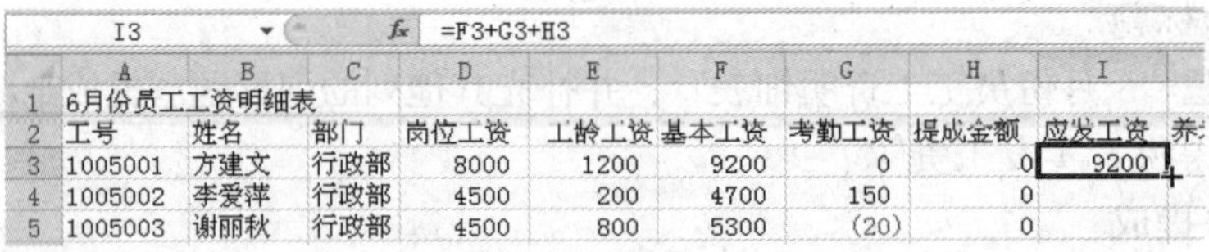

I3 =F3+G3+H3

	A	B	C	D	E	F	G	H	I
1	6月份员工工资明细表								
2	工号	姓名	部门	岗位工资	工龄工资	基本工资	考勤工资	提成金额	应发工资
3	1005001	方建文	行政部	8000	1200	9200	0	0	9200
4	1005002	李爱萍	行政部	4500	200	4700	150	0	
5	1005003	谢丽秋	行政部	4500	800	5300	(20)	0	

图 3-33　计算应发工资

5. 计算应纳税额

国家相关法律规定，个人收入达到一定数额应缴纳个人所得税。2011 年 6 月 30 日，十一届全国人大常委会第二十一次会议表决通过了《中华人民共和国个人所得税法修正案（草案）》，将个人所得税起征点由 2000 元提高到 3500 元，自 2011 年 9 月 1 日起实施。

公民全月工薪在 3500 元以下的可以免征个人所得税。养老保险、医疗保险、失业保险、住房公积金是免征个人所得税的。因此，本案例中计算应纳税额的公式为：应纳税额=应发工资-各项社会保险费-3500。

选中 O3 单元格，在编辑栏输入公式：=IF((I3-N3-3500)<0,0,I3-N3-3500)

按回车键确认。拖动填充柄至单元格 O20，如图 3-34 所示。

O3 =IF((I3-N3-3500)<0,0,I3-N3-3500)

	A	B	C	D	E	F	G	H	I	J	K	L	M	N	O
1	6月份员工工资明细表														
2	工号	姓名	部门	岗位工资	工龄工资	基本工资	考勤工资	提成金额	应发工资	养老保险	医疗保险	失业保险	住房公积	社会保险合计	应纳税额
3	1005001	方建文	行政部	8000	1200	9200	0	0	9200	736	184	92	460	1472	4228
4	1005002	李爱萍	行政部	4500	200	4700	150	0	4850	376	94	47	235	752	598
5	1005003	谢丽秋	行政部	4500	800	5300	(20)	0	5280	424	106	53	265	848	932
6	1005004	周志强	财务部	6500	200	6700	300	0	7000	536	134	67	335	1072	2428
7	1005005	王萍	财务部	4700	500	5200	0	0	5200	416	104	52	260	832	868
8	1005006	王光光	研发部	5300	500	5800	(533)	0	5267	464	116	58	290	928	839
9	1005007	侯超超	研发部	6000	800	6800	(20)	0	6780	544	136	68	340	1088	2192
10	1005008	卢海霞	研发部	5300	200	5500	(60)	0	5440	440	110	55	275	880	1060
11	1005009	侯伟波	研发部	5300	200	5500	197	0	5697	440	110	55	275	880	1317
12	1005010	吴聪聪	技术部	5300	800	6100	0	0	6100	488	122	61	305	976	1624
13	1005011	董奕月	技术部	5500	500	6000	150	0	6150	480	120	60	300	960	1690
14	1005012	魏向理	测试部	6000	800	6800	0	0	6800	544	136	68	340	1088	2212
15	1005013	王永祥	测试部	4500	500	5000	(20)	0	4980	400	100	50	250	800	680
16	1005014	徐鑫	市场部	6000	1200	7200	(331)	264.793	7134	576	144	72	360	1152	2482
17	1005015	周志林	市场部	3800	200	4000	300	5080.99	9381	320	80	40	200	640	5241
18	1005016	刘妮	市场部	3800	1200	5000	(20)	793.572	5774	400	100	50	250	800	1474
19	1005017	徐向前	客服部	3600	200	3800	150	0	3950	304	76	38	190	608	0
20	1005018	刘志勇	客服部	3600	200	3800	300	0	4100	304	76	38	190	608	0

图 3-34　计算应纳税额

公式解释：

=IF((I3-N3-3500)<0,0,I3-N3-3500)

先判断是否需要纳税，也就是先判断 I3-N3 的值是否小于起征点 3500 元，如果小于，那么无需纳税，返回 0，否则返回应纳税额。

6. 计算个人所得税

个人所得税按 3500 元/月的起征标准计算，实行 7 级超额累进个人所得税税率表，适用超额累进税率为 3%～45%。个人所得税征收标准如表 3-2 所示。

表 3-2　个人所得税征收标准

级数	全月应纳税所得额	税率	速算扣除数
1	不超过 1500 元的	3%	0
2	超过 1500 元至 4500 元的部分	10%	105
3	超过 4500 元至 9000 元的部分	20%	555
4	超过 9000 元至 35000 元的部分	25%	1005
5	超过 35000 元至 55000 元的部分	30%	2755
6	超过 55000 元至 80000 元的部分	35%	5505
7	超过 80000 元的部分	45%	13505

使用“速算扣除数”计算个人所得税，计算公式为：

个人所得税 = 应纳税额×税率-速算扣除数

表 3-2 中的速算扣除数 105、555 和 1005 等是个人所得税速算的扣除数。在个人所得税计算中，速算扣除数是指采用超额累进税率计税时，简化计算应纳税额的一个数据。如某人工资扣除 3500 后应纳税额是 2000 元，则税款计算方法为：1500×3%+500*10%=95 元。而利用速算扣除数，可以将应纳税额直接按对应的税率来速算，同样的，某人的应纳税额是 2000 元，2000 元对应的税率是 10%，则税款的速算方法为：2000×10%-105=95 元。

相关知识

税率表中的“超”表示“计税工资”超过某一等级时，仅就超过部分按照税率征税，所以也称为“超累税率”。

查看企业实际工资水平，可以简化员工所得税的计算公式。如果员工的最高工资不超过 38500（即 3500+35000）元，那么表 3-2 中的 5、6、7 级就不会涉及，在计算个人所得税的公式中就无需体现。图 3-34 可以看出，6 月份员工最高应纳税额是 5241，级数为 3，为了提高计算个人所得税公式的适应范围，同时又能在一定程度上简化公式，公式计算级数最高选 4。

（1）选中 P3 单元格，在编辑栏输入公式：

=IF(O3<=0,0,IF(O3<=1500,O3*0.03,IF(O3<=4500,O3*0.1-105,IF(O3<=9000,O3*0.2-555,O3*0.25-1005))))

（2）拖动填充柄向下填充至 O20，计算其他员工的个人所得税。

除了 IF 函数，VLOOKUP 函数也可以计算“个人所得税”，为对比效果，在“工资明细表”的“个人所得税”后面插入一列。

选中 Q 列，切换到【开始】选项卡，单击【单元格】选项组的【插入】按钮，在弹出的下拉列表中选择【插入工作表列】选项。应用 VLOOKUP 函数计算个人所得税的操作如下。

在“工资明细表”右侧新建一个工作表，将其改名为“个人所得税率表”，定义税率区域，如图 3-35 所示。

按照前面给出的“个人所得税”的计算方法，使用 VLOOKUP 函数计算“个人所得税”，选中 Q3 单元格，输入如下公式：

=O3*VLOOKUP(O3, 个人所得税率表!$C$5:$E$11,2)-VLOOKUP(O3, 个人所得税率表!$C$5:$E$11,3)

个人所得税率表				
个人所得税=应纳税额×税率-速算扣除数				
个人所得税起征金额：￥3500				
级数	应纳所得税额	计算基数	税率	速算扣除数（元）
1	不超过1500元的	0	3%	0
2	超过1500元至4500元的部分	1500	10%	105
3	超过4500元至9000元的部分	4500	20%	555
4	超过9000元至35000元的部分	9000	25%	1005
5	超过35000元至55000元的部分	35000	30%	2755
6	超过55000元至80000元的部分	55000	35%	5505
7	超过80000元的部分	80000	45%	13505

考勤统计表 / 销售业绩提成表 / 社会保险缴存表 / 工资明细表 / 个人所得税率表

图 3-35　定义税率区域

按回车键，结果如图 3-36 所示。

=O3*VLOOKUP(O3,个人所得税率表!$C$5:$E$11,2)-VLOOKUP(O3,个人所得税率表!$C$5:$E$11,3)

岗位工资	工龄工资	基本工资	考勤工资	提成金额	应发工资	养老保险	医疗保险	失业保险	住房公积	社会保险合计	应纳税额	个人所得税	
8000	1200	9200	0	0	9200	736	184	92	460	1472	4228	317.8	317.8
4500	200	4700	150	0	4850	376	94	47	235	752	598	17.94	17.94
4500	800	5300	(20)	0	5280	424	106	53	265	848	932	27.96	27.96
6500	200	6700	300	0	7000	536	134	67	335	1072	2428	137.8	137.8
4700	500	5200	0	0	5200	416	104	52	260	832	868	26.04	26.04

图 3-36　使用 VLOOKUP 函数计算个人所得税

例如，员工“方建文”的应纳税额是 4228，如果使用税率表中的税率，则 4228 适用的税率应该是 10%。使用 VLOOKUP 函数在图 3-35 所示的区域（C5:E11）首列中进行“模糊查找”，查找 4228 所对应的税率是找不到的，按照函数模糊匹配规则，应该返回小于等于 Lookup_value（4228）的最大数值，即 1500，则返回 1500 所在行的第 2 列数值 10%。

通过对比发现，IF 函数与 VLOOKUP 函数的计算结果相同。

对比后应删除新插入的一列，选中 Q 列，单击鼠标右键，弹出快捷菜单，选择【删除】命令。

7. 计算实发工资

“实发工资”的计算方法：

实发工资 = 应发工资-社会保险合计-个人所得税

因为财务数据只需精确到分，所以可以使用 ROUND 函数，将个人所得税金额只保留 2 位小数，计算结果如图 3-37 所示，Q3 单元格相应的公式为：

=ROUND(I3-N3-P3,2)

Q3　=ROUND(I3-N3-P3,2)

6月份员工工资明细表																
工号	姓名	部门	岗位工资	工龄工资	基本工资	考勤工资	提成金额	应发工资	养老保险	医疗保险	失业保险	住房公积	社会保险合计	应纳税额	个人所得税	实发工资
1005001	方建文	行政部	8000	1200	9200	0	0	9200	736	184	92	460	1472	4228	422.8	7305.2
1005002	李爱萍	行政部	4500	200	4700	150	0	4850	376	94	47	235	752	598	17.94	4080.06
1005003	谢丽秋	行政部	4500	800	5300	(20)	0	5280	424	106	53	265	848	932	27.96	4404.04
1005004	周志强	财务部	6500	200	6700	300	0	7000	536	134	67	335	1072	2428	242.8	5685.2
1005005	王萍	财务部	4700	500	5200	0	0	5200	416	104	52	260	832	868	26.04	4341.96
1005006	王光光	研发部	5300	500	5800	(533)	0	5267	464	.116	58	290	928	839	25.16	4313.51
1005007	侯超超	研发部	6000	800	6800	(20)	0	6780	544	136	68	340	1088	2192	219.2	5472.8
1005008	卢海霞	研发部	5300	200	5500	(60)	0	5440	440	110	55	275	880	1060	31.8	4528.2
1005009	侯伟波	研发部	5300	200	5500	197	0	5697	440	110	55	275	880	1317	39.513793	4777.61
1005010	吴聪聪	技术部	5300	800	6100	0	0	6100	488	122	61	305	976	1624	162.4	4961.6
1005011	董奕月	技术部	5500	500	6000	150	0	6150	480	120	60	300	960	1690	169	5021
1005012	魏向理	测试部	6000	800	6800	0	0	6800	544	136	68	340	1088	2212	221.2	5490.8
1005013	王永祥	测试部	4500	500	5000	(20)	0	4980	400	100	50	250	800	680	20.4	4159.6
1005014	徐鑫	市场部	6000	1200	7200	(331)	264.793	7134	576	144	72	360	1152	2482	248.17582	5733.58
1005015	周志林	市场部	3800	200	4000	300	5080.99	9381	320	80	40	200	640	5241	1048.1988	7692.8
1005016	刘妮	市场部	3800	1200	5000	(20)	793.572	5774	400	100	50	250	800	1474	44.207166	4929.37
1005017	徐向前	客服部	3600	200	3800	150	0	3950	304	76	38	190	608	0	0	3342
1005018	刘志勇	客服部	3600	200	3800	300.	0	4100	304	76	38	190	608	0	0	3492

图 3-37　使用 ROUND 函数精确“实发工资”

相关知识

ROUND 函数

功能：按指定位数对数据进行四舍五入。

语法：ROUND(Number,Num_digist)

参数：Number 指定要四舍五入的数据。

Num_digist 执行四舍五入时采用的位数。

3.3.8 制作管理目录

工作簿可以建立多张工作表，为了方便查阅，可以建立一个目录，为各个工作表制作超链接，如图 3-1 所示。

1. 建立“目录”工作表

在“员工档案表”前插入一个新的工作表，命名为“目录”。

2. 创建艺术字

插入艺术字标题“笑笑儿童电子玩具厂”和“员工档案及工资管理”。创建方法与 Word 2010 中相同，此处不再详述。其中标题艺术字字体为“方正舒体”，样式为“填充-橙色，强调文字颜色 6，渐变轮廓-强调文字颜色 6”，文字效果为“上弯弧”。

3. 制作按钮

与 Word 操作方法类似，插入一个圆角矩形，设置其形状样式为“强烈效果-橄榄色，强调颜色 3”，调整到适当大小和位置。在该图形上单击鼠标右键，从快捷菜单中选择【编辑文字】命令，输入文字“员工档案表”，并设置字体格式。

选中绘制好的圆角矩形，复制 6 个，并按已有工作表的名称修改各圆角矩形的内容文字。

4. 排列按钮

将已制作好的 7 个圆角矩形调整到大致的位置，选择需要对齐的圆角矩形，切换到【绘图工具格式】选项卡，单击【排列】组中的【对齐】下拉按钮，从弹出的下拉列表中选择相关命令，如图 3-38 所示，如“顶端对齐”“横向分布”等，完成选中对象的排列对齐操作。

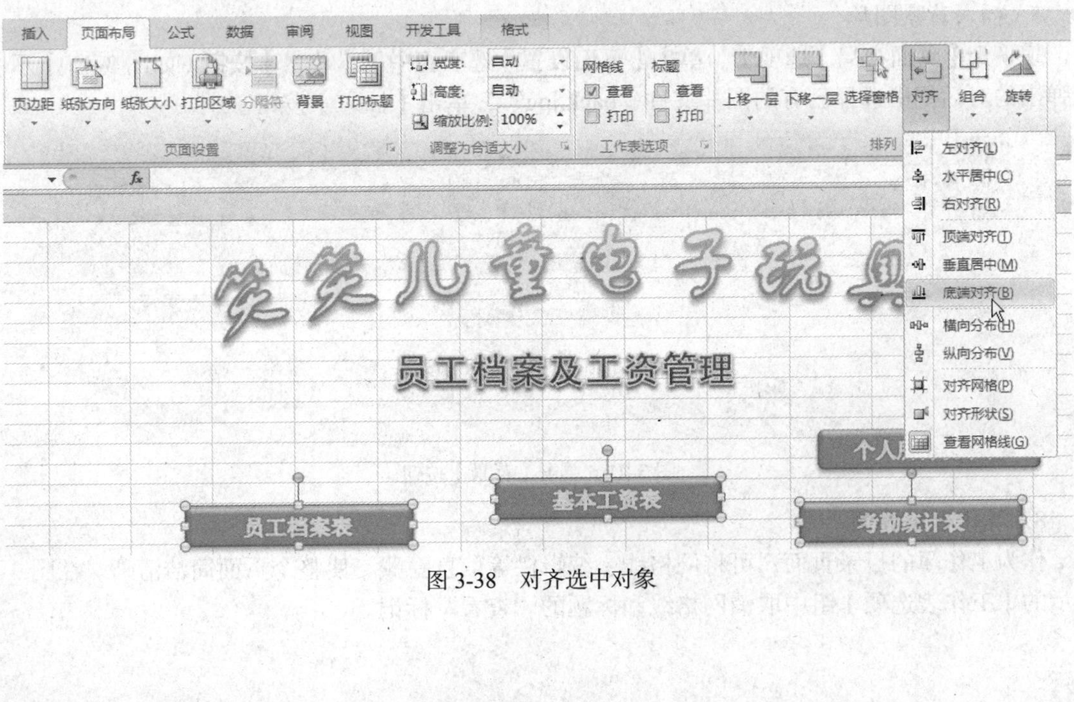

图 3-38 对齐选中对象

5. 为按钮设置超链接

右键单击“员工档案表”圆角矩形，在弹出的快捷菜单中选择【超链接】命令，打开【插入超链接】对话框。在“链接到”栏中选择“本文档中的位置”，并在“或在此文档中选择一个位置”一栏中选择“员工档案表”，如图 3-39 所示，单击【确定】按钮。其他圆角矩形的超链接设置方法与此相同。

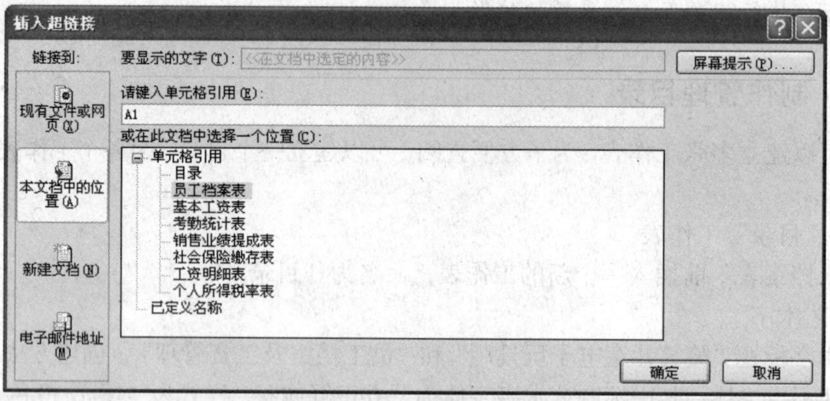

图 3-39 【插入超链接】对话框

6. 在各工作表中设置“返回”超链接

在“员工档案表”的右上角插入一张名为“home.jpg”的“返回”图片，如图 3-40 所示。对图片设置超链接，链接至“目录”工作表。将该“返回”图片复制到其他工作表中。

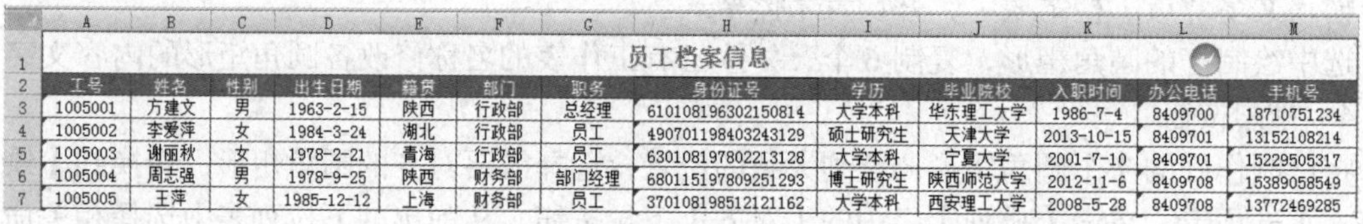

员工档案信息

工号	姓名	性别	出生日期	籍贯	部门	职务	身份证号	学历	毕业院校	入职时间	办公电话	手机号
1005001	方建文	男	1963-2-15	陕西	行政部	总经理	610108196302150814	大学本科	华东理工大学	1986-7-4	8409700	18710751234
1005002	李爱萍	女	1984-3-24	湖北	行政部	员工	490701198403243129	硕士研究生	天津大学	2013-10-15	8409701	13152108214
1005003	谢丽秋	女	1978-2-21	青海	行政部	员工	630108197802213128	大学本科	宁夏大学	2001-7-10	8409701	15229505317
1005004	周志强	男	1978-9-25	陕西	财务部	部门经理	680115197809251293	博士研究生	陕西师范大学	2012-11-6	8409708	15389058549
1005005	王萍	女	1985-12-12	上海	财务部	员工	370108198512121162	大学本科	西安理工大学	2008-5-28	8409708	13772469285

图 3-40 添加“返回”图片

7. 插入背景图片

切换到【页面布局】选项卡，单击【页面设置】选项组中的【背景】按钮（如图 3-41 所示），在弹出的对话框中选择已有的图片文件“back.jpg”，单击【插入】按钮。

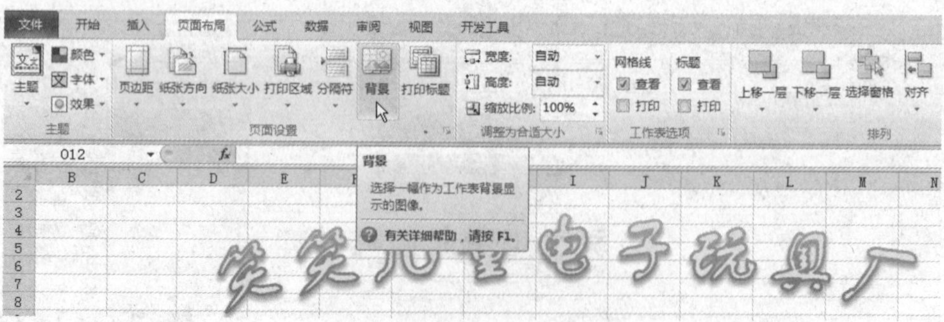

图 3-41 单击【背景】按钮

8. 优化显示界面

作为工作簿的目录页面，可将网格线、编辑栏等信息隐藏，使整个页面简洁清晰。在图 3-41 所示的【工作表选项】组中取消网格线和标题的“查看”标记。

拓展实训

实训 1　每日饮品销售统计

某小店需要统计每天饮品的销售情况，请设计图 3-42 所示的统计表，并计算每天各种饮品的销售额、利润及总的销售数量、销售额和总利润。具体要求如下。

（1）设计图 3-42 所示的表格。

（2）计算每种饮品的销售额、利润。

（3）计算所有饮品的销售量合计、销售额合计及利润合计。

（4）将每日销售量最高与最低的饮品的销售数量以醒目的方式显示。

	A	B	C	D	E	F	G	H
1	每日饮品销售统计表							2015-5-1
2	序号	品名	单位	进货价	零售价	销售数量	销售额	利润
3	1	可口可乐	听	1.75	2.50	31		
4	2	七喜	听	1.40	2.00	24		
5	3	美年达	瓶	1.75	2.50	15		
6	4	健力宝	听	1.75	2.50	21		
7	5	矿泉水	瓶	0.95	1.50	52		
8	6	果粒橙	瓶	2.10	3.00	14		
9	7	果啤	瓶	1.20	2.00	19		
10	8	芬达	听	1.30	1.80	27		
11	9	红牛	听	4.20	6.00	3		
12	10	脉动	瓶	2.60	4.00	8		
13			合计					

图 3-42　每日饮品销售统计表

提示

（1）利用公式计算产品销售额和利润，合计使用 SUM 函数统计。

销售额=零售价×销售数量

利润=销售额-（进货价×销售数量）

（2）计算各项数据时，要用单元格的引用而不要直接乘以单价数量，便于价款调整时自动更新计算结果。

（3）突出显示销售数量的最大值和最小值，可应用“条件格式”实现。

选中 F 列，切换到【开始】选项卡，单击【样式】选项组中的【条件格式】按钮，在下拉列表中选择【项目选取规则】，再在弹出的列表中选择【值最大的 10 项】，如图 3-43 所示。

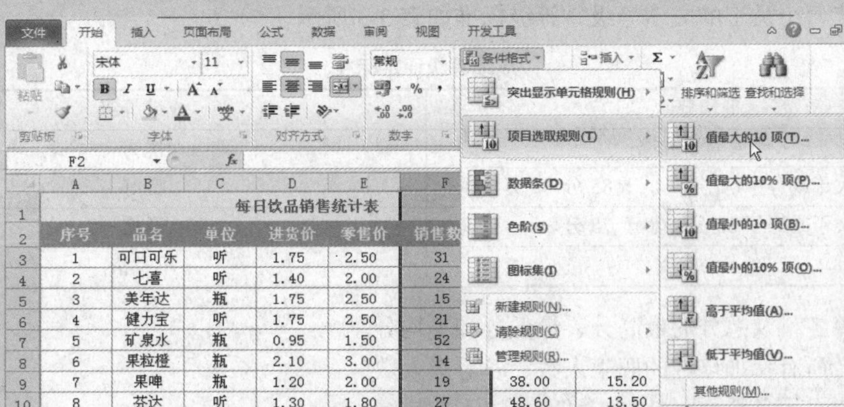

图 3-43 【项目选取规则】选项列表

在【10 个最大的项】对话框中，将左侧微调框中的数值改为 1，如图 3-44 所示，单击【确定】按钮，则以“浅红填充色深红色文本”突出显示最大值“52”。

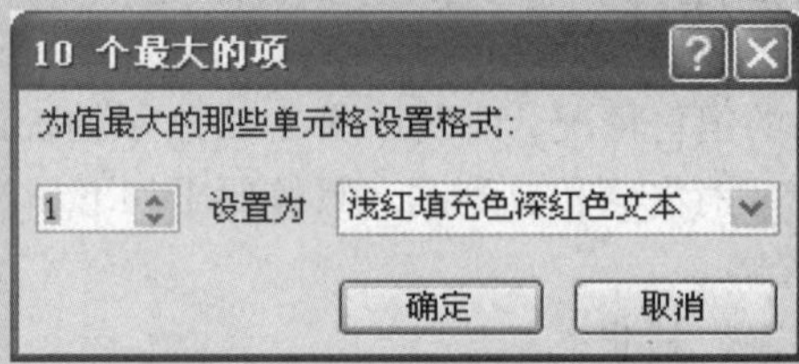

图 3-44 【10 个最大的项】对话框

类似地，使用[10 个最小的项]对话框以“绿填充色深绿色文本”突出显示最小值“3”。

实训 2　员工培训成绩统计

为了提高企业员工的业务能力，对员工进行了办公软件应用、市场营销、网络安全、企业文化方面的培训，并对培训效果进行测试，为了统计培训效果，设计了图 3-45 所示的成绩表，请完成相关数据计算，具体要求如下。

	A	B	C	D	E	F	G	H	I	J
1	在职员工培训成绩表									
2	职工编号	姓名	办公软件应用	市场营销	网络安全	企业文化	总分	平均分	名次	等级
3	1001	赵欣阳	83	88	86	83				
4	1002	成鹏	90	81	84	83				
5	1003	卢鹏飞	87	88	89	96				
6	1004	李木子	83	84	82	90				
7	1005	王鹤	76	60	80	74				
8	1006	张睿	86	85	69	86				
9	1007	陆文静	78	69	90	91				
10	1008	马超超	93	86	85	89				
11	1009	刘瑞娜	70	67	70	80				
12	1010	李春晓	81	86	77	79				
13	1011	刘凯旋	88	82	92	91				
14	1012	苏丽	75	72	68	78				
15		平均分								
16		最高分								
17		最低分								
18										
19										
20		总人数	优秀	良好	及格	不及格				
21										

图 3-45　员工培训成绩表

（1）统计每个员工培训成绩的总分、平均分、名次。

（2）填充每个员工的成绩等级，等级标准如表 3-3 所示。

表 3-3　成绩等级评定标准

平均分	成绩等级
大于或等于 85 分	优秀
大于或等于 75 分，小于 85 分	良好
大于或等于 60 分，小于 75 分	及格
小于 60 分	不及格

（3）计算各科及总分的最高分、最低分和平均分。

（4）统计所有参加培训的职工人数、各等级人数。

（5）突出显示各科 90 分以上及 75 分以下的成绩。

提示

（1）计算平均分、总分、最高分、最低分，切换到【开始】选项卡，单击【编辑】功能选项卡中的【自动求和】按钮，从下拉列表中选择所需选项，如图 3-46 所示。

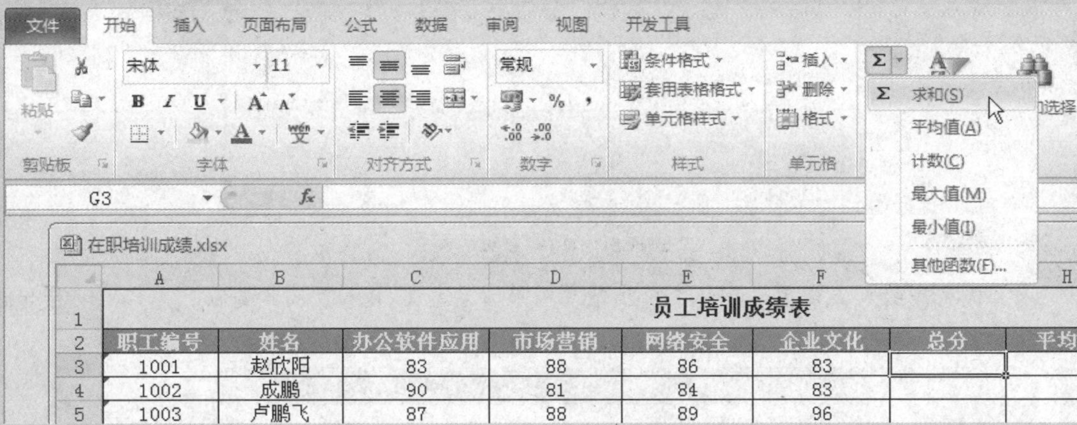

图 3-46　求成绩总分选项

（2）求员工名次时，可按总分排序，使用 RANK 函数。如图 3-47 所示，在 I3 单元格输入公式“=RANK(G3,$G$3:$G$14)”

RANK 函数返回某数字在一组数字中相对于其他数字的大小排名。

参数 Number 指定要排名的数字，G3 即为赵欣阳的总分 340。

Ref: $G$3:$G$14 为所有员工的总分区域，单元格格式为绝对引用，意为在复制公式时，该区域为绝对定位。

Order 指定排序的顺序，如果为 0 或忽略，降序；否则为升序。

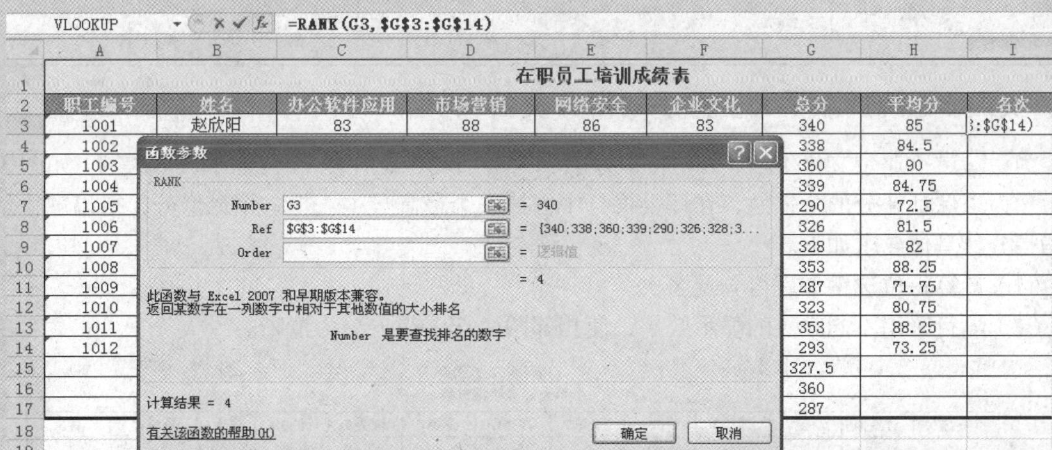

图 3-47　RANK()函数计算排名

（3）使用 IF 函数计算每个员工的等级。在 J3 单元格输入公式：

=IF(H3<60,"不及格",IF(H3<75,"及格",IF(H3<85,"良好","优秀")))

（4）总人数可以使用 COUNT 函数计算。切换到【公式】选项卡，单击【函数库】功能区的【其他函数】，选择【统计】组中的【COUNTA】选项。函数参数为 A3:A14，如图 3-48 所示。

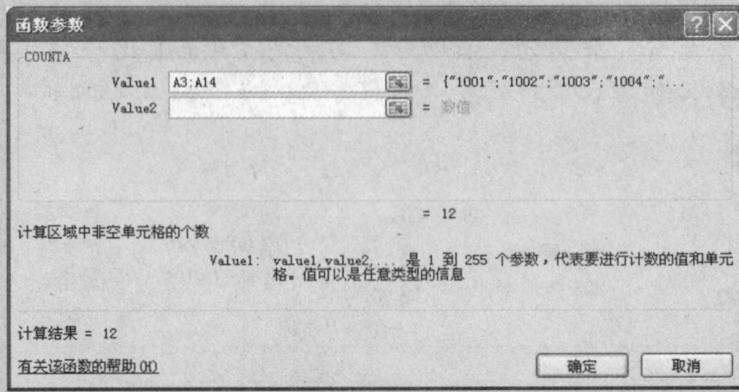

图 3-48 COUNTA()函数参数对话框

（5）优秀等级人数使用 COUNTIF 函数，应用方法与 COUNT 函数类似，其参数设置如图 3-49 所示。

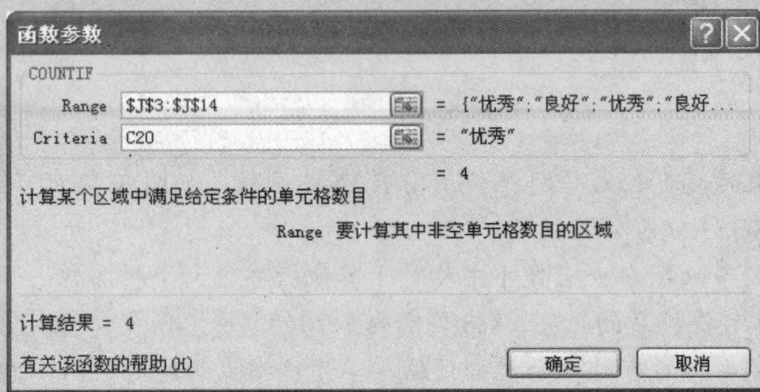

图 3-49 COUNTIF()函数参数对话框

（6）使用【条件格式】下拉列表中的【突出显示单元格规则】中的选项，突出显示各科 90 分以上及 75 分以下的成绩。

实训 3 统计歌手大赛选手的得分及名次

为活跃员工业余文化生活，公司特举办歌手大赛活动，最后有 11 位歌手进入决赛，如图 3-50 所示。为了保证评分的公平性，在评委得分中去掉一个最高分、去掉一个最低分，得出歌手最后平均得分。具体要求如下。

（1）计算每位选手最后得分及名次。

（2）隔行采用不同底纹的显示效果，使相邻两个选手得分更为清晰。

	A	B	C	D	E	F	G	H	I	J	K	L	M
1	歌手大赛选手得分表												
2	参赛选手	评委1	评委2	评委3	评委4	评委5	评委6	评委7	评委8	评委9	评委10	最后得分	名次
3	宋佳雨	9.65	8.17	9.70	8.95	9.34	9.29	9.86	8.11	8.83	8.90		
4	侯鹏辉	9.45	9.75	8.94	8.48	9.61	9.77	9.90	9.84	9.99	8.84		
5	寒月	9.05	9.88	8.21	9.08	9.19	9.50	9.11	9.37	9.68	8.07		
6	李建玲	9.80	8.16	9.57	8.72	8.36	9.42	8.67	9.78	9.91	9.27		
7	侯倩	9.14	8.35	8.76	9.57	9.36	8.96	9.03	8.06	8.32	9.46		
8	罗坤浩	9.73	8.54	8.38	9.49	8.87	9.21	9.10	8.11	9.20	8.20		
9	张欣以	8.45	8.59	8.83	8.51	9.88	8.18	8.14	8.57	8.60	8.53		
10	王璟雯	8.02	9.35	8.34	8.40	9.88	9.46	9.08	8.80	9.52	8.30		
11	沐云帆	9.81	8.27	9.63	8.82	8.68	8.19	9.38	8.46	9.84	8.91		
12	吴博艺	8.10	9.78	8.84	9.70	9.56	9.83	8.26	8.49	8.01	9.99		
13	李逸轩	8.81	8.92	9.70	9.41	8.87	9.02	8.59	9.97	8.73	8.77		

图 3-50 得分统计表

提示

（1）计算最后得分有两种解决方法。

方法一：使用统计函数。

使用 SUM 函数求出所有评委的得分之和，最高分和最低分分别用 MAX 函数、MIN 函数求出，COUNT 函数可以计算得分的个数，形成图 3-51 所示的公式：

=(SUM(B3:K3)-MAX(B3:K3)-MIN(B3:K3))/(COUNT(B3:K3)-2)

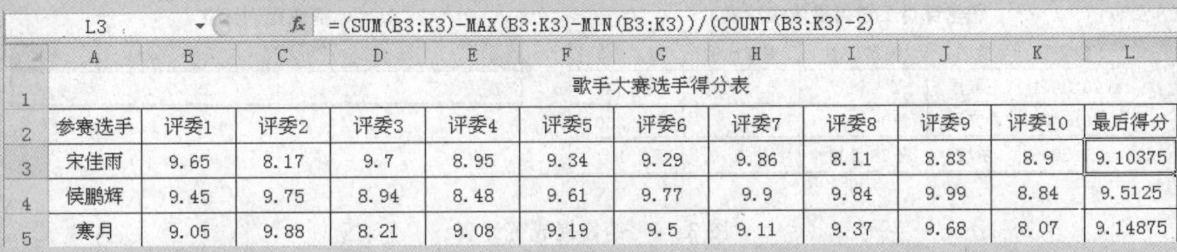

L3 　 =(SUM(B3:K3)-MAX(B3:K3)-MIN(B3:K3))/(COUNT(B3:K3)-2)

	A	B	C	D	E	F	G	H	I	J	K	L
1	歌手大赛选手得分表											
2	参赛选手	评委1	评委2	评委3	评委4	评委5	评委6	评委7	评委8	评委9	评委10	最后得分
3	宋佳雨	9.65	8.17	9.7	8.95	9.34	9.29	9.86	8.11	8.83	8.9	9.10375
4	侯鹏辉	9.45	9.75	8.94	8.48	9.61	9.77	9.9	9.84	9.99	8.84	9.5125
5	寒月	9.05	9.88	8.21	9.08	9.19	9.5	9.11	9.37	9.68	8.07	9.14875

图 3-51　使用统计函数计算得分

方法二：使用修剪平均值函数。

Excel 有个专用函数 TRIMMEAN()，不计算最高分，不计算最低分，将其余数据求平均值。TRIMMEAN 函数有两个参数：TRIMMEAN(Array,Percent)，Array 指明需要进行整理并求平均值的数组或数值区域；Percent 为计算时所要除去的数据点的比例，Percent 参数的通用公式为：去除的总数/数据总数。使用修剪平均值函数的计算方法如图 3-52 所示。

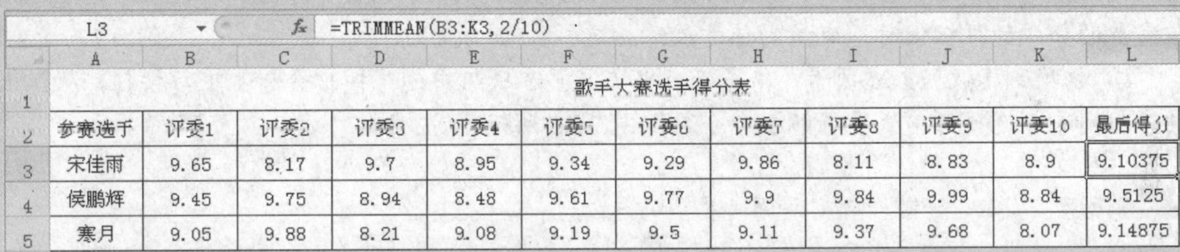

L3 　 =TRIMMEAN(B3:K3,2/10)

	A	B	C	D	E	F	G	H	I	J	K	L
1	歌手大赛选手得分表											
2	参赛选手	评委1	评委2	评委3	评委4	评委5	评委6	评委7	评委8	评委9	评委10	最后得分
3	宋佳雨	9.65	8.17	9.7	8.95	9.34	9.29	9.86	8.11	8.83	8.9	9.10375
4	侯鹏辉	9.45	9.75	8.94	8.48	9.61	9.77	9.9	9.84	9.99	8.84	9.5125
5	寒月	9.05	9.88	8.21	9.08	9.19	9.5	9.11	9.37	9.68	8.07	9.14875

图 3-52　使用修剪平均值函数计算得分

（2）使用【套用表格格式】功能项设置表格样式。

选择 A2:M13 单元格，切换到【开始】选项卡，选择【样式】选项组中的【套用表格格式】，在列出的样式中单击【表样式浅色 16】，如图 3-53 所示。列标题自动添加筛选标记，切换到【数据】选项卡，单击【排序和筛选】选项组中的【筛选】按钮，去掉筛选标记。

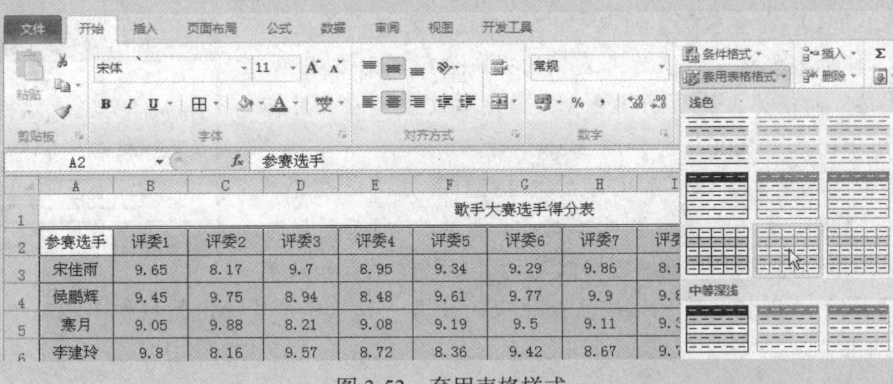

图 3-53　套用表格样式

实训 4　使用“单变量求解”计算目标销售金额

销售部人员的提成是按公司规定的比例计算的。某公司销售人员王昊辰上个月销售业绩不佳，影响到月工资收入，本月他希望能拿到 2000 元的销售提成，请帮助他计算出需要达到多少销售额才有可能。公司提成统计表如图 3-54 所示。

销售部员工销售提成统计表

员工编号	姓名	销售金额	提成比例	提成金额
xs2015001	王昊辰	￥6,658	2%	￥133
xs2015002	卢文超	￥56,500	4%	￥2,260
xs2015003	罗坤	￥38,900	3%	￥1,167

提成比例标准

销售额	10000以下	10000～50000	50000及以上
提成比例	2%	3%	4%

图 3-54　销售提成统计表

提示

（1）在该统计表中，提成比例是按已设定好的公式进行计算的。

如使用 IF 函数，则单元格 D3 中的公式为：=IF(C3<10000,2%,IF(C3<50000,3%,4%))。

（2）使用 Excel 提供的“单变量求解”功能可以很快计算销售额。

单变量求解是解决假定一个公式要取得某一结果值，其中变量的引用单元格应取值为多少的问题。求解过程中，Excel 中根据所提供的目标值，将引用单元格的值不断调整，直至达到所需要的公式的目标值时，变量的值才最终确定。

① 切换到【数据】选项卡，单击【数据工具】选项组中的【模拟分析】下拉按钮，从弹出的下拉列表中选择【单变量求解】命令，如图 3-55 所示。

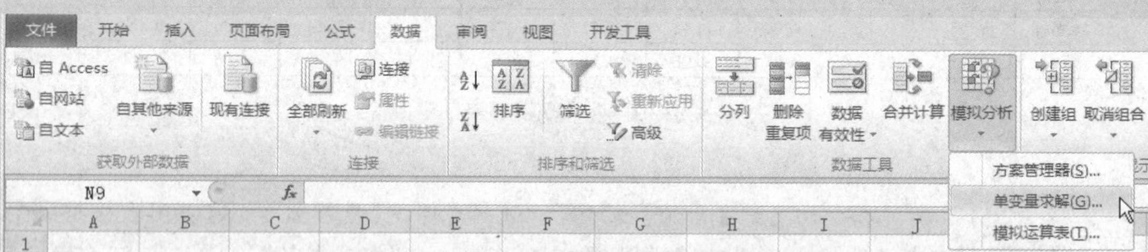

图 3-55　选择【单变量求解】选项

在弹出的【单变量求解】对话框中，通过单元格引用的方式，选择“目标单元格”的值为王昊辰的提成金额单元格$E$3，“可变单元格”的值为王昊辰的销售金额单元格$C$3，在“目标值”文本框中输入“2000”，如图 3-56 所示。

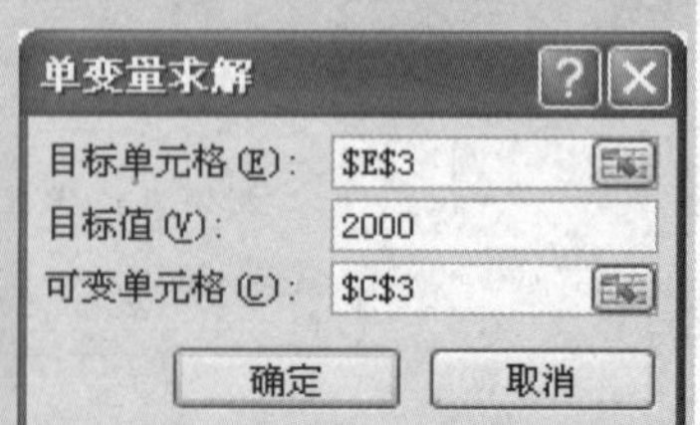

图 3-56 【单变量求解】对话框

② 单击【确定】按钮，系统会立即进行计算并得出最终求解值，弹出【单变量求解状态】对话框，如图 3-57 所示，同时相关单元格 C3、D3、E3 的数据已修改为计算后的结果。如果单击【取消】按钮，则相关单元格恢复到原来的数据；如果单击【确定】按钮，相关单元格则为计算后的结果。

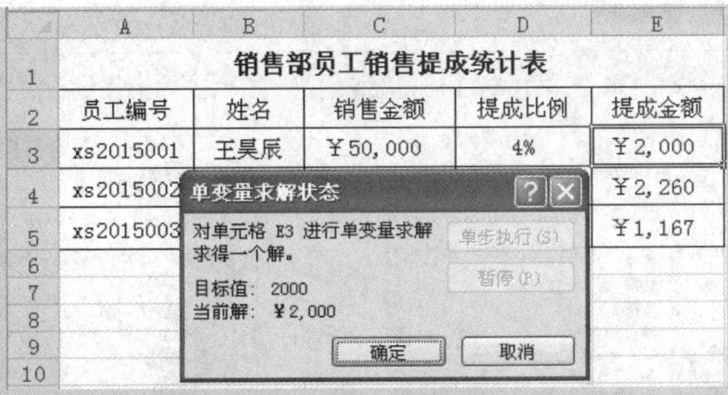

图 3-57 【单变量求解状态】对话框

实训 5 利用宏设置“博览会内外贸易代码表”的格式

某博览会每天要统计大量贸易数据，特为不同的国家、省市、商品名称和贸易方式等设定编码并进行整理，图 3-58 中显示了部分代码。要求将所有代码表设置成相同的格式：表格外边框为深蓝色粗线、内线为深蓝色细线；文字格式为深蓝色、黑体、居中显示。

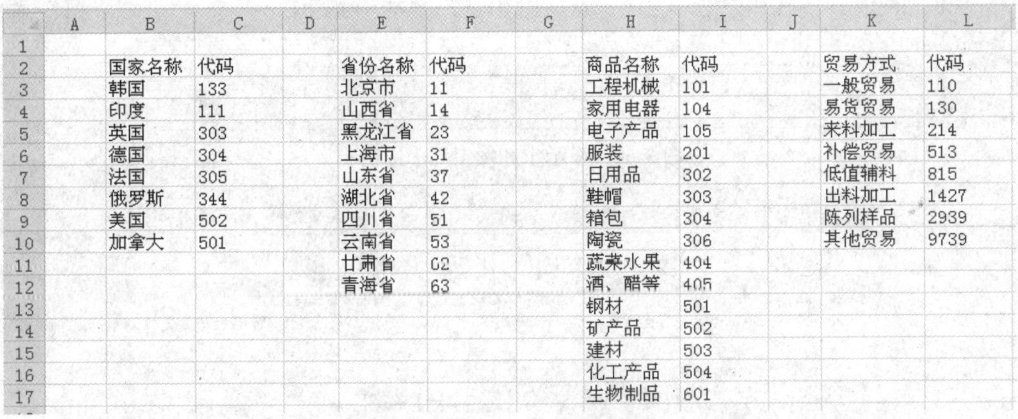

国家名称	代码	省份名称	代码	商品名称	代码	贸易方式	代码
韩国	133	北京市	11	工程机械	101	一般贸易	110
印度	111	山西省	14	家用电器	104	易货贸易	130
英国	303	黑龙江省	23	电子产品	105	来料加工	214
德国	304	上海市	31	服装	201	补偿贸易	513
法国	305	山东省	37	日用品	302	低值辅料	815
俄罗斯	344	湖北省	42	鞋帽	303	出料加工	1427
美国	502	四川省	51	箱包	304	陈列样品	2939
加拿大	501	云南省	53	陶瓷	306	其他贸易	9739
		甘肃省	62	蔬菜水果	404		
		青海省	63	酒、醋等	405		
				钢材	501		
				矿产品	502		
				建材	503		
				化工产品	504		
				生物制品	601		

图 3-58 博览会内外贸易代码表

提示

（1）可以应用格式刷复制表格样式，但在表格大小不同时，会出现边框线格式不一致的情况。

（2）应用宏复制表格样式。在工作中，当需要经常重复某一任务，如要定期制作报表或在编辑中经常需要多步操作计算结果时，可以使用宏来自动执行相关任务。宏的英文名是 Macro，意为由用户定义好的操作。

在 Excel 2010 中，【开发工具】选项卡中包含有宏的功能，默认情况下，该选项卡处于隐藏状态。如果需显示【开发工具】选项卡，则使用【Excel 选项】中的【自定义功能区】，选中【主选项卡】列表中的【开发工具】复选框，如图 3-59 所示，单击【确定】按钮。

① 录制宏

选中 B2:C10 单元格，切换到【开发工具】选项卡，单击【代码】选项组中的【录制宏】按钮，如图 3-60 所示。在打开的【录制新宏】对话框中，输入宏的名称，定义快捷键“Ctrl+D”，如图 3-61 所示，单击【确定】按钮。

图 3-59　显示【开发工具】选项卡

图 3-60　单击【录制宏】按钮

录制宏开始后，记录有效操作，并非按时间录制。按要求设置表格格式，设置完成后，切换到【开发工具】选项卡，单击【代码】选项组中的【停止录制】按钮，结束录制，退出录制宏的状态。

② 运行宏

运行宏的常用方法有通过快捷键运行和利用对话框运行。

- 通过快捷键运行。选中省份代码所在单元格 E2:F12，按录制宏时定义的快捷键“Ctrl+D”，即完成该区域的格式设置。
- 利用对话框运行。选中商品代码所在单元格 H2:I17，切换到【开发工具】选项卡，单击【代码】选项组中的【宏】按钮，打开【宏】对话框，在左侧列表框中选择创建的宏选项“表格格式”，单击【执行】按钮，如图 3-62 所示。

③ 保存宏

单击快捷访问工具栏中的【保存】按钮，保存工作簿，Excel 将打开提示对话框，提示要保存为启用宏的工作簿需要选择保存文件类型，单击【否】按钮，如图 3-63 所示，打开【另存为】对话框，在“保存类型”下拉列表框中选择“Excel 启用宏的工作簿（*.xlsm）”选项，保持默认文件名不变，单击【保存】按钮，如图 3-64 所示。

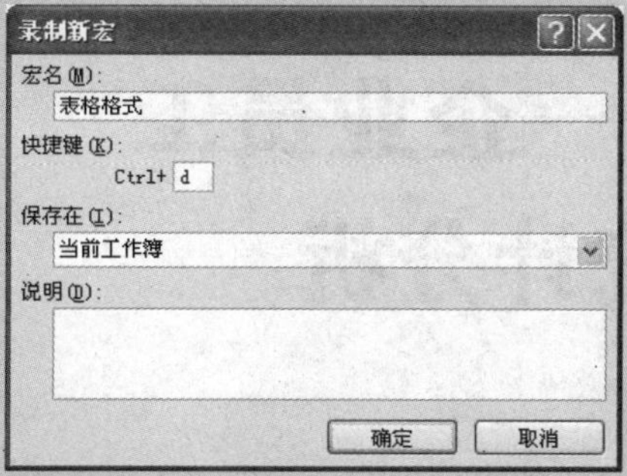

图 3-61 【录制新宏】对话框

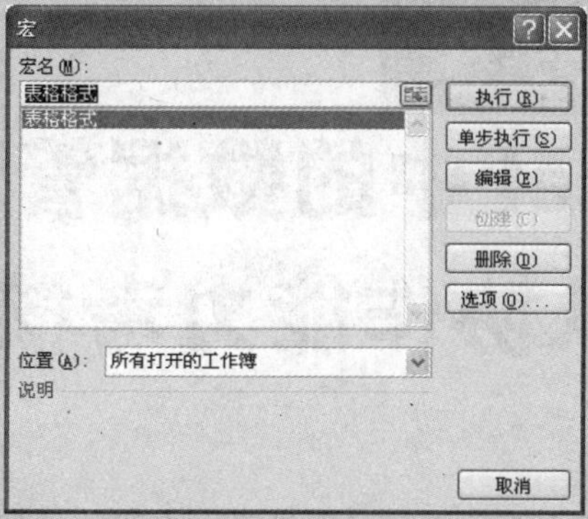

图 3-62 【宏】对话框

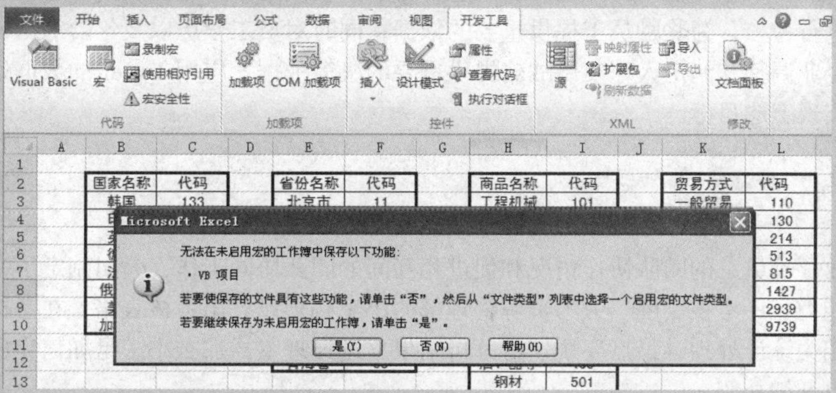

图 3-63 选择保存宏

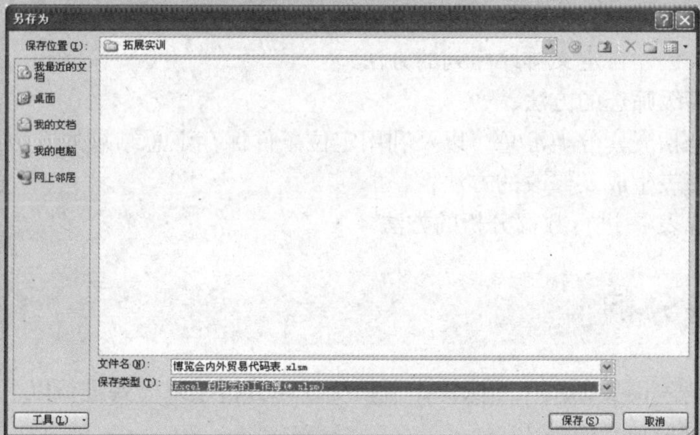

图 3-64 保存为应用宏的工作簿

相关知识

录制宏时会将用户在计算机中执行的操作记录下来，如此便留下了利用宏进行传播不良代码的漏洞。为了预防计算机遭受宏病毒的侵害，Excel 2010 中可根据自身的需要对宏的安全性进行设置。其操作方法为：选择【文件】菜单中的【选项】命令，在打开的【Excel 选项】对话框的【信任中心】选项卡中进行设置。

只有在包含宏的工作簿中才能执行宏的效果操作，在一般的 Excel 工作簿中是无须运行宏的。

任务 4
Excel 中的数据管理——企业员工团队协作能力考核与统计分析

现代企业的制胜法宝是对人力资源的有效管理。员工能动性以及协作性能否得到积极调动，对提高企业的经济效益有很大的影响，所以企业会想方设法地激励企业员工，这就需要对企业员工相关方面进行考核，为奖励员工提供重要的依据；同时对员工学历以及年龄等结构及时做出分析，也能为企业调整和制定人才发展战略提供重要的决策依据。应用 Excel 的数据处理与分析功能可以快速实现上述目标。

4.1 任务情境

为了有效评价员工的团队协作情况和促进相互间的团队协同工作，公司制定了针对全体员工的团队协作能力互评考核制度。人力资源管理部的小王必须设计出考核表格，在考核结束后对考核数据进行相关统计处理，最后要快速将分析结果报送经理室，那么小王是如何完成任务的呢？下面就来予以详细介绍。

知识目标

- 多个工作簿文件及多个工作表合并的方法；
- 数据排序及创建自定义排序序列的方法；
- 筛选包括高级筛选的方法；
- 分类汇总包括嵌套分类汇总，以及利用定位条件保存汇总结果的方法；
- 迷你图、图表生成及修改的方法；
- 用数据透视表/图进行数据分析的方法。

4.2 任务分析

经过分析，经理室需要的员工团队协作考核统计与分析结果需要进行以下工作。

（1）创建员工团队协作考核表

① 设计考核表；

② 设计考核指标、权重及指标解释和得分方式，完成考核表的制作；

③ 发放和回收考核表，并将回收的考核表文件合并为一个工作簿文件；

④ 将全部工作表数据合并为一个工作表。

（2）对考核数据进行统计与分析

① 对各部门团队协作能力考核得分进行排序，全盘了解全体员工的协作情况；

② 筛选出“考核得分前六名人员”名单和“部门经理考核成绩 90 分以上人员”名单，分析优秀员工和中层管理者的团队协作情况；

③ 对各部门员工考核情况进行简单分类汇总和嵌套分类汇总，分析部门之间的协作情况，以及部门内部员工之间的协作情况。

（3）采用迷你图或者图表对考核数据进行直观展示

① 采用迷你图直观显示考核前六名员工各项能力的均衡情况。

② 采用图表对各部门考核汇总情况进行对比分析。

③ 运用数据透视图统计各分数段人数并制作饼图。

相关知识

具有二维表性质的电子表格在 Excel 中被称为数据清单，数据清单类似于数据库表，可以像数据库一样使用，其中行表示记录，列表示字段。数据清单的第一行必须为文本类型，为相应列的名称。在此行的下面是连续的数据区域，不允许有空行或空列，每一列包含相同类型的数据。数据清单中的列是数据库中的字段；数据清单中的列标志是数据库中的字段名称；数据清单中的每一行对应数据库中的一条记录。

4.3 员工团队协作情况考核成绩的统计与分析

4.3.1 创建员工团队协作考核表

创建员工团队协作考核表，包括设计考核表，分发、回收电子考核表，将多个电子考核表文件合并为一个工作簿文件，最后将多个工作表的数据合并为一个工作表的数据。

1. 设计考核表

为了保证考核结果的公正，避免员工因职位、所在部门等带来的不均衡，在制作团队协作考核表时，所有被考核人按照姓氏笔划排序。操作步骤如下。

（1）打开素材文件“团队协作考核表.xlsx”，如图 4-1 所示。

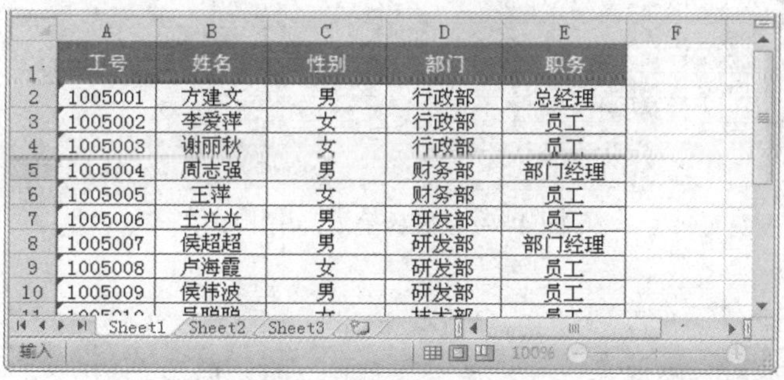

	A	B	C	D	E
1	工号	姓名	性别	部门	职务
2	1005001	方建文	男	行政部	总经理
3	1005002	李爱萍	女	行政部	员工
4	1005003	谢丽秋	女	行政部	员工
5	1005004	周志强	男	财务部	部门经理
6	1005005	王萍	女	财务部	员工
7	1005006	王光光	男	研发部	员工
8	1005007	侯超超	男	研发部	部门经理
9	1005008	卢海霞	女	研发部	员工
10	1005009	侯伟波	男	研发部	员工

图 4-1 团队协作考核表

（2）单击姓名列中任意一个单元格。切换到【数据】选项卡，单击【排序和筛选】选项组的【排序】按钮，便打开了【排序】对话框，如图 4-2 和图 4-3 所示。

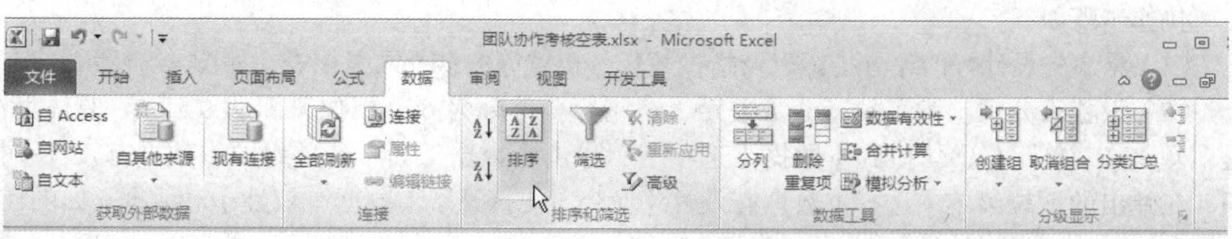

图 4-2 【数据】选项卡中的【排序】按钮

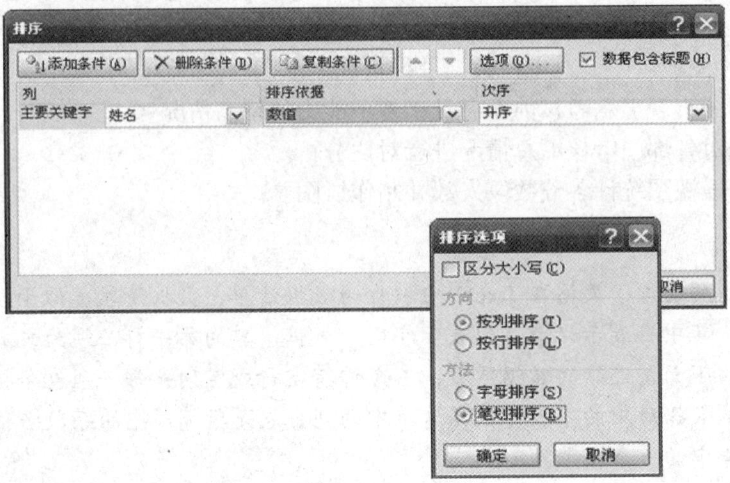

图 4-3　选择笔划排序方法

（3）在【排序】对话框中将主要关键字设置为“姓名”，排序依据设置为“数值”，次序设置为“升序”。然后单击【选项】按钮，打开【排序选项】对话框，选择“笔划排序”方法，然后两次单击【确定】按钮，即可完成排序。排序结果如图 4-4 所示。

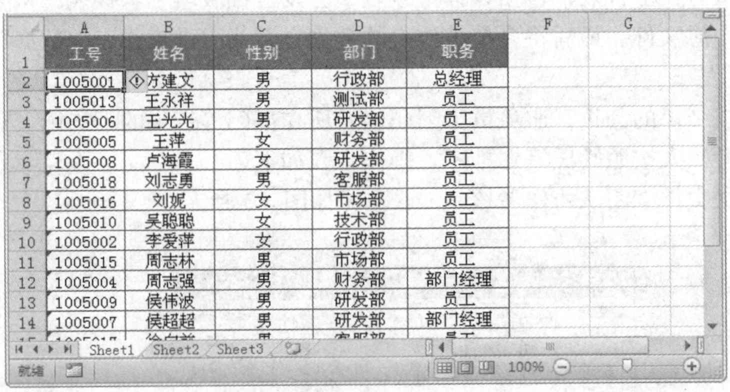

图 4-4　按姓氏笔划升序排序

提示

排序时不能选中整列，否则弹出【排序提醒】对话框。因为排序的结果是整行与整行，即记录之间的交换，而不是仅仅被排序的列（成为关键字的列）中的数据交换。

2. 设计考核指标、权重及指标解释和得分方式，完成考核表的制作

操作步骤如下。

（1）将事先设计好的评分指标以及指标解释、权重等信息录入考核表，如图 4-5 所示。

（2）设置得分项。为了拉开分数差距，各指标分值分为 6 个档位，即从 0 到 5。具体做法是：单击 F3 单元格，切换到【数据】选项卡，单击【数据工具】选项组的【数据有效性】按钮，在弹出的下拉菜单中选择【数据有效性】命令，便打开了【数据有效性】对话框，如图 4-6 和图 4-7 所示。序列效果如图 4-5 所示。

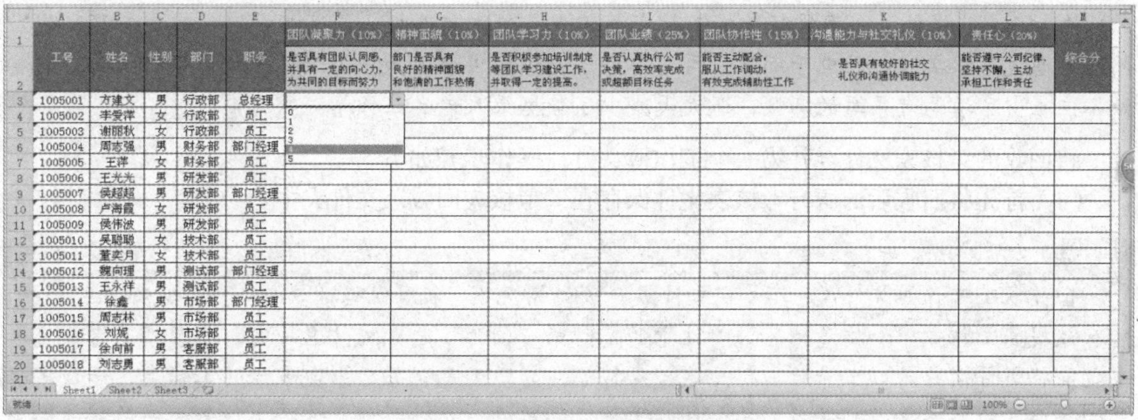

工号	姓名	性别	部门	职务	团队凝聚力（10%）	精神面貌（10%）	团队学习力（10%）	团队业绩（25%）	团队协作性（15%）	沟通能力与社交礼仪（10%）	责任心（20%）	综合分
					是否具有团队认同感，并具有一定的向心力，为共同的目标而努力	部门是否具有良好的精神面貌和饱满的工作热情	是否积极参加培训制定等团队学习建设工作，并取得一定的提高。	是否认真执行公司决策，高效率完成或超额目标任务	能否主动配合，服从工作调动，有效完成辅助性工作	是否具有较好的社交礼仪和沟通协调能力	能否遵守公司纪律，坚持不懈，主动承担工作和责任	
1005001	方建文	男	行政部	总经理								
1005002	李爱萍	女	行政部	员工								
1005003	谢丽秋	女	行政部	员工								
1005004	周志强	男	财务部	部门经理								
1005005	王萍	女	财务部	员工								
1005006	王光光	男	研发部	员工								
1005007	侯超超	男	研发部	部门经理								
1005008	卢海霞	女	研发部	员工								
1005009	侯伟波	男	研发部	员工								
1005010	吴聪聪	女	技术部	员工								
1005011	董奕月	女	技术部	员工								
1005012	魏向理	男	测试部	部门经理								
1005013	王永祥	男	测试部	员工								
1005014	徐鑫	男	市场部	部门经理								
1005015	周志林	男	市场部	员工								
1005016	刘妮	女	市场部	员工								
1005017	徐向前	男	客服部	员工								
1005018	刘志勇	男	客服部	员工								

图 4-5　团队协作考核表各指标情况

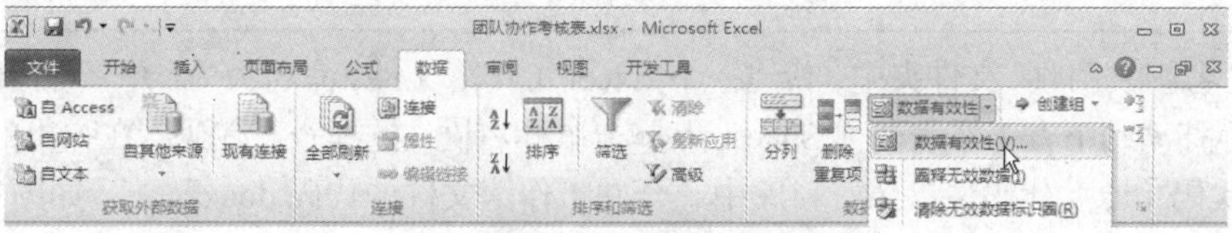

图 4-6　选择【数据有效性】命令

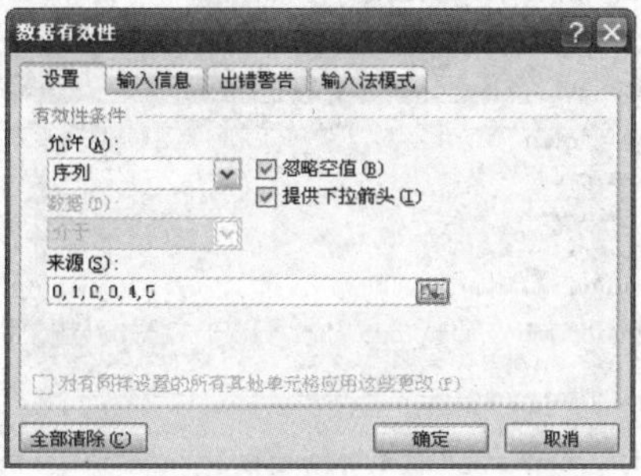

图 4-7　设置有效性条件

（3）计算每个人的综合得分。单击 M3 单元格，输入公式“=F3/MAX($F$3: $F$20)*10+G3/MAX($G$3: $G$20)*10+H3/MAX($H$3: $H$20)*10+I3/MAX($I$3: $I$20)*25+J3/MAX($J$3: $J$20)*15+K3/($K$3: $K$20)*10+L3/($L$3: $L$20)*20”。

公式输入完毕，回车确定，然后单击 M3 单元格，单元格数据为空向下拖曳单元格填充柄至 M20 单元格，将上述公式从 M4 复制到 M20。由于该表还没有填写，各分值为空，所以综合分的结果暂时为“#DIV/0！”。

（4）考核表制作完毕。将考核表电子文件发放给全体员工，填写完毕，员工可以通过网络渠道向小王发送考核表的电子文件。

3. 将回收的考核表文件合并为一个工作簿文件

将少量的 Excel 工作簿文件合并为一个工作簿文件，可以采用“移动或复制工作表”的方法来完成。但是，如果要合并的文件数量达几十个甚至上百个，则工作量太大，此时使用代码来完成合并，能够提高工作效率和准确程度。

相关知识

利用 Excel 的“序列”输入方式以及“开发工具”中的相关控件，可以设置电子评分表或者调查问卷中单选题、多选题的选项，填写者无须在纸质评分表和问卷上答卷，只需要打开设计好的问卷（Excel 文件），用鼠标选择下拉式菜单或是单击单选框和复选框就可以完成答题。发放问卷者通过网络渠道回收电子问卷，再将多个 Excel 文件合并为一个工作簿文件进行统计，这样做不但减少了填写者手写的麻烦，还大大减少了数据录入者的工作量。

将回收的考核表文件合并为一个工作簿文件，操作步骤如下。

（1）首先将回收后的所有考核表文件保存在“考核表回收”文件夹中。

提示

合并多个工作簿文件，尤其是在文件数量多的情况下，采用代码对多个工作簿文件进行合并，能有效提高工作效率和质量。不过要注意的是：第一，为了避免文件名冲突，要求填写者提交表格之前将文件名改为“工号后三位.xlsx”；第二，为了避免合并后出现多余的工作表，造成不必要的错误，填写完后，只保留需要合并的工作表；第三，在合并前最好给工作表统一编码，避免重复，这样做也利于后续的数据统计处理。

（2）在“考核表回收”文件夹中，新建一个 Excel 工作簿文件，命名为“合并”，打开“合并.xlsx”文件，将鼠标移动到下方工作表名称 Sheet1 上单击鼠标右键，选择查看代码，在弹出的代码编辑窗口中，输入代码（原始代码请参照资料库中“合并工作簿文件的代码.docx”），如图 4-8 所示。

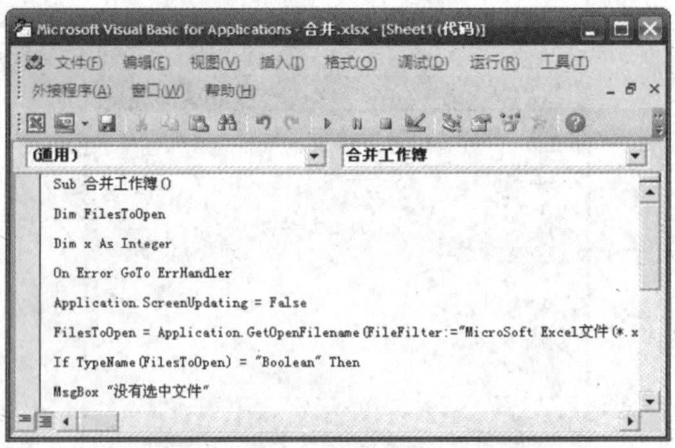

图 4-8　查看代码窗口

（3）单击代码窗口的绿色【运行】按钮▶，如图 4-8 所示，代码开始运行后首先打开了【要合并的文件】对话框，如图 4-9 所示，在查找范围内找到“考核表回收”文件夹，选中要合并的工作簿文件，然后单击【打开】按钮进行文件的合并，稍等片刻，合并结束后，手动关闭代码窗口，可以看到其他文件中的工作表已经复制到“合并.xlsx”中了，如图 4-10 所示。

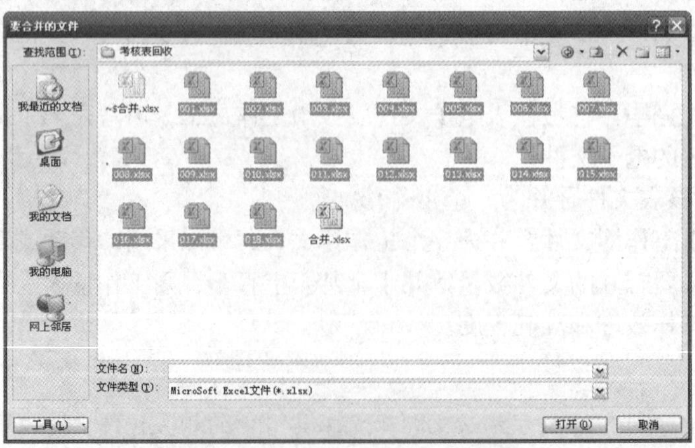

图 4-9　选中要合并的工作簿文件

M3 =F3/MAX($F$3:$F$20)*10+G3/MAX($G$3:$G$20)*10+H3/MAX($H$3:$H$20)*10+I3/MAX($I$3:$I$20)*25+J3/MAX($J$3:$J$20)*15+K3/($K$3:$K$20)*10+

姓名	性别	部门	职务	团队凝聚力（10%）	精神面貌（10%）	团队学习力（10%）	团队业绩（25%）	团队协作性（15%）	沟通能力与社交礼仪（10%）	责任心（20%）	综合分
				是否具有团队认同感、并具有一定的向心力，为共同的目标而努力	部门是否具有良好的精神面貌和饱满的工作热情	是否积极参加培训制定等团队学习建设工作，并取得一定的提高。	是否认真执行公司决策，高效率完成或超额目标任务	能否主动配合，服从工作调动，有效完成辅助性工作	是否具有较好的社交礼仪和沟通协调能力	能否遵守公司纪律、坚持不懈，主动承担工作和责任	
方建文	男	行政部	总经理	5	4	4	4	4	4	5	93
王永祥	男	测试部	员工	4	4	5	4	3	3	4	90
王光光	男	研发部	员工	4	3	4	4	4	3	3	89
王萍	女	财务部	员工	3	4	4	4	4	3	5	89
卢海霞	女	研发部	员工	4	5	4	4	4	4	5	93
刘志勇	男	客服部	员工	4	5	3	4	4	4	4	91
刘妮	女	市场部	员工	4	4	3	4	5	5	4	92
吴聪聪	女	技术部	员工	4	4	5	4	4	4	5	93
李爱萍	女	行政部	员工	4	3	3	4	4	3	4	87
周志林	男	市场部	员工	4	5	4	4	5	4	4	96

图 4-10　多个工作簿文件合并到一个工作簿中

4. 将全部工作表数据合并为一个工作表

打开“合并.xlsx”，将工作表“18”“1”“2”……“17”中的数据合并到“总和”工作表中。操作步骤如下。

（1）鼠标右键单击“合并.xlsx”中的工作表“1”，选择【移动或复制】命令，在打开的【移动或复制】对话框中选择【建立副本】复选框，单击【确定】按钮，并将新增加的工作表“1（2）”更名为“总和”。

（2）切换至“总和”，鼠标拖曳选择 F3:M20 单元格区域，鼠标右键单击选定区域，在弹出的快捷菜单中选择【清除】命令，将分值区域的数字全部清空。

（3）单击 F3 单元格，输入“=AVERAGE(18:17!F3)”，并将该公式向下复制到 F20 单元格，然后向右复制到 M 列，将 18 个工作表中每一单元格数据的平均值汇入“总和”工作表中对应的单元格内，最终完成多个工作表中考核数据的合并，如图 4-11 所示。

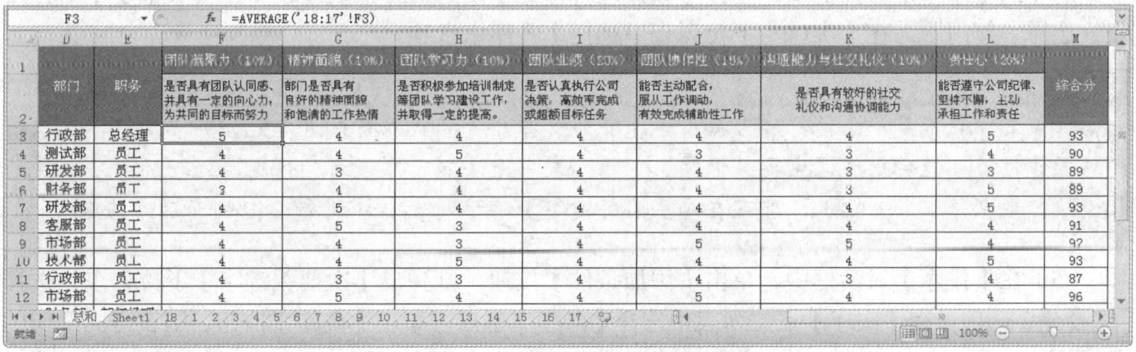

F3 =AVERAGE('18:17'!F3)

部门	职务	团队凝聚力（10%）	精神面貌（10%）	团队学习力（10%）	团队业绩（25%）	团队协作性（15%）	沟通能力与社交礼仪（10%）	责任心（20%）	综合分
		是否具有团队认同感、并具有一定的向心力，为共同的目标而努力	部门是否具有良好的精神面貌和饱满的工作热情	是否积极参加培训制定等团队学习建设工作，并取得一定的提高。	是否认真执行公司决策，高效率完成或超额目标任务	能否主动配合，服从工作调动，有效完成辅助性工作	是否具有较好的社交礼仪和沟通协调能力	能否遵守公司纪律、坚持不懈，主动承担工作和责任	
行政部	总经理	5	4	4	4	4	4	5	93
测试部	员工	4	4	5	4	3	3	4	90
研发部	员工	4	3	4	4	4	3	3	89
财务部	员工	3	4	4	4	4	3	5	89
研发部	员工	4	5	4	4	4	4	5	93
客服部	员工	4	5	3	4	4	4	4	91
市场部	员工	4	4	3	4	5	5	4	97
技术部	员工	4	4	5	4	4	4	5	93
行政部	员工	4	3	3	4	4	3	4	87
市场部	员工	4	5	4	4	5	4	4	96

图 4-11　考核数据的合并结果

提示

将工作表“1”～“18”中 F3 单元格的平均值汇入“总和”工作表的 F3 单元格中，使用到了函数 AVERAGE(18:17!F3)，18 表示要合并的起始位置的工作表，17 表示要合并的末尾位置的工作表，“18:17”就表示从 18 到 17 的 18 个工作表（见图 4-11）。这里要解释的是，工作表的名称也可以命名为其他字符串，只不过按顺序数字命名工作表管理起来比较方便。

相关知识

要在公式中引用其他工作表单元格的数据，就要使用引用运算符“!”，其格式为“工作表名称!单元格区域”，比如=AVERAGE(18:17!F3)的含义是，求“18”到“17”的 18 个工作表的 F3 单元格中数据的平均值，18 和 17 是工作表的名称，也表示位置。

4.3.2　对员工团队协作能力的考核数据进行排序和筛选

1. 获得各部门团队协作能力考核得分排行榜

按照“部门”和“综合分”两个关键字对全体员工的考核成绩进行排序，就是要看看各部门内员工的协作情况。操作步骤如下。

（1）打开文件“合并.xlsx”，按下 Ctrl 键，依次单击工作表“1”～“18”下部的标签，在 18 个工作表全部选中的情况下，右键单击标签位置，在弹出的快捷菜单中选择【隐藏】命令，将 18 个工作表暂时隐藏，以便其他工作表的统计与分析。

（2）切换到“总和”工作表。删除第 2 行，即去掉指标解释，使该工作表变成一个纯粹的数据清单，便于后续的数据清单管理。

（3）单击数据区域的任意一个单元格。切换到【数据】选项卡，单击【排序和筛选】选项组的【排序】按钮，便打开了【排序】对话框，如图 4-12 所示。

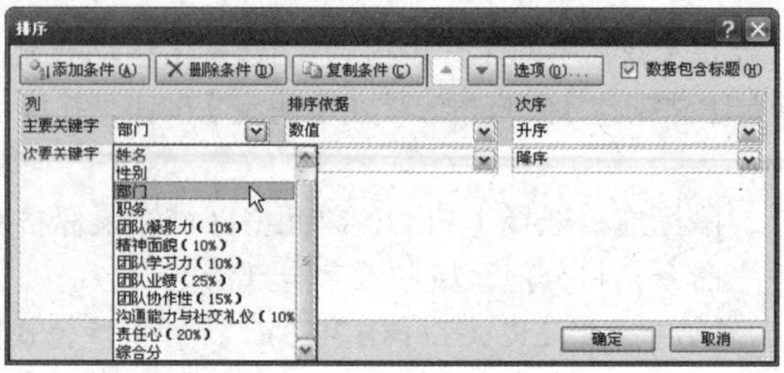

图 4-12 【排序】对话框

（4）在【排序】对话框中，选择【数据包含标题】复选框，然后单击【主要关键字】下拉列表，选择“部门”，在【次序】下拉列表中选择【升序】选项。

提示

如果工作表不是一个纯粹的数据清单，即还含有合并的标题行或者其他合并单元格，在执行排序操作时，可能会出现【主要关键字】下拉列表中无法显示字段名的情况，处理的方法是反复几次执行步骤（3）～（4），即可在【主要关键字】下拉列表中看到图 4-12 所示的字段名。

（5）在【排序】对话框中，单击【添加条件】按钮，则弹出【次要关键字】下拉列表，选择【综合分】选项，在【次序】下拉列表中选择【降序】选项。单击【确定】按钮，则获得同部门的考核排名。

（6）插入工作表并重命名为“2014 年度各部门员工团队协作能力考核得分排行榜”，把“总和”中的排序结果复制到“2014 年度各部门员工团队协作能力考核得分排行榜”中。

（7）在“2014 年度各部门员工团队协作能力考核得分排行榜”工作表中插入标题“2014 年度各部门员工团队协作能力考核得分排行榜”，并格式化表格，效果如图 4-13 所示。

2014年各部门员工团队协作能力考核得分排名榜

工号	姓名	性别	部门	职务	团队凝聚力（10%）	精神面貌（10%）	团队学习力（10%）	团队业绩（25%）	团队协作性（15%）	沟通能力与社交礼仪（10%）	责任心（20%）	综合分
1005015	周志林	男	市场部	员工	4	5	4	4	5	4	4	96
1005010	吴聪聪	女	技术部	员工	4	4	5	4	4	4	5	93
1005014	徐鑫	男	市场部	部门经理	5	4	4	4	4	5	5	93
1005001	方建文	男	行政部	总经理	5	4	4	4	4	4	5	93
1005008	卢海霞	女	研发部	员工	4	5	4	4	4	4	5	93
1005016	刘妮	女	市场部	员工	4	4	3	4	5	5	4	92
1005004	周志强	男	财务部	部门经理	5	4	3	4	4	4	4	91
1005012	魏向理	男	测试部	部门经理	4	3	5	4	4	3	5	91

图 4-13　2014 年度各部门员工团队协作能力考核得分排行榜

提示

按照多个关键字进行排序时，只有前面的关键字值相同时，才会按照后面的关键字排序。

2. 获得考核得分前六名的员工名单

操作步骤如下。

（1）打开“合并.xlsx”工作簿，切换到“总和”工作表，单击字段名区域任一单元格。

（2）切换到【数据】选项卡，单击【排序和筛选】选项组的【筛选】按钮，则工作表处于筛选状态，即每个字段旁出现一个下拉箭头即【筛选】按钮，如图 4-14 所示。

工号	姓名	性别	部门	职务	团队凝聚力（10%）	精神面貌（10%）	团队学习力（10%）	团队业绩（25%）	团队协作性（15%）	沟通能力与社交礼仪（10%）	责任心（20%）	综合分
1005015	周志林	男	市场部	员工	4	3	3	4	4	3	4	96
1005010	吴聪聪	女	技术部	员工	4	5	3	4	4	4	4	93
1005014	徐鑫	男	市场部	部门经理	4	5	4	4	5	4	4	93
1005001	方建文	男	行政部	总经理	3	3	4	4	4	3	4	93
1005008	卢海霞	女	研发部	员工	5	4	4	4	4	5	5	93
1005016	刘妮	女	市场部	员工	5	4	3	4	4	4	4	92
1005004	周志强	男	财务部	部门经理	5	4	4	4	4	4	5	91
1005012	魏向理	男	测试部	部门经理	4	3	4	4	4	3	3	91
1005018	刘志勇	男	客服部	员工	4	4	3	4	5	5	4	91
1005013	王永祥	男	测试部	员工	3	4	4	4	4	3	5	90
1005005	王萍	女	财务部	员工	4	4	5	4	3	3	4	89

图 4-14　筛选状态

（3）单击 M1 单元格右下角的下拉箭头，在弹出的下拉列表中选择【数字筛选】选项，然后在【数字筛选】下拉列表中选择【10 个最大的值】选项，如图 4-15 所示。弹出【自动筛选前 10 个】对话框，如图 4-16 所示。

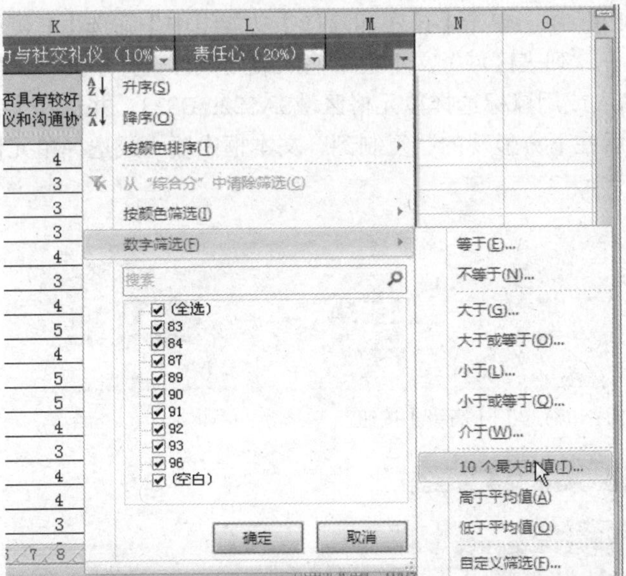

图 4-15　筛选最大值选项

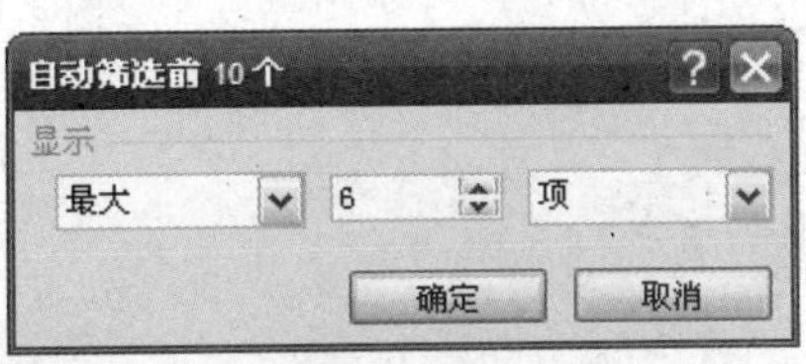

图 4-16 【自动筛选前 10 个】对话框

（4）在弹出的【自动筛选前 10 个】对话框中，在左侧的下拉列表中选择【最大】选项，将中间微调框中的数值设置为【6】，单击【确定】按钮则可以筛选出考核综合分前六名的员工名单。

（5）将筛选结果进行降序排序。

（6）新建工作表，命名为“2014 年度员工团队协作能力考核得分前六名名单”，将“总和”筛选结果复制到新建的工作表中，添加标题进行格式化后，效果如图 4-17 所示。

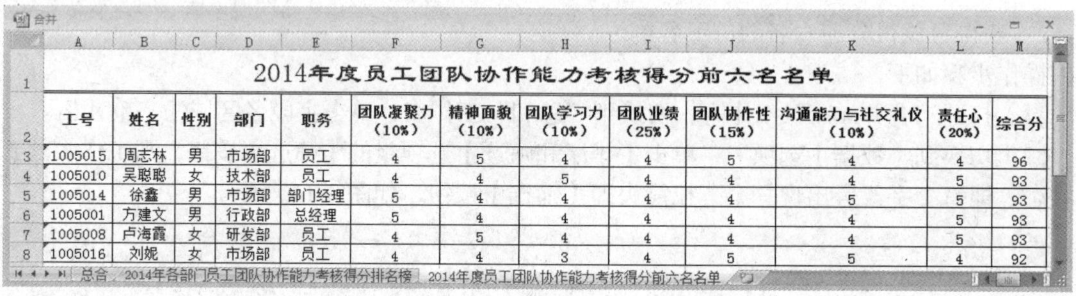

2014年度员工团队协作能力考核得分前六名名单

工号	姓名	性别	部门	职务	团队凝聚力（10%）	精神面貌（10%）	团队学习力（10%）	团队业绩（25%）	团队协作性（15%）	沟通能力与社交礼仪（10%）	责任心（20%）	综合分
1005015	周志林	男	市场部	员工	4	5	4	4	5	4	4	96
1005010	吴聪聪	女	技术部	员工	4	4	5	4	4	4	5	93
1005014	徐鑫	男	市场部	部门经理	5	4	4	4	4	5	5	93
1005001	方建文	男	行政部	总经理	5	4	4	4	4	4	5	93
1005008	卢海霞	女	研发部	员工	4	5	4	4	4	4	5	93
1005016	刘妮	女	市场部	员工	4	4	3	4	5	5	4	92

图 4-17　2014 年度员工团队协作能力考核得分前六名名单

3. 获得“部门经理考核成绩 90 分以上人员名单”

筛选条件为两个，可以使用“高级筛选”功能来完成。操作步骤如下。

回到“总和”工作表，由于刚刚执行了筛选“考核得分前六名”的操作，需要先单击【排序和筛选】选项组的【筛选】按钮，取消筛选状态，使得每个字段旁的下拉箭头消失。接着执行以下操作。

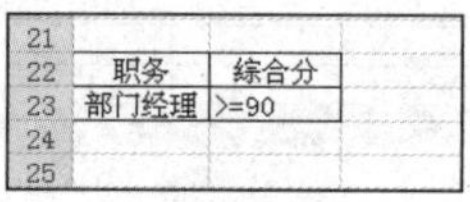

职务	综合分
部门经理	>=90

图 4-18　条件区域的设置

（1）设置条件区域，如图 4-18 所示。

相关知识

应用高级筛选解决问题，在设置条件区域时，条件之间是“与”的关系，两个条件设置在同一行；条件之间是“或”的关系，两个条件设置在不同的行。

（2）切换到【数据】选项卡，如图 4-19 所示，单击【排序和筛选】功能组中【筛选】右侧的【高级】按钮，打开【高级筛选】对话框，在“列表区域”文本框中输入或用鼠标选择单元格区域$A$1:$M$19，在“条件区域”文本框中输入或用鼠标选择单元格区域$A$22:$B$23；并选择【将筛选结果复制到其他位置】单选按钮，然后在下方显现的“复制到”文本框中输入或选择单元格区域$A$26:$M$27，如图 4-20 所示。

图 4-19 【排序和筛选】|【高级】按钮

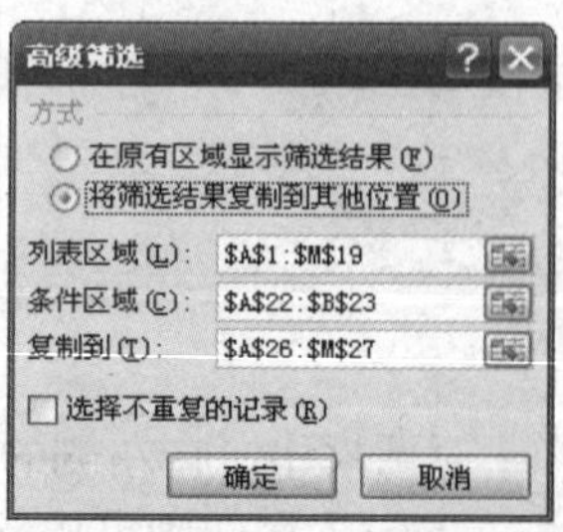

图 4-20 【高级筛选】对话框

（3）最后单击【确定】按钮，则在“复制到”区域筛选出了符合要求的人员。新建一个工作表，命名为“部门经理考核得分 90 分以上人员名单”，将筛选结果复制到该工作表中，并插入标题并格式化表格效果如图 4-21 所示。

部门经理考核得分90分以上人员名单

工号	姓名	性别	部门	职务	团队凝聚力（10%）	精神面貌（10%）	团队学习力（10%）	团队业绩（25%）	团队协作性（15%）	沟通能力与社交礼仪（10%）	责任心（20%）	综合分
1005004	周志强	男	财务部	部门经理	5	4	3	4	4	4	4	91
1005012	魏向理	男	测试部	部门经理	4	3	5	4	4	3	5	91
1005014	徐鑫	男	市场部	部门经理	5	4	4	4	4	5	5	93

图 4-21　部门经理考核得分 90 分以上人员名单

4.3.3　对各部门员工考核情况进行分类汇总

分类汇总主要是对数据表中的数据进行分类统计。在实际工作中常将表格数据进行整理、分析，得出一些小计、合计等汇总信息。

1. 对各部门员工考核情况进行简单分类汇总

无论按照哪种特征进行分组，首先都要以该特征作为关键字进行排序；其次，为了多维度地考查部门人员的考核结果，以便了解每个部门每个指标的情况，因此在汇总项里要选择全部得分项目以及综合分。操作步骤如下。

提示

在插入分类汇总前，要确保分类汇总数据的第一行的每一列都有标志，即字段名，并且同一列中应包含同一类型的数据，在数据清单中不应有空行或空列。

（1）打开“合并.xlsx”工作簿，选择“总和”工作表，单击“部门”列的任一单元格，单击【排序】按钮（升序或降序都可以，因为目的只是分组，即分类），效果如图 4-22 所示。

工号	姓名	性别	部门	职务	团队凝聚力（10%）	精神面貌（10%）	团队学习力（10%）	团队业绩（25%）	团队协作性（15%）	沟通能力与社交礼仪（10%）	责任心（20%）	综合分
1005008	卢海霞	女	研发部	员工	5	4	4	4	4	5	5	93
1005006	王光光	男	研发部	员工	3	3	4	4	3	3	4	89
1005009	侯伟波	男	研发部	员工	4	4	3	3	4	4	3	87
1005007	侯超超	男	研发部	部门经理	4	3	5	4	4	3	5	87
1005015	周志林	男	市场部	员工	4	3	3	4	4	3	4	96
1005014	徐鑫	男	市场部	部门经理	4	5	4	4	5	4	4	93
1005016	刘妮	女	市场部	员工	5	4	3	4	4	4	4	92
1005018	刘志勇	男	客服部	员工	4	4	3	4	5	5	4	91
1005017	徐向前	男	客服部	员工	4	4	5	4	4	4	5	83
1005010	吴聪聪	女	技术部	员工	4	5	3	4	4	4	4	93
1005011	董奕月	女	技术部	员工	4	5	4	4	4	4	5	84

图 4-22　按照部门关键字排序的效果

（2）对各分项得分以及综合分进行分类汇总。操作步骤如下。

① 单击数据区域的任一单元格，切换到【数据】选项卡，单击【分级显示】选项组的【分类汇总】按钮，如图 4-23 所示，弹出【分类汇总】对话框，如图 4-24 所示。

图 4-23 【分类汇总】按钮

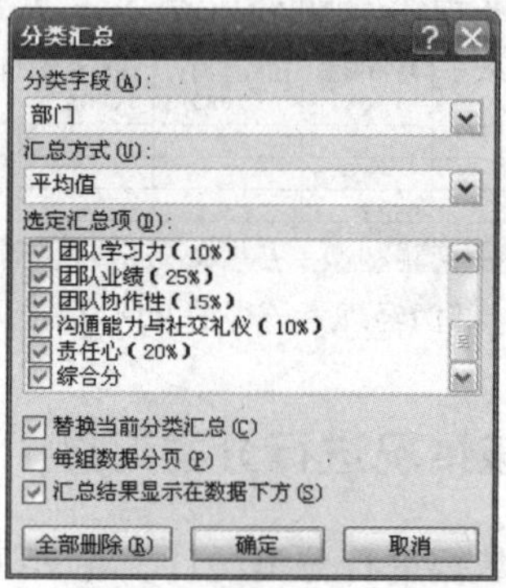

图 4-24 【分类汇总】对话框

② 在【分类汇总】对话框中选择【分类字段】下拉列表中的【部门】选项，在【汇总方式】下拉列表中选择【平均值】选项，勾选【选定汇总项】中所有得分选项的复选框，然后单击【确定】按钮，效果如图 4-25 所示。

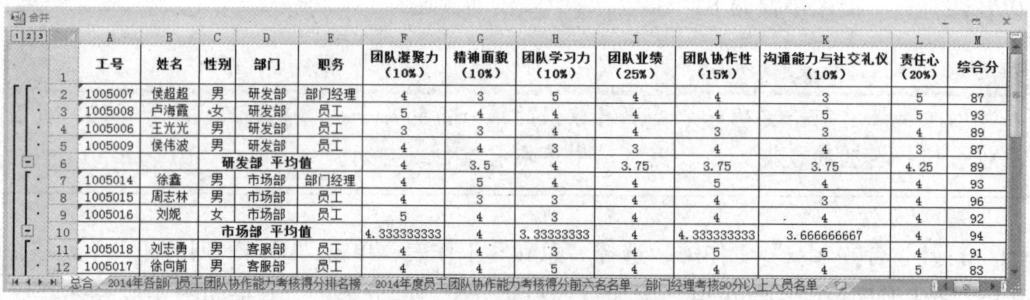

	工号	姓名	性别	部门	职务	团队凝聚力(10%)	精神面貌(10%)	团队学习力(10%)	团队业绩(25%)	团队协作性(15%)	沟通能力与社交礼仪(10%)	责任心(20%)	综合分
2	1005007	侯超超	男	研发部	部门经理	4	3	5	4	4	3	5	87
3	1005008	卢海霞	女	研发部	员工	5	4	4	4	4	5	5	93
4	1005006	王光光	男	研发部	员工	3	3	4	4	3	3	4	89
5	1005009	侯伟波	男	研发部	员工	4	4	3	3	4	4	3	87
6			研发部 平均值			4	3.5	4	3.75	3.75	3.75	4.25	89
7	1005014	徐鑫	男	市场部	部门经理	4	5	4	4	5	4	4	93
8	1005015	周志林	男	市场部	员工	4	3	3	4	4	3	4	96
9	1005016	刘妮	女	市场部	员工	5	4	3	4	4	4	4	92
10			市场部 平均值			4.333333333	4	3.33333333	4	4.333333333	3.666666667	4	94
11	1005018	刘志勇	男	客服部	员工	4	4	3	4	5	5	4	91
12	1005017	徐向前	男	客服部	员工	4	4	5	4	4	4	5	83

图 4-25 【分类汇总】显示效果

③ 单击汇总显示结果的左上角的分级显示按钮“1 2 3”中的 2，效果如图 4-26 所示。

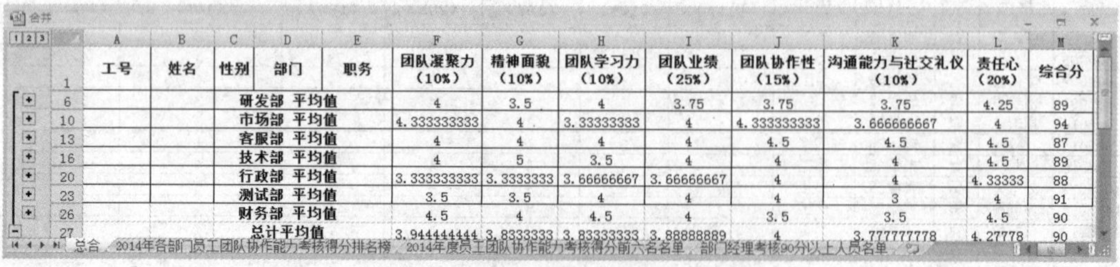

	工号	姓名	性别	部门	职务	团队凝聚力(10%)	精神面貌(10%)	团队学习力(10%)	团队业绩(25%)	团队协作性(15%)	沟通能力与社交礼仪(10%)	责任心(20%)	综合分
6			研发部 平均值			4	3.5	4	3.75	3.75	3.75	4.25	89
10			市场部 平均值			4.333333333	4	3.33333333	4	4.333333333	3.666666667	4	94
13			客服部 平均值			4	4	4	4	4.5	4.5	4.5	87
16			技术部 平均值			4	5	3.5	4	4	4	4.5	89
20			行政部 平均值			3.333333333	3.3333333	3.66666667	3.66666667	4	4	4.33333	88
23			测试部 平均值			3.5	3.5	4	4	4	3	4	91
26			财务部 平均值			4.5	4	4.5	4	3.5	3.5	4.5	90
27			总计平均值			3.944444444	3.8333333	3.83333333	3.88888889	4	3.777777778	4.27778	90

图 4-26　分类汇总 2 级显示效果

相关知识

执行【分类汇总】操作必须先按照分类的字段进行排序，即先分类后汇总。

在【分类汇总】显示结果左侧的分级显示列表框中，分别单击数据按钮 1 2 3，可显示不同的三级显示效果，单击 - 按钮，将隐藏分类汇总的明细数据，单击 + 按钮将显示明细数据。

（3）从原始的汇总结果中取出 2 级汇总结果，操作步骤如下。

如果还要在源数据中继续做其他数据分析，就要取出并保留当前的分类汇总结果，直接复制汇总结果也会将源数据一起复制，因此如何取出分类汇总的结果呢？操作步骤如下。

① 插入新工作表并重命名为“2014 年各部门团队协作能力考核汇总情况排名”。

② 切换到“总和”工作表，单击汇总显示结果的左上角的分级显示按钮“1 2 3”中的 2，汇总显示结果如图 4-26 所示。

③ 选中 D1:M26 区域，如图 4-27 所示。切换到【开始】选项卡，在【编辑】选项组中单击【查找和选择】按钮，在弹出的下拉列表中选择【定位条件】命令，如图 4-28 所示，打开【定位条件】对话框，如图 4-29 所示。

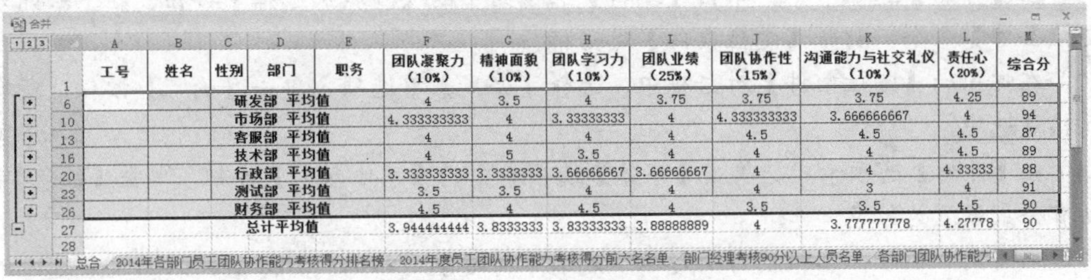

	A	B	C	D	E	F	G	H	I	J	K	L	M
1	工号	姓名	性别	部门	职务	团队凝聚力（10%）	精神面貌（10%）	团队学习力（10%）	团队业绩（25%）	团队协作性（15%）	沟通能力与社交礼仪（10%）	责任心（20%）	综合分
6				研发部 平均值		4	3.5	4	3.75	3.75	3.75	4.25	89
10				市场部 平均值		4.333333333	4	3.33333333	4	4.333333333	3.666666667	4	94
13				客服部 平均值		4	4	4	4	4.5	4.5	4.5	87
16				技术部 平均值		4	5	3.5	4	4	4	4.5	89
20				行政部 平均值		3.333333333	3.3333333	3.66666667	3.66666667	4	4	4.33333	88
23				测试部 平均值		3.5	3.5	4	4	4	3	4	91
26				财务部 平均值		4.5	4	4.5	4	3.5	3.5	4.5	90
27				总计平均值		3.944444444	3.8333333	3.83333333	3.88888889	4	3.777777778	4.27778	90
28													

图 4-27　选中要复制的汇总行

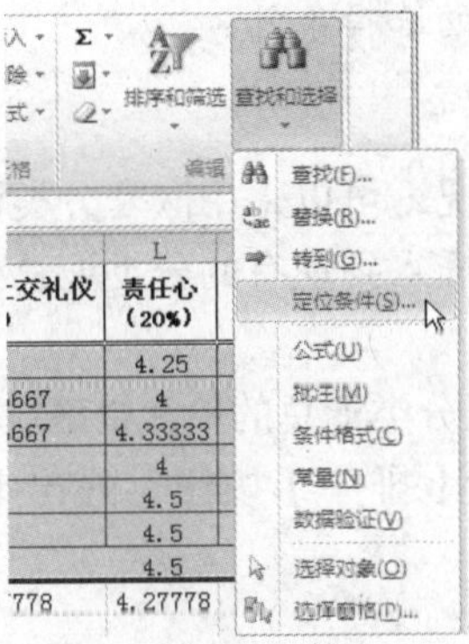

图 4-28　选择【定位条件】命令

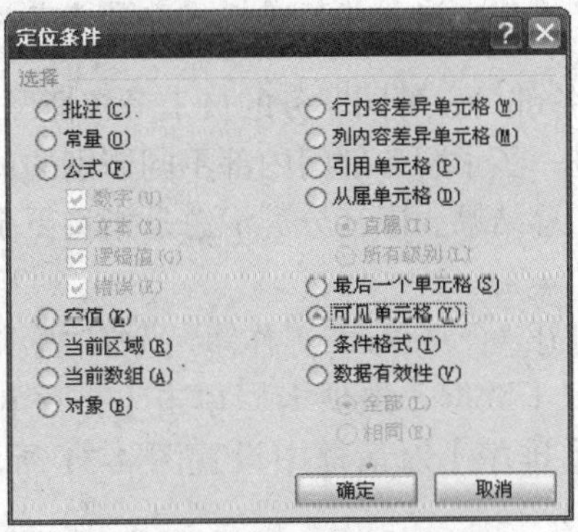

图 4-29　【定位条件】对话框

④ 在【定位条件】对话框中，选择【可见单元格】选项，单击【确定】按钮，定位完毕，按 Ctrl+C 组合键进行复制，切换到“各部门团队协作能力考核得分汇总”，按 Ctrl+V 组合键粘贴，即可将 2 级汇总结果从源数据中成功取出来。

⑤ 将 B2:I8 单元格区域的小数点设置为两位，然后按照综合分降序排序。

⑥ 插入标题“2014 年各部门团队协作能力考核汇总情况排名”。格式化效果如图 4-30 所示。

	A	B	C	D	E	F	G	H	I
1	2014年各部门团队协作能力考核汇总情况排名								
2	部门	团队凝聚力（10%）	精神面貌（10%）	团队学习力（10%）	团队业绩（25%）	团队协作性（15%）	沟通能力与社交礼仪（10%）	责任心（20%）	综合分
3	研发部 平均值	3.75	3.50	3.75	4.00	4.00	3.50	4.25	89.00
4	市场部 平均值	4.33	4.33	3.67	4.00	4.67	4.67	4.33	93.67
5	客服部 平均值	3.50	4.50	3.50	3.50	4.00	4.50	4.00	86.88
6	技术部 平均值	3.50	3.50	4.50	4.00	3.50	3.50	4.50	88.50
7	行政部 平均值	4.33	3.67	3.33	3.67	4.00	3.67	4.00	87.58
8	测试部 平均值	4.00	3.50	5.00	4.00	3.50	3.00	4.50	90.50
9	财务部 平均值	4.00	4.00	3.50	4.00	4.00	3.50	4.50	90.00

图 4-30　2014 年各部门团队协作能力考核汇总情况排名

（4）删除分类汇总结果。操作步骤如下。

切换到“总和”工作表，单击【分类汇总】对话框中的【全部删除】按钮，即可清除当前的分类汇总结果。

相关知识

定位是一种选定单元格的方式，主要用来选定“位置相对无规则但条件有规则的单元格或区域”。比如在实际工作中，会有许多公式，为防止一不小心修改了这些公式，会把公式单元格字体设置为其他颜色，一个个去设置当然不符合高效办公的原则。定位则会更高效。操作步骤如下。

（1）在【开始】选项卡中，单击【编辑】选项组中的【查找和选择】按钮，在下拉列表中选择【定位条件】命令，打开【定位条件】对话框。

（2）在弹出的【定位条件】对话框中，选择【公式】单选项，单击【确定】按钮，所有的公式单元格被选中。

（3）在【开始】选项卡中，单击【字体】选项卡中的【字体颜色】按钮，单击【红色】色块，则将所有公式设置为红色。

通过上述两个例子，不难明白“定位”是选中特定单元格的一种方法，只不过它选中的这些单元格区域不集中。用传统的鼠标选择，效率低、难度大，这些单元格虽然分散但本身具有共性或分散得有规律。这些共性或规律就是【定位条件】对话框中的选择条件。

2. 对各部门、不同职务的员工考核情况进行嵌套分类汇总

为了进一步了解各部门内部不同职别的员工的团队协作情况，可以采用嵌套分类汇总获得更进一步的汇总结果。嵌套分类汇总是指将更小分组的分类汇总插入到现有的分类汇总中。操作步骤如下。

（1）打开“合并.xlsx”工作簿，选择“总和”工作表，选定要分类汇总的单元格区域 A1：M19，然后切换到【数据】选项卡，单击【排序和筛选】选项组的【排序】按钮，弹出【排序】对话框。在【排序】对话框中设置图 4-31 所示的参数。

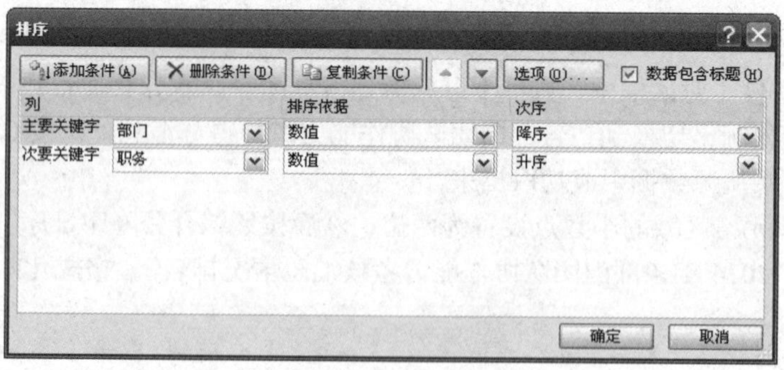

图 4-31 【排序】对话框中参数的设置

（2）依照 4.3.3 小节的方法先按“部门”执行第一次分类汇总。【分类汇总】对话框的设置如图 4-24 所示，汇总结果如图 4-25 所示。

（3）按照“职务”插入嵌套分类汇总，为防止覆盖已存在的分类汇总，取消选中【分类汇总】对话框中的【替换当前分类汇总】复选框，如图 4-32 所示。

（4）设置完成后，单击【确定】按钮，结果如图 4-33 所示。

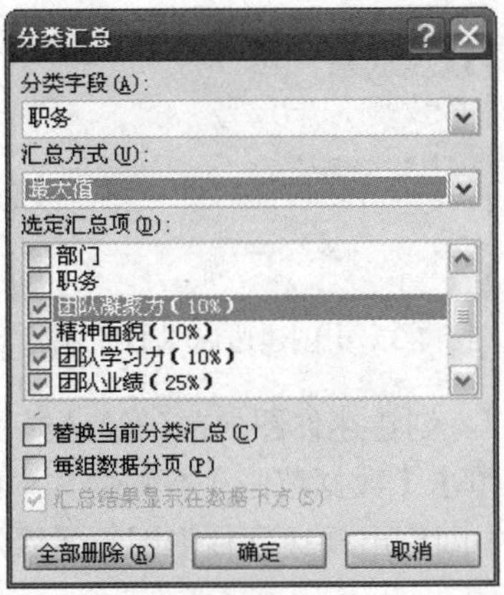

图 4-32　设置好的【分类汇总】对话框

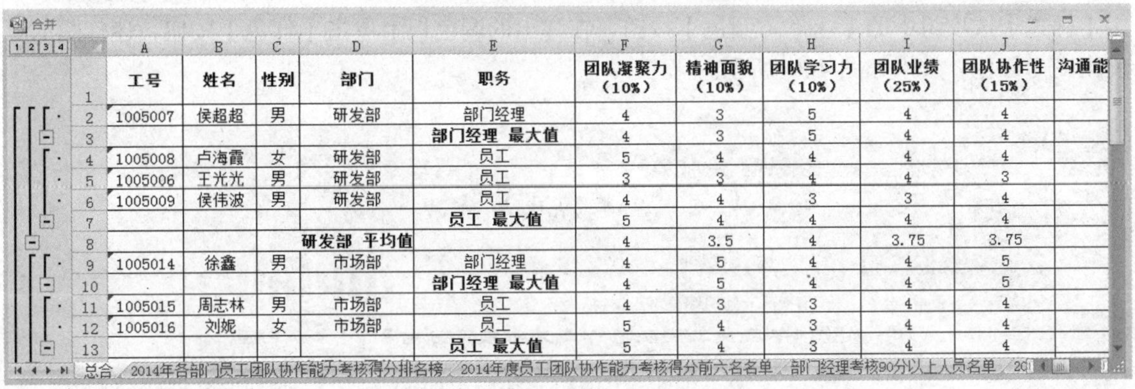

	A	B	C	D	E	F	G	H	I	J	
1	工号	姓名	性别	部门	职务	团队凝聚力（10%）	精神面貌（10%）	团队学习力（10%）	团队业绩（25%）	团队协作性（15%）	沟通能
2	1005007	侯超超	男	研发部	部门经理	4	3	5	4	4	
3					部门经理 最大值	4	3	5	4	4	
4	1005008	卢海霞	女	研发部	员工	5	4	4	4	4	
5	1005006	王光光	男	研发部	员工	3	3	4	4	3	
6	1005009	侯伟波	男	研发部	员工	4	4	3	3	4	
7					员工 最大值	5	4	4	4	4	
8				研发部 平均值		4	3.5	4	3.75	3.75	
9	1005014	徐鑫	男	市场部	部门经理	4	5	4	4	5	
10					部门经理 最大值	4	5	4	4	5	
11	1005015	周志林	男	市场部	员工	4	3	3	4	4	
12	1005016	刘妮	女	市场部	员工	5	4	3	4	4	
13					员工 最大值	5	4	3	4	4	

图 4-33　嵌套分类汇总后的表格

4.3.4　采用图表对各部门协作能力考核得分进行直观呈现

为了更加直观地呈现员工协作能力考核情况，可采用迷你图或者图表对部分统计结果进行直观显示。而 Excel 2010 版本的迷你图可以更加细微而不失直观地呈现数据的变化趋势。

1. 利用“迷你图”来显示前六名员工各项能力的均衡情况

考核成绩排名前六名的员工，在各项素质上应该是本公司表现优秀的员工，为了进一步提升团队协作能力，可以从各个指标的得分来了解这六名员工各项能力的发展情况，从而为公司管理优秀人才储备提供参考。采用迷你图可以让人一目了然地看到某一个员工各项指标得分的对比。操作步骤如下。

（1）打开“2014 年度员工团队协作能力考核得分前六名名单”工作表，在 N2 单元格中输入“自身各项能力的对比”。

（2）鼠标拖动选中 F3:L3 单元格区域，切换到【插入】选项卡，单击【迷你图】选项组中的【柱形图】按钮，如图 4-34 所示，打开【创建迷你图】对话框，如图 4-35 所示。

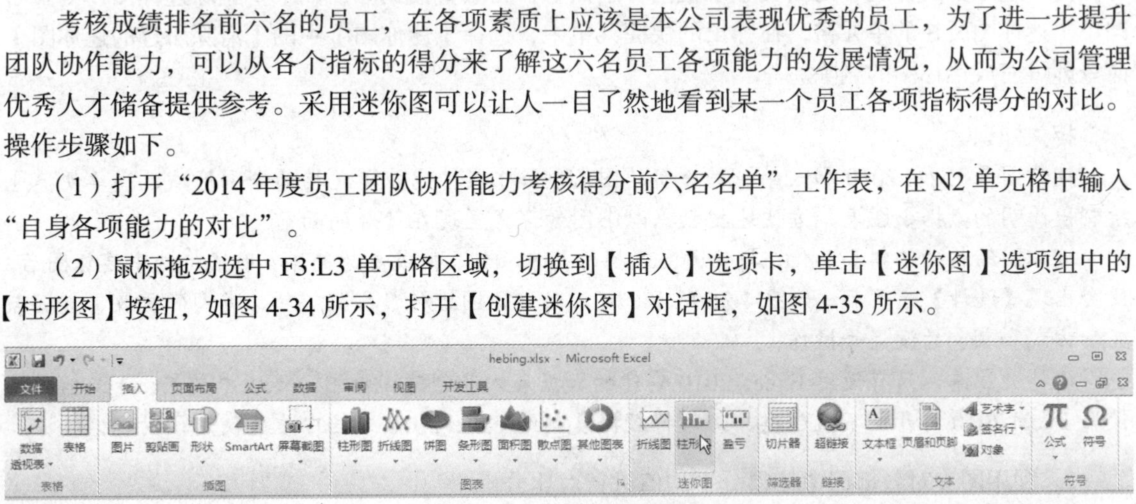

图 4-34　单击【柱形图】按钮

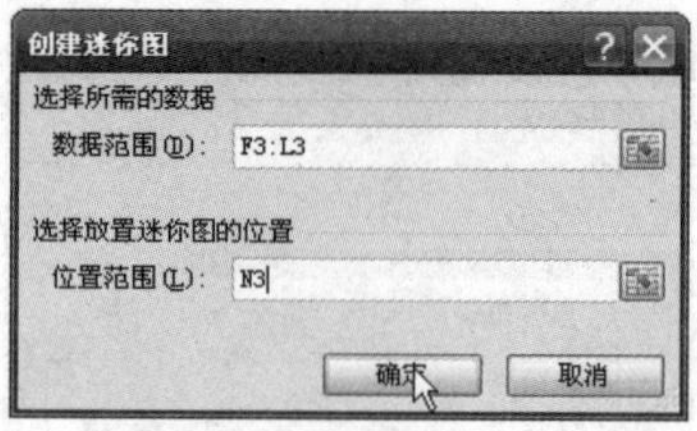

图 4-35 【创建迷你图】对话框

（3）设置数据范围和位置范围。创建迷你图之前已经选择了数据范围 F3:L3，因此【数据范围】右侧的文本框显示了 F3:L3。单击【数据范围】右侧的文本框，输入 N3 作为迷你图的添加位置，然后单击【确定】按钮，N3 中即可出现迷你柱形图，然后用鼠标拖动 N3 单元格的填充柄到 N8，则全部迷你图添加完毕。

（4）设置迷你图的格式。选中 N3: N8 单元格区域，单击窗口上部出现的【设计】选项卡，单击【样式】选项组中的【迷你图颜色】按钮，在弹出的调色板上单击【红色】按钮，迷你图的颜色则变为红色，效果如图 4-36 所示。

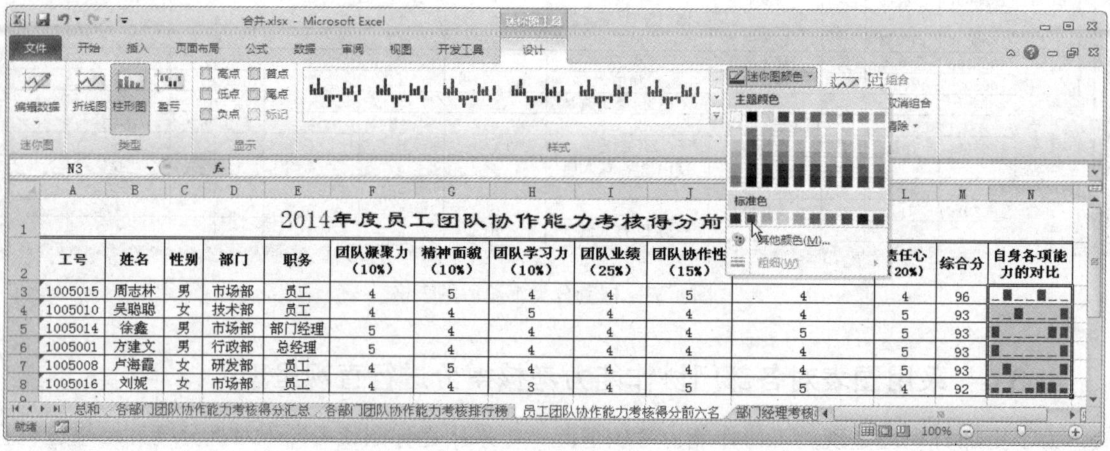

图 4-36 前六名员工各项能力考核得分对比图

由于迷你图与普通单元格文字不在同一层面上，无法直接删除，如果要删除迷你图，则要右键单击迷你图所在的单元格，在弹出的快捷菜单中，选择【迷你图】中的【清除所选的迷你图】命令即可完成迷你图的删除。

相关知识

迷你图是 Excel 2010 加入的一种全新的图表制作工具，它以单元格为绘图区域，简单便捷地绘制出简明的数据小图表，方便地把数据以小图的形式呈现在读者的面前。

迷你图结构的编辑和美化，与普通图表操作基本相似，抑或更为简单。用鼠标选中迷你图后，便会出现【设计】选项卡，如图 4-36 所示，可以对迷你图进行数据的编辑、类型的更改、数据点显示方式和颜色的设置等操作。

请特别注意，只有使用 Excel 2010 创建的数据表才能创建迷你图，低版本的 Excel 文档即使使用 Excel 2010 打开也不能创建，必须将数据复制到 Excel 2010 文档中才能使用该功能。

2. 利用图表对各部门考核得分平均值进行对比分析

操作步骤如下。

（1）打开“2014 年度各部门团队协作能力考核汇总情况排名”工作表，选中 A2:H9 单元格区域，然后切换到【插入】选项卡，单击【图表】选项组的【柱形图】按钮，在弹出的下拉列表中选择“簇状柱形图”，如图 4-37 所示，创建了员工各项协作能力在部门之间的柱形对比图。

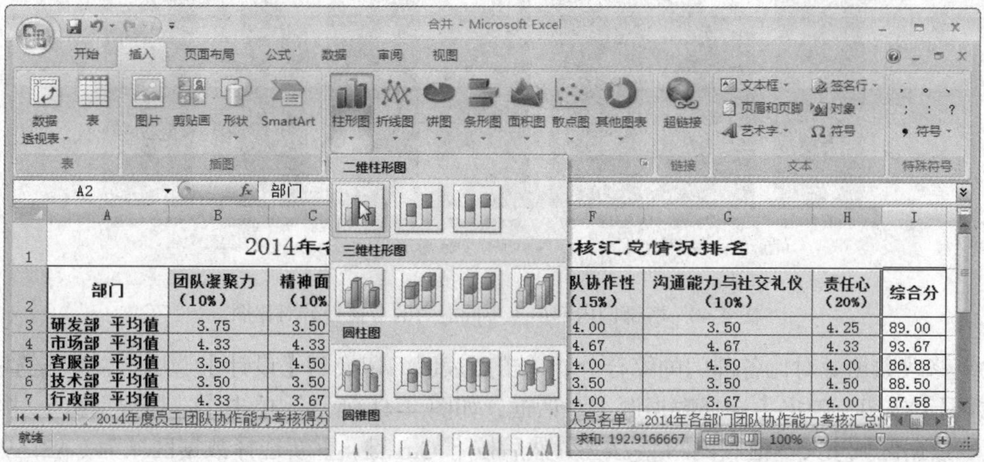

图 4-37　单击【柱形图】按钮

然后切换到【布局】选项卡，单击【标签】选项组的“图例”，在弹出的下拉列表中选择“在底部显示图例”，并把图表放大，直到水平（分类）轴下方的文字横向显示为止。效果如图 4-38 所示。

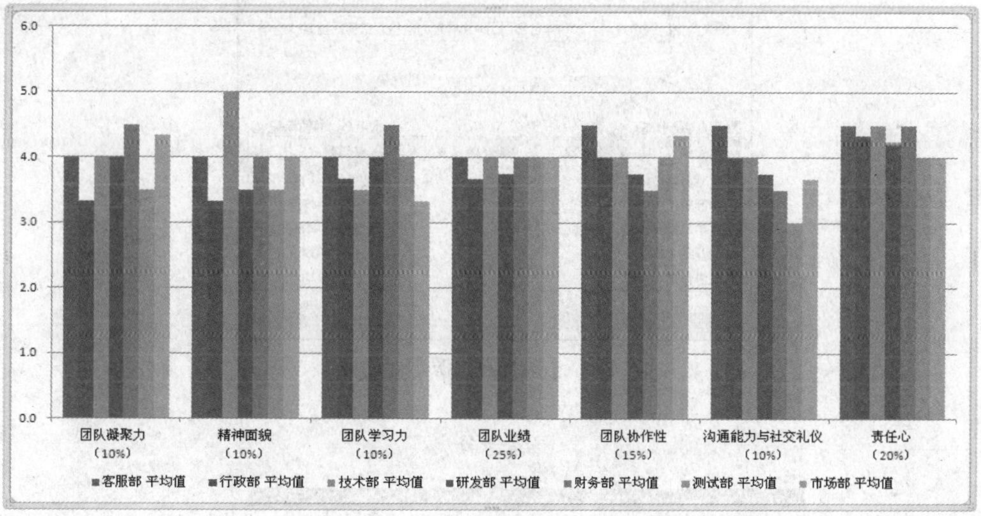

图 4-38　员工同种能力的考核得分在各部门之间的对比图

（2）切换行/列对比各部门各项能力的考核得分。单击图表区，切换到【图表工具】下的【设计】选项卡，单击【数据】选项组的【切换行/列】按钮，如图 4-39 所示，则图表变为图 4-40 所示的效果。

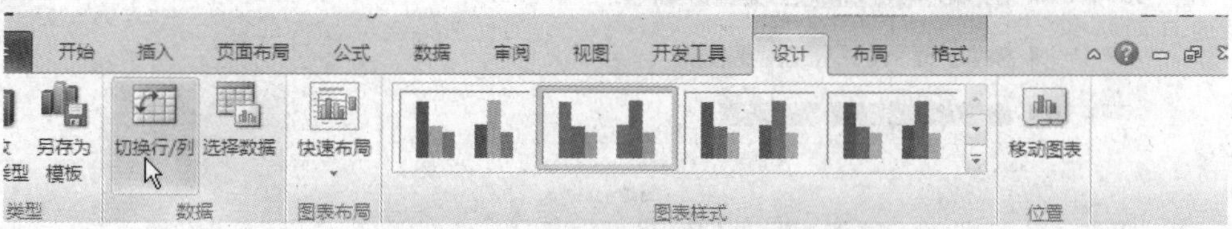

图 4-39　切换图表数据源的行/列

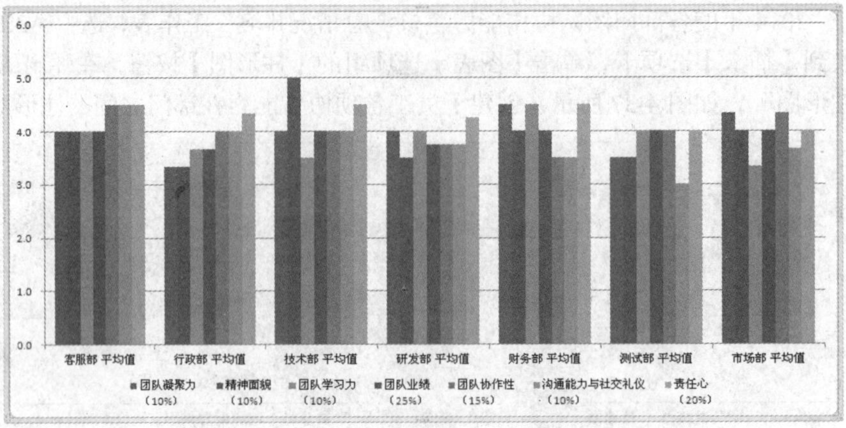

图 4-40　各部门内部员工不同能力的考核得分对比图

（3）修改数据源对比各部门的综合分。单击图表区，切换到【设计】选项卡，单击选项组的【选择数据】按钮，弹出【选择数据源】对话框，如图 4-41 所示。单击【选择数据源】对话框中的【图表数据区域】文本框右侧的按钮，然后按下 Ctrl 键，重新选择数据区域为（A2:A9,I2:I9）单击【确定】按钮，则图表中仅体现各部门考核综合分的对比情况。再单击【更改图表类型】按钮，在弹出的【更改图表类型】对话框中选择“条形图”中的“簇状条形图”，然后单击【确定】按钮，效果如图 4-42 所示。

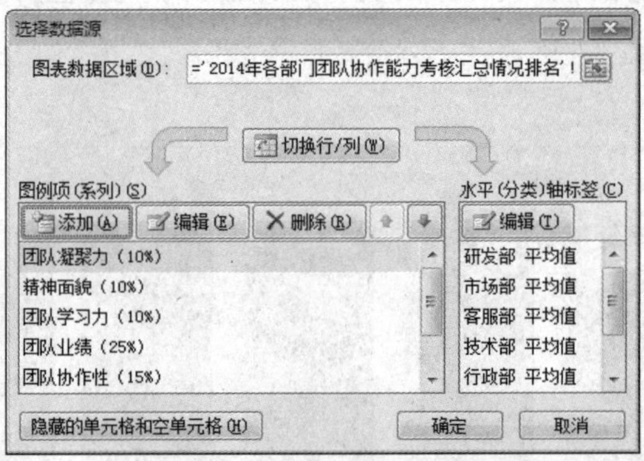

图 4-41　【选择数据源】对话框

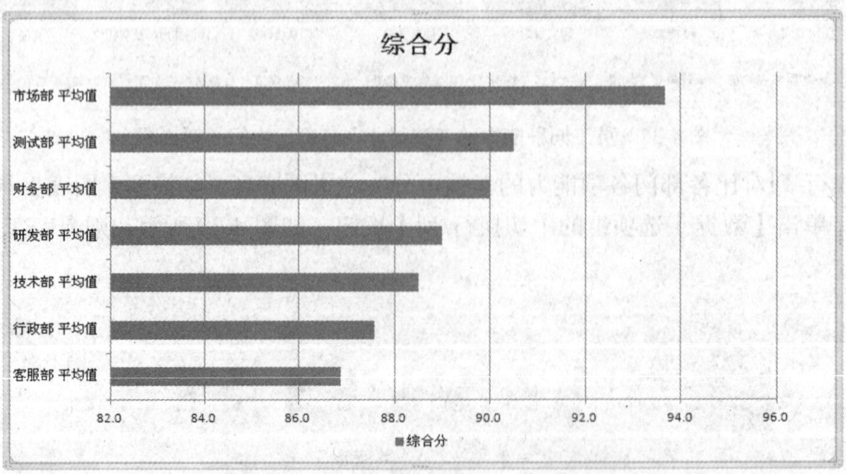

图 4-42　各部门考核成绩综合分对比图表

（4）添加图表标题，修改布局。单击图表区，切换到【设计】选项卡，单击【图表布局】选项组中的【布局 1】按钮改变图表布局，输入图表标题“2014 年度各部门团队协作能力考核成绩对比图”。

（5）应用图表样式。单击图表区，切换到【设计】选项卡，在【图表样式】选项组中选择【样式 42】选项改变图表外观。

（6）移动图表到新的工作表。单击图表区，切换到【设计】选项卡，在【图表样式】选项组中单击【移动图表】按钮，弹出【移动图表】对话框，如图 4-43 所示。在【移动图表】对话框中选择【新工作表】选项，单击【确定】按钮，效果如图 4-44 所示。

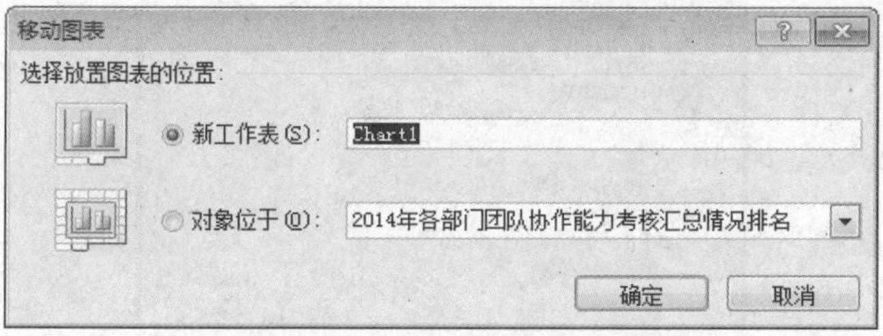

图 4-43 【移动图表】对话框

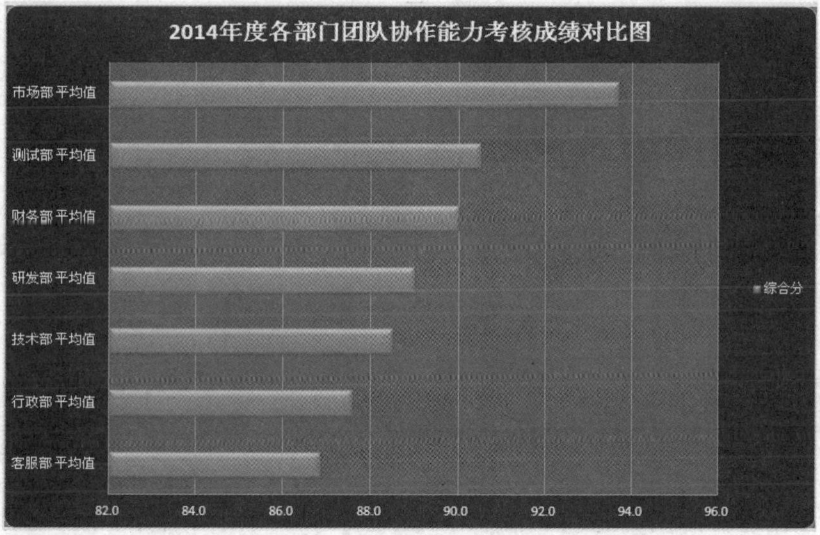

图 4-44 应用图表样式的图表

4.3.5 运用数据透视图统计各分数段的人数并制作饼图

为了了解员工考核成绩在各分数段的分布情况，并用饼图显示分布比例，可以采用筛选功能，并对筛选结果创建图表，该方法包括两个环节。还可以换个思路，采用数据透视图完成这项任务，一次性完成分数段的划分，动态、同步地生成图表。请用新学的数据透视图来一次实战演练吧！

相关知识

应用数据透视表/图对数据进行分析，可以动态地改变数据的版面布置，以便按照不同方式分析数据，也可以重新安排行号、列标和页字段。每一次改变版面布置时，数据透视表会立即按照新的布置重新计算数据。

提示

创建数据透视表/图时，首先要保证数据源表的每列都有列标题，如果某列数据没有列标题，应加上列标题。

下面通过数据透视图，统计出不同分数段的员工人数并制作饼图，操作步骤如下。

（1）打开“合并.xlsx”，切换到“总和”工作表，切换到【插入】选项卡，单击【表格】功能组中的【数据透视图】按钮，打开【创建数据透视表及数据透视图】对话框，如图 4-45 所示。

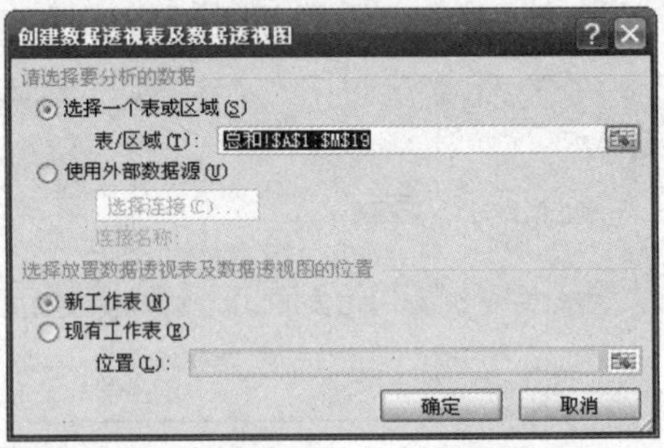

图 4-45 【创建数据透视表及数据透视图】对话框

（2）单击【确定】按钮，即可在新工作表中创建一个数据透视图，如图 4-46 所示。

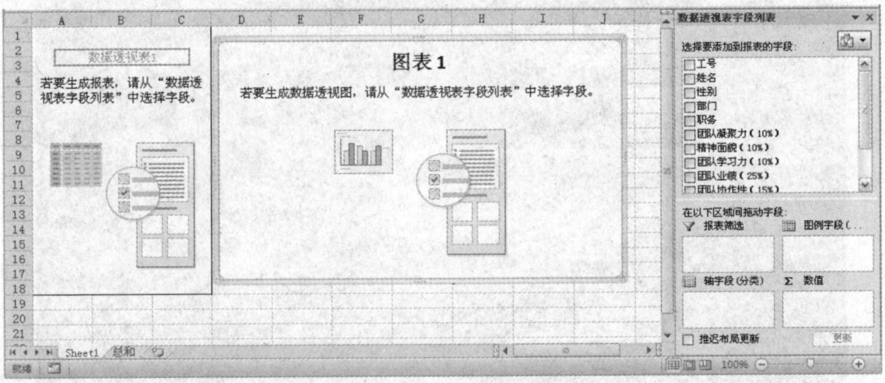

图 4-46 数据透视图

接着在【数据透视表字段列表】窗格中对字段进行布局，将【综合分】字段拖动到轴字段（分类）列表框中；将【员工姓名】字段拖动到【数值】列表框中，结果如图 4-47 所示。

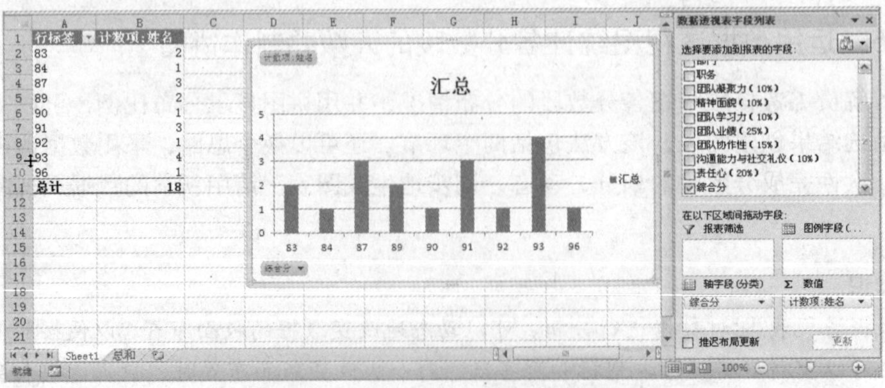

图 4-47 添加了数据的数据透视图

（3）右键单击数据透视图【综合分】字段所在列（即 A 列）的任一单元格，从弹出的快捷菜单中选择【创建组】命令，如图 4-48 所示。

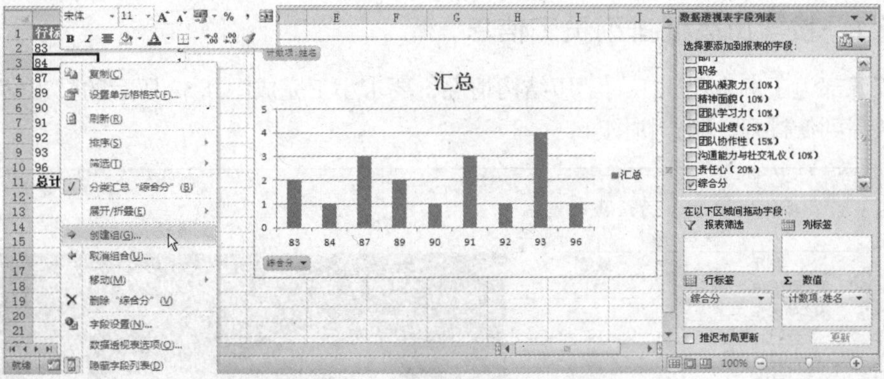

图 4-48　选择【创建组】命令

（4）弹出【组合】对话框，将【起始于】设置为“60”，将【终止于】设置为“100”，将【步长】设置为“10”，如图 4-49 所示。

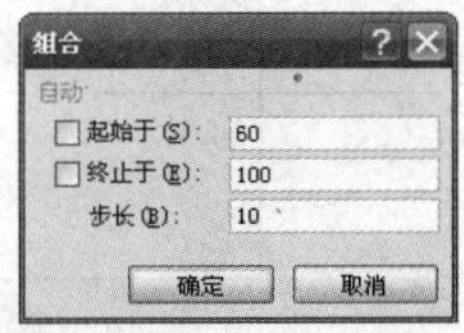

图 4-49　【组合】对话框

（5）单击【确定】按钮，得到图 4-50 所示的按分数段分组后的结果，其中统计出了 80～90、90～100 两个分数段的员工人数，并且图表随之变化，如图 4-50 所示。

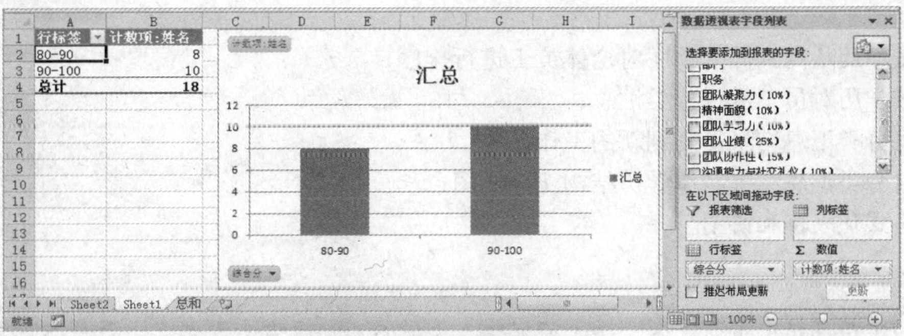

图 4-50　分组后的数据透视图

（6）单击图表，切换到【数据透视图工具】|【设计】选项卡，单击【类型】功能组中的【更改图表类型】按钮，在弹出的【更改图表类型】对话框中选择【饼图】中的【三维饼图】，然后单击【确定】按钮。切换至【布局】选项卡，对该饼图的标题和数据标签进行设置和格式化，最后图表效果如图 4-51 所示。

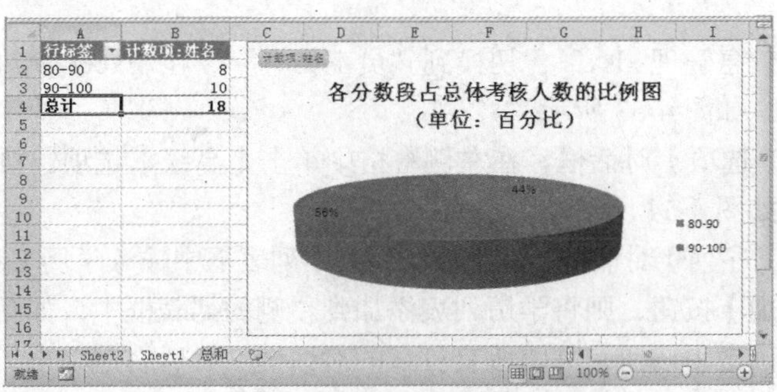

图 4-51　数据透视图最后效果图

拓展实训

实训 1　按学历高低排列员工信息

人力资源部为了解企业职工的学历结构情况，要求小王完成图 4-52 所示的员工学历比例表，并按学历从高到低排列，制作饼图。

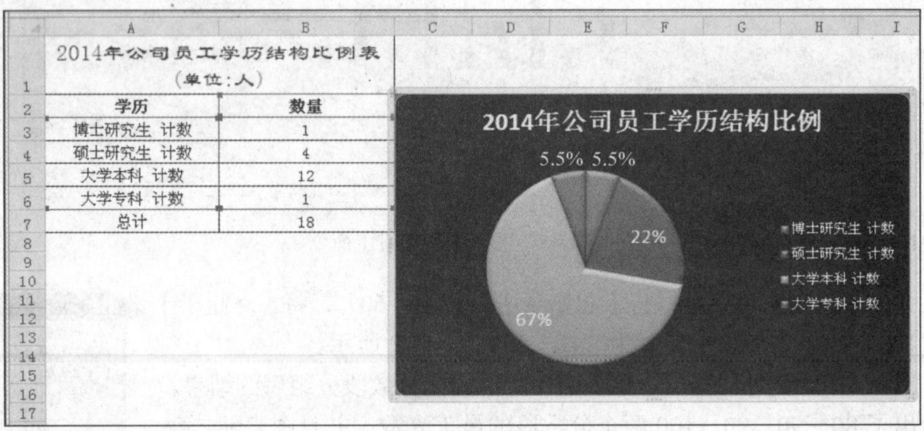

图 4-52　员工学历结构比例表/图

要求：

（1）按学历从高到低的顺序对全体员工进行排序；

（2）按学历对员工进行分类汇总；

（3）将分类汇总结果复制到新的工作表中；

（4）对分类汇总结果制作学历结构比例饼图；

（5）格式化表格和饼图。

提示

员工的学历包括博士研究生、硕士研究生、大学本科、大学专科四类，最基本的排序是按学历从高到低排序，接下来可以汇总各学历的人数情况。别急着操作，Excel 是无法理解学历高低顺序的，因为它只能按拼音或者笔画顺序排列。因此，如果要按学历进行排序，只能使用自定义排序。

采用定位条件查找汇总结果，并保存汇总结果。

操作步骤如下。

（1）打开“员工信息管理.xlsx”，切换到“员工档案”，在 Excel 窗口中选择【文件】选项卡中的【选项】命令，如图 4-53 所示。

（2）弹出【Excel 选项】对话框，在左侧窗格中单击【高级】选项，接着单击右侧的【编辑自定义列表】按钮，如图 4-54 所示。

（3）弹出【自定义序列】对话框，在【输入序列】列表框中输入学历名称，一个学历占一行，输入完毕后单击【添加】按钮，则将学历列表添加到左侧的列表框中，如图 4-55 所示。

（4）单击两次【确定】按钮，关闭所有打开的对话框。然后右键单击工作表中数据区域的任一单元格，从弹出的快捷菜单中选择【排序】|【自定义排序】命令，如图 4-56 所示。

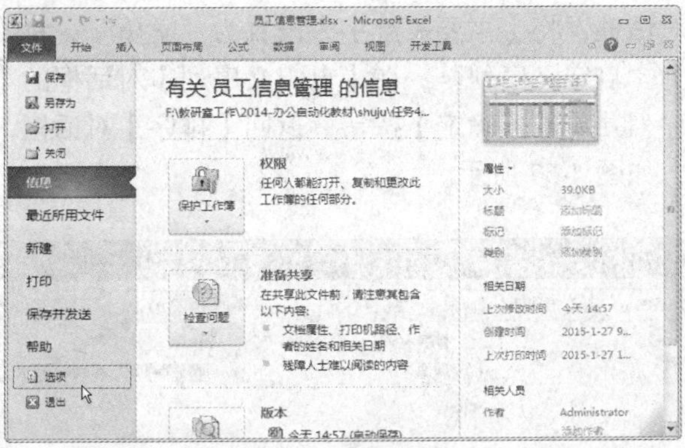

图 4-53　选择【选项】命令

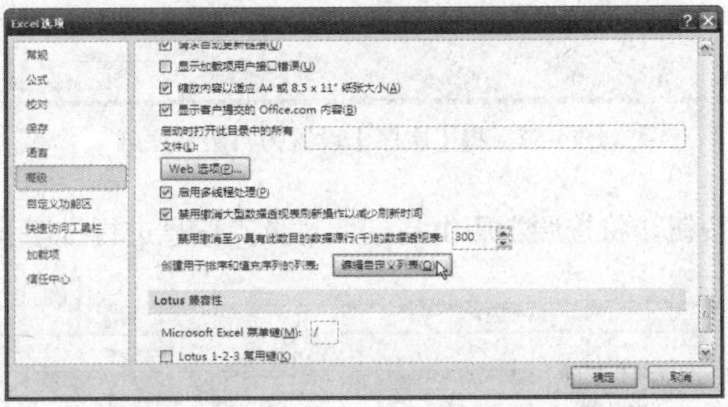

图 4-54　单击【编辑自定义列表】按钮

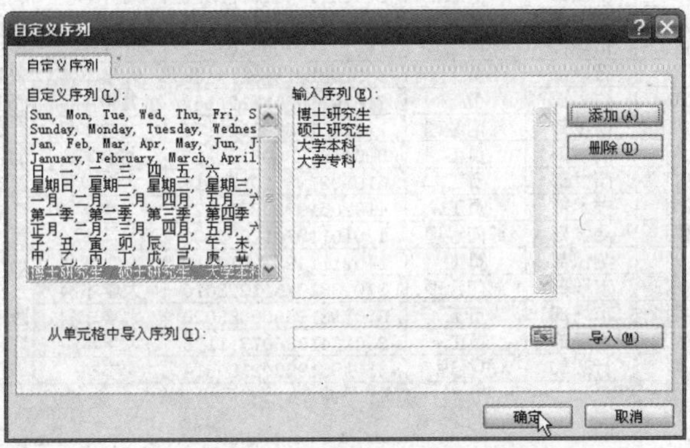

图 4-55　创建自定义序列

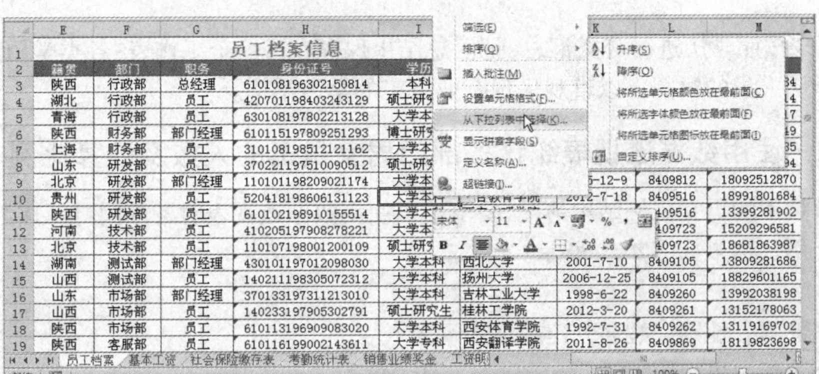

图 4-56　选择【自定义排序】命令

（5）打开【排序】对话框，将【主要关键字】设置为“学历”，将【排序依据】设置为“数值”，将【次序】设置为“自定义序列”，在【自定义序列】对话框的【自定义序列】列表框中选择前面创建好的学历序列并单击【确定】按钮。返回【排序】对话框，在【次序】中将看到学历序列已作为排序条件，如图 4-57 所示。

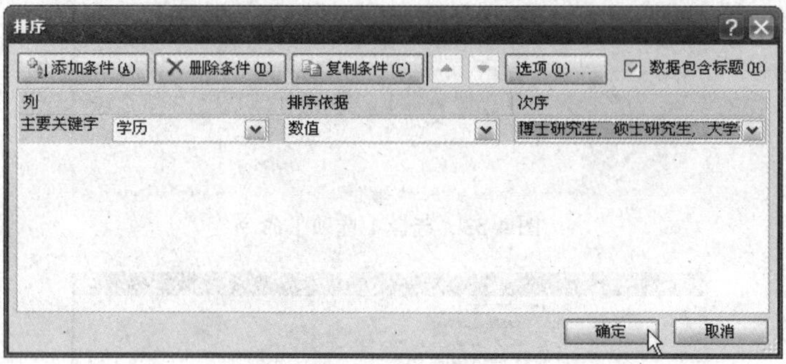

图 4-57　将【次序】设置为自定义序列

（6）单击【确定】按钮，将按照学历由高到低对员工信息进行排序，如图 4-58 所示。

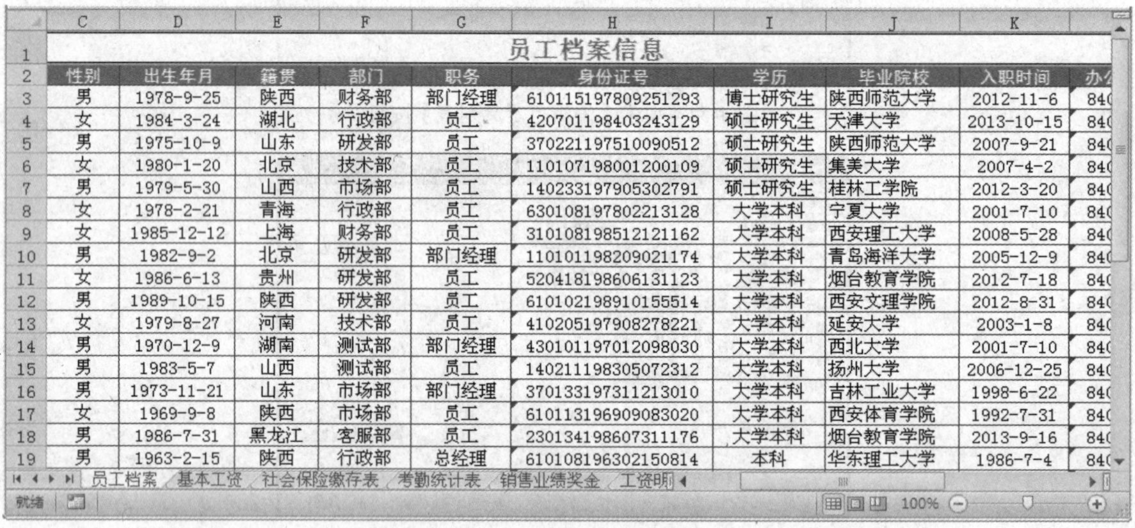

员工档案信息

	C	D	E	F	G	H	I	J	K	
2	性别	出生年月	籍贯	部门	职务	身份证号	学历	毕业院校	入职时间	办公
3	男	1978-9-25	陕西	财务部	部门经理	610115197809251293	博士研究生	陕西师范大学	2012-11-6	84
4	女	1984-3-24	湖北	行政部	员工	420701198403243129	硕士研究生	天津大学	2013-10-15	84
5	男	1975-10-9	山东	研发部	员工	370221197510090512	硕士研究生	陕西师范大学	2007-9-21	84
6	女	1980-1-20	北京	技术部	员工	110107198001200109	硕士研究生	集美大学	2007-4-2	84
7	男	1979-5-30	山西	市场部	员工	140233197905302791	硕士研究生	桂林工学院	2012-3-20	84
8	女	1978-2-21	青海	行政部	员工	630108197802213128	大学本科	宁夏大学	2001-7-10	84
9	女	1985-12-12	上海	财务部	员工	310108198512121162	大学本科	西安理工大学	2008-5-28	84
10	男	1982-9-2	北京	研发部	部门经理	110101198209021174	大学本科	青岛海洋大学	2005-12-9	84
11	女	1986-6-13	贵州	研发部	员工	520418198606131123	大学本科	烟台教育学院	2012-7-18	84
12	男	1989-10-15	陕西	研发部	员工	610102198910155514	大学本科	西安文理学院	2012-8-31	84
13	女	1979-8-27	河南	技术部	员工	410205197908278221	大学本科	延安大学	2003-1-8	84
14	男	1970-12-9	湖南	测试部	部门经理	430101197012098030	大学本科	西北大学	2001-7-10	84
15	男	1983-5-7	山西	测试部	员工	140211198305072312	大学本科	扬州大学	2006-12-25	84
16	男	1973-11-21	山东	市场部	部门经理	370133197311213010	大学本科	吉林工业大学	1998-6-22	84
17	女	1969-9-8	陕西	市场部	员工	610113196909083020	大学本科	西安体育学院	1992-7-31	84
18	男	1986-7-31	黑龙江	客服部	员工	230134198607311176	大学本科	烟台教育学院	2013-9-16	84
19	男	1963-2-15	陕西	行政部	总经理	610108196302150814	本科	华东理工大学	1986-7-4	84

图 4-58　按学历由高到低排列员工信息

（7）接下来按照学历进行分类汇总，把汇总结果保存在另一个工作表“各类学历人数汇总表”，并制作各类学历人员的饼图，以直观呈现企业员工的学历结构。

实训 2　使用数据透视表统计各部门男女员工的人数及计算比例

为了了解员工的男女比例结构情况，要求小王使用数据透视表对各部门员工按性别进行统计，并计算男女比例。结果如图 4-59 所示。

要求：

（1）根据部门、性别、姓名创建数据透视表；

（2）统计各部门男女人数；

（3）计算各部门男女比例。

提示

与创建【数据透视表/图】的方法相同，只不过在结果中，【数据透视图】中多了一个图表，如果删除了【数据透视图】中的图表，就变成只有数据的【数据透视表】了。

创建了【数据透视表】后，在【数据透视表字段列表】窗格中对字段进行布局时，要将【性别】字段放到【列标签】中，将【部门】字段放到【行标签】中，将【员工姓名】放到【数值】中。

将数据透视表转换为表格形式的布局，完成统计各部门男女员工的人数。

在数据透视表的下面创建一个各部门男女员工人数比例的表格。

计算男女比例的数据来源于“B5:B1，C5:C11，D5:D11”，如图 4-59 所示。

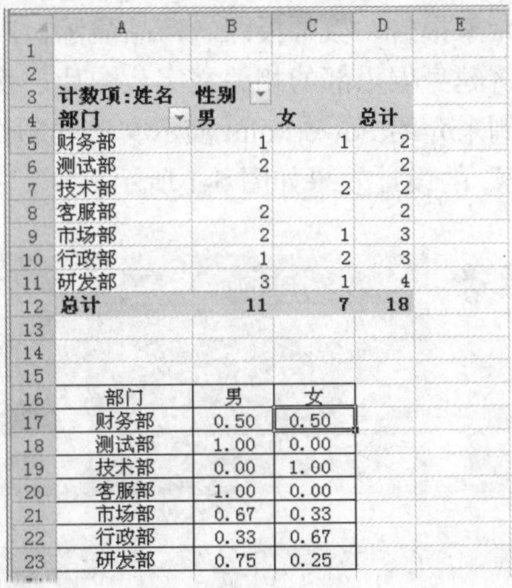

计数项:姓名	性别		
部门	男	女	总计
财务部	1	1	2
测试部	2		2
技术部		2	2
客服部	2		2
市场部	2	1	3
行政部	1	2	3
研发部	3	1	4
总计	11	7	18

部门	男	女
财务部	0.50	0.50
测试部	1.00	0.00
技术部	0.00	1.00
客服部	1.00	0.00
市场部	0.67	0.33
行政部	0.33	0.67
研发部	0.75	0.25

图 4-59　计算各部门男女员工人数的比例

任务 5

PowerPoint 的综合应用——制作健身俱乐部宣传演示文稿

PowerPoint 是能制作和演示集文字、图形、图像、音频、视频等多媒体元素于一体的演示文稿，因此被频繁用于设计制作专家报告、教师授课、产品演示、广告宣传等。例如，某公司为旗下的健身俱乐部做宣传，希望将健身俱乐部的相关文字、图片、视频等信息组织在一组图文并茂的画面中。下面通过具体的案例来介绍 PowerPoint 演示文稿的制作方法。

“健身俱乐部宣传演示文稿”的设计效果如图 5-1 所示。

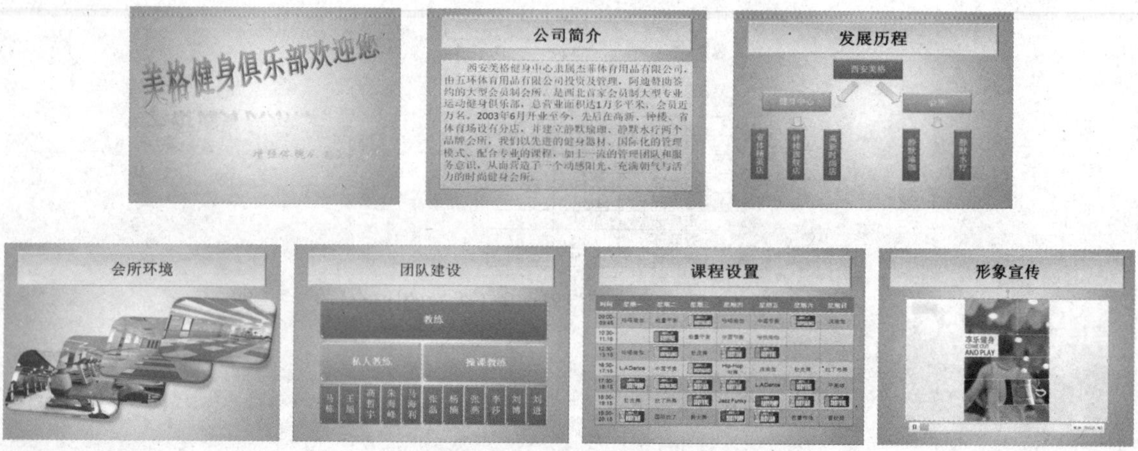

图 5-1　健身俱乐部的宣传演示文稿效果图

5.1　任务情境

小白是一位刚应聘到一家大型健身公司市场部的大学应届毕业生，作为市场部总监的王总要求还在试用期的小白用 PowerPoint 制作一个用于健身俱乐部宣传的演示文稿，要求体现出公司的文化特点和特色课程项目，小白如果想成为这个公司的正式员工就要积极准备了。

知识目标

- 熟悉 PowerPoint 的工作环境和基本的启动与退出操作；
- 掌握创建和保存演示文稿的方法；
- 能够根据需要设计并编辑幻灯片中的文本信息；
- 能够熟练地在幻灯片中插入图片、组织结构图、表格等；
- 掌握幻灯片的动画效果的设置和美化操作；
- 能够进行幻灯片的放映。

5.2 任务分析

公司是通过自主投资制作文档、图片、动画宣传片、宣传画或宣传书的方式来进行宣传的，演示文稿也是其中一种重要的方式。要想做好公司旗下健身俱乐部的宣传演示文稿，就必须全面细致地考虑各方面问题，包括健身俱乐部的发展历程、主营业务、服务宗旨、规模等。只有考虑充分，才有可能将健身俱乐部的良好形象予以展示，才有可能获取更多的潜在客户。所以，在制作演示文稿之前，仔细考虑上述内容是十分必要的。

一般来说，制作一个类似于健身俱乐部的宣传演示文稿需要进行如下工作。

（1）搜集相关文字、图片、视频等素材；

（2）新建并保存公司的宣传演示文稿；

（3）选择合理的幻灯片版式，并录入相关文字内容；

（4）在幻灯片中合适的位置插入能够反映当前幻灯片主题的图片、形状、音频、视频等素材；

（5）对插入的相关对象进行合理的动画设置，展示良好的效果；

（6）设置放映演示文稿。

5.3 任务实现：制作健身俱乐部的宣传演示文稿

5.3.1 创建演示文稿

PowerPoint 2010 在外观界面上明显区别于早期的 PowerPoint 2003 版，与 PowerPoint 2007 相仿，都是将所有的命令归类于相应的选项卡下，有效缩短了用户对命令的查找时间，但在功能上 PowerPoint 2010 更为强大，效果也更为丰富和生动。

PowerPoint 2010 的创建、保存与退出和 Word 2010 的操作方法类似，启动 PowerPoint 2010 后，系统会自动创建一个名为“演示文稿 1”的空白演示文稿，工作界面如图 5-2 所示。

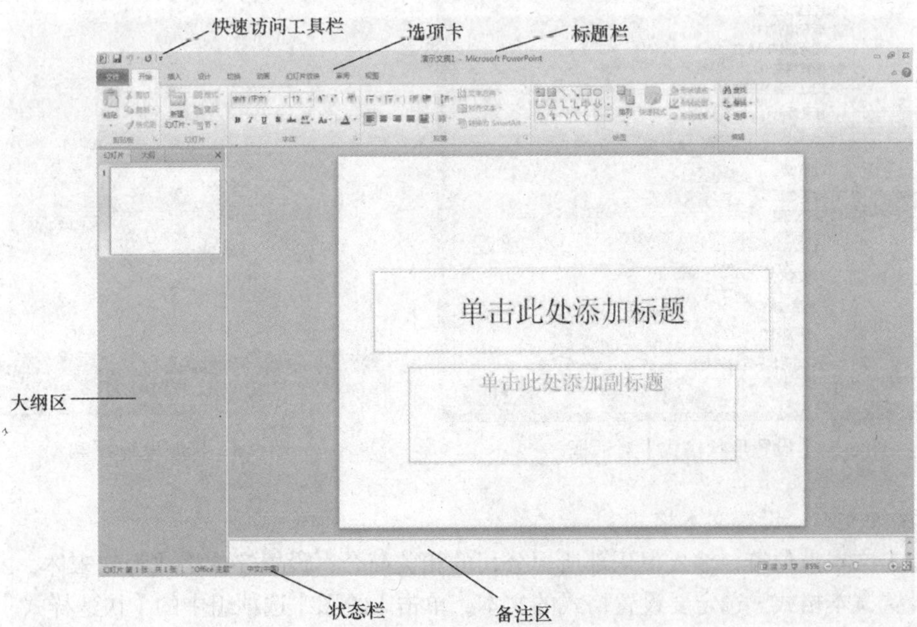

图 5-2　PowerPoint 2010 界面

5.3.2 制作与编辑幻灯片

1. 制作“公司简介”幻灯片

在对一个公司进行宣传时，必须先对公司进行一个简明扼要的介绍，并就其一般情况进行说明，因此在制作公司宣传幻灯片时，首先需要制作一张有关公司情况说明的幻灯片。

新建演示文稿，默认包含一张“标题幻灯片”版式的幻灯片。要完成图 5-3 所示的效果，应更改幻灯片版式为“标题和内容”。切换至【开始】选项卡，在【幻灯片】组中单击【版式】按钮 版式，选择“标题和内容”的幻灯片，如图 5-4 所示。

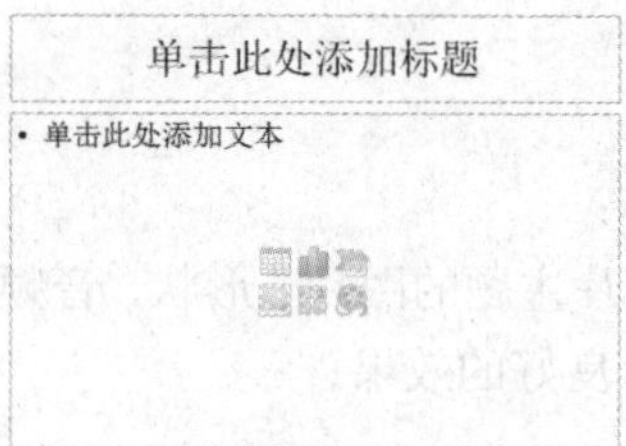

图 5-3 “标题和内容”版式的幻灯片

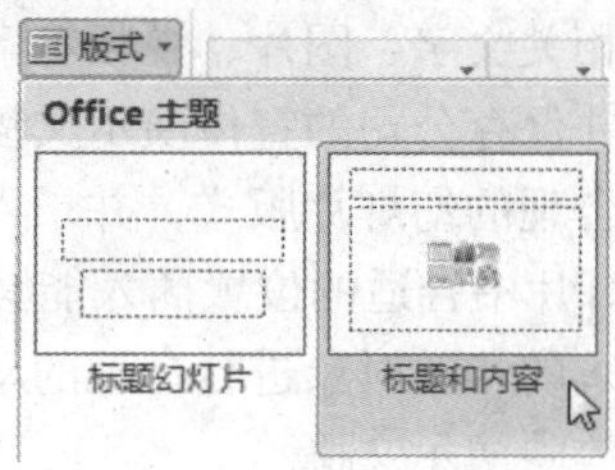

图 5-4 【版式】下拉列表

（1）设置标题。

① 在标题占位符处单击鼠标，输入“公司简介”，并设置字体格式为“宋体、44 磅、加粗”。

② 选中标题占位符，单击鼠标右键，在快捷菜单中选择【设置形状格式】命令，弹出图 5-5 所示的【设置形状格式】对话框，选择【填充】|【渐变填充】命令，以及【三维格式】|【棱台】|【顶端】菜单中的【棱台】|【圆】命令，设置效果如图 5-6 所示。

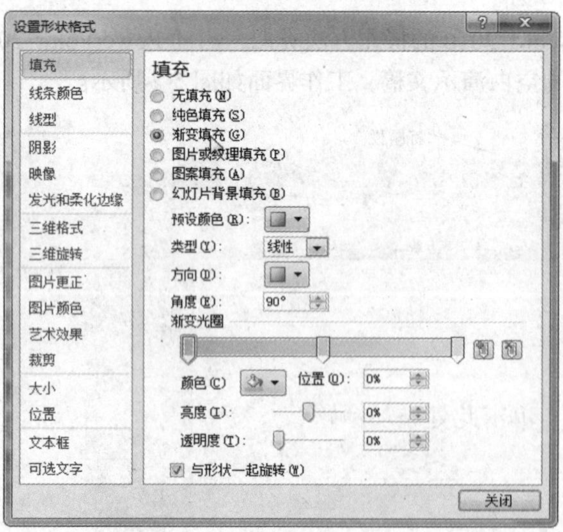

图 5-5 【设置形状格式】对话框

图 5-6 标题设置效果

（2）添加文本、设置文本格式。

① 单击文本占位符，输入俱乐部所属公司的相关简介，设置字体格式为“宋体、28 磅”。

② 设置文本格式。选定要设置格式的文本，单击【绘图】选项组中的【快速样式】按钮，弹出图 5-7 所示的【快速样式】列表，选择“细微效果-蓝色”。设置效果如图 5-8 所示。

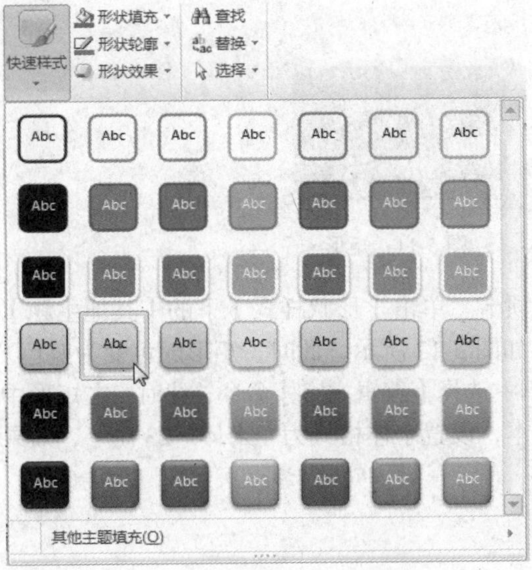

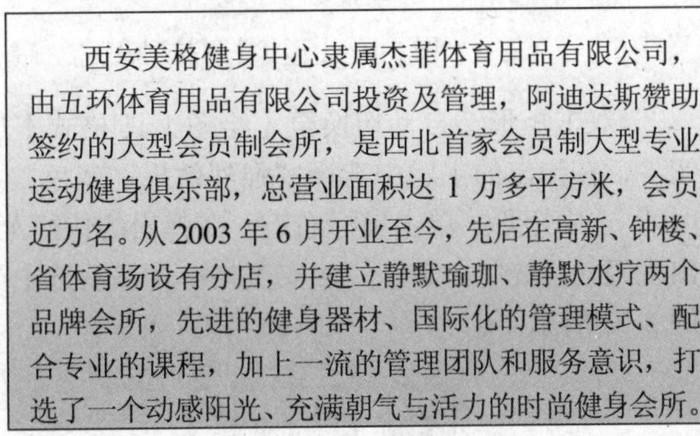

图 5-7 【快速样式】下拉列表　　图 5-8　文本设置效果

2. 制作“发展历程”幻灯片

在了解了公司的基本情况之后，就需要通过对“发展历程”的介绍，让顾客充分掌握公司的主营业务及规模。为了达到一目了然的效果，可以采用树形的结构图予以展示。这里，我们制作一个以三个层级为例的发展历程。

首先选择一张版式为“仅标题”的幻灯片。切换至【开始】选项卡，在【幻灯片】组中单击【新建幻灯片】按钮，选择 Office 主题为“仅标题”的幻灯片，如图 5-9 所示。

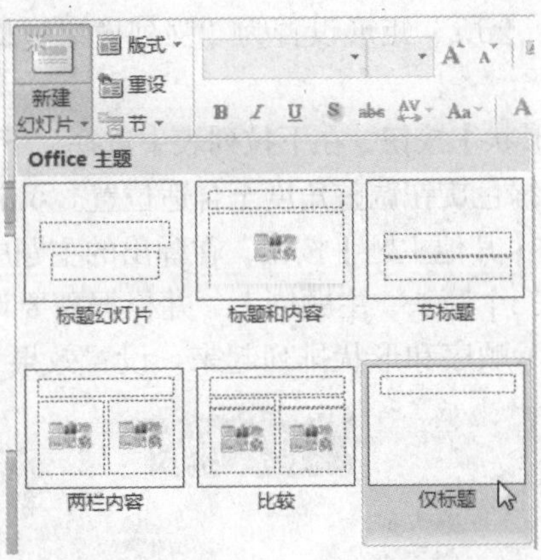

图 5-9 【新建幻灯片】下拉列表

（1）设置标题。在标题占位符中输入标题“发展历程”，设置格式同图 5-6 所示的效果。

（2）插入形状。

① 切换至【插入】选项卡，在【插图】选项组中单击【形状】按钮，在下拉列表中选择“矩形”，如图 5-10 所示。

② 此时，鼠标指针变成十字形状，在幻灯片区按下鼠标左键并拖动至适当位置，松开鼠标左键，即可绘制出矩形，如图 5-11 所示。矩形边缘的八个调节柄，可调整矩形大小；绿色旋钮可旋转矩形。拖动调节柄调整矩形至合适大小。

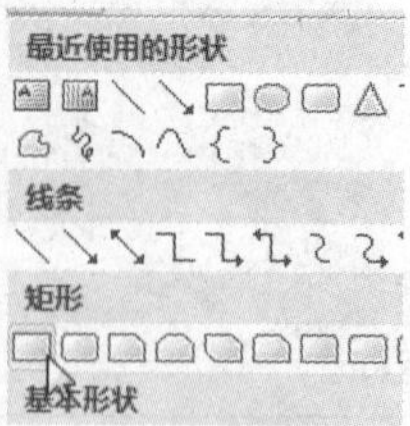

图 5-10 【形状】下拉列表

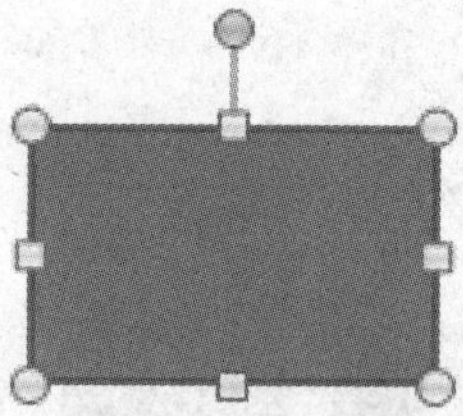

图 5-11 矩形

③ 双击矩形，自动切换至【绘图工具|格式】选项卡。单击【形状样式】下的【其他主题】按钮，在弹出的主题中选择“强烈效果—蓝色”，如图 5-12 所示，此时，矩形颜色变为蓝色。

④ 选中矩形，单击鼠标右键，在弹出的快捷菜单中选择【编辑文字】命令，此时，在矩形中会出现闪动的光标，输入“西安美格”，然后选中文本，设置字体格式为“宋体、23 磅”，效果如图 5-13 所示。

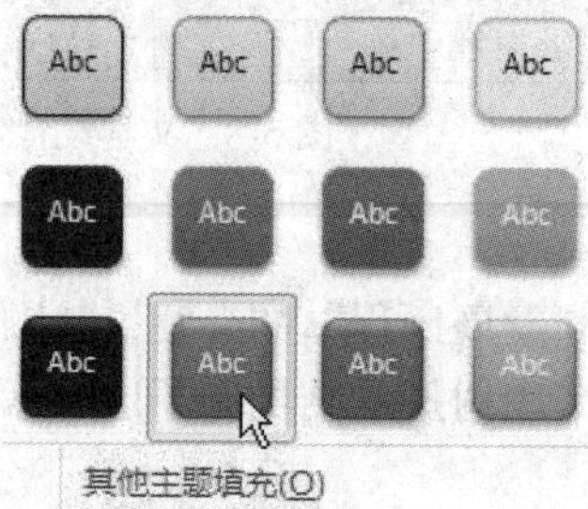

图 5-12 【主题】下拉列表

图 5-13 【矩形】设置效果

⑤ 重复步骤①～步骤⑤，依次添加“健身中心”和“会所”的发展历程，对不同的矩形设置不同的颜色。“健身中心”和“会所”矩形设置为“强烈效果—橄榄色”，其余矩形设置为“强烈效果—紫色”。

⑥ 插入指示箭头。单击【形状】按钮，在下拉列表中选择“下箭头”，拖动鼠标，在第一个矩形下方绘制一个下箭头，并通过绿色旋钮调整角度至合适位置。双击箭头，切换至【绘图工具|格式】选项卡。单击【形状样式】下的【其他主题】按钮，在弹出的主题中选择“细微效果—水绿色”。

⑦ 重复步骤⑥，绘制其余三个箭头，主题同上，并根据需要调整箭头大小至合适位置。然后将所有矩形和箭头按图 5-14 所示顺序和形状排列起来。设置效果如图 5-14 所示。

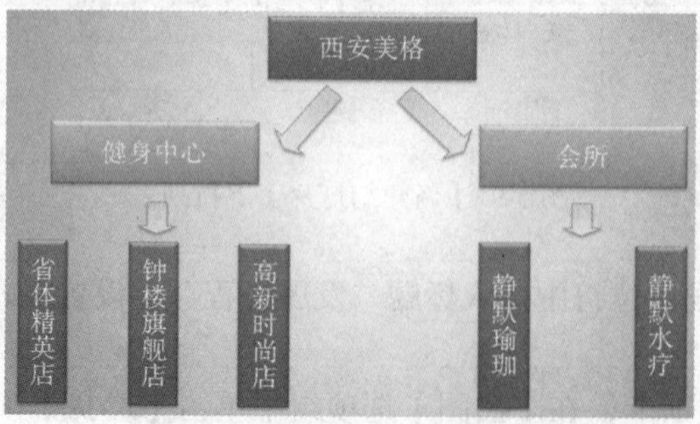

图 5-14 健身俱乐部发展历程

3. 制作“会所环境”幻灯片

作为一家健身俱乐部的宣传演示文稿，其主要目的是通过公司宣传获取更多的潜在客户。一般而言，客户选择健身俱乐部时，首要关注的就是健身环境，比如室内环境、空气流通、洗浴环境、设施器材等。因此，全面展现健身环境对于公司宣传和招揽客户也是至关重要的。“会所环境”幻灯片制作效果如图 5-15 所示。选取幻灯片的版式为“标题和内容”版式。

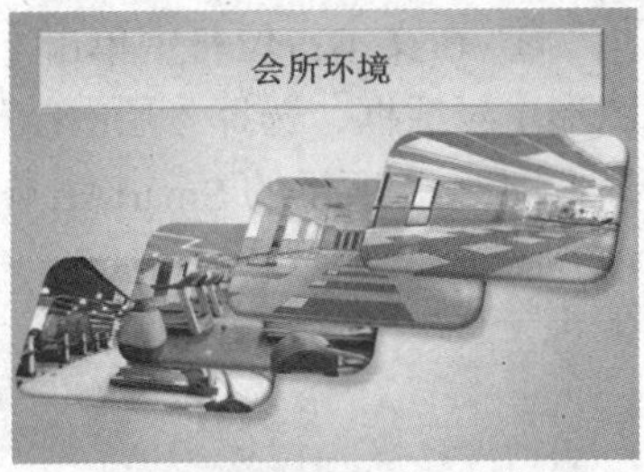

图 5-15 “会所环境”幻灯片

（1）设置标题。在标题占位符中输入标题“会所环境”，设置格式同图 5-6 所示的效果。

（2）插入图片。

① 单击文本占位符中的【插入来自文件的图片】按钮，弹出图 5-16 所示的【插入图片】对话框，选择“图 1.jpg”至“图 4.jpg”，单击【打开】按钮，即可在幻灯片中插入图片。图片边缘的八个调节柄，可调整图片大小，拖动调节柄调整图片至相同大小。

② 按下“Shift”键同时选中四张图片并双击，切换至【图片工具|格式】选项卡。单击【图片样式】选项组中的【其他主题】按钮，在弹出的主题样式中选择“棱台透视”。

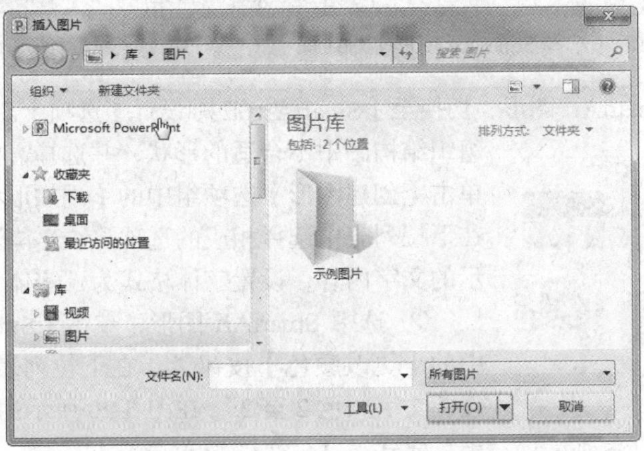

图 5-16 【插入图片】对话框

4. 制作“团队建设”幻灯片

拥有优秀的教练团队是健身俱乐部品牌运营的重要资本，也是考察健身俱乐部综合实力的硬件条件之一，因此，对于师资团队的介绍，也是吸引顾客、增加综合得分的必备项。“团队建设”幻灯片制作效果如图 5-17 所示。选取幻灯片的版式为“标题和内容”版式。

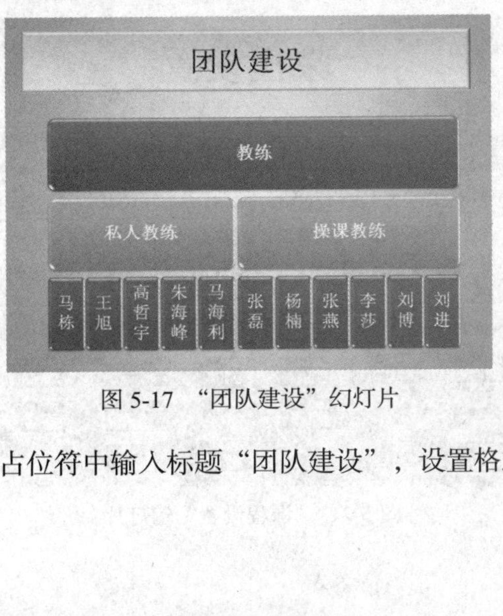

图 5-17 “团队建设”幻灯片

（1）设置标题。在标题占位符中输入标题“团队建设”，设置格式同图 5-6 所示的效果。

（2）插入组织结构图。

① 在文本占位符中单击【插入 SmartArt 图形】按钮，弹出图 5-18 所示的【选择 SmartArt 图形】对话框，选择【层次结构】中的【表层次结构】，单击【确定】按钮，即可在幻灯片中插入图 5-19 所示的 SmartArt 图形。

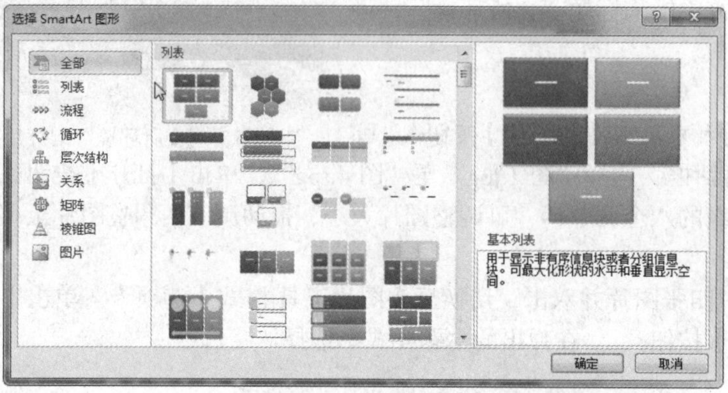

图 5-18 【选择 SmartArt 图形】对话框

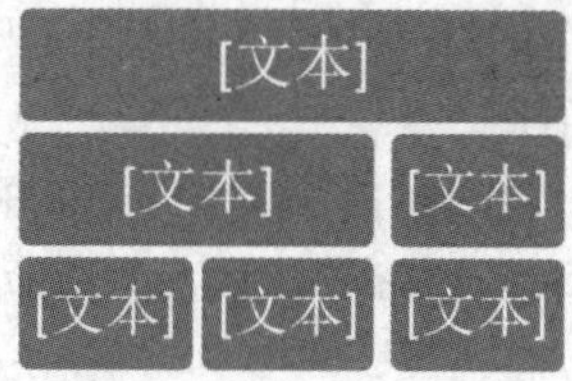

图 5-19 插入 SmartArt 图形

② 双击插入的 SmartArt 图形，切换至【SmartArt 工具|设计】选项卡。按图 5-17 所示，删除组织结构图中不合适的形状，并选择需要增添形状的地方，单击【创建图形】选项组中的【添加形状】按钮 添加形状，在下拉列表中选择相应的选项。在文本窗格中输入图 5-17 所示的文字内容，设置字体格式为“宋体，26 磅”。

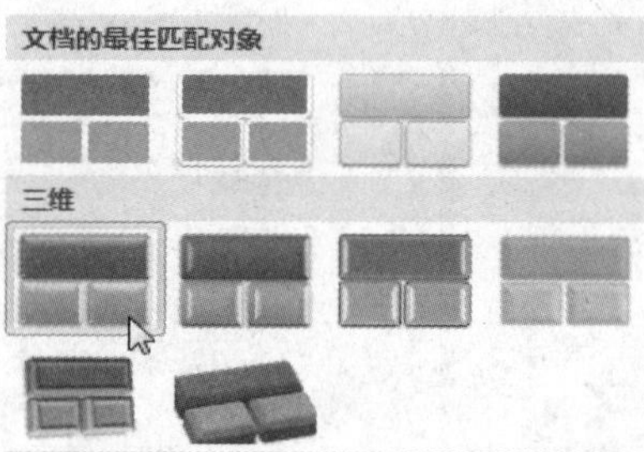

图 5-20 【更改颜色】下拉列表

③ 选中 SmartArt 图形，单击【SmartArt 样式】选项组中的【更改颜色】按钮，在下拉列表中选择“彩色范围-强调文字颜色 2 至 3”，在图 5-20 所示的样式列表中选择“优雅”样式。

5. 制作“课程设置”幻灯片

介绍一家健身俱乐部，除了品牌、师资、环境等一些硬件，健身课程的安排也是吸引会员的一个亮点。例如，开设的课程是否具有特色，是否与国际流行课程接轨，课程难度安排是否合理，课程时间安排与会员时间是否匹配等。“课程设置”幻灯片制作效果如图 5-21 所示。选取幻灯片的版式为“标题和内容”版式。

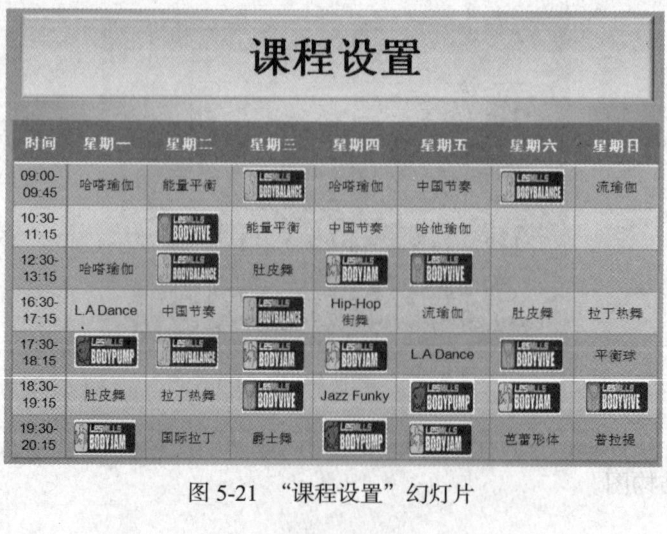

时间	星期一	星期二	星期三	星期四	星期五	星期六	星期日
09:00-09:45	哈嗒瑜伽	能量平衡	LESMILLS BODYBALANCE	哈嗒瑜伽	中国节奏	LESMILLS BODYBALANCE	流瑜伽
10:30-11:15		LESMILLS BODYVIVE	能量平衡	中国节奏	哈他瑜伽		
12:30-13:15	哈嗒瑜伽	LESMILLS BODYBALANCE	肚皮舞	LESMILLS BODYJAM	LESMILLS BODYVIVE		
16:30-17:15	L.A Dance	中国节奏	LESMILLS BODYBALANCE	Hip-Hop 街舞	流瑜伽	肚皮舞	拉丁热舞
17:30-18:15	LESMILLS BODYPUMP	LESMILLS BODYBALANCE	LESMILLS BODYJAM	LESMILLS BODYJAM	L.A Dance	LESMILLS BODYVIVE	平衡球
18:30-19:15	肚皮舞	拉丁热舞	LESMILLS BODYVIVE	Jazz Funky	LESMILLS BODYPUMP	LESMILLS BODYJAM	LESMILLS BODYVIVE
19:30-20:15	LESMILLS BODYJAM	国际拉丁	爵士舞	LESMILLS BODYPUMP	LESMILLS BODYJAM	芭蕾形体	普拉提

图 5-21 “课程设置”幻灯片

（1）设置标题。在标题占位符中输入标题“课程设置”，设置格式同图 5-6 所示的效果。

（2）插入表格。

① 单击文本占位符中的【插入表格】按钮，弹出图 5-22 所示的【插入表格】对话框，设置列数、行数均为 8，单击【确定】按钮，即可在幻灯片中插入一个 8 行 8 列的表格。

② 选中整个表格，双击表格切换至【表格工具|设计】选项卡，单击【表格样式】选项组中的【其他主题】按钮，在弹出的主题中选择“主题样式 1-强调 1”。

③ 在表格内插入相应的课程时间、课程名称以及图片，并调整表格的行高列宽至合适的高度和宽度。

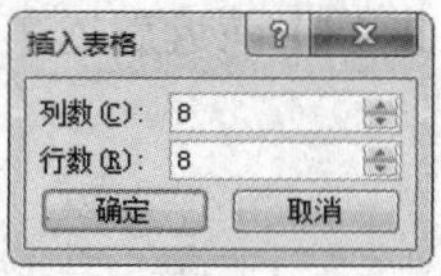

图 5-22 【插入表格】对话框

图 5-23 【形象宣传】幻灯片

6. 制作“形象宣传”幻灯片

如果能够在演示文稿中通过多媒体文件展现公司形象，也将极大地帮助公司进行宣传。因此，可以在幻灯片中通过插入视频对公司形象进行宣传。“形象宣传”幻灯片制作效果如图 5-23 所示。选取幻灯片的版式为“仅标题”版式。

（1）设置标题。在标题占位符中输入标题“形象宣传”，设置格式同图 5-6 所示的效果。

（2）插入视频文件。

① 切换至【插入】选项卡，在【媒体】选项组中单击【视频】按钮，在下拉菜单中选择“文件中的视频”，弹出【插入视频文件】对话框，选择需要插入的视频文件，单击【插入】按钮即可。

② 双击插入的视频，显示【视频工具|格式】选项卡和【视频工具|播放】选项卡，可用来设置视频样式、大小及播放属性等。

相关知识

在 PowerPoint 2010 中，可直接在【播放】选项卡的【编辑】选项组中单击【剪裁视频】按钮，在弹出的图 5-24 所示的对话框中通过拖动开始和结束柄来对插入的视频进行剪裁，无须再通过其他视频编辑软件进行剪辑。

图 5-24 【剪裁视频】对话框

7. 制作封面幻灯片

好的封面能瞬间抓住观看者的眼球。因此，完成了内容页的各幻灯片，封面幻灯片也不能马虎。选择艺术字作为封面标题可以同时满足简洁、大方、醒目等要求。在“公司简介”幻灯片前插入一张版式为“空白”的幻灯片。

（1）插入艺术字，设置标题

① 单击【插入】选项卡，在【文本】组中单击【艺术字】按钮，在下拉列表中选择“渐变填充–蓝色，强调文字颜色 1”，即可插入图 5-25 所示的艺术字样式。单击插入的艺术字，出现闪动的光标，进入“文本编辑”状态，删除多余的文字，输入图 5-26 所示的标题文字。

② 双击艺术字，切换至【绘图工具|格式】选项卡，单击【艺术字样式】选项组中的【文本效果】按钮，选择【阴影】菜单中的【外部】|【左上斜偏移】命令，选择【映像】菜单中的【紧密映像，接触】命令，以及【转换】菜单中的【弯曲】|【前近后远】命令。设置效果如图 5-26 所示。

图 5-25 插入艺术字

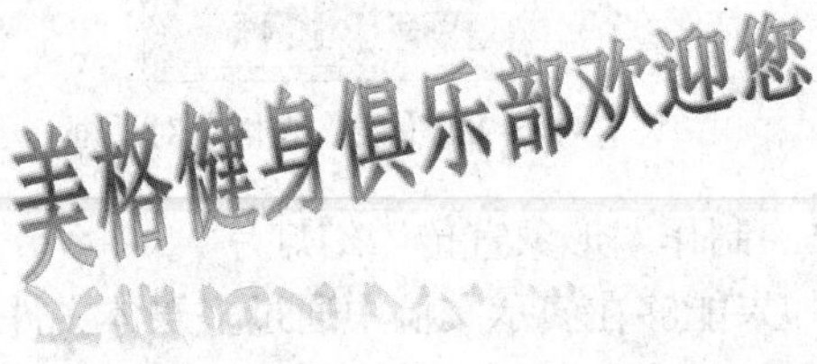

图 5-26 封面标题艺术字

（2）添加文本、设置文本格式

① 单击【插入】选项卡，在【文本】组中单击【文本框】按钮，在下拉列表中选择【横排文本框】按钮 横排文本框(H)。在幻灯片右下方区域通过单击并拖动鼠标左键绘制文本框，并在文本框输入“增强体魄从这里开始！”字样。

② 设置文本格式。

选定要设置格式的文本并双击，切换至【绘图工具|格式】选项卡，单击【其他艺术字样式】按钮，在弹出的下拉菜单中选择“填充-白色，背景 1，金属棱台”样式。设置效果如图 5-27 所示。

图 5-27 文本框设置效果

8. 设置幻灯片背景

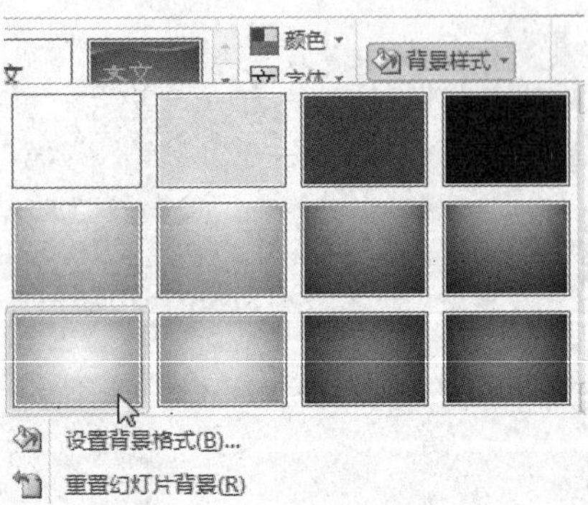

图 5-28 【背景样式】下拉列表

演示文稿的播放通常是投影在大的幕布上，白色的背景放大播放时较为刺眼，因此，需要为幻灯片添加一个深色背景以突出亮色的内容。

选定第一张幻灯片，切换至【设计】选项卡，在【背景】选项组中单击【背景样式】按钮，弹出图 5-28 所示的下拉菜单，选择“样式 9”并单击鼠标右键，在弹出的快捷菜单中选择【应用于所有幻灯片】命令，则所有幻灯片都应用同一背景样式。也可通过【背景】选项组右下方的启动按钮，在【设置背景格式】对话框中设置其他效果的背景样式。或选择【主题】选项组中 Office 自带的主题背景。

5.3.3　设置幻灯片的动画效果

1. 添加幻灯片切换效果

为了使幻灯片在播放过程中具有更强的视觉冲击和吸引力，幻灯片中除了包含文字、图片、音频、视频之外，还应为每张幻灯片设置相应的切换效果。

① 选定第一张幻灯片，切换至【切换】选项卡，在【切换到此幻灯片】选项组中单击图 5-29 所示的下拉菜单，在列表中选择“分割”切换效果，如图 5-29 所示。“效果选项”属性默认为“中央向左右展开”。在【计时】选项组中设置“声音”属性为“无声音”；“持续时间”属性为“1”秒，“换片方式”属性为“设置自动换片时间：00:03.00 秒”，如图 5-30 所示。

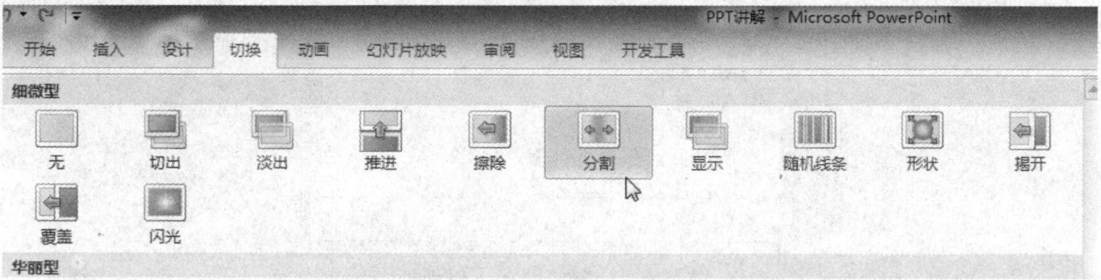

图 5-29 【切换】选项卡

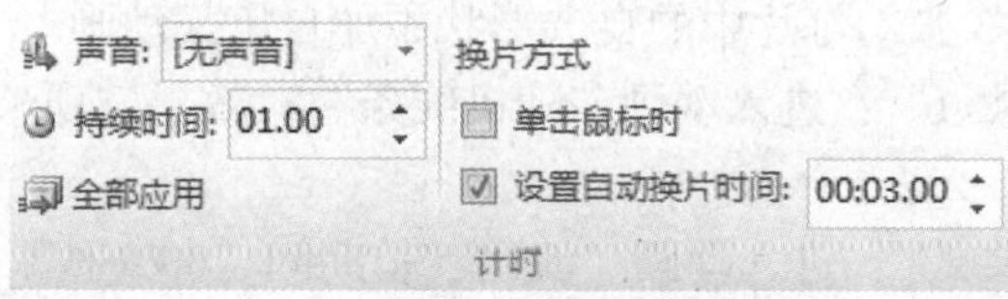

图 5-30 【计时】选项组

② 重复步骤①，设置其余 6 张幻灯片的切换效果依次为“摩天轮”“涟漪”“平移”“碎片”“涡流”“库”。设置第 2 张 - 第 5 张幻灯片的“换片方式”属性均与第一张相同，最后一张幻灯片的“换片方式”属性为“单击鼠标时”。

2. 添加自定义动画

PowerPoint 的自定义动画分为“进入”“强调”“退出”和“动作路径”四种类型。任何一张幻灯片中的对象都可以设置以上四种动画效果。根据该演示文稿中对象特征的不同，分别对文字和图片进行动画效果的设置。

（1）文字自定义动画（以第 2 张幻灯片中的文本文字为对象）

① 选中第 2 张幻灯片文本占位符中的文本，切换至【动画】选项卡。单击【高级动画】选项组的【添加动画】按钮，在弹出的下拉菜单中选择【进入】菜单的【随机线条】命令，即可为文本对象添加“进入”动画效果。同时，单击【动画窗格】按钮，在右侧打开的【动画窗格】中会显示添加的动画效果“1”，如图 5-31 所示。

图 5-31　动画窗格

提示

如果单击文本占位符或将光标放置在文本占位符内，则添加的“进入”动画效果会分别应用于文本占位符和文本文字。在右侧的【动画窗格】中会显示添加的动画效果“1”“2”。

如需设置两个动画同时播放，则单击动画效果“2”右侧的下拉按钮，在下拉列表中选择【效果选项】命令，弹出图 5-32 所示的对话框，单击【计时】选项卡，将【开始】设置为“与上一动画同时”。

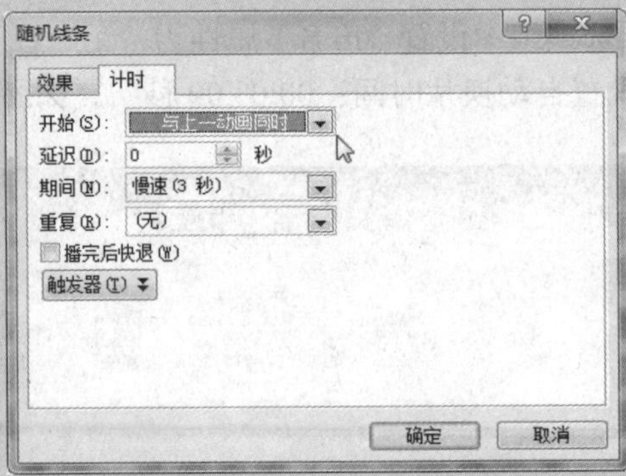

图 5-32 【随机线条】对话框

② 用同样的方法对第 3 张幻灯片中的自选形状添加自定义动画。

蓝色矩形为“动画效果 1”：进入动画“随机线条”；效果选项“水平”方向；期间（持续时间）“0.75 秒”。

斜向箭头为“动画效果 2”：进入动画“淡出”；期间“0.75 秒”；延迟“0.5 秒”。

绿色矩形为“动画效果 3”：进入动画“轮子”；效果选项“8 轮幅图案”；期间“1.5 秒”。

垂直箭头为“动画效果 4”：进入动画“浮入”；效果选项“下浮”；期间“1 秒”。

紫色矩形为“动画效果 5”：进入动画“随机线条”；效果选项“垂直”方向；期间“1.25 秒”。

技巧

给同一层级的形状添加自定义动画时，可先同时选中这些形状，再进行动画效果的设置。如此，同层级的形状可同时播放，不分先后顺序。

相关知识

关于 PowerPoint 中设置动画发生的开始条件“单击时”“与上一动画同时”“上一动画之后”，三者的区别是什么？

假设幻灯片中有三个对象 ABC（都有动画），动画顺序也依次为 ABC。

① ABC 设置默认为“单击”：表示每次单击将依次出现动画 ABC。

② A 为“单击”，BC 动画为“之后”：表示单击后 A 发生动画，结束后 B 发生动画，B 动画结束后，C 发生动画。

③ A 为“单击”，BC 动画为“同时”：表示单击后 A 发生动画时，BC 也同时发生动画。

简单地说，“单击”是要单击才出现动画，“同时”表示与上一动画同时出现，“之后”表示动画依次按序出现。

那么当 A 是“同时”或“之后”，是不是没有意义呢？

答案是否定的，有意义，因为有些背景有动画，“同时”表示与背景动画同时发生，“之后”表示在背景动画发生后 A 才开始出现动画。

（2）图片自定义动画（以第 5 张幻灯片中的图片为例）

在第 5 张幻灯片中，展示的是反映会所环境的四张图片，设计了四张图片依次从幻灯片左下方移至右上方，最终层叠展示的效果。要实现这种沿着预设轨迹运动的动画，需要使用“自定义动画”中的“动作路径”动画效果。具体操作步骤如下。

① 将四张图片移至幻灯片底部。

② 选中需要移动至最下层的图片，依次单击【高级动画】选项组中的“添加动画”→“其他动作路径”→“向右”。单击【确定】按钮之后，幻灯片上会出现一条水平向右的虚线，绿色箭头为起始位置，红色箭头为终止位置。通过虚线左右两端的调节柄，将虚线的起点和终点拖曳至图 5-33 所示的位置。

③ 重复步骤②，设置其余三张图片的动作路径。也可通过【高级动画】选项组的【动画刷】按钮 动画刷 复制动作路径，再通过调节柄调节起点和终点位置，如图 5-33 所示。

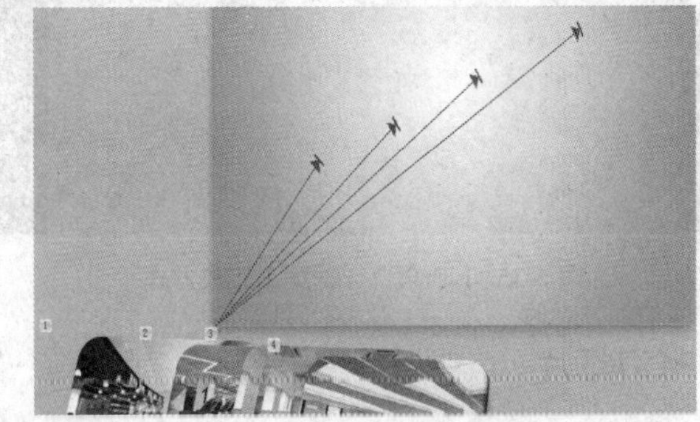

图 5-33 【自定义动画】设置效果

5.3.4 放映幻灯片

为了充分展示所制作的内容，需要将制作好的演示文稿进行放映，同时加以讲解就会显得内容更加充分，所以，必须根据需要选择合适的放映方式。

幻灯片放映方式的设置具体包括以下几个步骤。

（1）选择【幻灯片放映】选项卡，在【设置】选项组中单击【设置幻灯片放映】按钮，弹出【设置放映方式】对话框，如图 5-34 所示。

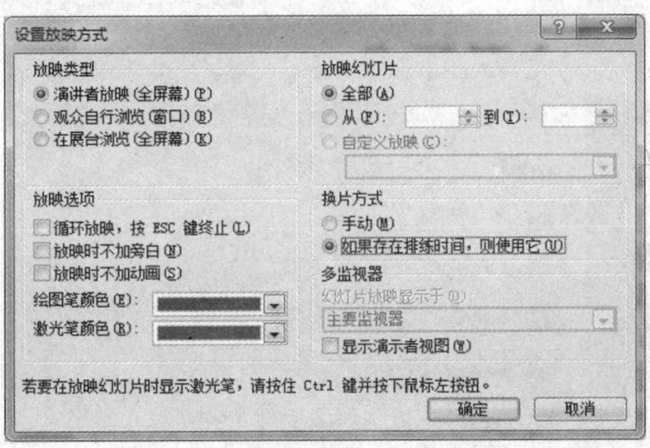

图 5-34 【设置放映方式】对话框

（2）在“放映类型”中选择【演讲者放映（全屏幕）】单选按钮，这样幻灯片就将按照全屏模式进行放映，从而更加有利于演讲者展示要宣传的内容。

相关知识

三种放映方式看似一样，实则各有不同，三者有何区别呢？

演讲者放映：全屏播放，单击鼠标右键选择“结束放映”或按 Esc 键均可结束播放。

观众自行浏览：播放时保留标题栏和工具栏，如图 5-35 所示，可拖动滚动条换片，单击鼠标右键选择“结束放映”或按 Esc 键均可结束播放。

在展台浏览：全屏播放，只能通过按 Esc 键结束播放。

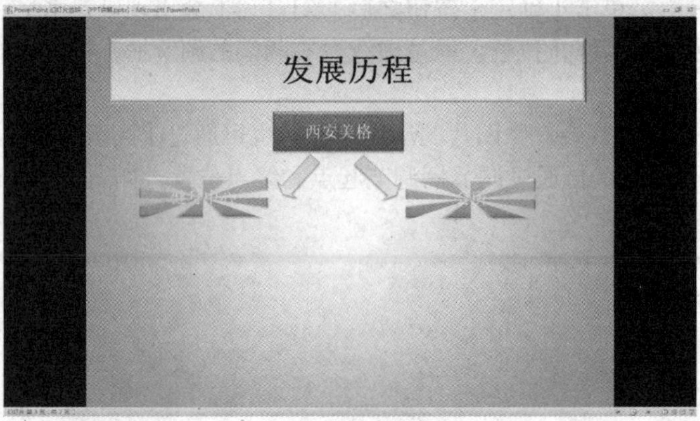

图 5-35 【观众自行浏览】放映方式

5.3.5 打包和发布幻灯片

为了能够将制作好的幻灯片通过其他计算机设备进行播放，可以将幻灯片打包到 CD 光盘或者本地硬盘。

（1）选择【文件】选项卡，进入图 5-36 所示的页面，选择【保存并发送】菜单下的【将演示文稿打包成 CD】命令，并在右侧界面中单击【打包成 CD】按钮。

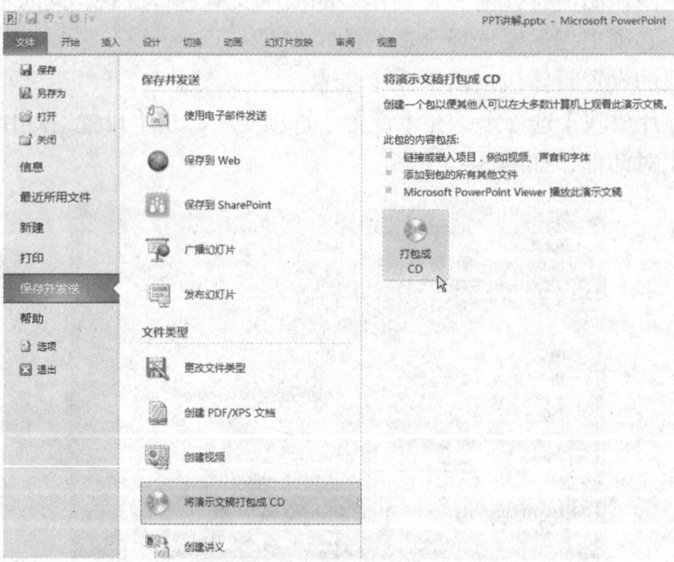

图 5-36 打包幻灯片

（2）在弹出的如图 5-37 所示的【打包成 CD】对话框中会默认包含所需要的各类型文件以及 PowerPoint 播放器。【将 CD 命名为】文本框中可将 CD 命名为自己需要的名称，如“美格健身俱乐部宣传幻灯片”，然后单击【复制到文件夹】按钮，在弹出的对话框中命名文件夹的名称并选择存储位置，从而将演示文稿及相关文件保存在本地磁盘上。如果计算机上有刻录光驱，可以通过单击【复制到 CD】按钮将所有文件刻录到 CD 光盘上。单击【选项】按钮，可以对字体、密码等进行设置。

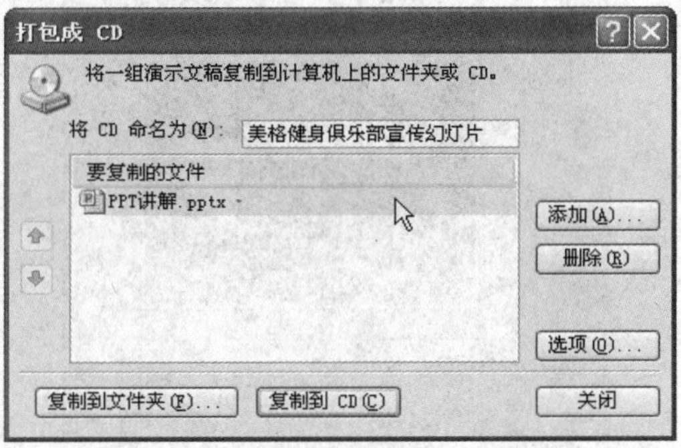

图 5-37 【打包成 CD】对话框

拓展实训

实训 “欢迎走进篮球世界”演示文稿的美化

小张是篮球教研室的一名教师，制作了一个以“欢迎走进篮球世界”为主题的演示文稿，用于篮球课的理论教学，但在播放过程中发现演示文稿缺乏生动性和统一性，现需要给幻灯片添加一些效果，如图 5-38 所示。要求如下。

图 5-38 “欢迎走进篮球世界”演示文稿效果图

1. 添加幻灯片母版（应用素材中的主题 1 和主题 2）

选中任意一张幻灯片，切换至【视图】选项卡，单击【母版视图】选项组下的【幻灯片母版】按钮，设置主母版背景为“主题 1”，版式母版背景为“主题 2”，如图 5-39 所示。

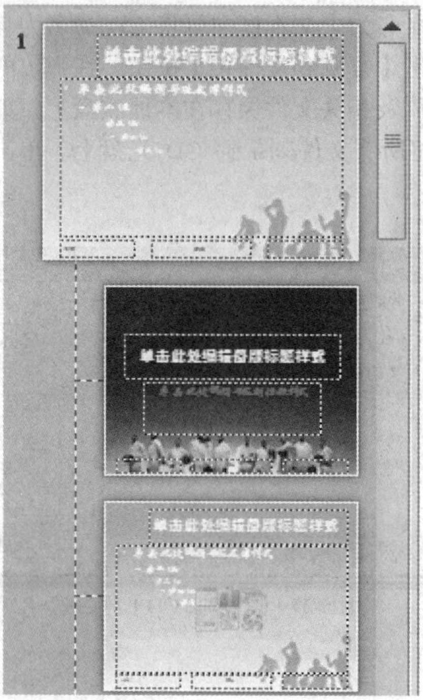

图 5-39　幻灯片母版设置

相关知识

幻灯片母版用来定义整个演示文稿的幻灯片页面格式，可统一整套幻灯片的风格，使其更加美观。对母版的更改将影响到每一张幻灯片。使用幻灯片母版可以避免在多张幻灯片上键入相同信息，因此大大节省了时间，对于包含大量幻灯片的演示文稿，幻灯片母版尤其有用。

技巧

母版和模板有何区别？主母版和版式母版有何区别？

相比较母版而言，模板更为大家所熟知，其实它们是相互交织在一起的，很多幻灯片模板都是利用母版设计出来的。模板最大的功能就是统一幻灯片或部分幻灯片的背景样式和整体风格，但无法批量修改幻灯片背景及上面的对象，如果要批量修改幻灯片的背景及上面的对象，必须利用母版才能实现。

“主母版”能控制所有“版式母版”，如要对所有幻灯片设置统一的内容、图片、背景和格式，可直接在“主母版”中设置，其他“版式母版”会自动与其保持一致。

2. 添加自定义路径动画（第 5 张幻灯片）

拖曳 4 张篮球图片至幻灯片左侧，依次设置篮球图片的【自定义路径】为“V”字形路径。第一组动画“位置”和“时间”同时出现，第二组动画“得分”和“人数”同时出现，两组动画依次按序出现。设置效果如图 5-40 所示。

添加自定义路径的方法如下。

选中要添加自定义路径的对象，单击【自定义路径】按钮，光标变成“十”字形。单击路径的起始位置，拖动鼠标至转折点单击，拖动鼠标至路径终点双击，退出路径绘制状态。

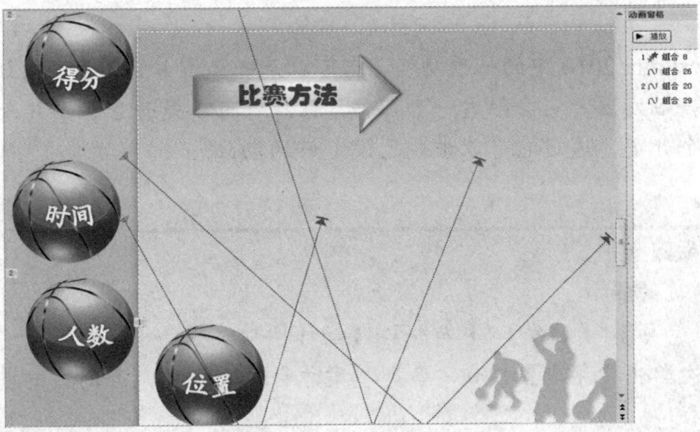

图 5-40 “比赛方法”幻灯片

3. 添加动作按钮和触发器（第 7 张幻灯片）

（1）添加动作按钮。将【形状】设置为“动作按钮—帮助”，【形状样式】设置为“细微效果—黑色”，放置于幻灯片右下角。

（2）添加自定义动画。设置 5 道题目及答案的自定义动画均为“淡出”，持续时间“0.5 秒”，5 道题目先同时出现，各题答案按序依次出现，同一题的答案同时出现，如图 5-41 所示。

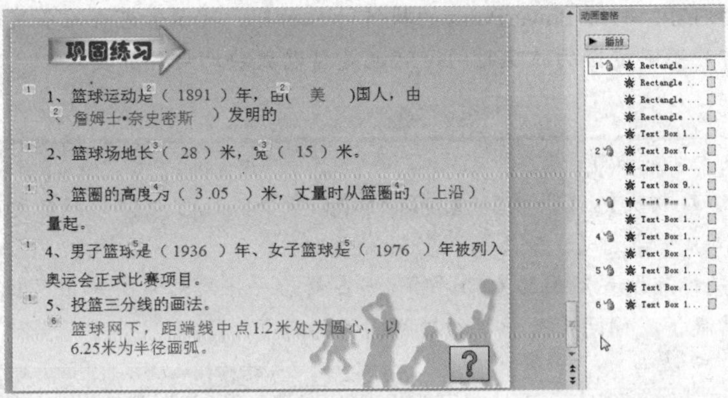

图 5-41 “巩固练习”幻灯片

（3）添加触发器，设置各题答案的动画效果发生的前提为单击动作按钮“帮助”，如图 5-42 所示。

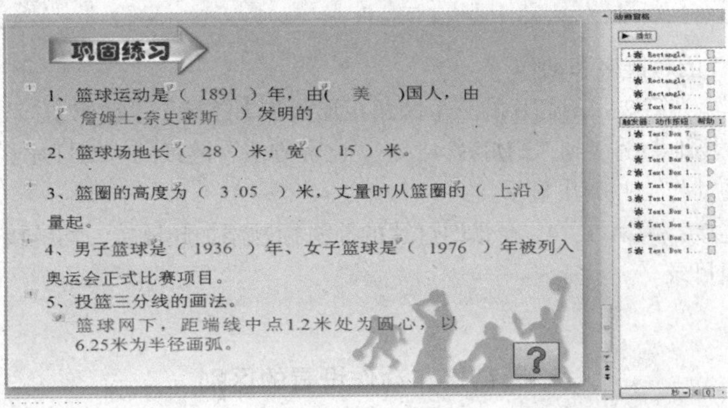

图 5-42 “触发器”设置效果

相关知识

触发器是 PowerPoint 2010 中的一项功能，它可以是一个图片、图形、按钮，甚至可以是一个段落或文本框，单击触发器时它会触发一个操作，该操作可以是声音、影片或动画。可以简单地将触发器理解为一个开关，通过它可以控制已设定好的动画。

提示

触发器的设置步骤如下。

① 选中所有题目的答案。

② 单击【高级动画】|【触发】|【单击】|【动作按钮：帮助 1】命令。

这样，只有多次单击【帮助】按钮，各题答案才会依次出现，否则答案将不会出现，直至幻灯片播放完毕。

4. 设置幻灯片的放映方式

设置幻灯片的放映方式为“排练计时”，则在【幻灯片浏览】视图下，每张幻灯片左下方都会显示播放时间。

相关知识

在放映每张幻灯片时，必须要有适当的时间供演示者充分表达自己的思想，以供观众领会该幻灯片所要表达的内容。利用 PowerPoint 的排练计时功能，演示者可在准备演示文稿的同时，通过排练为每张幻灯片确定适当的放映时间，这也是自动放映幻灯片的要求。

提示

排练计时的设置步骤如下。

① 单击【幻灯片放映】|【设置】|【排练计时】命令，此时幻灯片将自动启动幻灯片的放映程序，并出现图 5-43 所示的【录制】对话框开始计时。

② 通过单击鼠标来设置动画的出场时间，当在最后一张幻灯片中单击鼠标左键后，将弹出图 5-44 所示的提示信息框，询问是否保留幻灯片的排练时间。

图 5-43 【录制】对话框

图 5-44 【排练计时】提示框

5. 添加幻灯片的超链接和动作

（1）添加动作：为第 2 张幻灯片的三个圆角矩形添加【链接】|【动作】。“起源”链接到“下一张幻灯片”，“场地”链接到“幻灯片 4”，“比赛方法”链接到“幻灯片 6”，三个动作均设置为单击鼠标时的动作，并突出显示。

（2）添加超链接：为第 3、4、6 张幻灯片的箭头标题添加超链接，均链接到幻灯片 2，并添加屏幕提示“返回目录”。

相关知识

超链接和动作设置的区别

超链接和动作设置从功能上讲都是从一个幻灯片或对象跳转至另一个幻灯片、网页或文件。

但是还有较为明显的区别。

① 超链接可以设置“屏幕提示”，鼠标指向超链接时，“手”形指针的右下方会出现文字提示。

② 动作设置可以附加“播放声音”来强调动作，也可以通过“单击时突出显示”来强调超链接动作。

提示

为最后一张幻灯片的【帮助】按钮添加超链接至第一张幻灯片，则放映时单击此按钮，触发动作和超链接中优先级更高的会先发生。

任务 6

利用 Publisher 制作出版物
——制作运动会宣传册

企事业单位在日常办公中通常需要制作高品质印刷出版物或电子出版物，例如制作精美的广告宣传单、海报、晚会节目单、会议小册子、奖状等印刷出版物，同时随着互联网的飞速发展，还需要为网络用户制作电子邮件、新闻稿等。许多用户习惯用 Word 排版各种文档，但 Word 在版面元素控制方面与专业的排版软件还有一定的差距。另外，Word 文档不能输出为彩色印刷所需要的四色胶片，导致印刷的品质，尤其是颜色的精准度无法做到精确控制。而同属 Office 软件包的 Publisher 是一款入门级、易学易用的桌面数字出版应用软件，用户不需要具有图形设计经验，即可轻松设计制作小册子、新闻稿、明信片、贺卡以及电子邮件新闻稿等各种出版物。下面就利用 Publisher 2010 为一家公司制作一个“运动会宣传册”出版物。

公司“运动会宣传册”出版物的设计效果如图 6-1 和图 6-2 所示。

图 6-1　运动会宣传册正面效果图

图 6-2　运动会宣传册背面效果图

6.1 任务情境

为了强身健体，增强企业员工凝聚力，形成积极健康向上的企业文化，公司高层决定召开一次企业员工趣味运动会。公司小王负责本次运动会的宣传工作，小王计划设计并制作一个运动会宣传册，发送给公司所有员工及嘉宾，对运动会进行广泛宣传。假如你是小王，你该如何设计并制作这个运动会宣传册呢？

知识目标

- 熟悉 Publisher 2010 工作界面；
- 设置出版物的页面格式；
- 插入并设置图片、文本等元素；
- 插入并设置构建基块对象；
- 插入并设置常用业务信息；
- 设置配色方案、字体方案；
- 检查设计方案；
- 保存、共享、打印和发布出版物。

6.2 任务分析

运动会宣传册主要是向员工和嘉宾介绍运动会主题、举办时间、开展项目、主办单位、注意事项等信息，同时还可以借此传播积极向上的企业文化。宣传册设计力求做到图文并茂、条理清楚、重点突出、美观大方、印刷精美、方便携带。考虑到一部分员工在外地出差，宣传册还需要以电子邮件的形式发送给他们。

经过分析，完成运动会宣传册需要进行以下工作。

（1）启动 Publisher 2010，新建一个出版物；

（2）设置出版物纸张大小、页面、方向、背景、模块布局等；

（3）插入文字、图片等元素并设置格式；

（4）设置配色方案、字体方案；

（5）检查并修改设计过程中的错误；

（6）文件保存为专业印刷品格式和易于共享的格式；

（7）打印宣传册；

（8）将宣传册以电子邮件的形式发送。

6.3 任务实现：制作运动会宣传册

6.3.1 创建出版物

Publisher 的启动与退出与 Word 操作方法类似，启动后与 Word 不同的是系统不会自动新建一个空白文档，而是进入新建出版物界面，如图 6-3 所示。选择创建出版物方式之后会进入 Publisher 2010 工作界面，系统会自动创建一个名为“出版物 1”的空白出版物。图 6-4 所示为选择“空白 A4（横向）”模板后进入的工作界面。

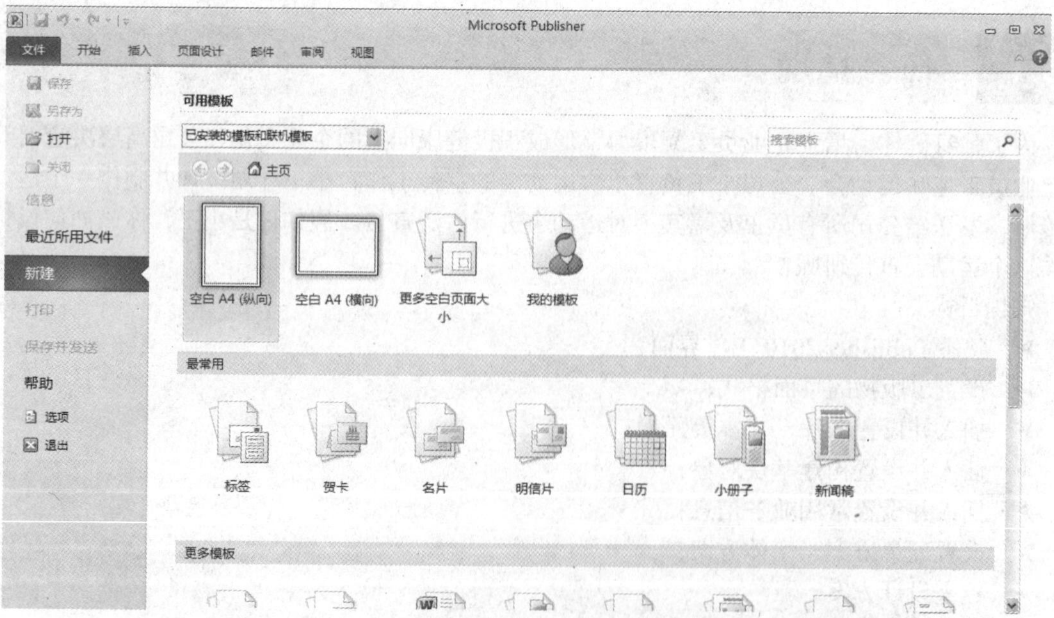

图 6-3　Publisher 2010 新建出版物界面

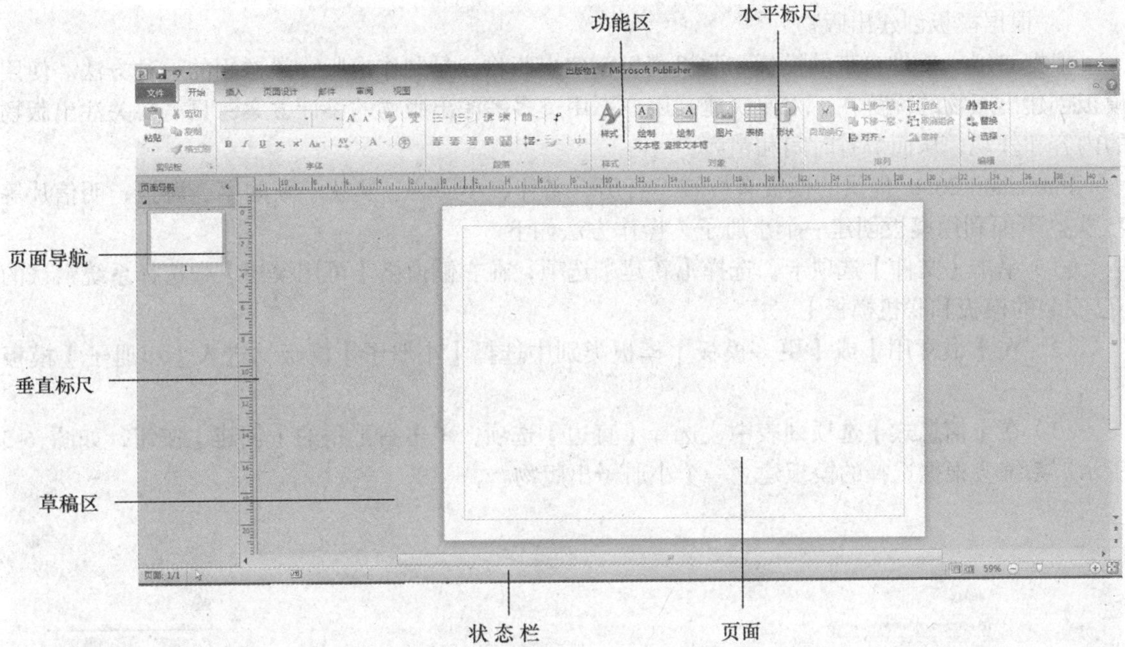

图 6-4　Publisher 2010 工作界面

提示

在 Publisher 2010 中，创建出版物有三种方法：第一种是根据 Office 软件自带的模板创建所需的出版物；第二种是创建空白的出版物，然后根据需要添加文本、图片等页面元素；第三种是通过下载商业用户和其他 Publisher 用户创建的联机模板或自定义模板创建出版物。

相关知识

Publisher 2010 允许用户直接访问并使用 Office.com 网站上不断增多的模板库，用户还可以使用企业和 Publisher 用户社区设计的众多自定义模板库，也可以将自己创建的模板与 Publisher 用户社区共享。

Publisher 2010 工作界面与 Word 2010 大体相似，包括标题栏、快速访问工具栏、选项卡、功能区等，下面简要介绍与 Word 2010 操作界面不同的页面、页面导航、草稿区、垂直标尺、水平标尺等部分的作用。

页面区域是 Publisher 2010 工作界面中最重要也是面积最大的区域，可以根据设计需要添加文字、图片和其他元素。当出版物具有多个页面时，单击工作区左侧的“页面导航”窗格中的页面图标可实现页面之间切换，也可按【Ctrl+PageUp】和【Ctrl+PageDown】组合键进行切换。页面周围的灰色区域称为“草稿区”，草稿区在出版物中的所有页面显示相同。如果在查看某个页面时将一个对象放入草稿区，可以在查看出版物中的其他页面时查看和访问该对象，这使草稿区成为一个很有用的区域，可以保存不希望删除却又不能立即使用的对象。例如，如果希望将某页上的一个图片移动到另一个页面上时，可以先将图片移入草稿区，当切换至需要插入该图片的页面时，将图片从草稿区直接拖至页面区域即可。使用垂直和水平标尺可以在页面上精确地对齐对象。移动鼠标或拖动对象时，两个标尺中会出现当前鼠标位置的标记，同时状态栏也会显示鼠标的精确位置。

1. 根据模板创建出版物

根据 Office 软件自带的模板和联机模板创建出版物，是制作出版物最常用的一种方法。使用模板创建出版物的优势在于方便快捷，用户不用过多考虑出版物的设计方案，只需要关注出版物的内容和外观，从而节省时间和精力。

Publisher 2010 提供的模板有标签、日历、名片、小册子、奖状、新闻稿、海报、明信片等 25 类。下面利用模板创建一个小册子，操作方法如下。

（1）单击【文件】选项卡，选择【新建】选项，在右侧窗格【可用模板】中选择系统默认的【已安装的模板和联机模板】。

（2）在【最常用】或【更多模板】模板类别中选择【小册子】模板，进入【小册子】模板页面。

（3）在【信息式】选项列表中，选择【直边】选项，单击右下角的【创建】按钮，如图 6-5 所示。系统会根据选择的模板建立一个小册子出版物。

图 6-5　利用模板创建小册子

（4）单击示例文字，按【Delete】键将其删除，然后键入新的文字。

（5）根据需要插入、替换或删除图片、艺术字等，方法与 Word 类似。

（6）设置文字、图片、艺术字等元素的格式，方法与 Word 类似。

如图 6-6 和图 6-7 所示，一个美观大方的小册子就基本设计完成了。

提示

如果选择联机模板，则需要单击【下载】按钮，在联网的状态下，系统自动从 Office.com 网站中下载模板以供使用。

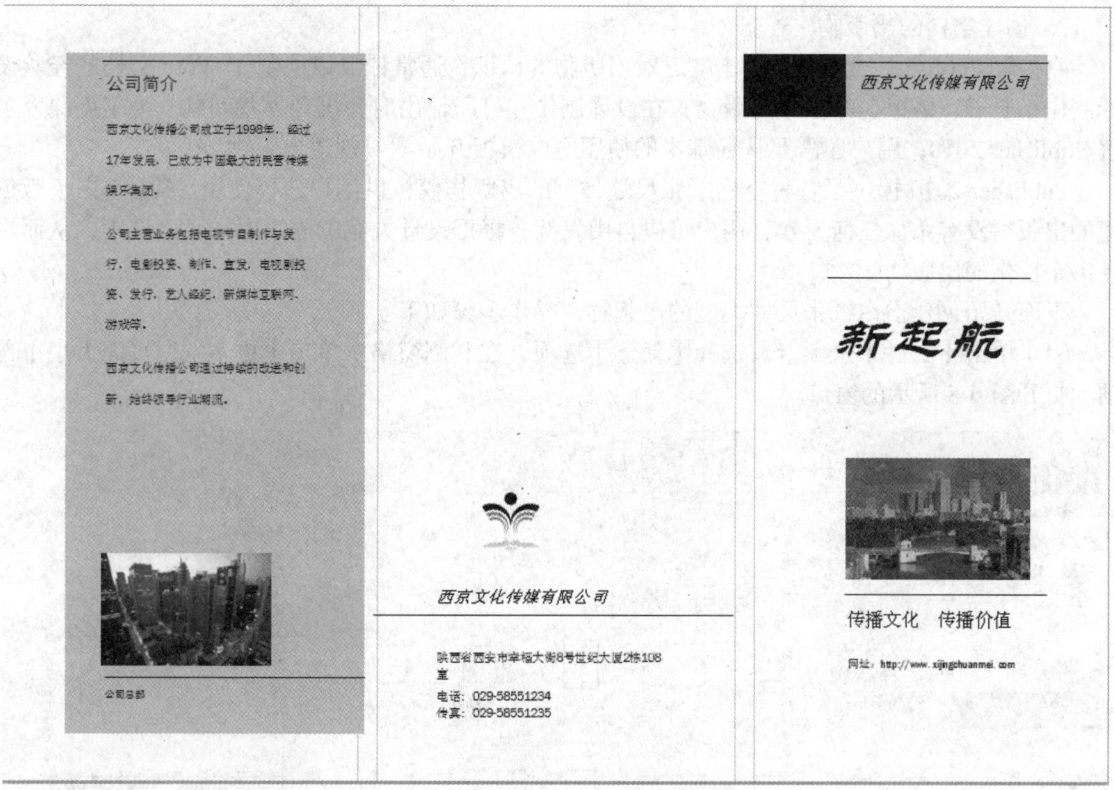

图 6-6　利用模板生成的小册子正面

图 6-7　利用模板生成小册子反面

2. 创建空白的出版物

刚接触 Publisher 的用户，由于缺乏对出版物的认识，通常依靠以往制作 Word 文档的经验设计制作小册子、请柬、海报等出版物，在设计制作和打印输出时会出现一些问题。为了更深入了解 Publisher 2010，用户还需要从最基本的使用空白模板开始学习创建出版物。

Publisher 2010 提供了各种空白纸张尺寸类型的出版物模板供用户选择使用，根据空白模版创建的出版物没有添加任何元素，用户可以自由发挥，根据设计方案的需求添加页面元素，从而设计出个性化的出版物。

下面开始创建空白纸张尺寸类型的出版物，操作步骤如下。

（1）单击【文件】选项卡，选择【新建】选项，在右侧窗格中单击【更多空白页面大小】选项。打开图 6-8 所示的窗口。

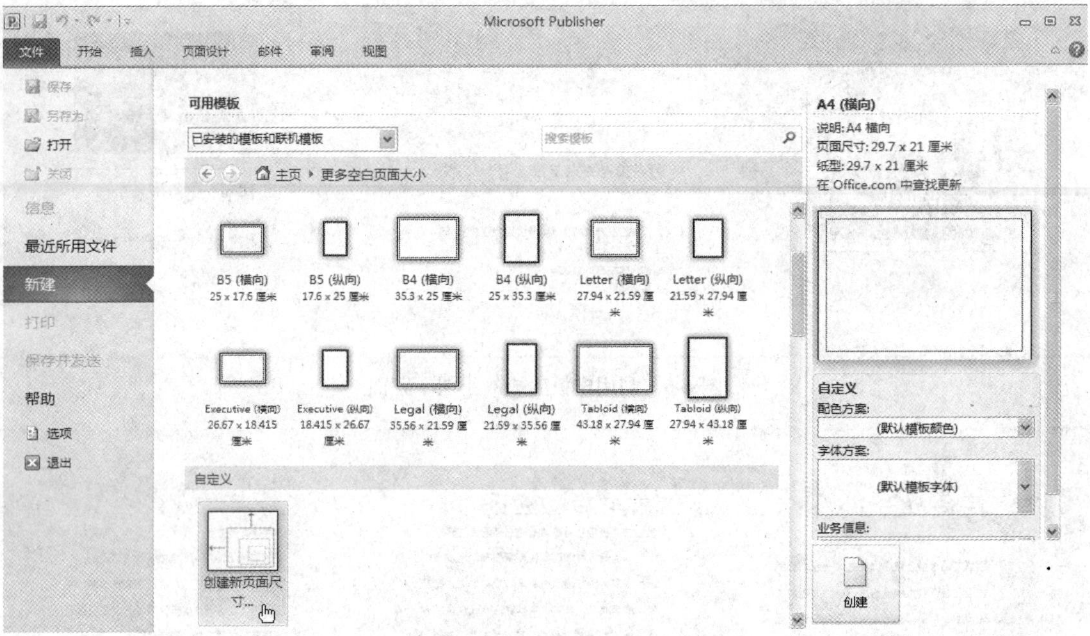

图 6-8　根据空白模板创建出版物

（2）在【自定义】选项列表中单击【创建新页面尺寸…】选项。显示图 6-9 所示的【新建页面尺寸】对话框。

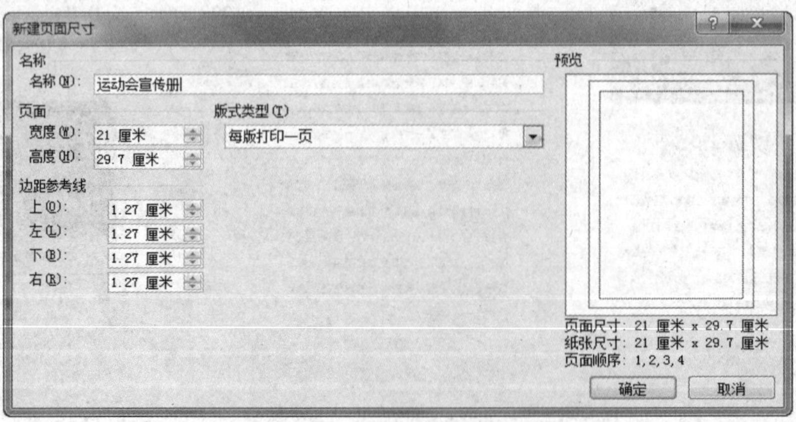

图 6-9 【新建页面尺寸】对话框

（3）在【名称】文本框中输入“运动会宣传册”，设置页面高度为 20 厘米，宽度为 30 厘米，【版式类型】下拉列表选择“每版打印一页”，【边距参考线】均为 1.27 厘米。

提示

如果页面设置中的度量单位默认为磅、像素等，需要将单位更改为厘米，方法是：在【文件】选项卡中单击【选项】，打开【Publisher 选项】对话框，在左侧窗口单击【高级】，将右侧窗口中【度量单位】更改为【厘米】即可。

在 Publisher 2010 中，可将出版物设置为多种版式类型，如“每版打印一页”“小册子”“电子邮件”“信封”“折叠式卡片”“每版打印多页”“网页”等，用户可根据出版物的具体需求进行选择。

（4）单击【新建页面尺寸】对话框右下角的【确定】按钮，在可用模板中即可添加“运动会宣传册”自定义模板选项，如图 6-10 所示。

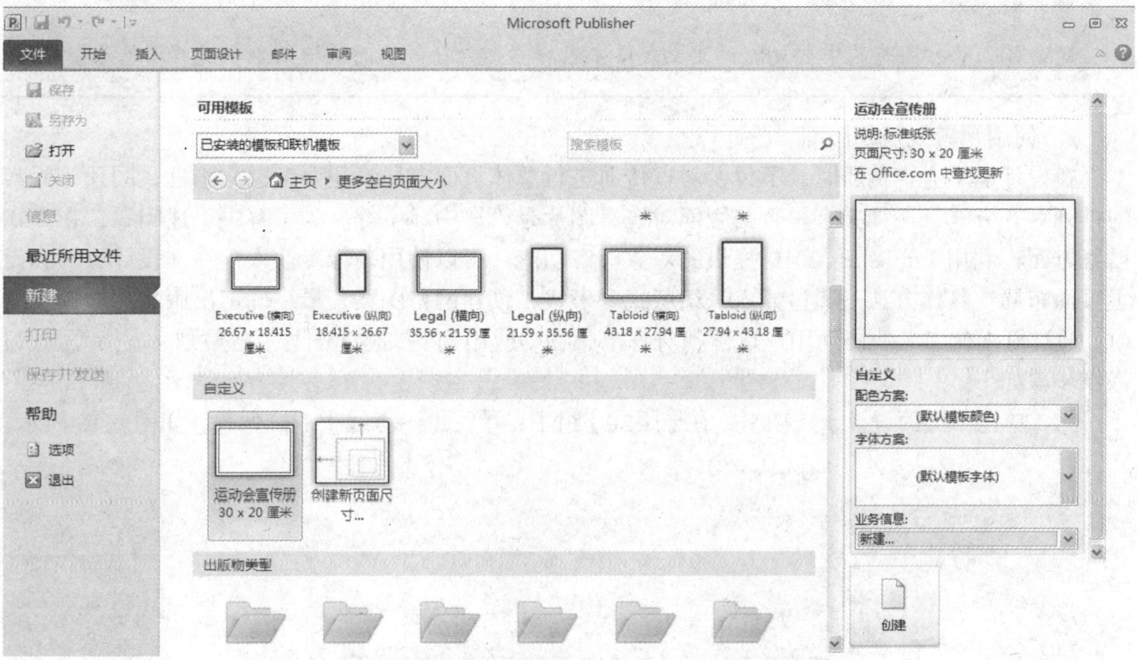

图 6-10　选择自定义的纸张尺寸

（5）选择“运动会宣传册”选项，单击右侧窗口中的【创建】按钮，系统将创建一个具有自定义尺寸的空白出版物。

6.3.2　出版物页面布局

1. 增加页面

运动会宣传册计划设计为两个页面，打印在一张纸的正反两面。Publisher 文件默认是 1 个页面，由于 Publisher 不像 Word 那样随着内容的增加自动添加页面，因此需要手动插入页面，操作步骤如下。

（1）切换至【插入】选项卡，单击【页面】按钮中向下的小箭头，弹出图 6-11 所示的下拉列表，选择【插入页】命令，打开【插入页面】对话框，如图 6-12 所示。

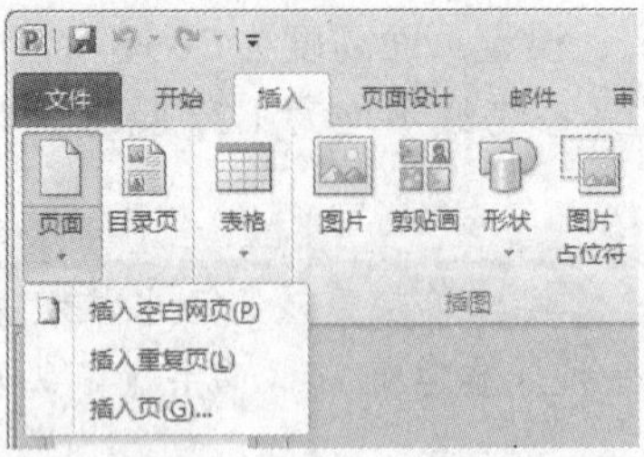

图 6-11　插入页面选项

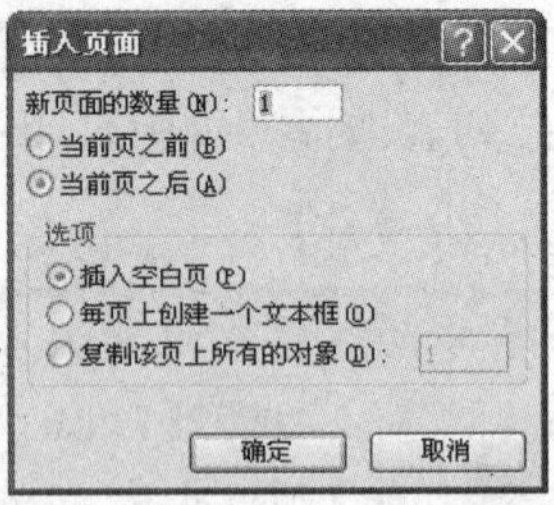

图 6-12 【插入页面】对话框

（2）在【插入页面】对话框中，在【新页面的数量】文本框中输入“1”，【选项】设置为“插入空白页”，单击【确定】按钮，新页面即可插入成功。

提示

如果是增加一个页面，也可以单击【插入】选项卡【页面】按钮中向下的小箭头，在弹出的下拉列表中选择【插入空白网页】命令；如果新插入的页面和前一个页面完全相同，则选择【插入重复页】命令。

删除页面的方法是选中要删除的页面，单击鼠标右键，在弹出的快捷菜单中选择【删除】命令。

2. 使用参考线规划版面

在设计运动会宣传册时，不仅要对宣传册进行总体页面布局，还要考虑文本框、图片等元素的排列对齐方式，例如文字是否与版面对齐，图片是否居中显示等。为了解决上述问题，在版式设置方面，利用 Publisher 2010 提供的对象对齐功能，可以使用户像专业人士一样设计页面和设置页面布局。具体方法是通过插入一组版式参考线，创建网格图案，最终确定出版物的布局。同时，通过可视化参考线协助用户定位和对齐出版物中应用到的文本、图片、剪贴画、表格等元素，操作步骤如下。

（1）单击【页面设计】选项卡，在【版式】组中，单击【参考线】下拉列表，如图 6-13 所示。

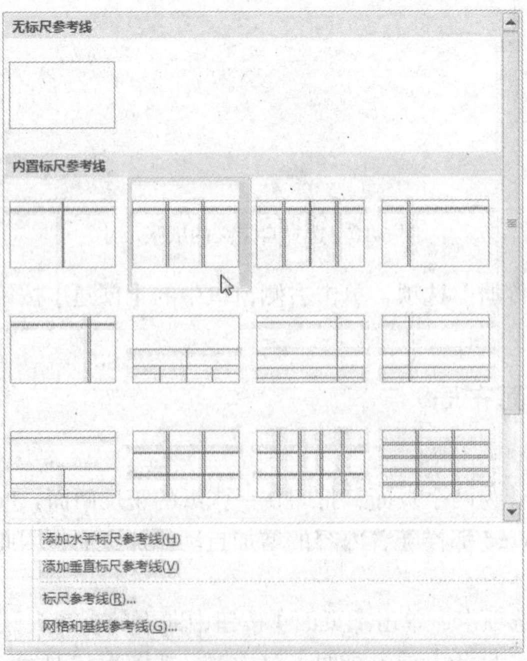

图 6-13　设置参考线

（2）单击【内置标尺参考线】组中的【带标题的 3 列】选项，页面即出现预设的辅助线。

（3）在【页面设计】选项卡中，单击【版式】组中的【参考线】下拉列表，选择【添加水平标尺参考线】命令，添加一条水平标尺参考线。也可以将鼠标放置在水平标尺附近，等鼠标箭头变成⇕时，按住鼠标左键向下拖动至合适的位置，松开鼠标后也可以增加一条新的水平线。

（4）将鼠标放在辅助线附近，等鼠标箭头变成⇕或者⇹形状时，可以上下或左右调整辅助线的位置。

技巧

为了使页面元素能够快速与参考线对齐，选中【版式】组中的【参考线】、【对象】复选框。这样，在拖曳文本框、图片等页面元素至参考线附近时，页面元素会自动与参考线对齐。

3. 设置页面背景

页面背景是版面的重要组成部分，在 Publisher 中，页面的背景可以单独设置，也可以统一设置，保持同一种风格。

设置单独的页面背景，操作比较简单。首先在【页面导航】中选择页面，接着在【页面设计】选项卡的【页面背景】组中，单击【背景】按钮，弹出【背景】下拉列表，选择合适的背景即可，如图 6-14 所示。

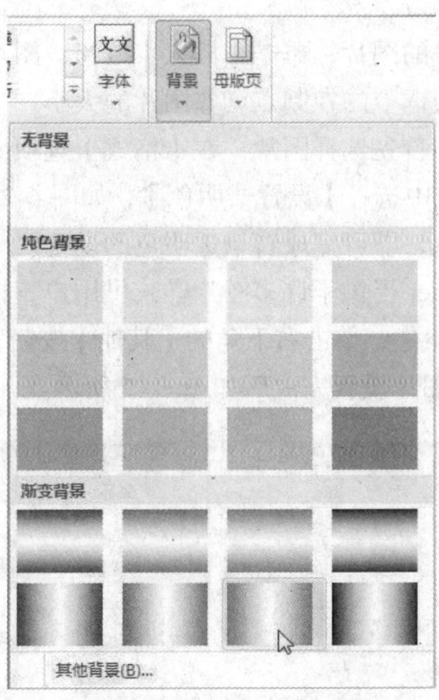

图 6-14 【背景】下拉列表

提示

如果出版物的页面比较多，逐页设置比较麻烦，此时可以通过母版进行批量设置，操作步骤如下。

（1）在【页面设计】选项卡的【页面背景】组中，单击【母版页】按钮，在弹出的下拉列表中，选择【编辑母版页】选项。

（2）进入母版编辑状态，再次单击【页面设计】选项卡，在【页面背景】组中，单击【背景】按钮，在弹出的下拉列表中选择合适的背景。

（3）设置完成后，切换至【母版页】选项卡，单击【关闭母版页】按钮，即可退出母版页编辑状态。此时，所有应用该母版页的页面背景都随之发生了改变。

修改母版后，有时会碰到部分页面没有随着母版的改变而改变的情况，一般是以下两种原因。

（1）该页面单独设置了背景。解决的办法是在【页面导航】区域选择页面，在【页面设计】选项卡的【页面背景】中，单击【背景】按钮，弹出【背景】下拉列表，选择【无背景】选项。

（2）该页面使用了其他母版。首先选择页面，接着在【页面设计】选项卡的【页面背景】组中，单击【母版页】按钮，查看并选择应用新的母版页。

6.3.3 插入基本元素

1. 插入图片

制作运动会宣传册，图片是必不可少的组成元素之一。在 Publisher 中插入和设置图片格式的方法和 Word 类似，操作步骤如下。

（1）选择页面，在【插入】选项卡的【插图】组中，单击【图片】按钮，弹出【插入图片】对话框。

（2）选择计算机本地磁盘中的图片，单击【插入】按钮，图片即可插入到出版物。拖曳图片至合适的位置，同时拖动图片边框上的控制点调整图片的大小。

（3）设置图片背景透明色。首先选择图片，在【格式】选项卡的【调整】组中，单击【重新着色】按钮，在弹出的下拉列表中选择【设置透明色】，如图 6-15 所示。这时，鼠标变为吸管的形状，用鼠标单击图片的背景色，即可完成背景透明色的设置。

（4）设置图片样式。Publisher 提供了许多图片样式供用户直接套用，首先需要选择图片，在【格式】选项卡的【图片样式】组中，单击右下角的【其他】按钮，弹出下拉列表，选择合适的图片样式即可，如图 6-16 所示。图片设置完成后如图 6-17 所示。

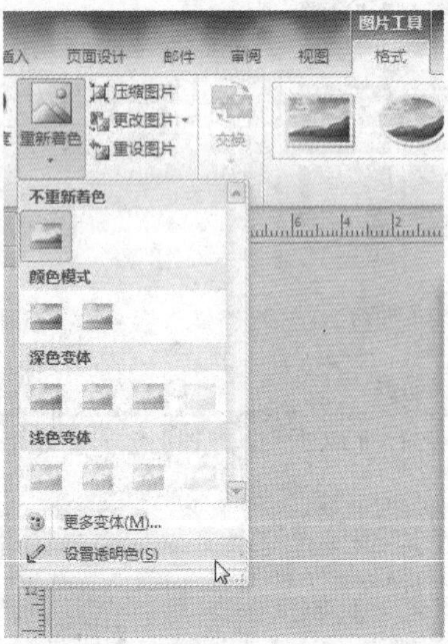

图 6-15 设置图片的透明色

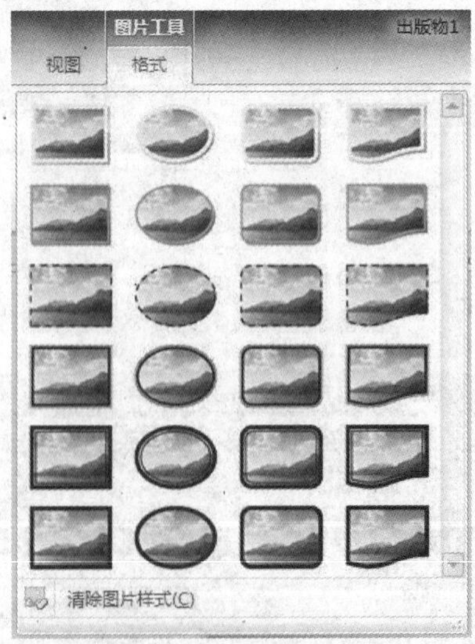

图 6-16 图片样式列表

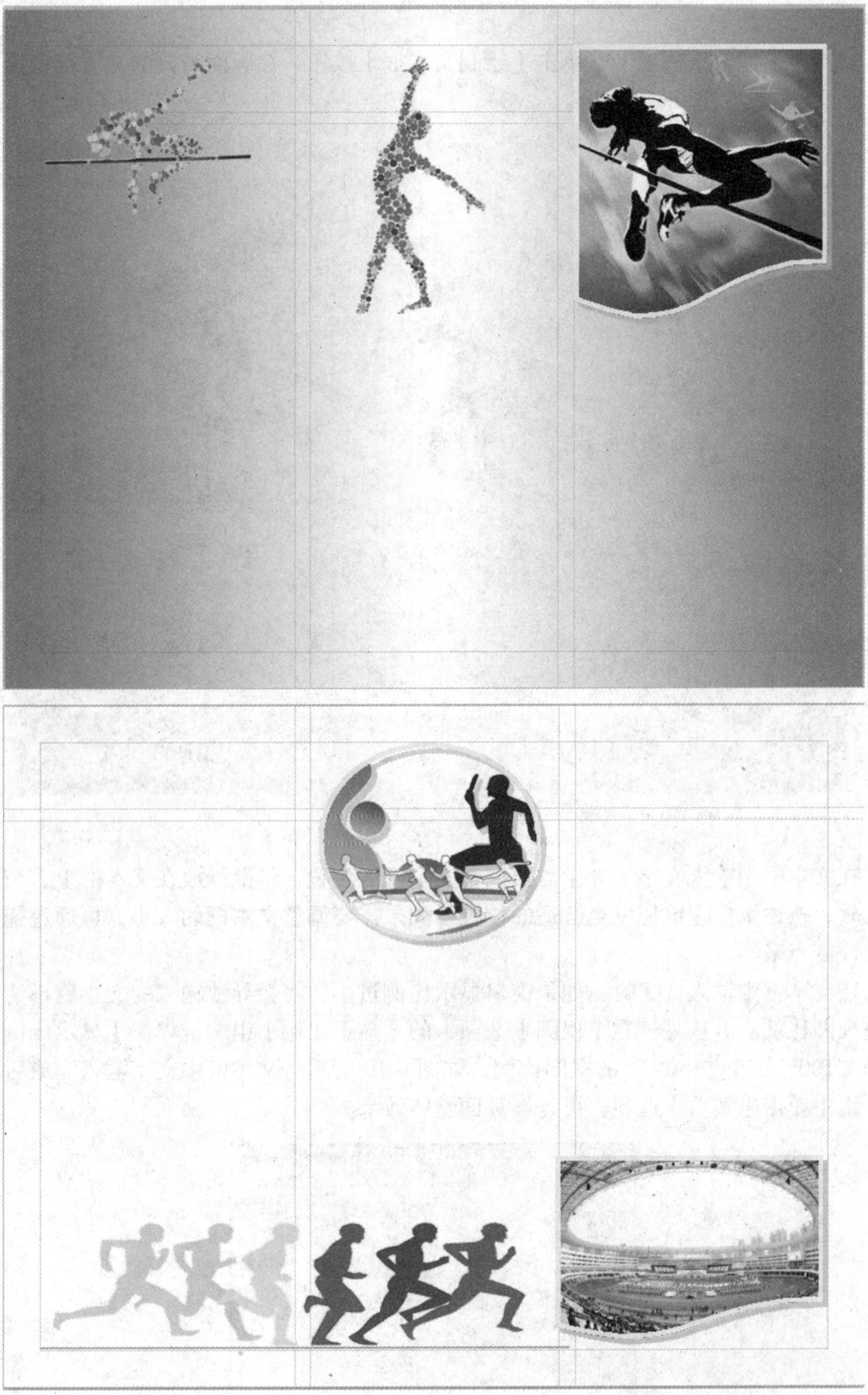

图 6-17　插入图片后的效果图

2. 插入文本框

和 Word 不同的是，在 Publisher 中不能在空白页面上直接输入文字。当需要输入文字时，必须首先插入文本框，然后在文本框中输入文字，最后移动并调整文本框大小，将文字放置在适当的位置，操作步骤如下。

（1）切换至【插入】选项卡，单击【绘制文本框】按钮，在版面需要的地方拖曳鼠标，即可绘制出一个文本框，如图 6-18 所示。

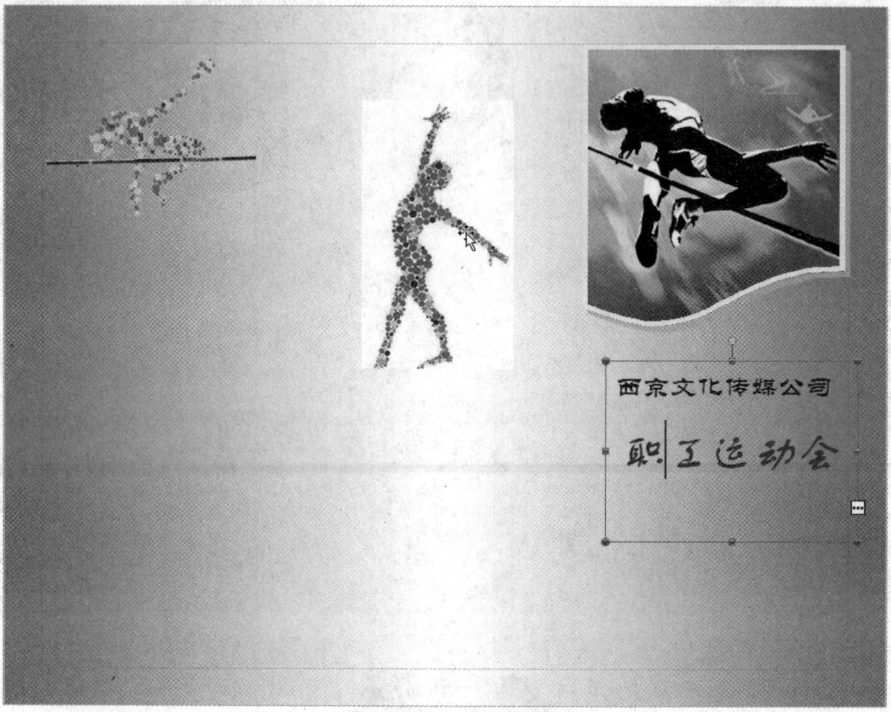

图 6-18　插入文本框

（2）在文本框中输入文字。如果需要调整文本框的位置，将鼠标放在文本框上，当鼠标变为四向箭头时，按住鼠标左键拖曳至合适的位置。如果需要调整文本框的大小，可通过拖曳文本框边框上的控制点来实现。

（3）在文本框中输入文字时，如果窗口显示比例过小，将会导致输入的文本看不清楚，此时可以调整视图比例。方法是：在【视图】选项卡的【显示比例】组中，单击【显示比例】下拉列表，选择“100%”或“150%”的视图比例，如图 6-19 所示。文本框中文字输入完成后，在【显示比例】组中单击【整页】选项，可查看页面整体效果。

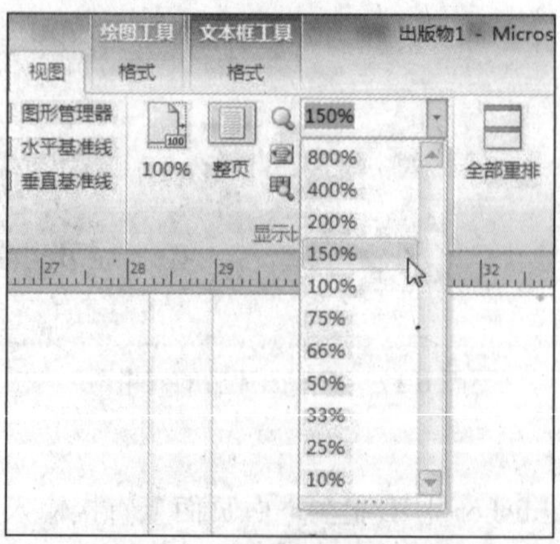

图 6-19　调整视图比例

技巧

在 Publisher 2010 中，按 F9 键可以在当前视图和 100%视图之间切换，操作起来更加方便快捷。

（4）设置文字的字体、字号以及颜色等，设置效果如图 6-18 所示。文字格式的设置和 Word 类似，在【开始】选项卡的【字体】组中进行设置，在此不再赘述。

提示

如果输入的文本超过了文本框的大小，会出现【溢出文字】图标，切换至【文本框工具】|【格式】选项卡，单击【文本调整】，在弹出的下拉列表中选择【溢出时缩排文字】或【增大文本框至合适大小】选项调整，使溢出区没有文字，如图 6-20 所示。

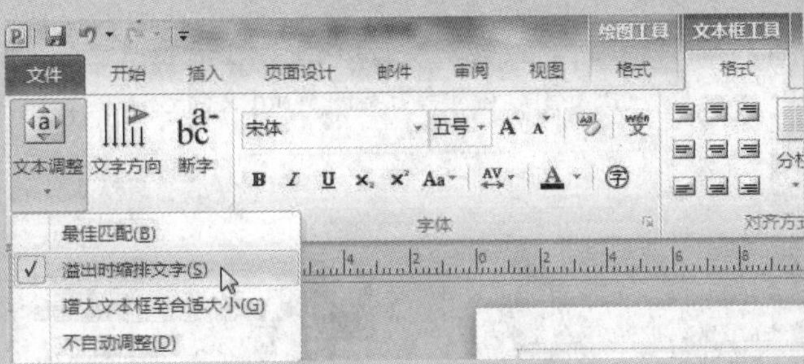

图 6-20 文本调整

3. 串接文本

Publisher 2010 文本框中的文字可以独立显示，也可以在文本框之间实现串接。

运动会宣传册的第二个页面中需要插入三个文本框，左、中、右各一个，文本框之间需要连续排文。文字稿已提前准备好，将文本复制到左侧第一个文本框中，文本框里输入的内容大大超出能够容纳的范围，那该怎么办呢？可以继续在第二个文本框中输入或复制剩余的文字。不过，如果前一个文本框中的文字有变动，需要增删文字呢？必须随之手工调整下一个文本框中的文字，非常麻烦。Publisher 针对上述问题，提供了串接文本功能，将相关的文本框之间设置为链接关系，实现前一个文本框内剩余的内容自动串接到下一个文本框。实现链接的文本框可以处于同一页，也可以是跨页，甚至是相隔较远的页面。实现串接文本的步骤如下。

（1）打开 Word 文档，如图 6-21 所示。选择文本，按【Ctrl+C】组合键复制运动会主题、项目设置、召开时间等文字信息。

（2）切换至 Publisher 界面，在页面导航中选择第二个页面，在页面左侧空白的区域绘制一个文本框，按【Ctrl+V】组合键粘贴文本。文本框右侧出现图标，说明当前文本框文字溢出。

（3）再绘制一个文本框，单击第一个文本框的图标，此时鼠标变为水杯状，将鼠标移至新建的文本框，此时鼠标变为倾斜的水杯状。

（4）单击鼠标，第一个文本框中多余的文字即可自动显示在第二个文本框。此时第二个文本框也存在文本溢出现象，重复第三步操作。

（5）中间的文本框左右边框出现和图标，显示文本框之间已经形成了链接关系，通过单击文本框边框上的和图标，可在链接的文本框之间切换，如图 6-22 所示。

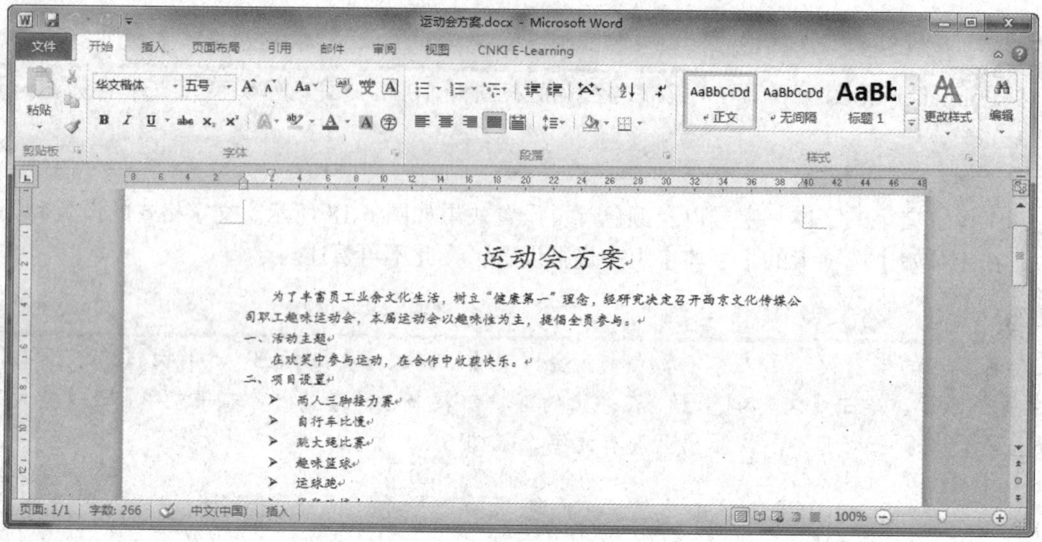

图 6-21　运动会方案的 Word 文档

图 6-22　串接文本

提示

如果需要取消文本框之间的链接，首先选择第一个文本框，在【文本框工具】|【格式】选项卡的【正在链接】组中，单击【分隔符】按钮，即可断开该文本框与后续文本框之间的链接关系。

（6）切换至【开始】选项卡，对文本框中的文字和段落进行排版，设置后的效果如图 6-23 所示。设置方式和 Word 类似，不再赘述。

图 6-23 文字排版后效果图

6.3.4 插入构建基块对象

在制作出版物时，用户都希望设计出美观的版面，如果觉得利用文本框制作的标题或者提要栏有点单调，这时可以直接插入 Publisher 2010 提供的标题、提要栏、日历、边框、强调线、广告等构建基块对象，快速制作具有设计感、美观大方的出版物。在制作运动会宣传栏时，用户主要插入了广告和提要栏构建基块对象。

1. 插入广告构建基块对象

（1）选择第一张页面，在【插入】选项卡中，单击【构建基块】组的【广告】选项，在弹出的下拉列表中选择【醒目区】组的“V 形”广告，如图 6-24 所示。页面中即增加了一个广告条。

（2）拖动四周的控制点调整广告条的大小。单击广告条中的文字，删除原有文字，修改为“6 月 6 日敬请期待”。

（3）选择广告条，在【绘图框工具】|【格式】选项卡的【形状样式】组中，单击【水平渐变-强调文字颜色 2】样式选项，进一步美化广告条，效果如图 6-25 所示。

图 6-24 插入广告构建基块对象

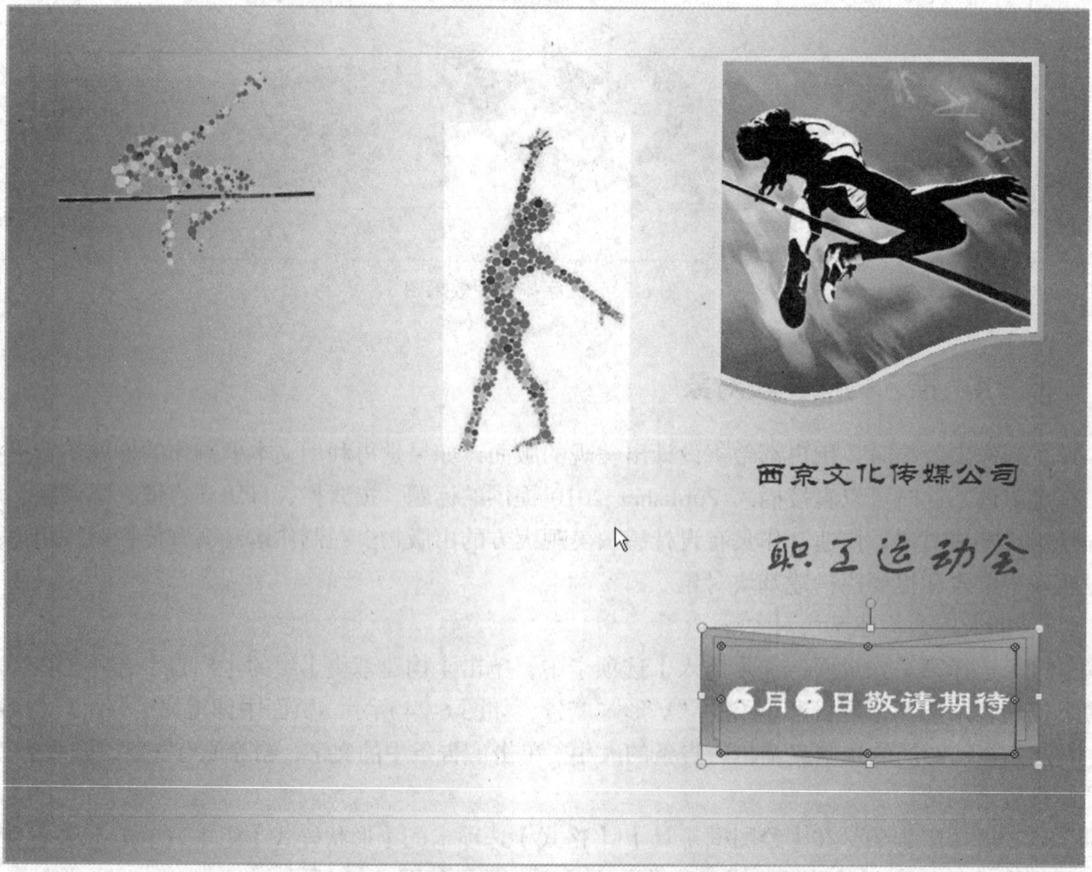

图 6-25 插入广告构建基块对象效果

2. 插入页面部件

（1）选择第一张页面，单击【插入】选项卡，在【构建基块】组中单击【页面部件】选项，弹出下拉列表，在【提要栏】组中选择【单色（版式 3）】样式，如图 6-26 所示。

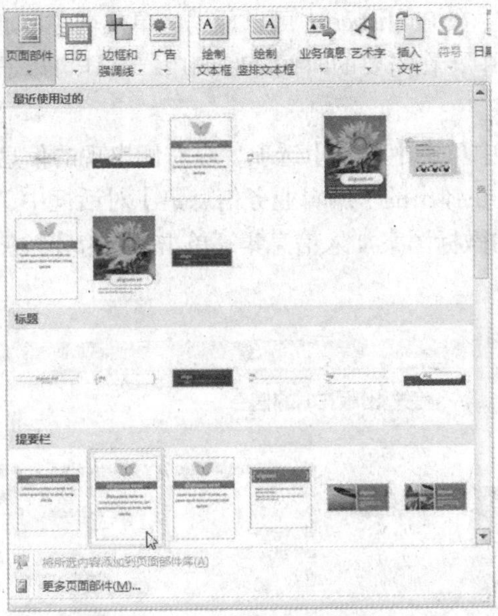

图 6-26　插入提要栏构建基块对象

（2）选择刚刚插入的提要栏，当鼠标变成四向箭头的时候，将提要栏拖放到适当的位置，并拖动四周的控制点将提要栏调整为合适的大小。

（3）删除提要栏中的文字，在标题和正文文本框中输入报名联系信息。选中图片，切换至【图片工具】|【格式】选项卡，在【调整】组中，单击【更改图片】选项，将图片替换为企业的徽标图片，如图 6-27 所示。

图 6-27　插入提要栏构建基块对象效果图

6.3.5 插入常用业务信息

企事业单位设计各类出版物时，通常都需要插入公司的业务信息，如单位名称、通信地址、联系电话、企业徽标等信息。在 Publisher 中可以预先将单位名称、通信地址、联系电话、企业徽标等信息输入到业务信息集中，在需要的时候随时调用，这样可以避免重复输入，省时省力。操作步骤如下。

（1）在【文件】选项卡中单击【信息】选项，在右侧出现的信息视图中，单击【编辑业务信息】按钮，如图 6-28 所示。在弹出的【编辑业务信息集】对话框中，输入公司的常用信息，单击【添加徽标】按钮，将公司的徽标图案加入信息集，单击【保存】按钮，完成业务信息的设置，如图 6-29 所示。

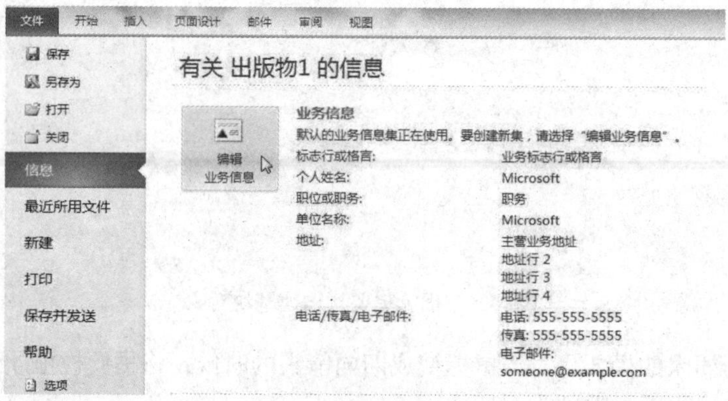

图 6-28　单击【编辑业务信息】按钮

图 6-29　【编辑业务信息集】对话框

（2）在弹出的【业务信息】对话框中，核对无误后单击【关闭】按钮，如图 6-30 所示。如果之前已添加过业务信息，单击【更新出版物】按钮可更新页面中已有的业务信息。

（3）在页面导航窗口中，选择第一张页面，在【插入】选项卡中，单击【业务信息】按钮，选择【门户】样式，如图 6-31 所示。

图 6-30 【业务信息】对话框

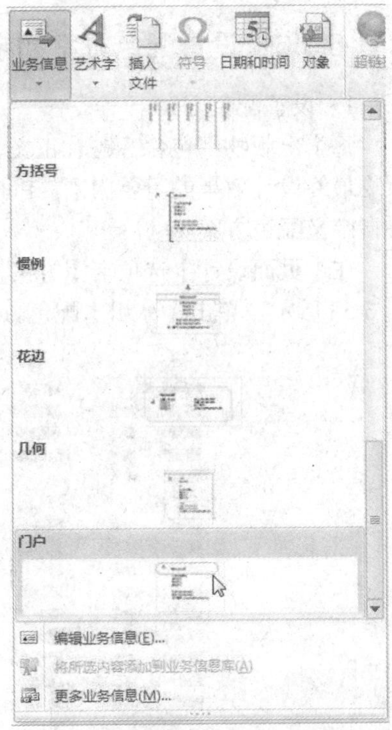

图 6-31 插入业务信息

（4）业务信息已经插入到页面，拖曳业务信息到合适的位置并调整大小，如图 6-32 所示。

图 6-32 业务信息效果图

6.3.6 设置配色方案和字体方案

1. 设置配色方案

每个出版物都包含标题、正文、图片等要素，这些要素的色彩搭配是否合理，是决定一个出版物最终设计效果的重要因素。Publisher 提供了数十种配色方案供用户使用，同时还可以根据需要自定义配色方案。

在【页面设计】选项卡【方案】组中，单击【其他】按钮，即可打开系统内置配色方案，如图 6-33 所示。单击【冰川】配色方案，即可将该配色方案套用于页面，如图 6-34 所示。

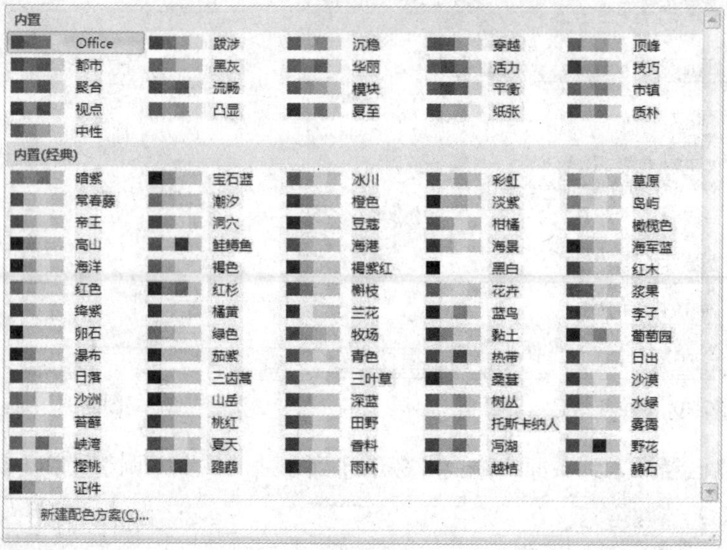

图 6-33 配色方案下拉列表

图 6-34 套用配色方案后的效果图

技巧

如果内置的配色方案无法满足用户的要求，还可以设计自定义配色方案，具体操作步骤如下。

（1）在【页面设计】选项卡的【方案】组中，单击【其他】按钮，在弹出的【配色方案】下拉列表中选择【新建配色方案】选项，打开【新建配色方案】对话框。

（2）在【新建配色方案】对话框中重新设置出版物中各个组成元素的颜色，右侧的预览窗口可以看到缩略效果图。设置完成后为当前的配色方案命名，最后单击【保存】按钮，关闭【新建配色方案】对话框。

（3）返回 Publisher 主窗口，出版物已经应用了自定义配色方案。同时刚刚创建的自定义配色方案也被添加到【页面设计】选项卡【方案】组的配色方案列表中。

2. 设计字体方案

Publisher 还提供了出版物字体设计方案，系统内置的设计方案可以直接选择使用，操作步骤如下。

在【页面设计】选项卡的【方案】组中，单击【字体】按钮，在弹出的下拉列表中选择【Office 方案 2】内置字体，字体方案即可套用于出版物。

提示

如果内置的字体无法达到设计要求，用户还可以自定义字体方案。操作步骤如下。

（1）在【页面设计】选项卡的【方案】组中，单击【字体】按钮，在弹出的下拉列表中选择【新建字体方案】选项，弹出【新建字体方案】对话框，如图 6-35 所示。

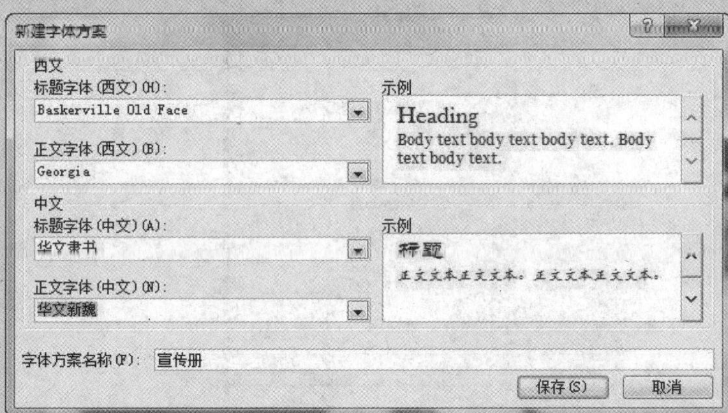

图 6-35 【新建字体方案】对话框

（2）分别按设计需要修改西文和中文的标题字体、正文字体，完成后按【保存】按钮。

（3）返回 Publisher 主窗口，出版物已经应用了自定义字体。同时刚刚创建的自定义字体方案已被添加到【页面设计】选项卡【方案】组的字体列表中。

6.3.7 保存、共享、打印、发送出版物

1. 检查设计方案

运动会宣传册基本设计完成了，在准备打印发布之前用户还可以让 Publisher 自动检查出版物

制作过程中常见的错误。在 Publisher 2010 中，运行检查设计方案，系统会自动标出常规设计、专业印刷、电子邮件、网站等方面的错误，并提供修复这些错误的选项，通过设置，用户可快速轻松地修复错误项目，操作步骤如下。

（1）单击【文件】选项卡中的【信息】选项，单击【运行检查设计方案】按钮，在主窗口的右侧打开【检查设计方案】窗格。

（2）根据需要，选中【运行常规设计检查】、【运行专业印刷检查】、【运行电子邮件检查（仅对当前页）】三个选项。

（3）项目修复需要视具体情况而定，在【选择要修复的项目】列表中选择要修复的项目，单击右侧出现的向下箭头，在弹出的下拉选项中选择【修复：转换为另一种颜色模式】选项，如图 6-36 所示即可进行下一步修复；如果不需要修复，在下拉选项中选择【不再运行此检查】选项即可；选择【解释】选项则可打开 Publisher 的帮助主题供用户查阅对该问题的提示及修复建议。

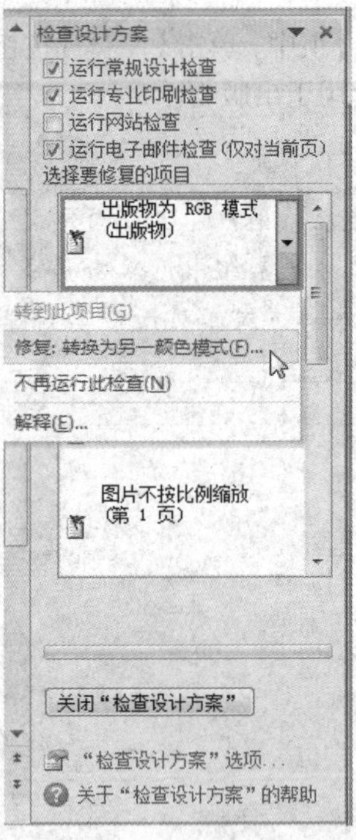

图 6-36　检查设计方案

2. 保存出版物

对新建文档和原有的文档进行保存，方法与 Word 软件类似。保存新建文档时，要保存为 Publisher 文档类型，操作步骤如下。

（1）单击【文件】选项卡中的【保存】命令，弹出【另存为】对话框。

（2）在【保存位置】对应的列表框中设置当前文档的保存路径，在【文件名】文本框中输入“运动会宣传册”，在【保存类型】下拉列表中选择【Publisher 文件（*.pub）】选项，如图 6-37 所示。

（3）设置完成后单击【保存】按钮。

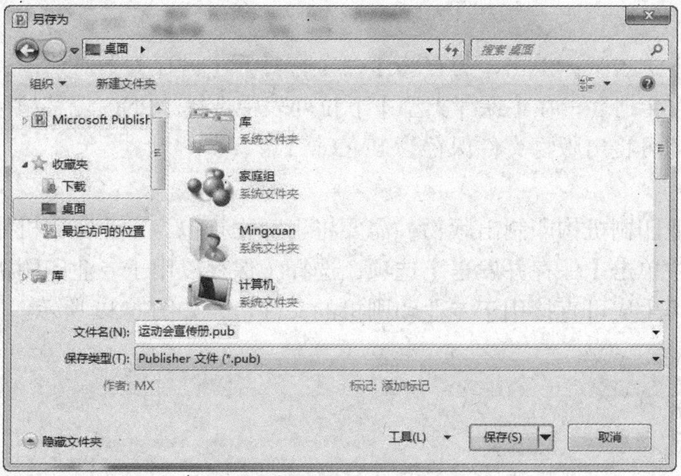

图 6-37 【另存为】对话框

3. 共享出版物

设计并保存出版物后，用户还希望将出版物发布到网站，或发送给其他人，但是刚刚保存的“运动会宣传册.pub”文件只能在 Publisher 软件环境下打开。如何将出版物发布到网上，或者发送给没有安装 Publisher 的用户阅读呢？解决这个问题的办法是，将文件转化为 PDF、XPS、JPEG、PNG 等可以脱离 Publisher 环境，能在大多数计算机中正常显示，易于共享，且不易被修改的文件格式。

下面将出版物文件分别保存为 PDF 格式和网络中常见的 PNG（可移植网络图形）格式。操作步骤如下。

（1）在【文件】选项卡，单击【保存并发送】命令，在右侧的【文件类型】列表中选择【创建 PDF/XPS 文档】选项，单击【创建 PDF/XPS】按钮，如图 6-38 所示。

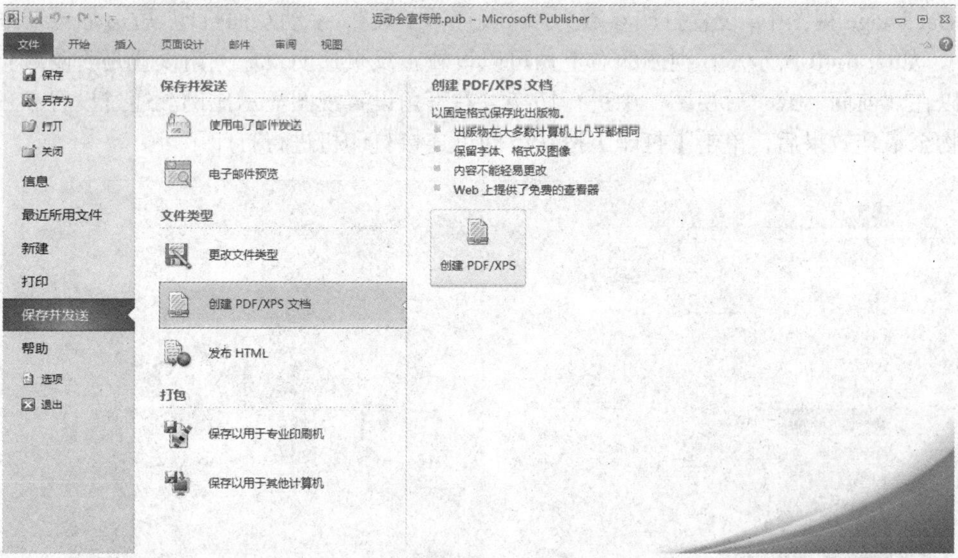

图 6-38 保存 PDF 格式的出版物

（2）在弹出的【发布为 PDF 或 XPS】对话框中，在【保存类型】下拉列表中选择【PDF（*.pdf）】选项，在【文件名】文本框中输入“运动会宣传册”，单击【发布】按钮，即可将出版物文件保存为 PDF 文件格式。

（3）在【文件】选项卡，单击【另存为】命令，打开【另存为】对话框，在【文件名】文本框中输入“运动会宣传册”，在【保存类型】下拉列表中选择【PNG 可移植网络图形格式】，单击【保存】按钮，即可将出版物文件保存为 PNG 格式。

4. 打印出版物

如果计划在专业印刷机构印制出版物，需要将出版物打包为专业印刷机能够识别的文件包。在【文件】选项卡中单击【保存并发送】选项，选择【保存以用于专业印刷机】选项，单击【打包向导】按钮，即可生成可直接用于专业印刷机的文件包，如图 6-39 所示。

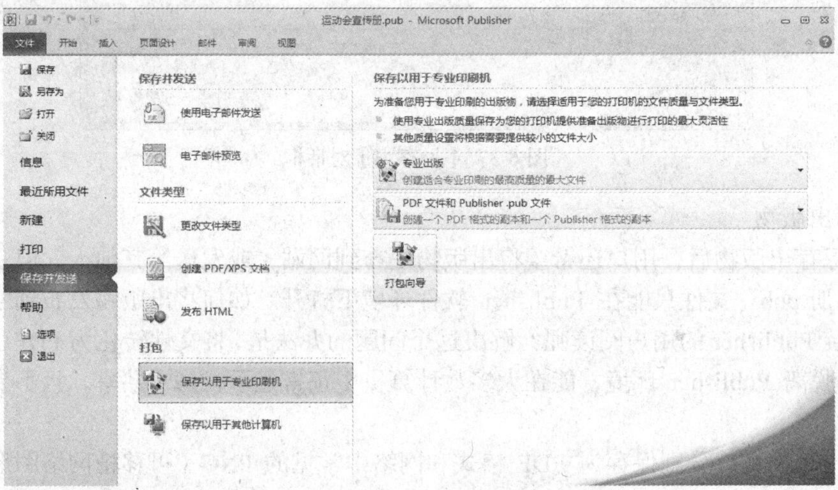

图 6-39 保存用于专业印刷机的文件格式

如果是使用普通的打印机进行打印，打印方式与 Office 的其他应用程序相似。选择【文件】选项卡中的【打印】选项，或者按 Ctrl+P 组合键，打开 Backstage 视图。

在 Backstage 视图中，设置打印参数为“每版打印 1 页”“手动双面打印 短边翻转纸张”“A3”“横向”，如图 6-40 所示。在视图的右上角可以设置正反页透明，左上角设置是否隐藏页码，左下角可以在“前面”或“后视图”中进行切换，右下角设置视图显示比例。通过设置和预览，调整出版物至最佳效果后，单击【打印】按钮，即可连接打印机进行打印了。

图 6-40 设置打印参数

5. 发送出版物

出版物设计制作好了，接下来还要将出版物发送给出差的员工。如果计算机中用 Outlook Express 作为默认的邮件管理程序，在 Publisher 中就可以将出版物以邮件的形式发送出去。发送出版物时，可以只发送出版物的一个页面，或者发送所有页面，也可以将出版物以附件的形式发送。电子邮件预览和使用电子邮件发送当前页面的操作步骤如下。

（1）在【文件】选项卡中单击【保存并发送】选项，在弹出的选项列表中，单击【电子邮件预览】选项，单击【电子邮件预览】按钮，即可预览发送效果。

（2）在【文件】选项卡中单击【保存并发送】选项，在弹出的选项列表中，单击【使用电子邮件发送】选项，单击【发送当前页面】按钮，如图 6-41 所示。

图 6-41　发送电子邮件

提示

在【使用电子邮件发送】选项列表中，选择【发送当前页面】和【发送所有页面】，出版物以 HTML 格式显示，在浏览器中可以直接显示。当出版物以附件形式发送时，如果选择【作为附件发送】选项，电子邮件的附件是 Publisher 文件格式，收件人计算机中必须安装 Publisher 才能打开并查看出版物的内容。而【以 PDF 形式发送】和【以 XPS 形式发送】选项，附件是 PDF 和 XPS 文件格式，用户则不需要安装 Publisher，绝大多数情况下可以直接在浏览器中打开并查看出版物。

如果选择【发送所有页面】选项，出版物的所有页面将被合为一页，格式会发生改变，在发送邮件前一定要预览并根据需要调整出版物的格式。

拓展实训

实训 1　制作带企业微信公众号二维码的名片

为了进一步提升公司形象，适应信息社会的发展，公司董事会决定所有员工统一使用带有企业微信公众号二维码的名片，无论新老客户，只要接到名片，都可以轻松扫描微信二维码，关注公司的最新营销信息。同时，还计划对所有员工名片风格和格式做出统一规定，印制统一的名片。请你尽快拿出至少 3 套名片设计方案供董事会选择，要求如下。

（1）利用 Publisher 设计制作 3 套风格各异的名片。

（2）名片中突出显示企业微信公众号二维码、企业标志等信息。

效果如图 6-42 所示。

图 6-42　名片设计效果图

提示

（1）利用 Publisher 提供的名片模板可快速建立名片出版物文件。

（2）在【插入】选项卡的【文本】组中单击【业务信息】按钮，在下拉选项中，选择【编辑业务信息】选项，打开【业务信息】对话框，根据要求新建业务信息。

（3）设置完成业务员信息后，在【业务信息】对话框中，单击【更新出版物】按钮，即可生成一张名片。

（4）切换至【页面设置】选项卡，更改模板、颜色方案、字体方案、背景等，即可快速生成不同风格的名片。

实训 2　制作新年联欢晚会节目单

新的一年即将来临，为了丰富员工的精神文化生活，提升团队协作能力，增强企业凝聚力和向心力，公司高层决定举办新年联欢晚会，所有员工欢聚一堂，共同迎接新年的到来。请根据各部门上报的节目信息，设计并制作一张条理清楚、美观大方的新年联欢晚会的节目单。效果如图 6-43 所示。

图 6-43　新年联欢晚会节目单效果图

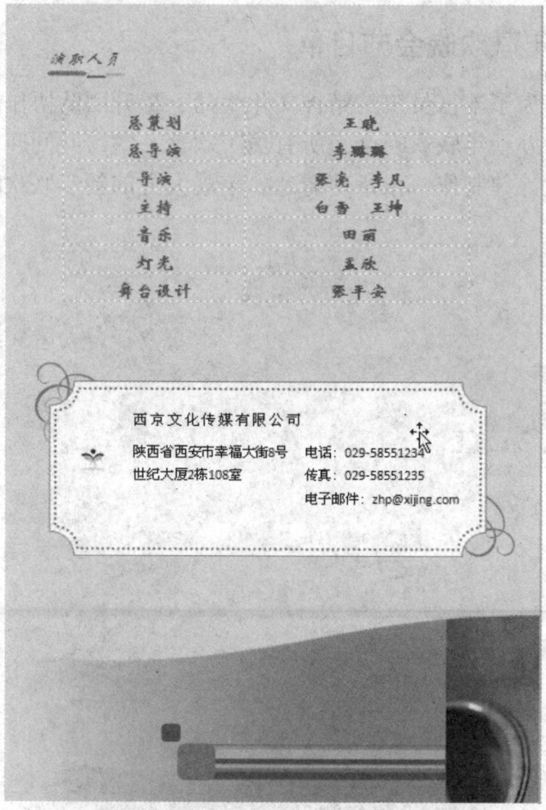

图 6-43 新年联欢晚会节目单效果图（续）

提示

（1）利用节目单模板制作新年联欢晚会节目单。

（2）插入并设置文本框、表格、艺术字、业务信息等元素。

（3）英文字符“Happy new year”字体的设置方法为：切换至【文本框工具】|【格式】选项卡，字体设置为“Gabriola”；大小设置为“初号”；在【版式】组中，单击【abc 样式集】按钮，选择图 6-44 所示的样式。

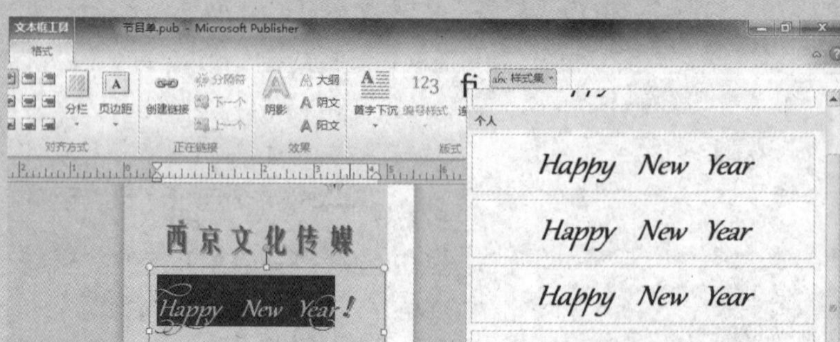

图 6-44 英文字符设置样式集

（4）在【视图】选项卡的【版式】组中，单击【跨页】按钮，可以实现跨页显示效果，如图6-45所示。

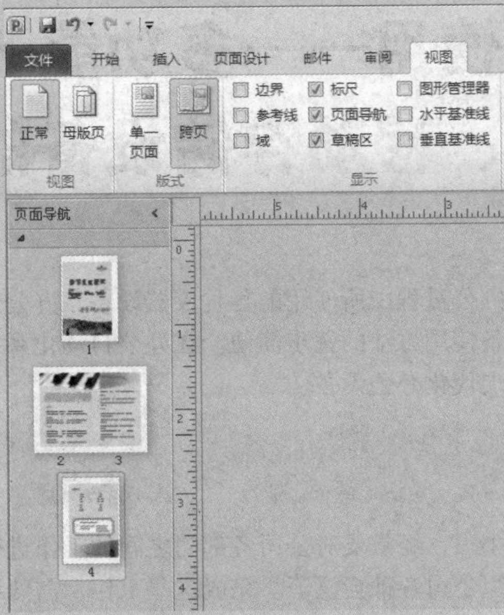

图 6-45　跨页显示效果

任务 7

办公设备的使用——多功能一体机、投影机、刻录机、移动存储设备的应用

办公自动化设备是指在办公过程中所使用的各种仪器设备，办公效率的提高主要依赖办公设备功能的不断完善和办公设备使用方法的逐步简便。在办公自动化系统中，广泛采用的有多功能一体机、投影机、刻录机等现代化办公设备。

7.1 任务情境

作为办公室行政助理的小王，经常要对公司各部门之间的工作进行安排和协调，收发公司文件、整理公司有关文档、组织公司各种会议等。完成这些工作，需熟练掌握办公设备的使用，及时处理组织文件向领导汇报。同时，办公室设备在日常使用中也需要维护，所以小王还要掌握办公设备维护方面的常识，保证办公设备正常稳定地使用。要想很好地胜任办公室工作，不但要熟练办公设备的基本操作，还要掌握办公设备的基本维护技能。

知识目标

➢ 多功能一体机的结构、使用与维护；

➢ 投影机的结构和使用方法；

➢ 刻录机的使用方法；

➢ U 盘制作系统启动盘的方法。

7.2 任务分析

作为办公室工作人员，需要经常打印、复印、接收、发送文件；还要组织各种会议，会议辅助工具投影机的使用又必不可少；另外，公司各种文件不但要归档，而且需要电子化的备份存储，保证资料文件长久保存。

经过分析，要完成办公室的各种工作，需要掌握以下技能。

（1）熟悉多功能一体机的结构；

（2）使用多功能一体机打印、复印文件；

（3）使用多功能一体机收/发传真文件；

（4）使用多功能一体机扫描文件；

（5）调整投影机放映演示文稿；

（6）利用刻录机刻录光盘备份文件。

7.3 任务实现：办公设备的使用

7.3.1 多功能一体机

多功能一体机是在普通打印机的基础上，增加了复印、扫描、传真等功能的办公自动化设备。理论上，多功能一体机的功能有打印、复印、扫描、传真。但对于实际产品来说，只要具有其中的两种功能就可以称之为多功能一体机了。在类型上一般有两种，一种涵盖了三种功能，即打印、扫描、复印，典型代表为联想 M7400。另一种则涵盖了四种，即打印、复印、扫描、传真，典型代表为 Brother MFC-7450。

1. 多功能一体机的基本知识

多功能一体机虽然有多种功能，但是打印技术是多功能一体机的基础功能，因此多功能一体机可以根据打印方式分为“激光型产品”和“喷墨型产品”两大类。同普通打印机一样，喷墨型多功能一体机能以较低的价格实现彩色打印，但使用时的单位成本较高；而激光型多功能一体机的价格较高，在万元以下的机型都只能实现黑白打印，而它的优势在于使用时的单位成本比喷墨型低许多。

除了根据打印技术来进行分类之外，多功能一体机还可以根据产品的功能进行分类。虽然都是集打印、复印、扫描、传真为一体的产品，但绝大多数的产品在各个功能上有强弱之分，且以某一个功能为主导，因此它的这个功能便特别出色，一般情况下可分为打印主导型、复印主导型、传真主导型，而扫描主导型的产品不多见。当然也有些全能型的产品，它的各个功能都非常强，不过价格上也相对高一些。

（1）多功能一体机的复印分辨率

分辨率是许多产品都具有的一个技术指标，如打印机、复印机、多功能一体机等。分辨率的单位是 dpi（dot per inch），即指每一个平方英寸可以表现出多少个点，它直接关系到产品输出图像和文字质量的好坏。分辨率一般用垂直分辨率和水平分辨率相乘表示，如产品的分辨率为 600dpi×600dpi，就是表示此产品在一平方英寸区域的表现力为水平 600 个点，垂直 600 个点，总共 360000 个点，即该产品的分辨率为 600dpi×600dpi。分辨率越高，数值越大，就意味着产品输出的质量越高。

（2）多功能一体机的传送速度

传输速度是指在单位时间内，多功能一体机能发送多少页国际标准样张。传输速度的高低，主要取决于多功能一体机所采用的调制解调器的速度、电路形式及软件编程的不同。中、低档多功能一体机的调制解调器的速度最高为 9600bit/s，可自动调节为 7200/4800/2400bit/s，而高档多功能一体机的调制解调器的最高速度为 14400bit/s，发送时间最短可达 6 秒。发送时间在 9 秒以下的为高档多功能一体机。发送时间越短，传送效率就越高，而且如果每次发送的文件越多，所花费的通信费用也越低。一般用户应选用传送时间不超过 15 秒的多功能一体机。

（3）多功能一体机的复印尺寸

一般来说，产品的最大复印尺寸大于或等于最大原稿尺寸。由于多功能一体机的复印输出是通过打印部件来实现的，因此多功能一体机的复印尺寸不可能超出产品的打印尺寸，一般多是和产品的打印尺寸一样。

（4）多功能一体机的适用平台

目前的产品多能够支持 Windows XP、Windows Vista、Mac OS X 10.2.4 或更高版本。同时，

多功能一体机是与图形图像打印息息相关的。在图形图像处理的领域中，许多用户使用的是 Apple 的产品，因此多功能一体机还应该支持 Apple 产品使用的 Mac OS 操作系统，目前较为常见 Mac OS 的操作系统的版本有 Mac OS 9.1、9.2x、Mac OS X v10.2x、Mac OS X v10.4。

2. 多功能一体机的构造与操控面板

Brother MFC-7450 是一款普及型多功能一体机，下面以此为例进行介绍。

Brother MFC-7450 多功能一体机具有打印、复印、扫描和传真功能。尺寸为 396mm×428mm×304mm，重量是 11.1kg，配置双行 10 汉字液晶显示屏，能方便用户及时浏览工作进程，同时下拉式的 250 页大容量进纸盒可以简单快捷地更换纸张。

在性能方面，Brother MFC-7450 最高打印分辨率为 2400×600dpi，A4 文档打印复印速度同为 22 页/分钟，首张复印输出时间少于 10 秒。而此机高达 600×600dpi 的复印分辨率，还可实现以 1%为最小调整量，在 25%～400%范围间进行缩放复印，最多可复印 99 份。

在扫描性能上，Brother MFC-7450 支持彩色扫描功能，拥有高达 600×2400dpi 的光学分辨率和高达 19200×19200dpi 的扫描分辨率（内插值），可将文件扫描到电子邮件、OCR、图像、文件、FTP。

Brother MFC-7450 的传真速率为 33.6Kbit/s，发送一页 A4 图文只需 2 秒。支持 PC-FAX，可从计算机上发送和接收传真，可无纸接收 500 页内容。用户可预先储存 200 个速拨号、8 个单键直拨号并将传真发送至最多 258 个地址。特别配备了传真限制拨号功能，在发送重要文件传真时，为防止用户误发传真或拨错号码，可用拨号盘、单键拨号、速拨号来设置设备进行拨号，用户可以选择“输入号码两次”或者“手动拨号禁止，只选用速拨号”的功能来发送重要传真。

兄弟公司兼顾到用户的使用成本，所有的激光一体机都应用了鼓粉分离设计，用户可以单独更换使用完的硒鼓和墨粉盒，多个粉盒都用尽了才需要更换一次硒鼓，从而合理地降低用户的使用成本。图 7-1 所示为 Brother MFC-7450 的外观图，Brother MFC-7450 的操作面板如图 7-2 所示。

①—自动进稿器　②—原稿盖板　③—控制面板　④—手动进纸槽
⑤—接纸口　⑥—纸盒

图 7-1　Brother MFC-7450 外观图

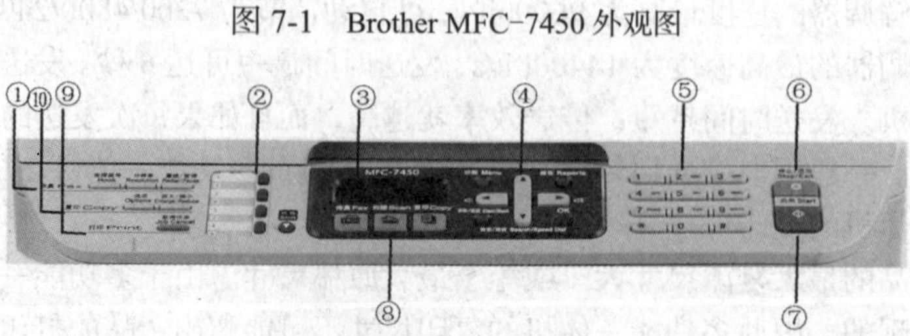

①—传真和电话键　②—单拨号键　③—液晶显示屏　④—功能键
⑤—拨号盘　⑥—停止退出键　⑦—启用键　⑧—模式转换键
⑨—打印键　⑩—复印键

图 7-2　Brother MFC-7450 的操作面板

3. 多功能一体机的使用

（1）打印操作

① 打开需要打印的文档，从应用程序中选择【文件】选项卡中的【打印】选项。

② 在打印首选项的【基本】选项卡中设置“纸张大小”“纸张方向”“份数”“介质类型”。打印基本设置如图 7-3 所示。

③ 在打印首选项的【高级】选项卡中设置“分辨率”“打印设置”。打印高级设置如图 7-4 所示。

④ 单击【确定】按钮，完成打印任务。

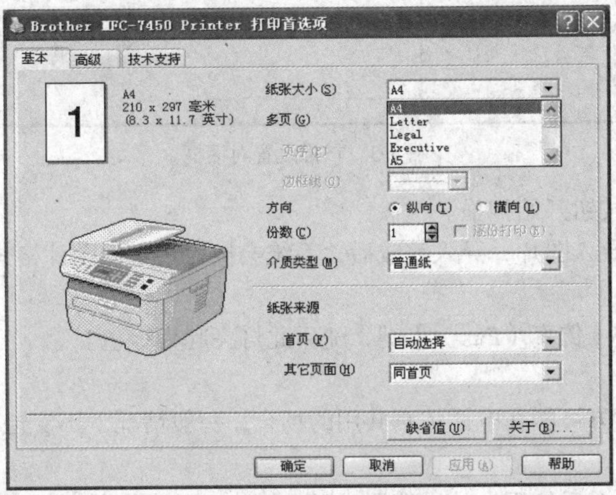

图 7-3　打印基本设置

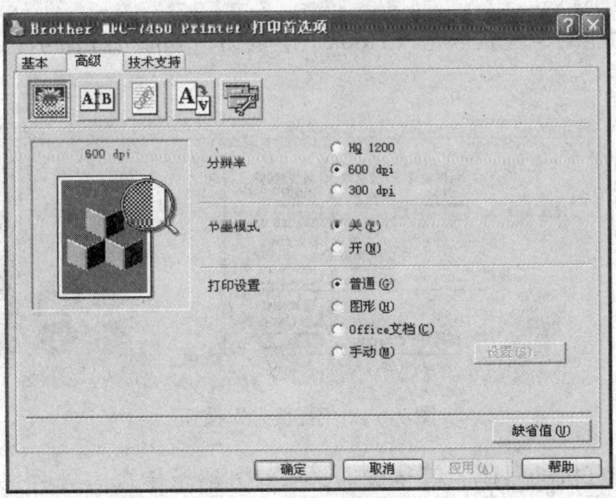

图 7-4　打印高级设置

（2）扫描操作

① 将原始文档正面朝下放置在平台玻璃上，将文档中心与玻璃上的箭头标记对齐。

② 启动扫描应用程序。

③ 弹出扫描程序，如图 7-5 所示。在“扫描仪设置”对话框中设置“分辨率”“扫描类型”“文档尺寸”。MFC-7450 拥有 600×2400dpi 光学分辨率，可实现 24 位彩色扫描和 256 阶灰度扫描。

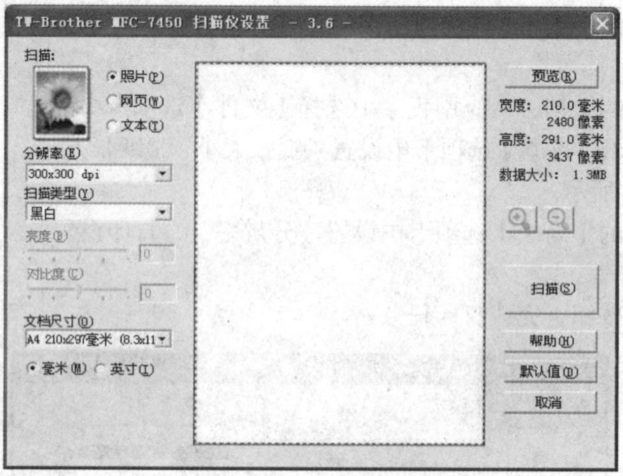

图 7-5　扫描设置对话框

④ 单击【扫描】按钮开始扫描。

⑤ 扫描完成后，导入图片；导入完成后，系统会按照指定的图片格式和路径存储图片。

（3）传真操作

选择传真模式，按【传真（Fax）】键，随后此灯亮起为绿色。

① 手动传真

手动传真是指定对方可能在电话传真共用的场合，一般情况下不支持自动接收，需要人工给予信号才能传真。

首先，根据传真的介质使用自动进稿器或者扫描仪，正常情况下，票据最好使用扫描仪，这种纸质自动进稿器容易卡纸。

其次，按下拨号功能的【免提拨号（Hook）】按钮，如图 7-6 所示，因为此款传真机没有通话功能。

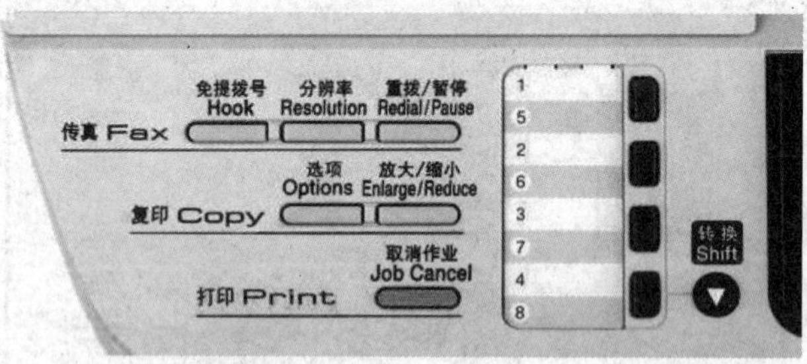

图 7-6 “免提拨号”按钮

最后，输入对方传真机的号码，等待拨通，当对方给予传真信号后，按下【启用（Start）】按钮就可以发送传真，如图 7-7 所示。

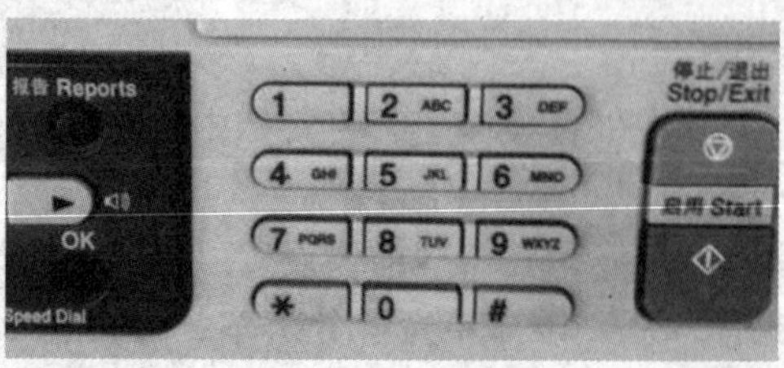

图 7-7 【启用】按钮

② 自动传真

如果对方的传真经常处于忙碌状态，而又不可能在那里等，可以使用自动传真，机器会自动重拨和自动发送。

首先把需要传真的介质放好，不按免提直接输入传真号码，如图 7-8 所示。

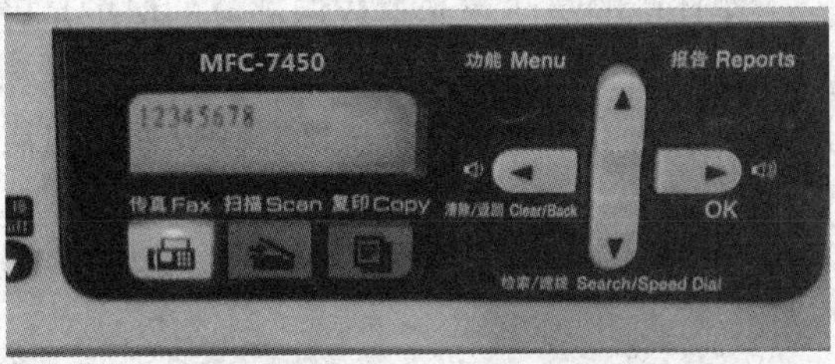

图 7-8　输入传真号码

其次，确认号码无误后按下【启用（Start）】键，随后机器把内容扫描到内存暂存。

最后，当所有内容都扫描到内存后，机器自动进行拨号。如果对方忙碌则自动断线重拨，一直到传真发送完毕为止。

③ 接收传真

多功能一体机的接收模式可以分为：仅传真和传真/电话。

仅传真模式时可自动将所有来电作为传真进行应答。

传真/电话模式可自动处理来电，区分传真和语音电话，然后按照以下方式处理：

- 传真可被自动接收。
- 来电为语音电话时，设备将启动 F/T 振铃，提示接听。

（4）复印操作

选择复印模式，按【复印（Copy）】，随后进入复印模式。

① 单页复印

放入原稿，按下【启用（Start）】键。

② 多页复印

放入原稿，用拨号盘输入复印份数（最多 99 份），按下【启用（Start）】键。

4. 多功能一体机的维护

（1）多用连续复印

一体机在每次启动时，都需要重新预热，如果长期频繁启动一体机，很容易影响一体机的内部光学器件的寿命。为此，应该尽可能地集中作业，把需要复印的材料集中起来，使用多功能一体机连续复印功能进行批量化操作。在使用时只要在一体机控制面板上将工作方式设置为“连续复印”模式，再按【复印（Copy）】按钮。

（2）使用节省工作模式

一体机在工作过程中需要消耗大量纸张，特别是大量的墨粉开支更是阻止了多功能一体机的迅速普及。为此，新型一体机都增加了“节省工作模式”功能，使用该功能可以有效减少耗材开支。所以用户在使用一体机前，首先应对一体机进行合适设置，使一体机工作在节省工作模式状态下。

（3）保护感光鼓

多功能一体机中，感光鼓是一种较昂贵的耗材，要降低一体机的使用成本，必须做好感光鼓的保护工作。因此，一体机需要更换墨粉或者检查故障需要拿出碳粉盒时，一定要避免感光鼓放在阳光下直接照射，也不能在室内灯光下放置超过 10 分钟。另外，碳粉盒要放在干净、平滑的表面上，避免用手触摸感光鼓。更换粉末时，及时把废粉收集仓中的废粉清理干净，避免因为废粉堆积太多，文稿上出现麻点。

（4）定期清洁

除了要按照处理扫描仪、复印机、传真机及打印机的清洁要求来维护一体机外，还要特别保护一体机的光学成像部分，工作环境的清洁及光学成像部分的保护是确保文件复印质量的重要前提。对一体机清洁时，先用柔软的细布擦去外壳的灰尘，再用清洁剂和水对其认真清洁；对于玻璃平板，用清洁剂擦拭一遍，再用软干布将其擦干擦净；用完一体机后，一定要用防尘罩将一体机遮盖起来。

7.3.2 投影机

投影机（见图 7-9）是以精确的放大倍率将物体放大投影在投影屏上来测定物体形状、尺寸的仪器。这里主要针对会议室和报告厅等办公场所的应用，介绍投影机的性能指标、种类和使用知识。

图 7-9 投影机

1. 投影机的性能指标

（1）亮度

亮度的国际标准单位是 ANSI 流明。测定环境如下：投影机与幕之间距离 2.4 米；幕为 60 英寸；测光笔测量屏幕“田”字形九个交叉点上的各点照度，乘以面积，得到投影画面的 9 个点的亮度；求出 9 个点亮度的平均值，就是 ANSI 流明。目前大多数投影机的亮度都在 3000ANSI 流明以上。

（2）对比度

对比度就是投影机投射最亮画面和最暗画面的比值，即投射全白画面与全黑画面的亮度比值，也就是表现从黑到白的渐变层次。通常状况下，这个比值越大，从黑到白的亮度对比越强烈，灰度渐变层次越丰富，色彩表现越丰富。当前，投影机对比度一般在 2000：1 以上。

（3）分辨率

投影分辨率是指投影机投出的图像原始分辨率，也叫真实分辨率和物理分辨率。物理分辨率即 LCD 液晶板的分辨率。在 LCD 液晶板上通过网格来划分液晶体，一个液晶体为一个像素点。如果输出分辨率为 1024×768 时，就是指在 LCD 液晶板的横向上划分 1024 个像素点，竖向上划分 768 个像素点。物理分辨率越高，则可接收分辨率的范围越大，投影机的适应范围越广。通常用物理分辨率来评价液晶投影机的档次。另一种是最大分辨率，也称可显示的最高分辨率，它是指投影机可显示的输入信号的最高分辨率。投影机通过图像处理算法，可对输入信号进行缩放处理，实现信号满屏显示，如果超出该范围，投影机则无法正常显示画面。

（4）均匀度

均匀度是指最亮与最暗部分的差异值，就是投影机投射至屏幕 4 个角落的亮度与中心点亮度的对比值，一般将中间定义为 100%。任何投影机投射出的画面都会出现中心区域与 4 个角落的亮度不同的现象，均匀度反映了边缘亮度与中心亮度的差异，用百分比表示。当然，理想的均匀度是 100%，均匀度越高，画面的亮度一致性越好。一般投影机的画面均匀度都在 85%以上，有些能达到 95%以上。

2. 投影机的种类

投影机可以分为 CRT、LCD、DLP 三大类，其中占绝对主流地位的是 LCD 投影机（液晶投影机）；DLP 与 CRT 投影机也占有一定份额，但目前 CRT 投影机已濒临淘汰，所见不多。

（1）CRT 三枪投影机

CRT 是英文 Cathode Ray Tube 的缩写，译作阴极射线管。作为成像器件，它是实现最早、应用最为广泛的一种显示技术。这种投影机把输入信号源分解到 R（红）、G（绿）、B（蓝）三个 CRT 管的荧光屏上，荧光粉在高压作用下发光，经过光学系统放大和会聚，在大屏幕上显示出彩色图像。光学系统与 CRT 管组成投影管，通常所说的三枪投影机就是由 3 个投影管组成的投影机，由于使用内光源，也叫主动式投影方式。CRT 技术成熟，显示的图像色彩丰富，还原性好，具有丰富的几何失真调整能力；但其重要技术指标图像分辨率与亮度相互制约，直接影响 CRT 投影机的亮度值。到目前为止，其亮度值始终徘徊在 300ANSI 流明以下。另外 CRT 投影机操作复杂，特别是会聚调整烦琐，机身体积大，只适合安装在环境光较弱而且相对固定的场所，移动性也不好。

（2）LCD 液晶投影机

LCD（Liquid Crystal Display）液晶投影机，可以分成液晶光阀投影机和液晶板投影机，后者是目前投影机市场上的主要产品。

① 液晶光阀投影机

液晶光阀投影机用 CRT 管和液晶光阀作为成像器件，是 CRT 投影机和液晶与光阀相结合的产物。为了解决图像分辨率与亮度间的矛盾，它采用外光源，也叫被动式投影方式。一般的光阀主要由光电转换器、镜子、光调制器三部分组成，它是一种可控开关。液晶光阀投影机是目前为止亮度、分辨率最高的投影机，亮度可达 6000ANSI 流明，分辨率为 2500×2000 像素，适用于环境光较强、观众较多的场合。

② 液晶板投影机

液晶板投影机的成像器件是液晶板，也是一种被动式投影方式。利用外光源金属卤素灯或 UHP（冷光源），若是用三块 LCD 板设计的，则把强光通过分光镜形成 RGB 三束光，分别透射过 RGB 三色液晶板，信号源经过模数转换，调制加到液晶板上，控制液晶单元的开启、闭合，从而控制光路的通和断，再经镜子合光，由光学镜头放大，显示在大屏幕上。目前市场上常见的液晶投影机比较流行单片设计（LCD 单板，光线不用分离），这种投影机体积小，重量轻，操作、携带极其方便，价格也比较低廉。但其光源寿命短，色彩不太均匀，分辨率较低，最高分辨率为 1024×768，多用于临时演示或小型会议。这种投影机虽然也实现了数字化调制信号，但液晶本身的物理特性决定了它的响应速度慢，随着时间的推移，性能有所下降。

（3）DLP 数字投影机

DLP 是英文 Digital Light Processor 的缩写，译作数字光处理器。一个 DLP 电脑板由模数解码器、内存芯片、一个影像处理器及几个数字信号处理器（DSP）组成，所有文字图像就是经过 DLP 这块板产生一个数字信号，经过处理，数字信号转到 DLP 系统的心脏 DMD。一片 DMD 是由许多个微小的正方形反射镜片（微镜）按行列紧密排列在一起并贴在一块硅晶片的电子节点上形成的。DMD 上每个微镜对应生成图像的一个像素，DMD 的微镜个数决定了一台 DLP 投影机的物理分辨率。例如一台投影机的分辨率为 600×800，所指的就是 DMD 装置的微镜数量有 600×800=480000 个。根据所用 DMD 的片数，DLP 投影机可分为：单片机、两片机、三片机。

3. 投影机的结构

下面以 EPSON EB-1925W 为例介绍投影机的结构。图 7-10 所示为投影机前部各部件的名称和功能，图 7-11 所示为投影机后部各部件的名称和功能。

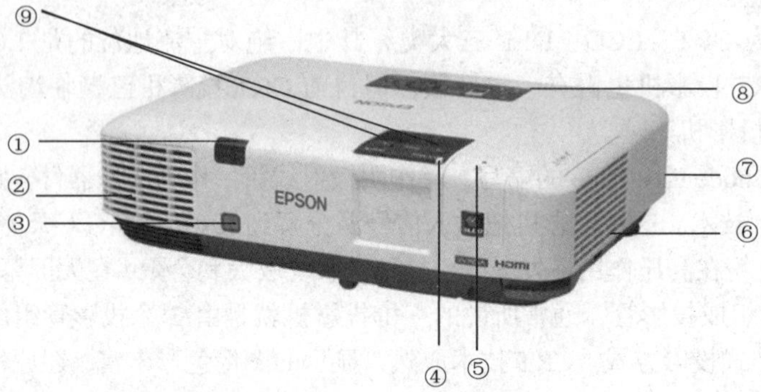

图 7-10　投影机前部各部件名称和功能

① — 遥感接收器，接收遥控器信号；
② — 排气口，排除冷却投影机内部空气；
③ — 感应器，投影机自动校正投影图像时进行测量；
④ — 无声滑盖的滑钮，打开或关闭无声滑盖；
⑤ — 无线 LAN 指示灯，显示访问状态；
⑥ — 进风口，吸入空气冷却投影机内部；
⑦ — 扬声器；
⑧ — 控制面板；
⑨ — Focus 按钮，调节图像聚焦。

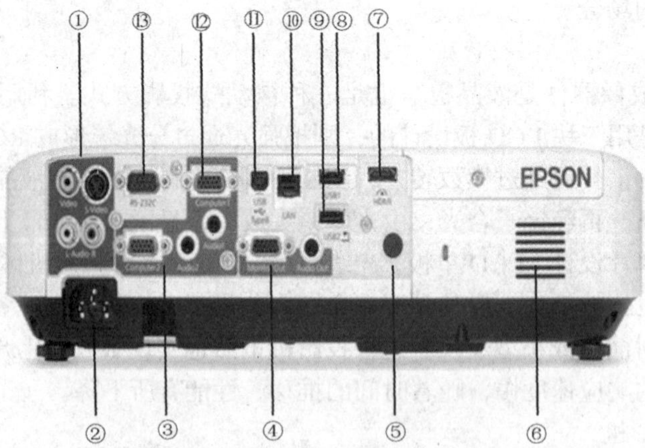

图 7-11　投影机后部各部件名称和功能

① — 视频、音频输入端口；
② — 电源插座；
③ — 计算机 2 端口、音频 2 端口，用于接收来自计算机或其他视频源的视频信号；
④ — 监视器、音频输出端口，输出信号到监视器和扬声器；
⑤ — 监视接收器，接收遥控器信号；

⑥ — 进风口；

⑦ — HDMI 输入端口，从 HDMI 兼容视频设备及计算机输入视频信号；

⑧ — USB1 端口，连接 USB 存储设备或数码相机；

⑨ — USB2 端口，文件摄像机专用；

⑩ — LAN 端口；

⑪ — USB 端口，通过 USB 电缆将投影机连接到计算机；

⑫ — 计算机 1 端口、音频 1 端口，用于接收来自计算机或其他视频源的视频信号；

⑬ — RS-232 端口，当从计算机控制该投影机时，需使用 RS-232 电缆将其连接到计算机。

4. 投影机的维护

（1）防污染

聚光镜、放映镜等光学元件是投影机的关键部件，光洁度要求高，极不耐磨。临时不用的投影机，应将反射镜盖下，遮住放映镜；短时间不使用的投影机还应加防尘罩；长期不使用的投影机应放入专门存放投影机的箱子或柜子里，尽量减少灰尘的污染。

（2）防霉变

投影机应放置在干燥、通风的地方，防止金属部件受潮生锈和变压器受潮霉变，引起电路故障，防止光学部件受潮长霉，加速老化。

（3）防震动

投影机工作时，应防止冲击和震动，以免灯丝震断。搬运时应轻拿轻放，防止其受震动，使连接处松动、脱开或光学元件受震破裂。刚使用后的投影机，应等机体冷却后再搬动。

（4）防高温

投影机工作时会产生大量的热量，必须借助风扇散热，否则，灯泡工作时间长了就会烧掉。所以投影机用完马上关机，连同风扇也一起关掉，没有风扇的持续散热，会影响灯泡的使用寿命。现在投影机制造商有了折中的办法，就是让投影机自动慢慢关机，投影机工作时可以储存电量，关机时拔去插头也可以用预先存储的电量继续驱动风扇，持续散热。

7.3.3 刻录机

光盘刻录机是一种特殊的光盘驱动器，不仅可以正常读取光盘数据，而且可以将计算机中的数据刻录到特定的光盘中。

1. 光盘刻录机的种类

目前，常用的刻录机有 CD-R、CD-RW、DVD、COMBO 等。

（1）CD-R（CD-Recordable）

CD-R 的中文意思是“可记录式光盘”。刻录时，通过大功率激光照射到 CD-R 盘片的染料层，在染料层形成一个个平面和凹坑，光驱在读取这些平面和凹坑的时候就能够将其转换为 0 和 1。由于这种变化是一次性的，不能恢复到原来的状态，所以 CD-R 盘片只能写入一次，不能重复写入。

（2）CD-RW（CD-Rewritable）

CD-RW 的中文意思是“可擦写式光盘”。CD-RW 盘片上的介质可以写入 1200 次左右，而且数据可以再修改。CD-RW 刻录原理与 CD-R 大致相同，只不过盘片上镀的是一层结晶层薄膜，这种结晶层能呈现出结晶和非结晶两种状态，等同于 CD-RW 的平面和凹坑。刻录时，激光反射到特殊介质产生结晶和非结晶两种状态，并且介质可在这两种状态中互换，达到多次重复写入的目的。

（3）DVD

DVD比普通CD有更大的存储容量，单面单层DVD容量为4.74 GB，单面双层容量为8.54 GB，双面单层容量为9.4 GB，双面双层容量为17 GB，DVD刻录速度可达16X（倍速），并且可以重复擦写。

（4）COMBO

COMBO（康宝）是能读取DVD的CD刻录机，既具有DVD光驱的DVD读取功能，又具有CD刻录机的CD刻录功能，把CD-RW刻录机和DVD光驱结合在一起的“复合型一体化”驱动器。简单地说，COMBO就是一种集CD-R、CD-RW、DVD为一体的光存储设备。由于COMBO具有三重本领，所以在高端计算机中迅速普及。

2. 光盘刻录机的技术指标

（1）接口规格

目前，刻录机的接口类型常用的有：SCSI接口、IDE接口、USB接口。SCSI接口的刻录机刻录速度快，刻盘质量好，但需要增加一个接口卡，价格较高。IDE接口刻录机安装方便、速度快、价格低。USB接口刻录机主要是外置式，使用方便，是当今的主流产品。

（2）刻录速度

刻录机的刻录速度和普通光驱一样也有倍速之分。只不过刻录机有3个速度指标：刻录速度、复写速度、读取速度。如32×12×40，则表示刻录机的刻录速度为32倍速，复写和擦写光盘的速度为12倍速，读取光盘的速度为40倍速。

（3）缓存

刻录机在刻录光盘时，数据必须首先写入缓存，然后刻录软件再从缓存区调用要刻录的数据，在刻录的同时，后续数据再写入缓存中，以保持要写入数据的连续传输。如果后续数据没有及时写入缓冲区，就会出现缓冲区欠载，传输数据中断并将导致刻录失败。因而缓冲容量越大，刻录成功率越高。目前刻录机的缓存容量一般为2 MB和8 MB，增加高速缓存既有利于刻录机的稳定工作，也有利于降低CPU占用率。

（4）支持格式

一般刻录机支持Audio CD、Photo CD、CD-I、CD-EXTRA等多种光盘格式。最新的CD-RW刻录机将支持CD-UDF格式，在支持CD-UDF格式的软件环境下，CD-RW刻录机具有和软驱一样的独立的盘符，用户无须使用专门的刻录软件，就可以像使用硬盘一样对CD-RW刻录机进行操作，方便了用户的使用。

3. 利用刻录软件刻录光盘

在购买刻录机时，一般都附带公司自己开发的刻录软件或第三方软件。在此仅以常用的刻录软件Nero为例，讲述一般刻录过程。

（1）安装Nero软件。

（2）打开Nero软件中的Nero Express。

（3）插入可以刻录的CD或者DVD。

（4）选择Nero Express中“映像、项目、副本”栏中的“光盘映像或保存的项目”，如图7-12所示。

（5）打开要刻录的映像文件，如图7-13所示。

（6）选定好准备刻录的映像文件后，设置刻录参数，如图7-14所示。

（7）确认无误后开始刻录，如图7-15所示。

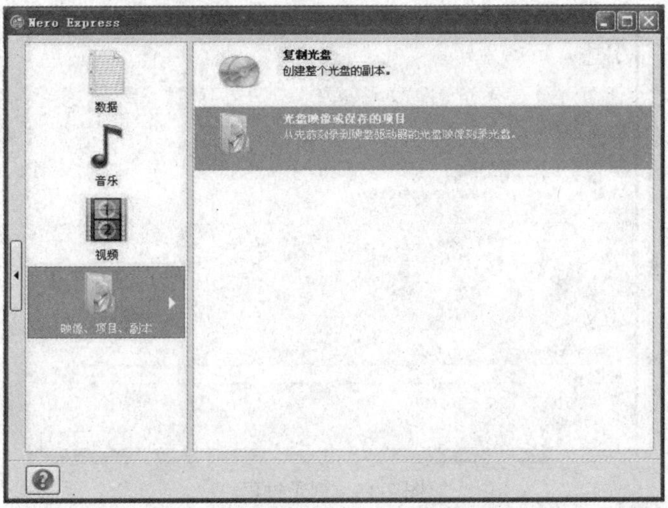

图 7-12　选择 Nero Express 中映像项目

图 7-13　打开刻录文件

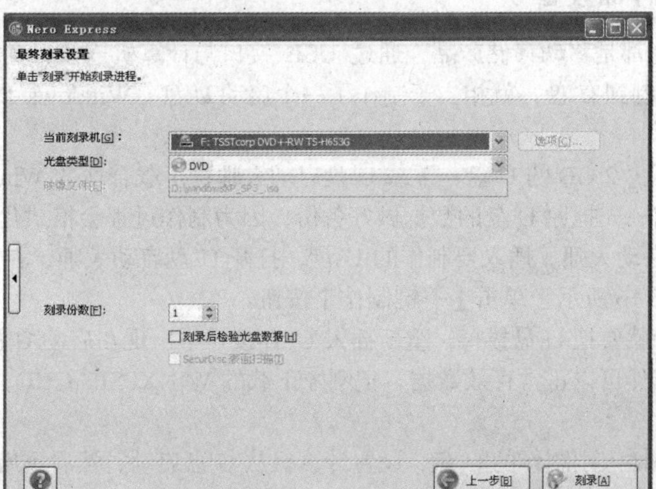

图 7-14　设置刻录参数

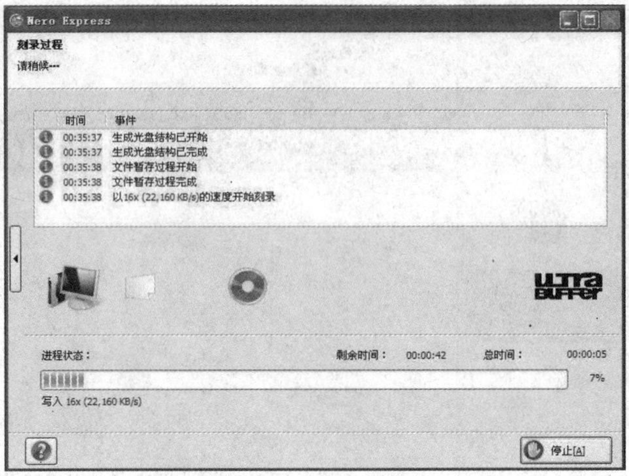

图 7-15　刻录过程

（8）刻录完毕后，可以打开光盘查看内容。

4. 刻录光盘时的注意事项

（1）注意尽量避免多任务操作，已经运行的其他应用软件也应先关闭。

（2）尽可能在配置高的机器上刻录，这样有利于保证和提高刻录成功率。

（3）避免连续长时间使用刻录机，否则将导致刻录机工作不稳定。

（4）要避免在刻录时产生振动，避免刻录失败。

（5）根据所需刻录数据容量的大小，适当选取不同容量的光盘。如，容量在 700 MB 以下的，使用 CD 刻录机；如果过大，可考虑 DVD 刻录机。

（6）使用质量好的空光盘。好的光盘，刻录稳定、正确，读取顺畅。

（7）要使用电压稳定的电源，保证不能断电，否则将导致刻录过程中断。

（8）开始刻录尽量先用慢速。速度太快有可能造成读写数据的不稳定，就容易导致刻录数据中断。另外，较高的刻录速度可能会在数据传输的过程中产生较大的噪声，从而影响最终的光盘刻录效果和性能。

7.3.4　移动存储设备

U 盘或移动硬盘都是移动存储产品，通过 USB 接口与计算机连接，实现即插即用。如果将 Windows XP 文件复制到 U 盘，就相当于制作了一个启动 U 盘。Windows XP 操作系统紧急启动 U 盘的具体步骤如下。

（1）准备一个至少 2 GB 的 U 盘；下载 U 盘启动大师；下载合适的 Windows XP SP3 的系统安装文件。在制作前，先把原 U 盘的数据做好备份，因为制作过程会格式化整个 U 盘。

（2）安装 U 盘启动大师。插入要制作的 U 盘，打开 U 盘启动大师，在下拉框中选择要制作的 U 盘盘符，如图 7-16 所示。单击【一键制作】按钮。

（3）制作完成后就要把 U 盘拔掉，重新插入 USB 接口中。现在启动 U 盘可以当作普通 U 盘使用，剩余的空间依然可以正常存放数据，把刚才下载的 WINXPSP3.GHO 文件复制到 U 盘的根目录下。

（4）在计算机上插入刚制作的 U 盘，设置计算机从 U 盘启动，然后重启进入 U 盘启动界面，选择【1】进入 Windows PE 系统，如图 7-17 所示。

图 7-16　U 盘启动大师中的设置

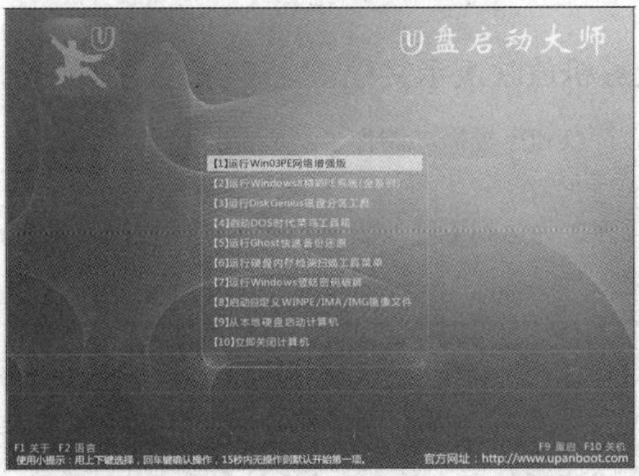

图 7-17　U 盘启动大师启动界面

（5）打开桌面上的“Onekey 一键还原”软件，选中【还原分区（R）】单选项，在“Ghost 映像文件路径”下面选择之前放在 U 盘中的 WINXPSP3.GHO 系统文件；在下面的分区列表中选择要安装 Windows XP 系统的分区，一般都是安装到 C 盘；最后单击下面的【确定】按钮，如图 7-18 所示。

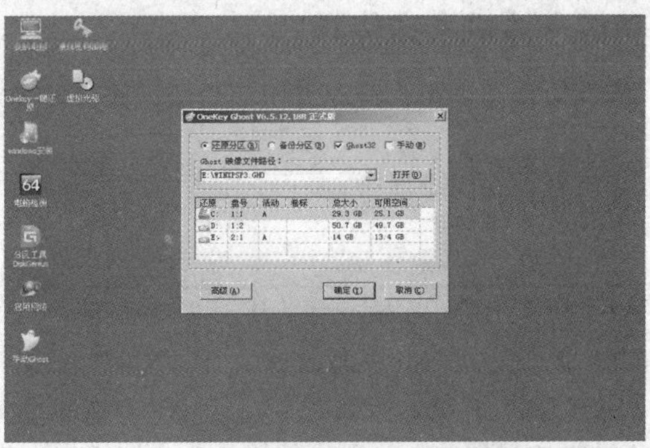

图 7-18　OneKey 一键还原设置

（6）单击【确定】按钮之后出现询问是否对镜像文件 WINXPSP3.GHO 进行镜像完整性检测，一般选择“否”。选择“否”后，直接提示准备就绪，选择“是”开始安装系统，如图 7-19 所示。

（7）当 Ghost 进度完成之后，拔掉 U 盘并重启计算机。重启后进入系统展开过程，出现驱动安装界面，驱动安装完成之后再次自动重启，进入 Windows XP 系统界面。

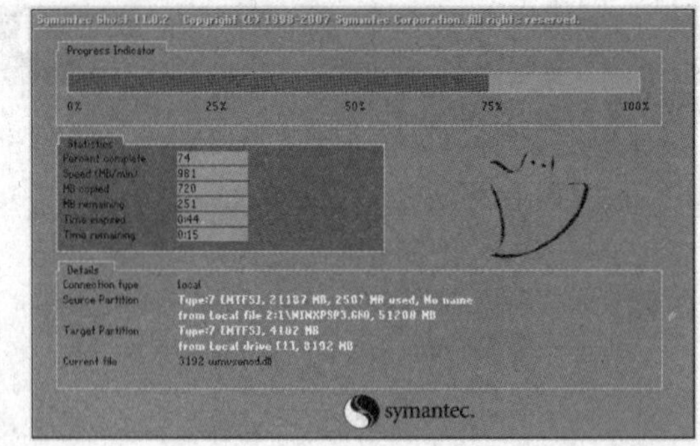

图 7-19 安装系统

拓展实训

实训 1 使用投影机放映演示文稿

公司企划部针对产品特点和市场需求制作了“新品推广”演示文稿，准备在公司会议上向有关人员介绍。

本次会议参加人数较多，为达到更好的演示效果，请使用投影机放映演示文稿。

提示

（1）利用遥控器打开投影机电源，将投影机连接外挂 USB 设备的接口连线插入笔记本电脑的 USB 接口。

（2）启动笔记本电脑，投影屏幕上同步显示笔记本电脑中的画面，利用遥控器调试效果。

（3）打开“新品推广”演示文稿，观看结束后退出放映。

（4）关闭笔记本电脑，按下投影机的【Power】键，在投影机的屏幕上显示提示窗口，提示是否关闭电源。

（5）再次按下【Power】键，投影机开始冷却后，拔下投影机电源线，装上镜头盖。

实训 2 使用多功能一体机发送传真

起草一份合同初稿，传真给合作公司，经双方协商洽谈，修订并确定合同条款，便于签订正式合同。

请完成使用多功能一体机发送合同文件传真。

提示

（1）打开多功能一体机电源，将合同正面向上放入自动进稿器中。

（2）按下【传真（Fax）】键，进入传真模式。

（3）按下【免提拨号（Hook）】键，开始拨号，等待对方应答。

（4）通话结束后等待对方应答信号，收到应答信号后，按下【启动（Start）】键。

（5）开始发传真。

（6）发送完成后，机器发出一声长音，电话自动挂断，传真发送结束，关闭多功能一体机。

任务 8

网络办公——利用网络处理办公事务

计算机网络的出现使办公自动化技术发生了革命性的转变,赋予了办公自动化技术新的内涵,彻底改变了人们的办公方式，而且这种改变还在不断继续深入。现在的人们没有网络同样可以办公，但有了网络就可以使办公过程更加高效，网络使人类的工作方式、学习方式乃至思维方式发生了深刻变革。

8.1 任务情境

小王所在的旅游公司需要制定一份到九寨沟的旅游策划书，策划书中包括：九寨沟旅游景点介绍、到九寨沟的旅游线路、火车的车次（飞机的航班）、九寨沟酒店等信息。同时公司需要召开会议讨论旅游线路，并将旅游信息发送给客户。目前公司办公室的计算机还没有连接互联网，所以首先需要连接网络，通过互联网搜索相关信息，制定旅游策划书，利用网络召开部门会议，将旅游信息通过网络发送给客户，利用网络进行旅游产品推广等。

知识目标

- 熟悉局域网组网的相关设备；
- 熟悉局域网的组建过程；
- 能够配置网络共享打印机；
- 能够搜索含有特定关键字的网站；
- 熟悉常见的网络下载方式，能够下载网上信息资源；
- 能够使用网络通信工具进行办公。

8.2 任务分析

由于办公室没有连接网络,所以首先需要向宽带运营商申请一个 ADSL 账号,通过建立 ADSL 虚拟拨号连接，满足办公室上网的需求。为了避免办公室的几台计算机同时上网冲突的情况发生，能够使用移动设备，实现打印机资源共享等目的，需要组建一个小型无线局域网。连接好硬件设备之后，通过对路由器进行配置，实现同时上网的需求，并能够运用网络搜索相关信息，制定旅游策划书，利用网络召开部门会议，将旅游信息通过网络发送给客户，利用网络进行旅游产品推广等。经过分析，需要完成以下工作。

（1）准备办公室无线局域网的相关设备；

（2）配置办公室无线网络；

（3）安装网络共享打印机；

（4）使用网络搜索引擎搜索网上资源；

（5）下载网络资源；

（6）使用网络通讯工具处理办公事物；

（7）发送接收电子邮件。

8.3 任务实现：网络办公

8.3.1 准备办公室无线局域网的相关设备

要完成办公室无线局域网的组建，小王首先需要准备组网所需的硬件设备，有网线、网卡、无线宽带路由器等。

1. 网线

在局域网中常见的网线主要是双绞线，它是用来和 RJ45 水晶头相连的，有 STP（屏蔽双绞线）和 UTP（非屏蔽双绞线）两种，常用的是 UTP。

下面介绍制作双绞线网线的步骤。

（1）剥线。利用网线钳划开并剥去双绞线的保护胶皮，可以看到构成双绞线的 4 对芯线，分别为棕/棕白、橙/橙白、绿/绿白、蓝/蓝白。

（2）理线。把 4 对双绞线按照标准，即 1—橙白，2—橙，3—绿白，4—蓝，5—蓝白，6—绿，7—棕白，8—棕的线序一字并列排齐，把每条线拉直，再用网线钳垂直于芯线排列方向剪齐。

（3）插线。把理好剪齐的 8 条芯线对准水晶头开口并插入到水晶头的底部，每条导线都应插到底端。

（4）压线。再次检查线序，无误后将插入网线的水晶头放入网线钳压线缺口中，用力压网线钳手柄，使水晶头的插针都插入到网线芯线之中。

（5）测试。用网线测试仪对做好的网线进行测试。

2. 网卡

网卡的基本功能是提供网络中计算机主机与网络电缆系统之间的接口，实现主机系统总线信号与网络环境的匹配和通信连接，接收主机传来的各种控制命令，并且加以解释执行。

网卡的分类包括以下几种。

（1）按照网卡支持的计算机种类分类，主要分为标准以太网卡和 PCMCIA 网卡，标准以太网卡用于台式计算机联网，而 PCMCIA 网卡用于笔记本电脑。

（2）按照网卡支持的传输速率分类，主要分为 10Mbit/s 网卡、100Mbit/s 网卡、10/100Mbit/s 自适应网卡和 1000Mbit/s 网卡四类。

（3）按网卡所支持的总线类型分类，主要可以分为 ISA、EISA、PCI 网卡等。

（4）按有无物理上的通信线缆分类，分为有线网卡和无线网卡。

一般用户使用的笔记本电脑都配备无线网卡，可以准备一些 USB 接口的无线网卡，为那些没有无线网卡的台式计算机用户使用。

3. 无线宽带路由器

宽带路由器是近几年来新兴的一种网络产品，它伴随着宽带的普及应运而生。宽带路由器集成了路由器、防火墙、带宽控制和管理等功能，具备快速的转发能力、灵活的网络管理和丰富的网络状态。多数宽带路由器针对宽带应用优化设计，可满足不同的网络流量环境，满足良好的电网适应性和网络兼容性。多数宽带路由器采用高度集成设计，集成 10/100Mbit/s 宽带以太网 WAN 接口、并内置多口 10/100Mbit/s 自适应交换机，方便多台机器连接内部网络与 Internet，可以广泛应用于家庭、学校、办公室、网吧、小区、政府、企业等场合。

其中无线宽带路由器（Wireless Router）是将无线 AP 和宽带路由器合二为一的扩展型产品，它不仅具备单纯性无线 AP 所有功能，如支持 DHCP 客户端、支持 VPN、防火墙、支持 WEP 加密等，而且包括了网络地址转换（NAT）功能，可支持局域网用户的网络连接共享。可实现无线网络中的 Internet 连接共享，实现 ADSL、Cable Modem 和小区宽带的无线共享接入。无线路由器可以与所有以太网的 ADSL Modem 或 Cable Modem 直接相连，也可以在使用时通过交换机/集线器、宽带路由器等局域网方式再接入。无线路由器内置简单的虚拟拨号软件，可以存储用户名和密码拨号上网，可以为拨号接入 Internet 的 ADSL、CM 等提供自动拨号功能，而无需手动拨号或占用一台计算机做服务器使用。此外，无线路由器一般还具备相对更完善的安全防护功能。

无线路由器可以将宽带网络信号通过天线转发给附近的无线网络设备（计算机、支持 Wi-Fi 的手机，以及所有带有 Wi-Fi 功能的设备）。它的位置决定了整个无线网络的信号强度和传输速率。因此路由器应摆放在一个不容易被阻挡、并且信号能覆盖屋内所有角落的位置。

8.3.2 配置办公室无线网络

准备好了无线局域网的相关设备，下面小王就需要对无线局域网络进行安装配置了。

将计算机网线连接至无线路由器的 LAN 接口之一，将连接 Internet 的网线接到无线路由器的 WAN 端（即 Internet 口），然后进行配置。

1. 配置本地连接属性

（1）在计算机桌面上右键单击【网上邻居】图标，在弹出的快捷菜单中选择【属性】命令，如图 8-1 所示。

图 8-1 【网上邻居】属性

（2）在打开的【网络连接】窗口中右键单击【本地连接】图标，在弹出的快捷菜单中选择【属性】命令，如图 8-2 所示。在弹出的【本地连接属性】对话框中可以看到所安装的网络组件，如图 8-3 所示。

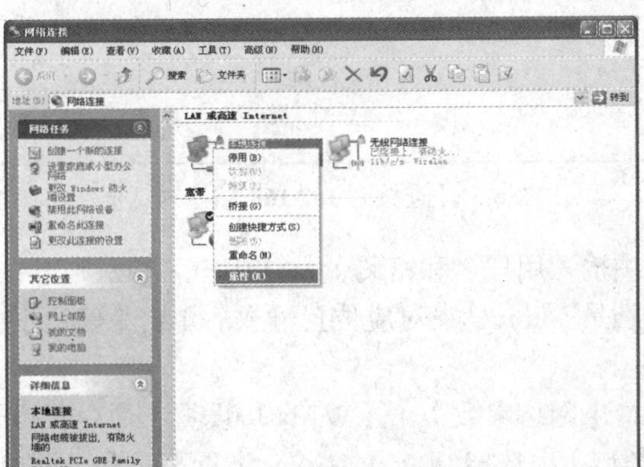

图 8-2 【网络连接】对话框

（3）在【本地连接 属性】对话框中选择【Internet 协议（TCP/IP）】项目，单击【属性】按钮，打开【Internet 协议（TCP/IP）】属性对话框，对 IP 地址进行设置，如图 8-4 所示。

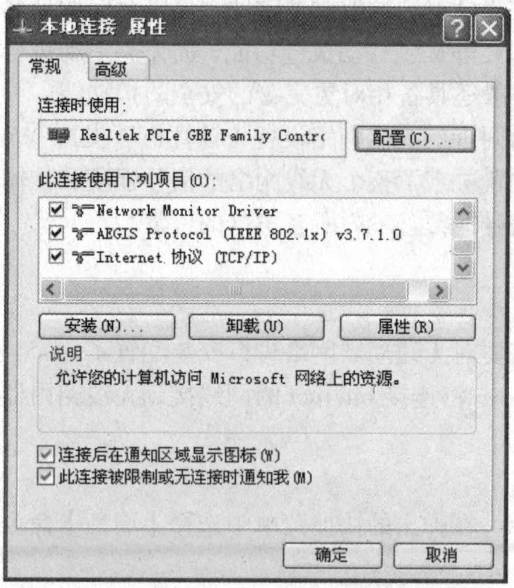

图 8-3 【本地连接 属性】对话框

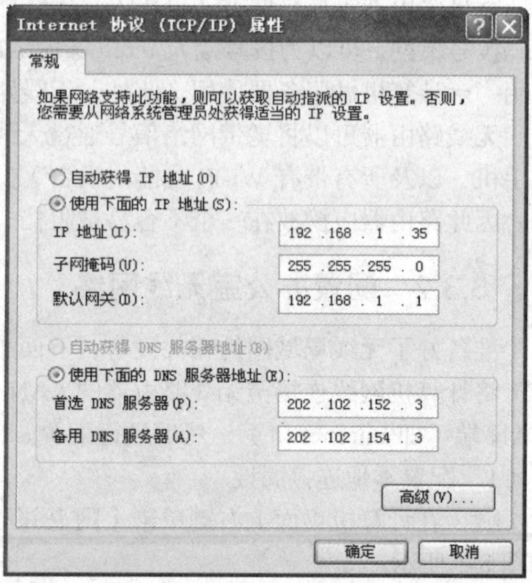

图 8-4 【Internet 协议（TCP/IP）】属性对话框

2. 通过计算机对路由器进行配置

（1）在计算机桌面上双击 IE 图标，打开浏览器，在浏览器地址栏输入路由器地址 192.168.1.1，弹出【连接到 192.168.1.1】对话框，如图 8-5 所示。

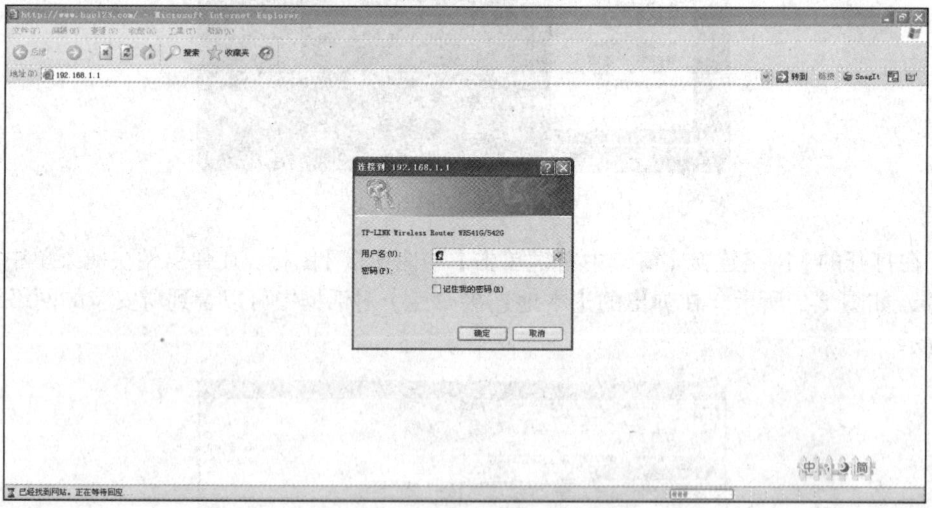

图 8-5 【连接到 192.168.1.1】对话框

（2）在弹出的对话框中输入用户名和密码，默认用户名和密码可在路由器的说明书中找到，此处默认用户名和密码分别是 admin，在对应位置输入后单击【确定】按钮，进入路由设置界面，如图 8-6 所示。

（3）在左侧窗格中选择【网络参数】|【WAN 口设置】命令，打开【WAN 口设置】界面，如图 8-7 所示。在【连接类型】中选择 PPPOE 协议，上网账号和上网口令分别为向 ISP 服务商申请的账号和设置的密码，正确填写后单击【连接】按钮，最后单击【保存】按钮。

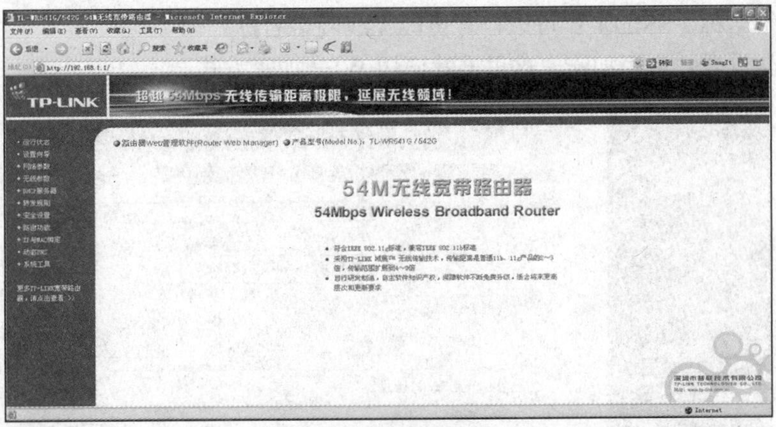

图 8-6　路由设置界面

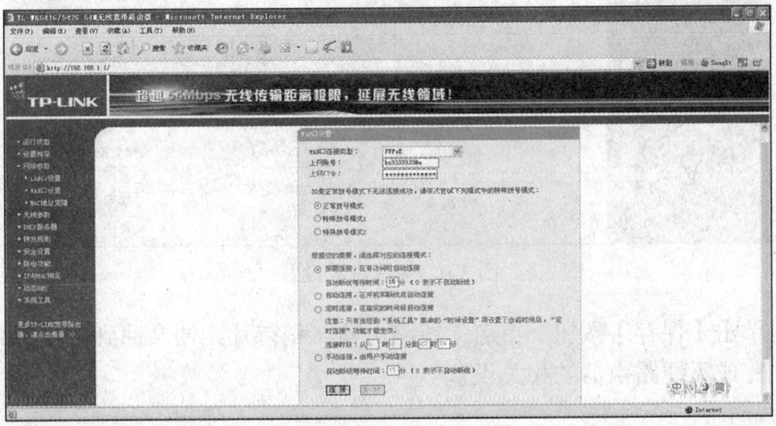

图 8-7　WAN 口设置

（4）对路由器进行 DHCP 服务器设置，分配地址池范围，如地址池的开始地址和结束地址可以设置为 192.168.1.2 到 192.168.1.199。设置完成后单击【保存】按钮退出路由器设置界面即可，如图 8-8 所示。

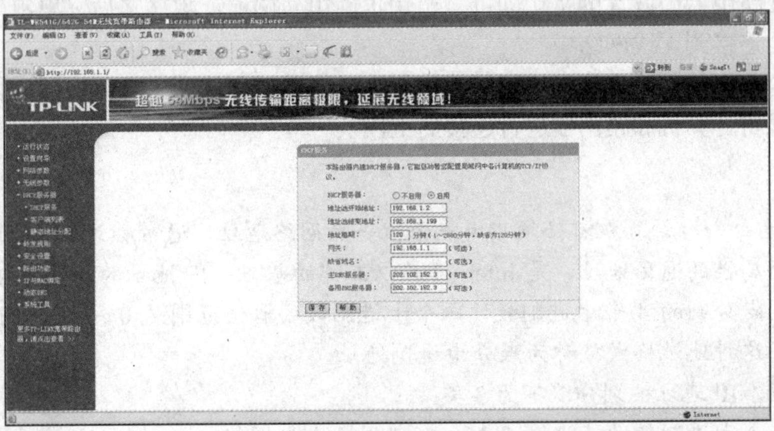

图 8-8　DHCP 服务器设置

（5）配置无线参数，如图 8-9 所示。在这部分的设置中，主要配置以下几项。

① 首先要启用无线，即选中【开启无线功能】这一项。

② 无线网络名称（SSID）：可以自行更改无线网络名称。

③ 开启安全设置，启用加密，这里推荐使用 WEP 加密方式。

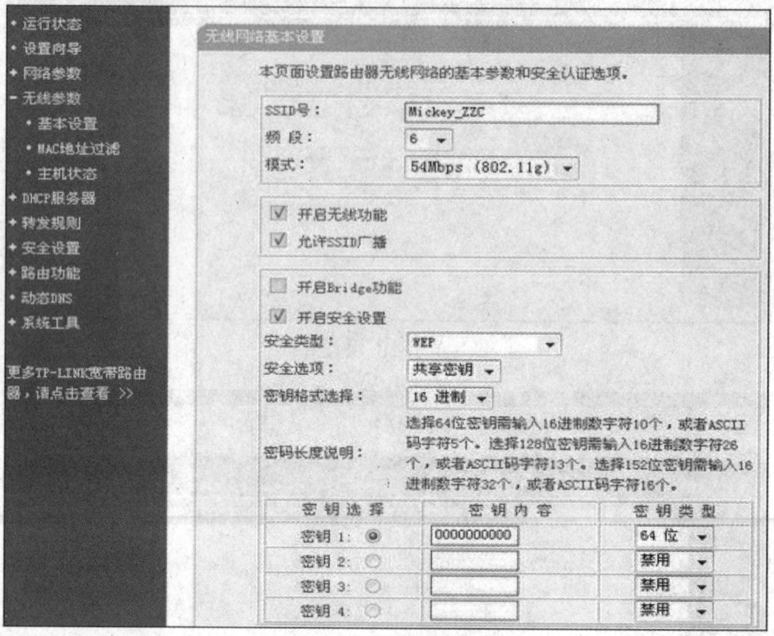

图 8-9　无线参数设置

设置完成后单击【保存】按钮。重启无线路由器，稍待片刻便会回到原配置界面，表明配置已经生效。至此完成无线路由器的相关设置。

3. 测试无线网络

用配有无线网卡的计算机测试无线网络。

（1）打开【网络连接】，右键单击无线网络连接，启用无线网络。

（2）无线网卡启用之后，单击查看可用的无线网络。

（3）当找到无线网络时，单击【连接】按钮，此时弹出无线连接需要填入网络密钥的对话框，这时只要填入在路由器中设置的密钥即可，密钥正确填写两遍。填好之后，单击【连接】按钮，稍等片刻，就会连接到无线网络中。

至此，办公室里的小型无线局域网组建完成，可以通过无线网卡与路由器进行连接后上网，也可以通过网线将计算机和路由器进行连接后上网。

相关知识

Internet 上的每一台计算机都必须指定一个唯一的网络地址，通常称为 IP 地址，它为 Internet 内部提供一种全局性的通用地址，是 Internet 赖以工作的基础。IP 地址的长度为 4 字节 32 比特，通常显示为用圆点分割的 4 个十进制数，每个十进制数的取值范围是 0～255，例如某个 IP 地址为 195.0.48.66。这种地址格式被称为点分十进制地址。

为便于管理，IP 地址被划分以下为 3 类。

A 类：第一个十进制数的值为 1～126，一般用于大型网络。

B 类：第一个十进制数的值为 128～191，一般用于中型网络或网络设备（如路由器等）。

C 类：第一个十进制数的值为 192～233，一般用于小型网络。

8.3.3 安装网络共享打印机

目前办公室只有一台打印机，为了其他人也能够打印文件，共享打印机是最常用的做法，人手一台打印机设备完全是资源浪费，且增加管理维护成本及负担，因此共享打印机不仅利于企业管理，而且可以节约使用成本。为了提供此服务，小王需要安装网络共享打印机，步骤如下。

（1）在装有打印机的计算机上设置：依次单击【开始】|【设置】|【打印机和传真】项，如图 8-10 所示。

（2）在【打印机和传真】窗口中，右键单击要设置共享的打印机图标，如图 8-11 所示，单击【共享】命令，弹出图 8-12 所示的窗口，输入共享名后，单击【下一步】按钮，这样装有打印机计算机的设置基本上已经完成了。

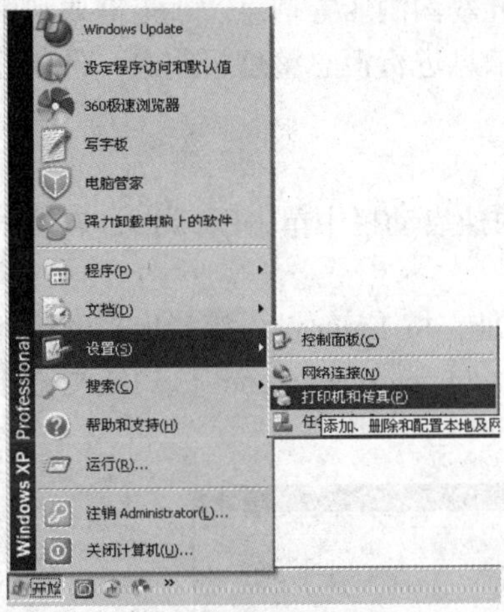

图 8-10 运行开始设置

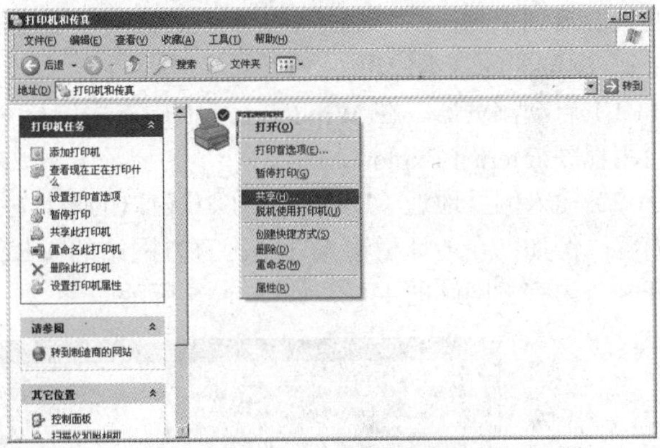

图 8-11 设置共享打印机

接下来设置局域网内没有安装打印机的计算机。依次单击【开始】|【运行】项，在弹出的【运行】对话框的输入框中输入\\192.168.1.35，即双斜杠\\加上装有打印机的计算机的 IP 地址。如图 8-13 所示。

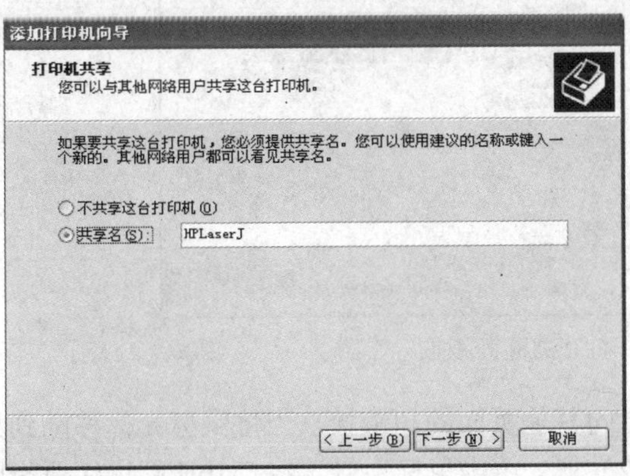

图 8-12 设置打印机共享名

图 8-13 【运行】对话框

单击【确定】按钮，进入装有打印机的计算机，双击打开打印机图标。在打印机的窗口空白处单击鼠标右键，在显示的菜单中选择【设为默认打印机】，将此选项打上钩，如图 8-14 所示。这样，其他人也能够用网络共享打印机打印文件了。

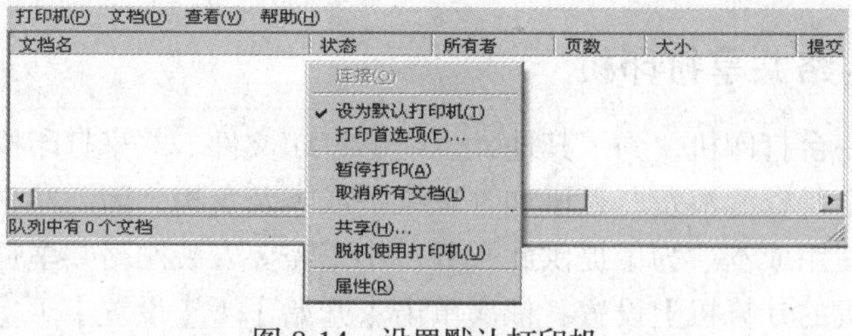

图 8-14　设置默认打印机

8.3.4　使用网络搜索引擎搜索网上资源

小王所在的旅游公司需要制定一份到九寨沟的旅游策划书，策划书中包括：九寨沟旅游景点介绍、到九寨沟的旅游线路、火车的车次（飞机的航班）、九寨沟酒店等信息。小王需要利用搜索引擎和其他一些网站浏览、查询、保存相关信息，然后对信息进行汇总整理，制定一份到九寨沟的旅游策划书。

1. 浏览器的基本使用

（1）启动浏览器。在 Windows 桌面中双击图标或在快速启动栏中单击图标，启动浏览器应用程序 Internet Explore。

（2）输入网页地址（URL）。在 IE 窗口的地址栏输入网址，按 Enter 键，等待出现浏览页面的内容。例如，在地址栏输入九寨沟官方网站的 URL（http：//www.jiuzhai.com），IE 浏览器将打开九寨沟官方网站的主页，如图 8-15 所示。

图 8-15　用 IE 打开浏览页面

（3）网页浏览。在 IE 打开的页面中，包含指向其他页面的超链接。当将鼠标光标移动到具有超链接的文本或图像上时，鼠标指针会变为“”形，单击鼠标左键，将打开该超链接所指向的网页。根据网页的超链接，即可进行网页的浏览。

（4）保存当前网页信息。使用【文件】菜单的【另存为】命令，将当前网页保存到本地计算机。

（5）保存图像或动画。在当前网页中选择一幅图像或动画，单击鼠标右键，从弹出的快捷菜单中选择【图片另存为】命令，将该图像或动画保存到本地计算机。

（6）将当前网页地址保存到收藏夹。使用【收藏】菜单的【添加到收藏夹】命令，并在【添加到收藏夹】窗口中选中【允许脱机使用】复选框，将当前网页放入收藏夹。

（7）主页设置。使用【工具】菜单中的【Internet 选项】命令，打开【Internet 选项】对话框，如图 8-16 所示。单击【常规】属性页，在【主页】的地址栏中，输入一个网址（如 http：//www.hao123.com），单击【确定】按钮，即可将输入的网址设置为 IE 的主页。也可以通过单击【使用当前页】按钮，将 IE 浏览器当前打开的页面作为主页。如果单击【使用默认页】按钮，则将系统默认的 http：//www.microsoft.com 网址设置为主页；单击【使用空白页】按钮，则不设置任何网址作为主页。

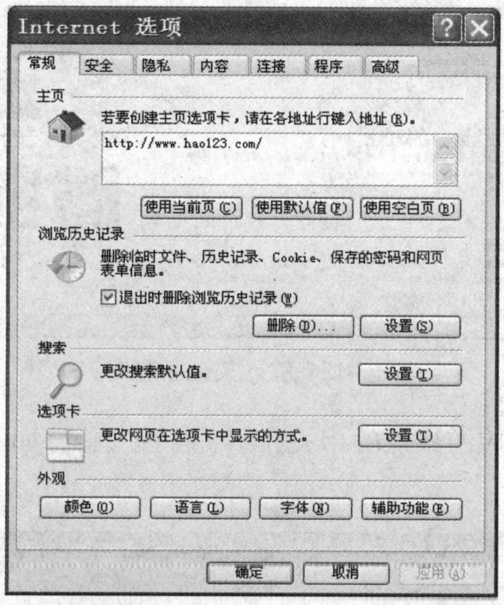

图 8-16 【Internet 选项】对话框

2. 网上信息资源的搜索

（1）打开 IE，并输入百度搜索引擎网址 http：//www.baidu.com，如图 8-17 所示。

图 8-17 百度搜索引擎

（2）输入关键字“九寨沟旅游”，搜索查询九寨沟旅游的相关信息，如图 8-18 所示。

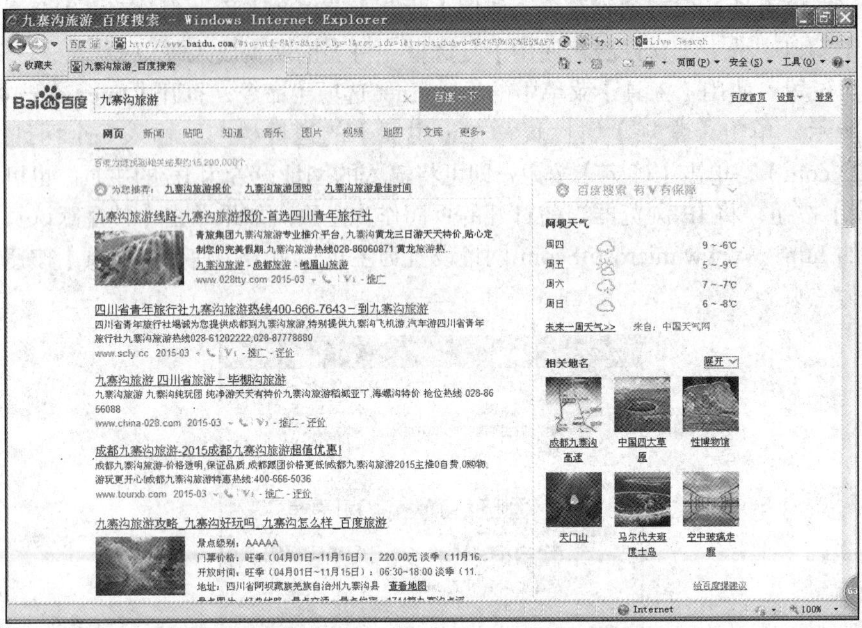

图 8-18　输入关键字查询

（3）打开链接找到九寨沟旅游景点的相关介绍、行程安排，如图 8-19 所示，并把相关的信息保存在自己的计算机上。

图 8-19　打开链接

（4）进入铁路客户服务中心 http：//www.12306.cn，查询列车信息，如图 8-20 所示。
（5）进入携程旅行网 http：//www.ctrip.com/，查询飞机航班、酒店信息，如图 8-21 所示。
（6）汇总和整理所查询到信息，编写旅游策划书。

图 8-20　查询列车信息

图 8-21　查询航班、酒店信息

8.3.5　下载网络资源

办公时可能需要从网络上下载各种资源，比如下载各种软件，文字、图片、音/视频资料等，下载的方式也有多种。

1．http 下载方式

以 http 方式提供资源下载是目前最常用的方式，如国内知名的天空软件站（http：//www.skycn.com）、华军软件园（http：//www.onlinedown.net）等。

当用浏览器打开软件所在页面时，窗口中会指明要单击的下载链接，如图 8-22 所示，对于这些链接，下载方式有以下几种。

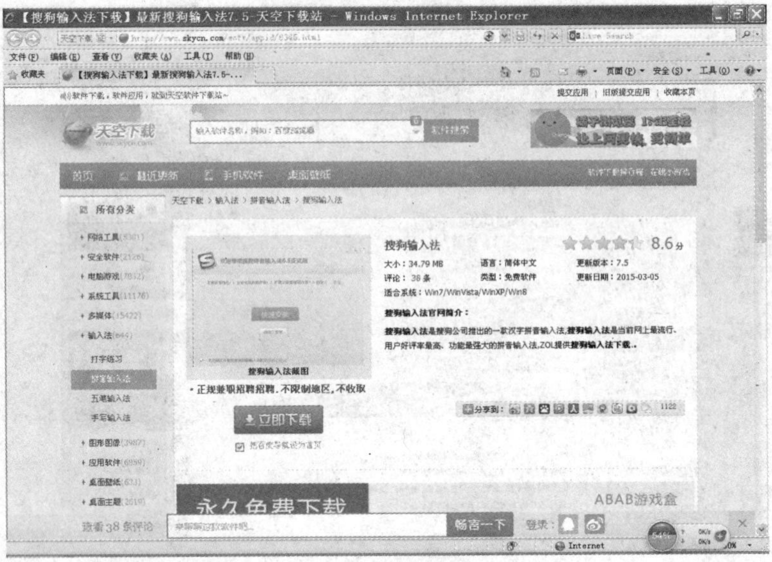

图 8-22　软件下载链接

（1）“目标另存为”法

在浏览器中，用鼠标右键单击某个软件的下载链接，会弹出一个快捷菜单，从中选择【目标另存为】命令，稍后将提示选择文件的保存位置并要求输入保存文件名，按要求设置好后，软件将开始下载，依据软件大小和站点的限制，下载所用时间可长可短。

（2）直接单击下载链接

此法和“目标另存为”思路相似，只是不用鼠标右键单击链接，而是直接左键单击下载链接，后面的操作就完全相同了。

提示

以上方法是直接在浏览器中完成的，用浏览器直接下载的方便之处是不用额外安装下载工具，但缺点也是很明显的，如速度慢、受网络阻塞影响明显，一旦遇到断线，就会使下载失败。因此，一般是在上网条件好且所下载的目标文件不大时使用。

（3）使用专用的下载工具下载

可以使用专用的下载工具来代替直接浏览器下载，此类工具如迅雷、网际快车等，它们支持断点续传，不用担心断线后下次要重新下载。而且，使用专门的下载工具也方便对下载文件的管理、分类，因此已经成为了多数人的下载方法。

2. FTP 下载方式

FTP 简单地说就是在远程主机和计算机之间互相复制文件的一种方式，它是 Internet 上最常用的功能之一，如果只是传输文件，用 FTP 比用浏览器下载文件更直接、高效。

以 FTP 方式提供软件下载的站点有很多，对于这些站点上的资源，通常可以在浏览器中直接下载，或者使用专用工具下载。

如果见到一个软件下载链接是以 ftp：//开头，就表明这是一个用 FTP 方式提供的下载了。可以在 IE 中直接下载。

若软件的下载链接中 ftp 地址是完整的（如包含了登录 ftp 服务器的用户名、密码等，通常的写法是 ftp：//username：password@XXX.XXX.XXX，username 是用户名，password 是登录密码，@

后面是服务器地址，有时在地址后可能还有端口号），则在浏览器中直接单击此链接就可以下载。

若没有具体给出完整的下载地址，但是知道用户名、密码和 ftp 站点地址等，也可以在 IE 中进入：在地址栏中输入“ftp：//XXX.XXX.XXX”，回车后根据提示输入用户名和密码，之后将所见到的文件复制到本地硬盘中即可。

3. P2P 下载方式

P2P（Peer to Peer）又称点对点技术，是一种新型网络技术。当用户用浏览器或者 FTP 下载时，若同时下载的人数过多，由于服务器的带宽问题，下载速度会减慢许多。而使用 P2P 技术则正好相反，下载的人越多，下载的速度反而越快，采用 P2P 方式的下载软件有电驴（emule）、Bitcomet 等。

8.3.6 使用网络通信工具处理办公事务

公司的旅游线路策划完成后，小王需要利用网络给客户发送旅游线路信息，与客户进行交流，给公司同事传送文件，以及召开部门网络会议等，有时身在外地也需要处理各种事务，这就要用到各种网络通信工具，常用的有 QQ、E-mail 等。

腾讯 QQ 支持在线聊天、视频聊天以及语音聊天、点对点断点续传文件、共享文件、网络硬盘、自定义面板、远程控制、QQ 邮箱、传送离线文件等多种功能，并可与移动通信终端等多种通信方式相连。

可能很多人会想到它是一款用户量最多的即时通信工具，但很少有人会想到，它同时是一款有助于高效办公的利器。利用它，可以完成原先需要专门工具才能完成的远程 PPT 文档演示、语音/视频会议和文件瞬间快传等工作。

（1）软件的下载与安装。首先从腾讯软件中心（http：//im.qq.com/）或其他 Web 站点将腾讯 QQ 软件下载到本地硬盘，然后根据安装向导，完成 QQ 软件的安装。

（2）用户登录。运行 QQ 软件，会出现 QQ 用户登录界面，如图 8-23 所示。分别在 QQ 号码栏和 QQ 密码栏输入 QQ 号码和登录密码，单击【登录】按钮进行登录。如果你尚无 QQ 号码，请单击用户登录界面上的【注册账号】按钮，在向导指引下，完成 QQ 号码申请过程。

图 8-23　QQ 登录界面

（3）好友添加与删除。登录完成以后，将出现 QQ 使用界面。单击 QQ 使用界面右下角的【查找】按钮，打开【查找】对话框，输入对方的 QQ 账号或昵称，单击【查找】按钮，则会显示所有符合条件的 QQ 用户信息，然后选择需要添加的用户，单击【加为好友】按钮，完成好友的添加。若要删除好友，只需在 QQ 使用界面中选择好友的头像，单击鼠标右键，从弹出的快捷菜单中选择【删除好友】命令，即可完成。

（4）QQ 发送消息。在 QQ 使用界面中双击需要进行聊天的好友头像，即可打开 QQ 发送消息界面。如图 8-24 所示，发送消息界面默认情况下分为两个窗口，上面窗口显示双方发送的消息，下面窗口为消息输入窗口。在输入窗口中编辑好文本信息，单击【发送】按钮，即可以将消息发送给对方，在编辑发送消息的文本信息时，还可以单击输入窗口上面工具栏中的【选择表情】按钮，在文本信息中加入表情图像。另外，也可以单击发送消息窗口上面工具栏中的【视频通话】、【语音通话】、【传送文件】等按钮，建立视频聊天、语音聊天和文件传送。也可以单击【创建讨论组】按钮，实现多人即时聊天。

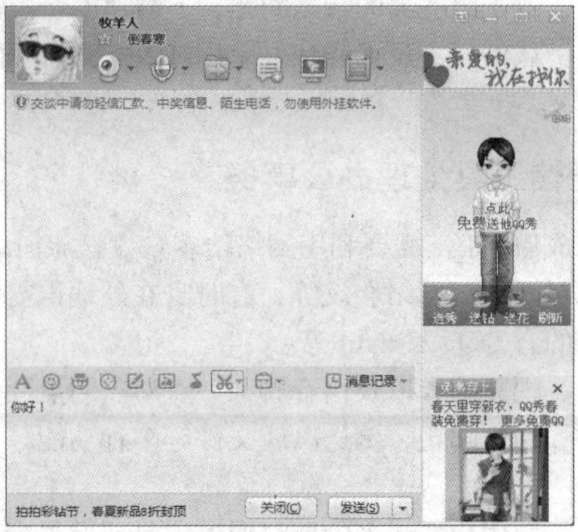

图 8-24　QQ 发送消息界面

（5）会议沟通。借助 QQ 提供的多人语音和视频通话功能，可以召开网络视频会议。登录 QQ（手机版和电脑版均可），在其主面板中单击右下角的【应用管理器】按钮，打开同名界面，如图 8-25 所示。单击【社交通信类】项下的【多人视频】按钮，打开【邀请好友】对话框，在左侧的联系人列表中，单击需要参加会议的人员，将其添加到右侧的“已选联系人”列表中（最多可添加 50 人），单击【确定】按钮。此时，会出现多人聊天窗口，默认情况下，QQ 多人视频支持同时显示 6 个视频画面。

图 8-25 【应用管理器】界面

（6）PPT 文档同步演示，使用 PPT 文档来演示产品特性、公司的发展意向，是平时工作中最常使用的，同时也是最直观的介绍方式。不过，有时需要向其演示的客户或同事在外地，新版本的 QQ 已提供了远程 PPT 文档同步演示功能，利用它，不管“被”演示的对象身处多远，只要能上 QQ，我们就能让其身临其境，即时查看文档中的内容。

① 打开分享对象的聊天窗口，单击【屏幕分享】按钮（受到邀请的好友的 QQ 中此时会出现一个提示，他只要单击【立即加入】按钮，即可加入到分享行列中来），打开同名界面，如图 8-26 所示，在左侧，我们可看到 QQ 提供了两种分享方式：分享窗口和分享区域。前者可分享指定的文档的全部，而后者则可分享文档中指定的部分，我们可根据自己的需要进行选择。

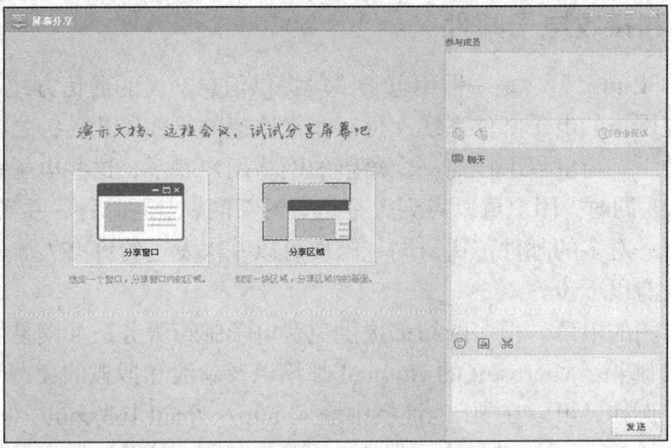

图 8-26 【屏幕分享】界面

②以“分享区域”为例，打开要分享的 PPT 文档，单击【分享区域】按钮，拖动鼠标框选要分享的区域，该区域处于被选中状态，单击下方的【开始实时分享】按钮，相应文档的内容即会显示在好友的聊天窗口中。其间我们对该区域所做的所有操作，比如鼠标选定相应的文字或添加标注等，也会如现场演示一样，在好友的聊天窗口中有同样的反应。分享完毕，在 PPT 所选区域的下方单击【退出分享】按钮退出分享。

（7）重要文件，即时互传。

① 计算机互传文件，有三种方式：复制文件，然后在聊天窗口里面粘贴；单击聊天窗口上的【发送文件】按钮，然后选择文件发送；直接拖动文件进聊天窗口。

② 在计算机、手机中互传文件，以将计算机中的文件上传到手机中为例。在计算机和手机中同时登录 QQ，然后在计算机端的 QQ 联系人列表中，单击展开【我的设备】项，在其下，我们会看到当前登录的手机设备，单击鼠标右键，在出现的快捷菜单中选择【打开发送窗口】命令，打开相应的界面，单击左下角的【选择文件发送】按钮，在出现的【打开】对话框中，选择要发送的文件，单击【打开】按钮，该文件即可发送到手机中。在手机中查看接收文件的方法为：在手机端的 QQ 消息列表中，单击【我的电脑】项，接收的文件即会显示在相应的页面中，接下来，用我们通常熟悉的方法，单击文件，然后在出现的界面中选择相应的方式将其打开，或选择【存到微云】项，保存到 QQ 微云中即可。

③ 面对面快传，同一 Wi-Fi 环境下的好友之间可以登录手机 QQ 后手指右滑，打开左侧工具栏，选择【我的文件】项，在出现的界面中，依次选择【面对面快传】和【发文件】项，然后在接下来的界面中，选择接收方所用的设备类型（如安卓、iPhone），同时让接收方登录 QQ，选择【收文件】项，最后按照提示，选择文件并发送即可。

相关知识

腾讯企业 QQ 办公版

腾讯企业 QQ 办公版是在个人 QQ 平台的基础上，为中小企业用户提供的量身定制的、高效的企业级即时通信产品。企业 QQ 办公版基于 QQ 海量用户平台，搭建了与 7 亿个人 QQ 用户便捷沟通的通道。它既能够满足企业成员内部沟通的各种需要，又能在最大程度上满足企业内部成员与企业外部联系人的沟通需求，在实现企业即时通信的模式多样化的同时，提升了企业沟通的效率。

8.3.7 发送和接收电子邮件

电子邮件（简称 E-mail），是一种用电子手段提供信息交换的通信方式，是 Internet 应用最广的服务之一，通过网络的电子邮件系统，可以非常快速的方式（几秒钟之内可以发送到世界上任何你指定的目的地），与世界上任何一个角落的网络用户联系，这些电子邮件可以是文字、图像、声音等各种方式。同时，用户可以得到大量免费的新闻、专题邮件，并实现轻松的信息搜索。电子邮件还可以进行一对多的邮件传递，同一邮件可以一次发送给许多人。

电子邮件的收发有以下步骤。

（1）免费电子邮箱的申请。很多网站都提供免费电子邮箱服务，如网易的 163 邮箱和 126 邮箱、Google 的 Gmail 邮箱、Microsoft 的 Hotmail 邮箱以及新浪和搜狐的免费邮箱等，可以到相应的网站主页上申请。例如，可以在 IE 地址栏中输入 http：//mail.163.com/，打开 163 网站的免费电子邮箱页面，如图 8-27 所示，单击【注册 3G 免费邮箱】，按着注册向导的要求，即可注册一个新的电子邮箱地址。

图 8-27　163 免费邮箱注册页面

（2）启动电子邮件管理程序 Outlook Express。在 Windows 环境下启动应用程序 Outlook Express，如图 8-28 所示。

（3）将自己的 E-mail 地址添加到 Internet 账户列表中。单击【工具】菜单的【账户】命令，打开【Internet 账户】窗口，再单击【添加】按钮选择添加邮件，打开【Internet 连接向导】，依次输入自己希望的显示名、E-mail 地址、接收服务器域名、发送服务器域名、帐户名和密码等内容。如 E-mail 地址为“szcie@163.com”，则 Internet 连接向导中，可在【您的姓名】对话框中输入“szcie”；在【Internet 电子邮件地址】对话框中输入“szcie@163.com”；在【电子邮件服务器名】对话框中，分别在【接收邮件服务器】栏中填入“POP.163.com”，在【发送邮件服务器】栏中填入“SMTP.163.com”，如图 8-29 所示。然后在【Internet Mail 登录】对话框中添加账户名“szcie”和该邮箱的密码，即可完成账户的添加。

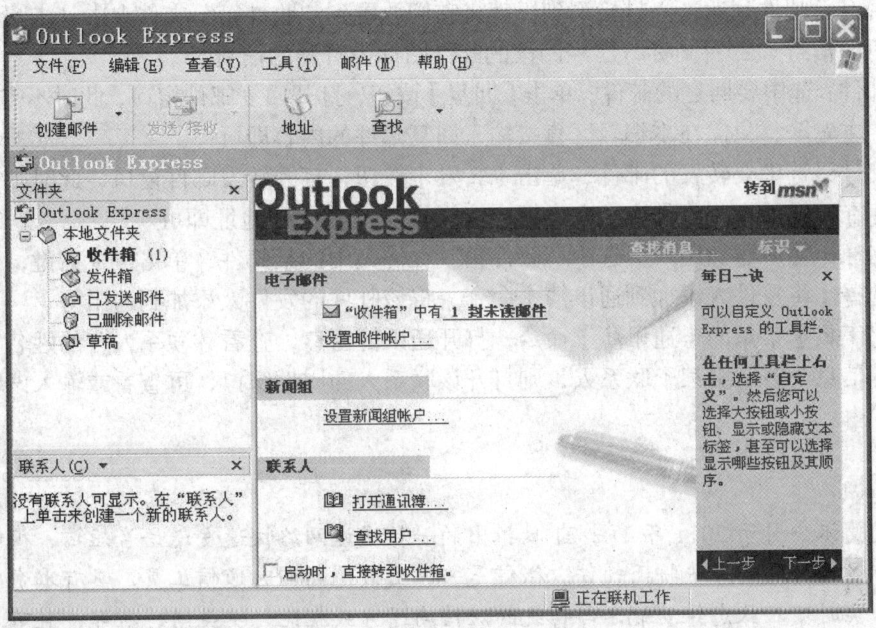

图 8-28 Outlook Express 用户界面

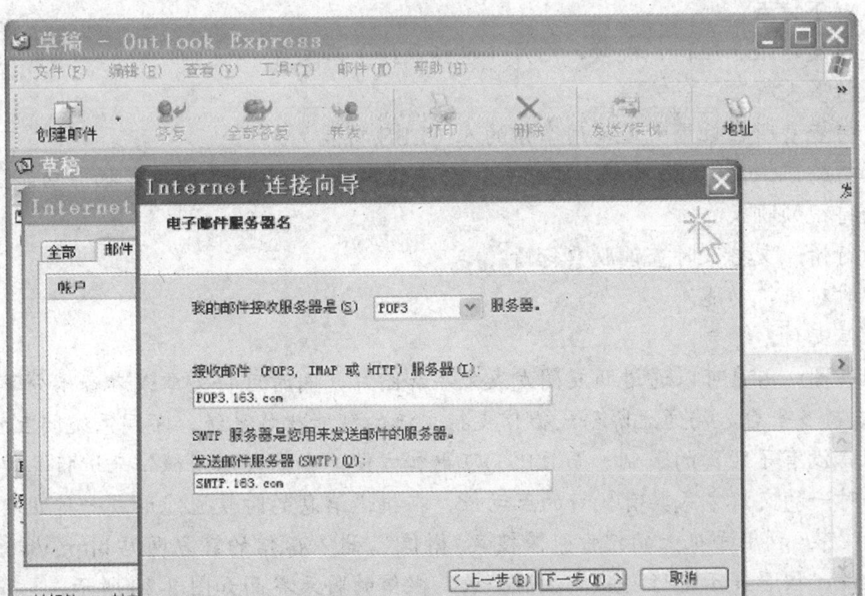

图 8-29 【电子邮件服务器名】对话框

任务8 网络办公——利用网络处理办公事务

（4）撰写和发送邮件。单击【创建邮件】按钮，打开【新邮件】窗口，在“收件人”和“抄送”文本框中输入收件人的 E-mail 地址，若希望同时发送到多个邮箱地址，则地址之间用逗号或分号隔开，在“主题”文本框中输入邮件的标题；在文本编辑区输入邮件的具体内容，然后单击【发送】按钮。

若希望在邮件中添加附件，则单击【附件】按钮，打开【插入附件】窗口，可将各种类型的文件（如文本、图片、声音、压缩文件等）作为该邮件的附件传送给收件人。

（5）阅读、回复或转发邮件。启动 Outlook Express 时，或是单击【发送和接收】按钮时，都会检查是否有新邮件到达，一旦检测到，就将它们放置到“收件箱”文件夹中。未阅读的邮件有一个未拆封的信封“✉”图标，已经阅读的邮件图标为打开的信封。

回复邮件：选中要回复的邮件，单击【回复】按钮，打开回复邮件窗口，此时不需要输入“收件人”和“主题”，只需在本编辑区直接输入回复邮件的内容即可。

转发邮件：选中要转发的邮件，单击【转发】按钮，打开转发邮件窗口，此时邮件的主题和内容已经存在，只需在“收件人”文本框中输入收件人 E-mail 地址即可。

（6）向通讯簿中添加用户。选中“收件箱”文件夹中的某邮件，单击鼠标右键，从弹出的快捷菜单中选择【将发件人添加到通讯簿】命令，将该邮件的发件人添加到通讯簿。

单击【工具】菜单的【通讯簿】命令，打开通讯簿窗口，查看“联系人”的姓名、E-mail 地址、电话等信息。若双击某个联系人，则打开该联系人的属性窗口，可查看或输入该联系人的详细信息。

相关知识

微信是腾讯公司于 2011 年 1 月 21 日推出的一款通过网络快速发送语音短信、视频、图片和文字，支持多人群聊的手机聊天软件。微信是一种更快速的即时通信工具，具有零资费、跨平台沟通、显示实时输入状态等功能，与传统的短信沟通方式相比，更灵活、智能，且节省资费。截至 2013 年 10 月，注册用户量已经突破 6 亿。

微信有以下特点。

（1）支持发送语音短信、视频、图片（包括表情）和文字。

（2）支持多人群聊。

（3）支持查看所在位置附近使用微信的人（LBS 功能）。

（4）支持腾讯微博、QQ 邮箱、漂流瓶、语音记事本、QQ 同步助手等插件功能。

（5）支持视频聊天。

（6）微行情：支持及时查询股票行情。

（7）实时对讲机功能。

（8）微信支付。

（9）朋友圈：用户可以通过朋友圈发表文字和图片，同时可将文章或者音乐分享到朋友圈。

（10）支持多平台，沟通无障碍：微信支持主流的智能操作系统，不同系统间互发畅通无阻。

由于微信没有了距离的限制，而且比 QQ 更加方便。企业可以用微信来进行品牌和产品的推广，微信一对一的交流方式具有良好的互动性，在推送消息的时候也能形成一种朋友关系。

微信的安装：利用手机上的搜索引擎搜索“微信”，进入微信的官方网站 http: //weixin.qq.com，下载微信软件，按照提示进行安装，注册登录，微信的聊天界面如图 8-30 所示。

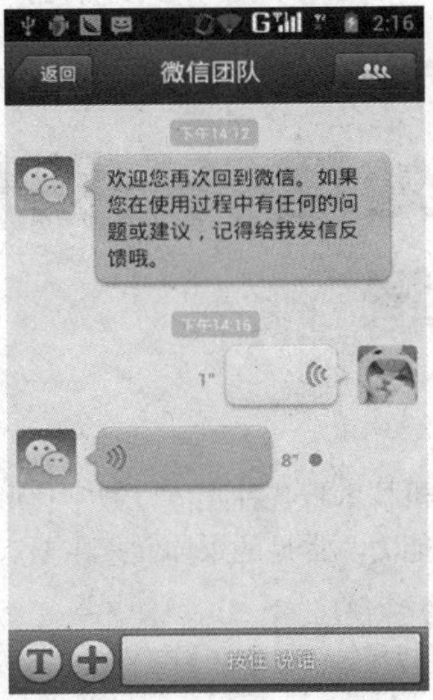

图 8-30　微信聊天界面

拓展实训

实训　利用微信公众平台进行旅游产品推广

公司领导让小王通过微信公众平台向客户推广旅游产品，微信公众平台是腾讯公司在微信的基础上新增的功能模块，通过这一平台，个人及企业都可以打造一个微信公众号，并实现和特定群体的文字、图片、语音的全方位沟通、互动。

微信公众号推广范例如图 8-31 所示。

图 8-31　微信公众号推广范例

任务 9

多媒体信息的处理——图片处理及音频、视频剪辑

多媒体信息处理是指通过计算机技术将各种媒体以数字化形式集成在一起，从而使计算机具有表示、处理、存储这些媒体信息的能力。常见的媒体元素主要有文本、图形图像、音频和视频等。

9.1 任务情境

小王是旅行社宣传部的职员，日常工作中大量涉及公司形象、旅游项目的对外宣传，如利用广告橱窗静态展示宣传图片，或在电子屏上动态播放宣传视频，所以，小王需要掌握图片处理以及音频、视频编辑方面的专业技能，才能在本职工作中游刃有余。图 9-1 所示为使用手机拍摄的一张照片，整张图片比较灰暗，如果用 ACD-See 等功能简单的图片处理软件调整其亮度、色彩和饱和度，并不能有效地对图片进行美化。Photoshop 中的图层蒙版可以替换原图中有瑕疵的部分，并实现与原图的完美融合。图 9-2 就是运用 Photoshop 图层蒙版功能将图 9-1 的天空背景替换之后的合成效果，有效改善了原图的显示效果。另外，若在图片素材中加入音频、精彩视频制成宣传视频进行动态展示，还需要借助 Cool Edit、绘声绘影等音频、视频处理软件。

图 9-1　手机拍摄效果

图 9-2　使用 Photoshop 蒙版处理后的效果

知识目标

- 使用 Photoshop 图层蒙版处理图片的方法；
- 使用 Photoshop 剪贴蒙版处理图片的方法；
- 使用 Photoshop 矢量蒙版处理图片的方法；
- 使用 Cool Edit 制作伴奏的方法；
- 使用 Cool Edit 将多首歌剪辑为一首歌的方法；
- 使用 Cool Edit 录制自己歌曲的方法；
- 使用绘声绘影对照片之间添加转场效果的方法；
- 使用绘声绘影添加片头、片尾并进行修改的方法；
- 使用绘声绘影添加音乐并进行剪辑的方法；
- 使用绘声绘影制作个人电子相册的方法。

9.2 任务分析

制作宣传视频，需要处理合成图片、编辑剪辑音频文件和视频文件。经过分析，小王要做好该视频，必须熟练掌握图片合成、编辑和剪辑音频和视频文件的方法。例如，处理图片合成时，除了需要对图片的位置和大小进行调整外，还需清楚不同图片素材应使用相应的处理方法进行合成；处理音频文件时，需要熟练掌握伴奏曲的制作，学会对录制的音频文件的音量进行标准化，并进行降噪处理等；制作视频时，能将精彩影片片段加入自己制作的视频当中，加入所需的动态文字效果充实自己的视频，使其更加生动。

9.3 任务实现：图片处理及音频、视频剪辑

9.3.1 使用 Photoshop 的蒙版处理合成图片

Photoshop 是一款优秀的图形图像处理软件。下面就使用 Photoshop 来实现几张图片的融合，处理两张图片的相接部分，实现自然过渡；为输入的文字和图形设定形状轮廓；用系统自带或个人设计的矢量图形作为矢量蒙版实现艺术照效果。

1. Photoshop 工具简介

Photoshop 工具栏中有数十种工具，其界面如图 9-3 所示，它可以帮助用户对图像进行创建、修改、编辑及色彩校正。

- 选定工具：选框、套索和魔术棒。如果用户想选定某个对象，通常要使用选定工具。选框工具允许用户用矩形、椭圆和水平线或垂直线去选定一个图像区域。套索工具可以当作鼠标绘制工具来使用，用户可以用它描绘形状不规则的轮廓。魔术工具是按颜色相近程度进行选定。
- 移动工具：用来移动所选定的对象或层。
- 裁切工具：用于裁切图像的某一部分，并且删除剩下的部分。
- 文字工具：用来向文档中添加文字。
- 抓手和缩放工具：用于移动和缩放图片。
- 钢笔和自定义形状工具：主要用于定义矢量图形或改变矢量图形的路径。
- 着色工具：包括漆桶、梯度、线条、橡皮擦、铅笔、喷枪、画笔和滴管。
- 编辑工具：包括仿制图章、涂抹、模糊/锐化、加深/减淡/海绵。

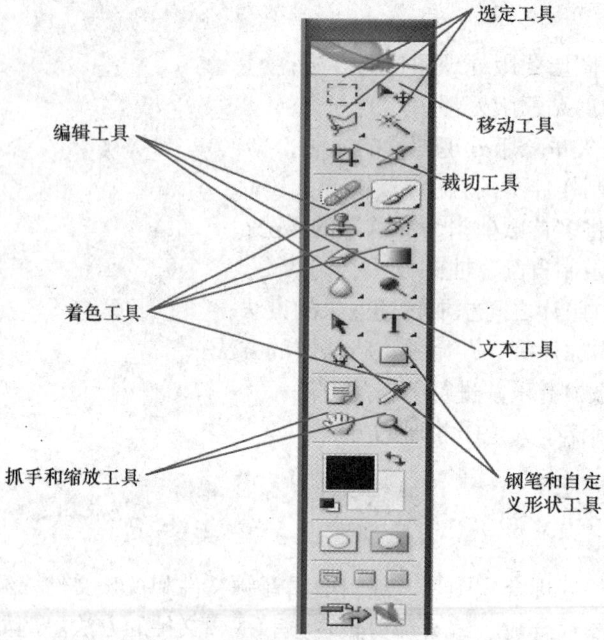

图 9-3 Photoshop 工具栏

2. 图层简介

图层是 Photoshop 效果显示的基础，图层的应用可以在完全不影响整个画面大部分元素的基础上处理其中的一部分。可以把图层看成一张一张叠放起来的透明玻璃，每张透明玻璃上都有不同的画面，改变图层的顺序和属性，可以改变图像的最终效果。通过对图层的操作，可以编辑很多漂亮的图片效果。对图层的操作主要是通过图层面板来完成。以图 9-4 为例，它对应的图层面板如图 9-9 所示。

3. 电影海报中常见的蒙太奇效果

天空之城电影海报的效果如图 9-4 所示。

图 9-4 电影海报

相关知识

蒙版的实质是将原图层的画面进行适当的遮盖，从而显示出需要的部分。蒙版中的白色表示全透明，黑色表示遮盖，而灰白系列的则表示半透明。

制作电影海报的具体操作步骤如下。

（1）新建一张 800×1000 像素的白色背景画布（单击【文件】菜单项，选择【新建】命令，在弹出的【新建】窗口中将其命名为“天空之城”，并设置宽度和高度的值，如图 9-5 所示）。

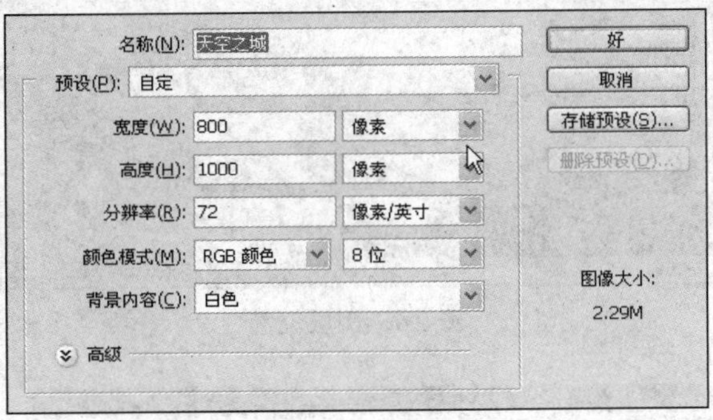

图 9-5　新建画布

（2）打开制作所需的素材图片（单击【文件】菜单项，选择【打开】命令，在弹出的【打开】窗口中选择所需打开的三张图片素材后，单击【打开】按钮，如图 9-6 所示），在工具栏中选择【移动工具】分别将三张素材图片拖动到背景图层上方作为图层 1、图层 2、图层 3，如图 9-7 所示。

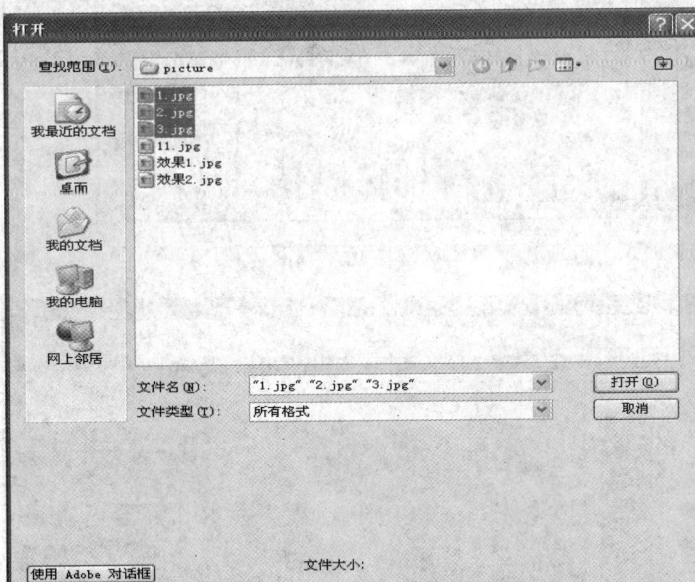

图 9-6　打开素材图片

（3）找出三个图层应该露出的部分和应该遮盖部分，在图层面板中依次对图层 2、图层 3 添加【图层蒙版】。使用【渐变工具】对图层 2 填充白色到黑色的【线性渐变】，如图 9-8 所示。使用【渐变工具】对图层 3 填充白色到黑色的【径向渐变】，如图 9-9 所示。必要处使用【画笔工具】对其进行修改，操作如图 9-10 所示。

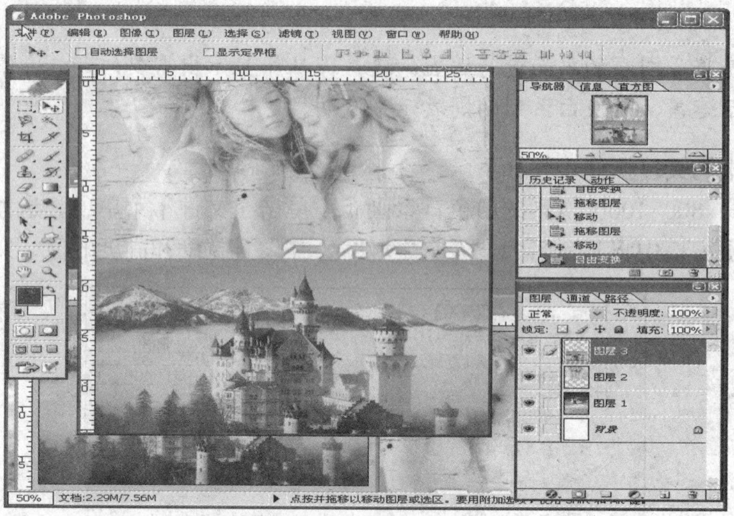

图 9-7　图层位置

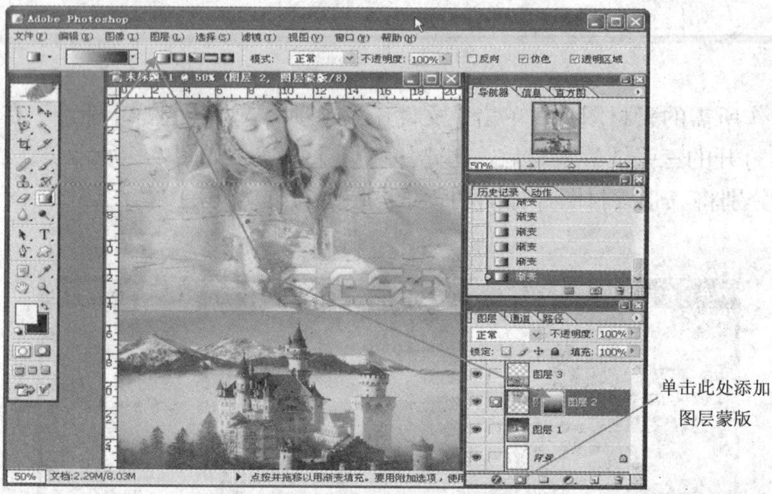

图 9-8　填充线性渐变

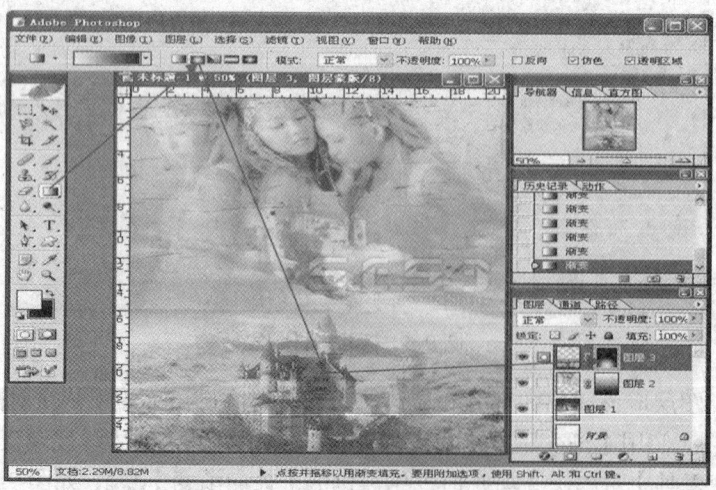

图 9-9　填充径向渐变

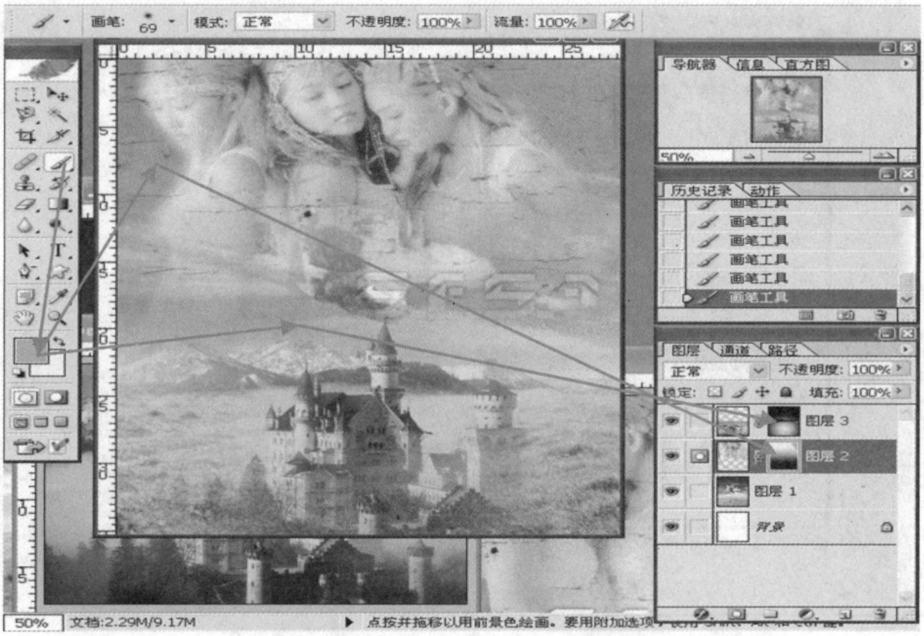

图 9-10　图层蒙版的添加效果

提示

渐变工具的使用方法是按住鼠标左键拖曳，形成一条直线，直线的长度和方向决定了渐变填充区域和方向，拖曳鼠标的同时按住 Shift 键可保证鼠标的方向是水平、竖直或 45°。

渐变填充颜色的改变可通过单击【可编辑渐变条】，弹出【渐变编辑器】对话框，如图 9-11 所示。单击预设中的一个渐变图标，在【名称】后面会显示其对应的名称，并在对话框下部的【渐变效果预视条】中显示渐变的效果，并且可以进行渐变调节。

如果需要增加色标，直接在【渐变效果预视条】上任意位置单击鼠标即可添加一个色标。如图 9-12 所示。

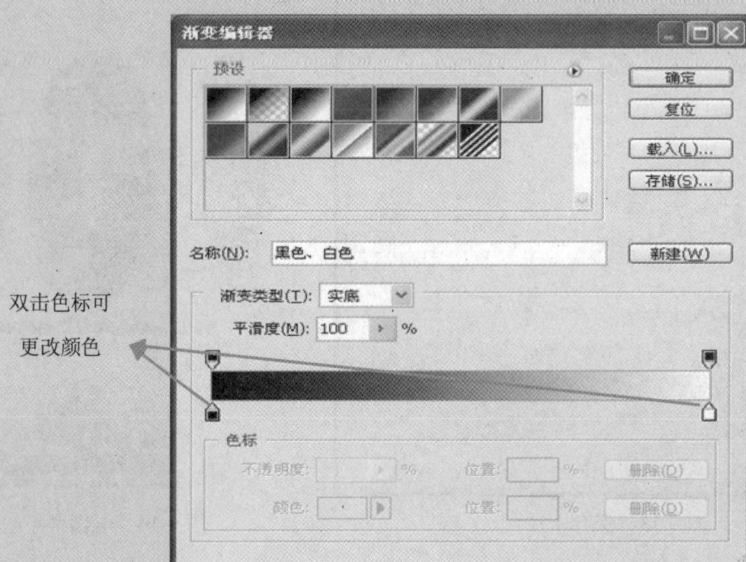

图 9-11　编辑渐变条

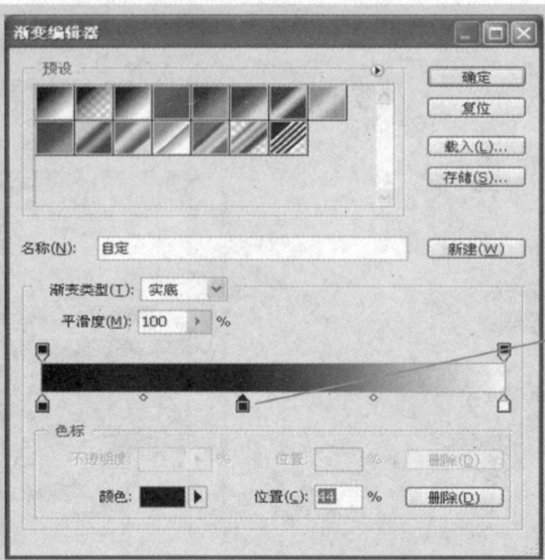

图 9-12　添加色标

（4）保存。选择【文件】菜单项下的【存储为】命令，文件格式选择“JPEG（*.JPG;*.JPEG;*.JPE）”，输入文件名“天空之城效果图”，单击【保存】按钮即可，如图 9-13 所示。

4. 制作电影百年纪念海报

电影百年纪念海报的效果图如图 9-14 所示。

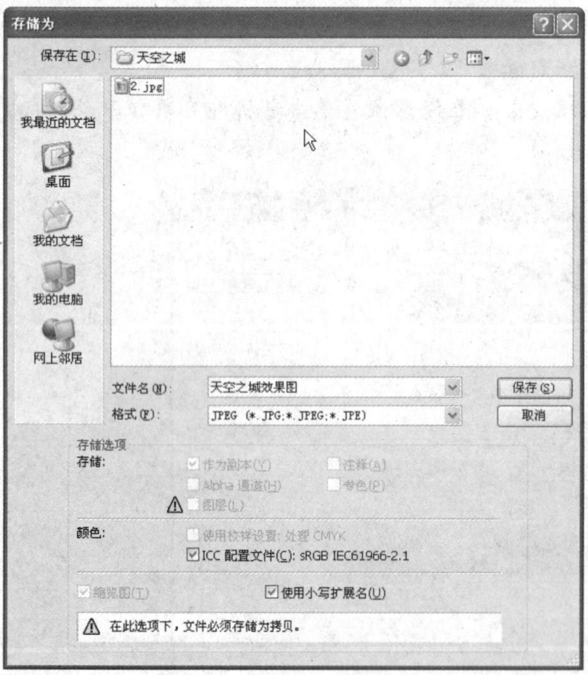

图 9-13　保存图片

图 9-14　电影百年纪念海报

相关知识

剪切蒙版图层是 Photoshop 中的特殊图层，其创建必须有上、下两个相邻的图层，利用下方图层中的图像形状对上层图像进行剪切，最终以下方图层中图像的形状约束上方图层中图像的显示范围，从而得出丰富的效果。

使用剪贴蒙版制作电影百年纪念海报的操作步骤如下。

（1）新建一张 800×1000 像素的白色背景画布，并将其命名为“电影百年”。

（2）打开制作所需的素材图片，使用【移动工具】分别将两张素材图片拖动到背景图层上方，调整其大小和位置后作为图层 1、图层 2，如图 9-15 所示。

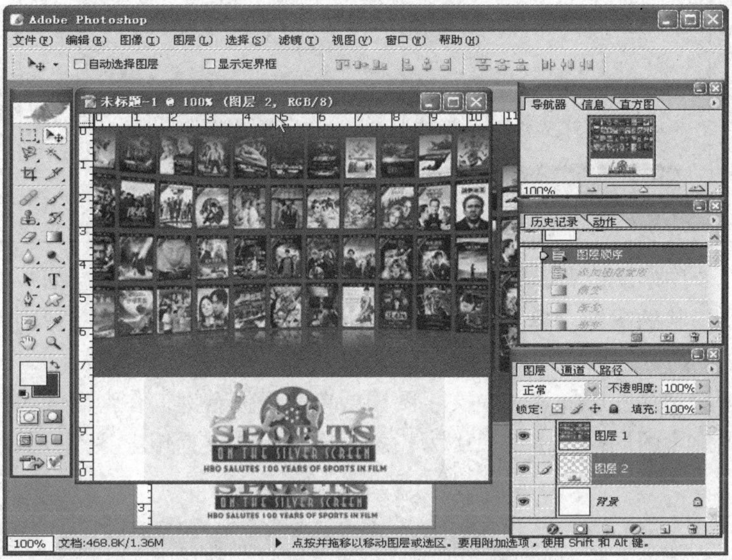

图 9-15　调整图层位置

（3）安装字体（汉仪方叠体简），选择任务栏中的【文本工具】T 输入“100”，在【字符】窗口（选择【窗口】菜单下的【字符】命令）中，设定字体为“汉仪方叠体简”，大小为“180 点”，字符横向间距为“25” 。参数设置如图 9-16 所示。

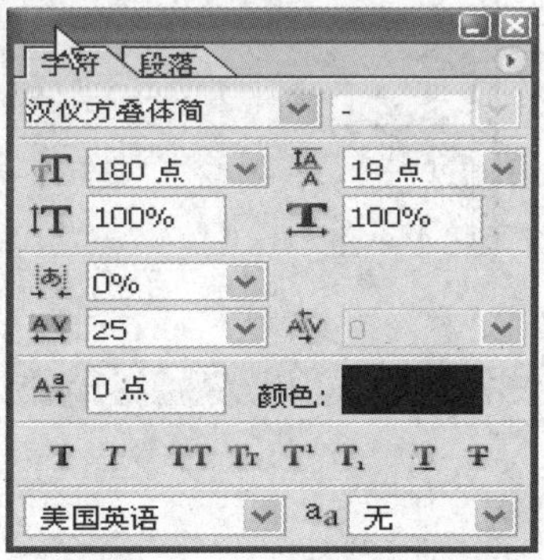

图 9-16　设定文本格式

提示

安装字体的方法是：打开【控制面板】，选择并打开【字体】文件夹，拖动字体文件“汉仪方叠体简.ttf”（以“汉仪方叠体简”为例）到“字体”文件夹中，即可完成安装，如图 9-17 所示。

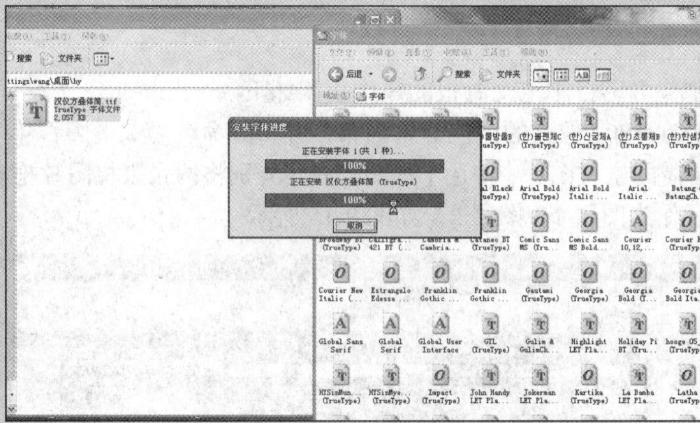

图 9-17　安装字体“汉仪方叠体简”

（4）调整好几个图层的位置，按住 Alt 键的同时，鼠标指针放在图层面板两个图层的中缝，直到出现两圆相交形状的图标，单击鼠标左键，上面的图像就会按下面图像的外形显示。图层面板效果如图 9-18 所示。

（5）给文字图层添加图层样式（在文字图层中单击鼠标右键，在弹出的快捷菜单中执行【混合选项】命令，弹出【图层样式】窗口）为投影、描边，并设置相应参数，如图 9-19 和图 9-20 所示。

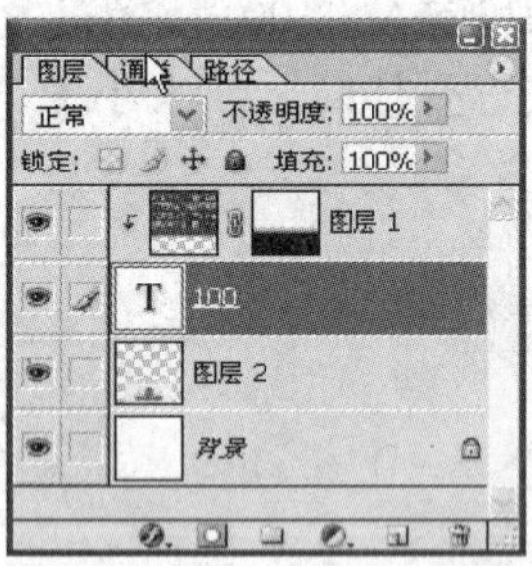

图 9-18　剪贴蒙版的添加效果

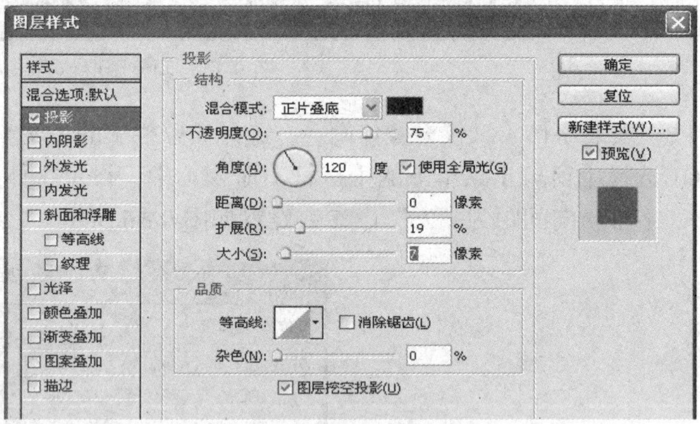

图 9-19　投影的图层样式

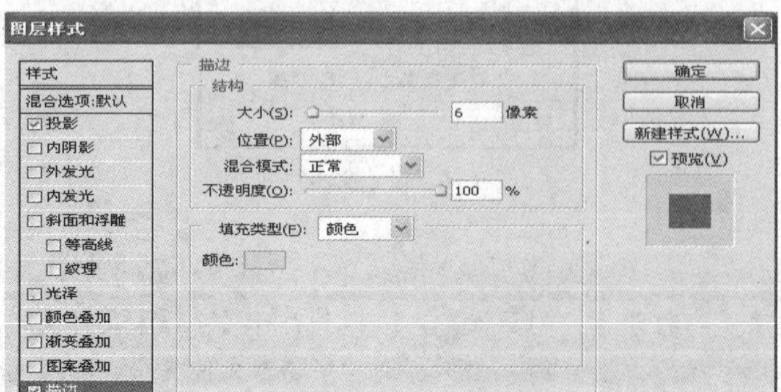

图 9-20　描边的图层样式

（6）保存。如需要后期修改，可另外保存一份（*.PSD）源文件格式。

5. 制作个人艺术照

个人艺术照的制作效果如图 9-21 所示。

图 9-21　个人艺术照

相关知识

矢量蒙版也叫作路径蒙版，是可以任意放大或缩小的蒙版。通过路径选择工具可以改变矢量图层中矢量图的样式。

使用矢量蒙版制作个人艺术照的具体操作步骤如下。

（1）新建一张 1024×800 像素的画布。

（2）使用【渐变工具】设置背景色为白色到浅蓝色的线性渐变色填充，如图 9-22 所示。设置背景纹理（依次选择【滤镜】|【纹理】|【龟裂缝】命令），并设置参数，如图 9-23 所示。

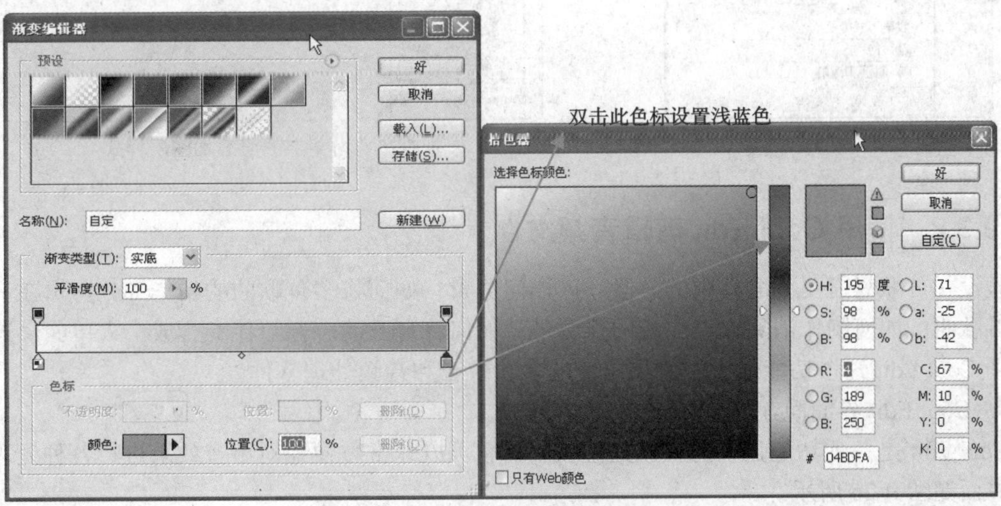

图 9-22　设置背景渐变效果

（3）打开所有素材，并将其拖至新建的画布中并调整其位置后关闭所有素材图片。

（4）对人物图层添加矢量蒙版（依次选择【图层】|【矢量蒙版】|【当前路径】命令）。并为其蒙版添加【图层样式】（在蒙版上单击鼠标右键，在弹出的快捷菜单中执行【混合选项】

命令，弹出【图层样式】窗口）为【外发光】、【斜面和浮雕】等效果，如图 9-24 所示。

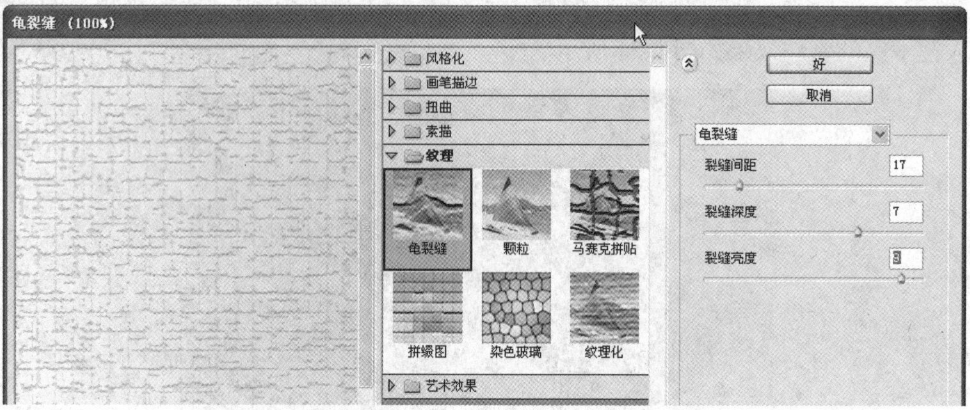

图 9-23　设置背景纹理

（5）创建文字图层。输入“快乐童年”，调整字体、字号，并为其添加【图层样式】为【投影】、【斜面和浮雕】、【描边】等效果，并设置参数，如图 9-25 所示。

图 9-24　添加矢量蒙版

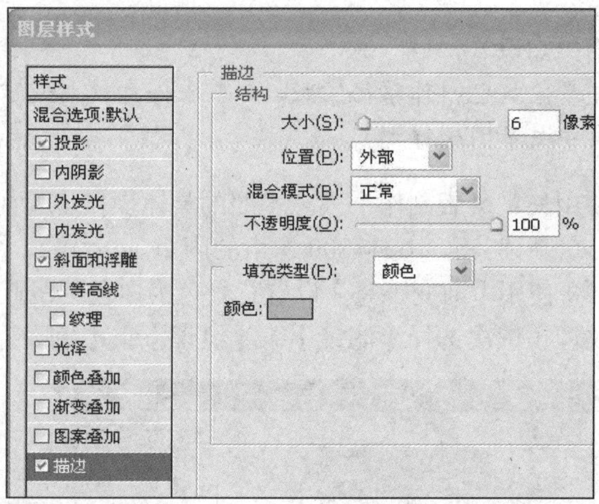

图 9-25　为文字图层添加图层样式

9.3.2　使用 Cool Edit 剪辑音频文件

假设一首歌只需要截取其中的一段，该如何剪辑；如何将多首歌曲的精华部分剪辑在一起成为一首歌曲；如何制作消除人声原音的伴奏带；如何将自己的声音与伴奏合成个人单曲。这就需要用到 Cool Edit 这个功能强大、效果出色的多轨录音和音频处理软件。

1. Cool Edit 界面简介

Cool Edit 是一款功能强大的音效处理软件，它可以非常方便地对声音效果进行各种处理，其中文界面如图 9-26 所示。

2. 音轨简介

单击 Cool Edit 左上角的按钮，对多轨和单轨（波形编辑）界面进行切换。单轨用来对音频波形进行处理，比如剪辑、复制、粘贴、特效、降噪、动态处理、滤波、变速、变调等；多轨用来对音频波形进行合成。

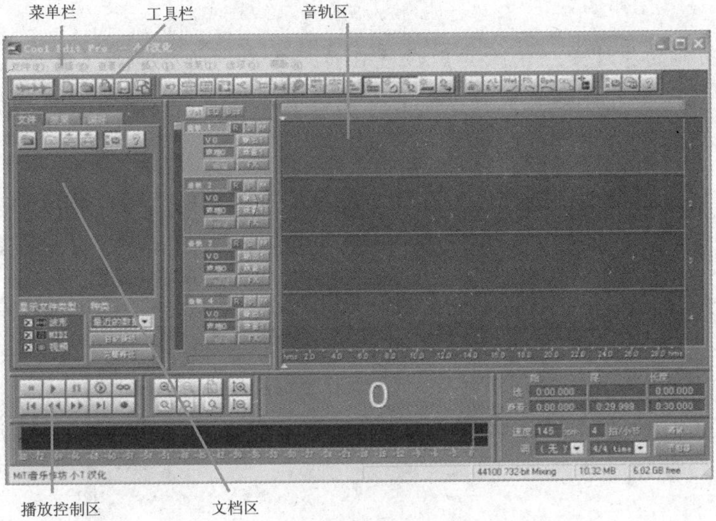

图 9-26　Cool Edit 界面

3. 制作伴奏

如果手头上只有原唱的 CD，而没有单独的音乐伴奏，可以使用音频处理软件 Cool Edit 来提取音频文件的单声道音频，加以混缩，制作成双声道的立体声伴奏。

使用 Cool Edit 制作伴奏的具体步骤如下。

（1）单击进入【单轨编辑模式】界面，导入一首歌曲（单击【文件】选项卡下的【打开文件】按钮），选择需要打开的音频文件后，单击【确定】按钮导入音频文件。如图 9-27 所示，本任务以张惠妹的《记得》为例，文件名为“记得.mp3”。

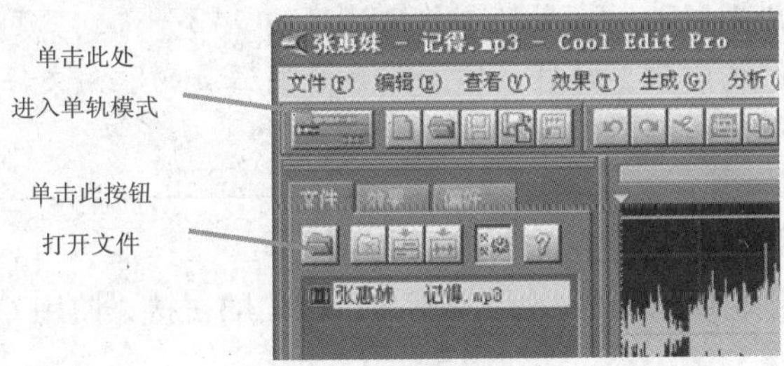

图 9-27　导入音频文件

（2）单击【效果】菜单项，选择【波形振幅】|【声道重混缩】命令，如图 9-28 所示，在【预置】中选择【Vocal Cut】项，保持对话框上的默认设置。单击【确定】按钮后，就得到了这首歌的伴奏音乐。如果对处理效果不满意的话，还可以在左侧的控制区按照需要调整左右声道的具体参数值，直到满意为止。

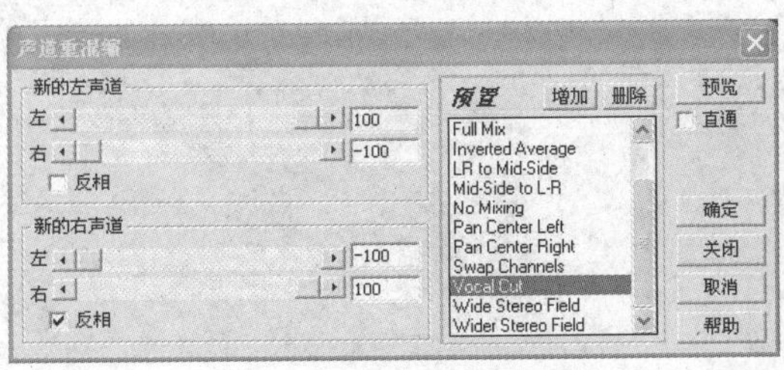

图 9-28　消除原音

相关知识

“Vocal Cut”功能的原理是：消除声像位置在声场中央的所有声音（包括人声和部分伴奏）。所以用此功能主要还是要看伴奏的来源，混音前是否有乐器声和人声放在声场的中央，如果有的话，用此功能会把它们给消除掉，造成了音质的衰减。

（3）单击【文件】菜单项，选择【另存为】命令，在弹出的【另存波形为】窗口中，选择所需保存的文件类型，填入需要保存的文件名后，将处理后的歌曲文件保存到需要保存的位置，如图 9-29 所示。

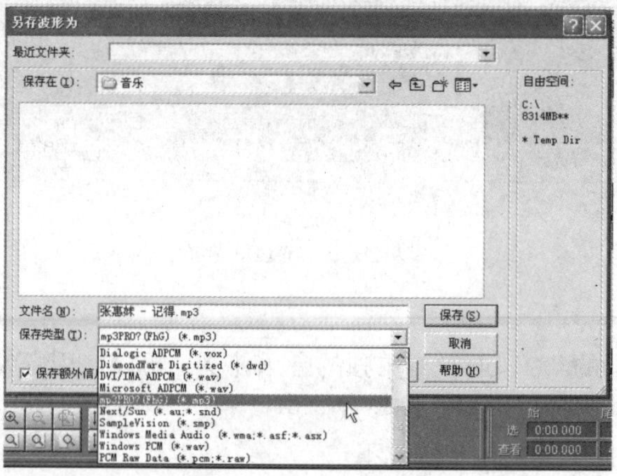

图 9-29　音频文件的保存

提示

使用此方法也会因为源文件所采用的制作方法不同，而会得到不同的处理效果。一般情况下，这种处理方法对于结构比较单纯的、对原始声音高保真的歌曲文件（如 CD 音乐文件）可以达到非常好的处理效果。

4. 把多首歌曲的精华剪辑成为一首歌曲

我们可通过应用“淡入”“淡出”效果实现多首歌曲的拼接，使用 Cool Edit 剪辑歌曲的具体步骤如下。

（1）单击进入【多轨编辑模式】界面，导入多首歌曲（选择【文件】菜单下的【打开文件】命令），本例就以三首歌曲作为素材，将三首歌曲分别拖动到 3 个音轨上，如图 9-30 所示。

图 9-30　多轨模式下的剪辑

（2）选中其中一首需要的音块，单击鼠标右键，在弹出的快捷菜单中执行【反向】命令，如图 9-31 所示，移除不需要的音块后，效果如图 9-32 所示。

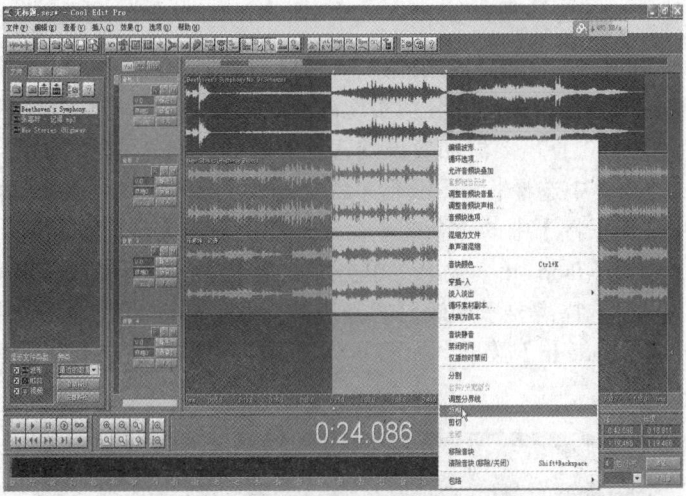

图 9-31　分割音块

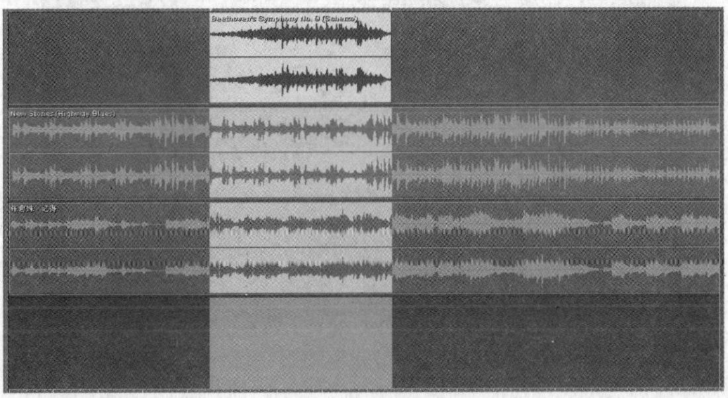

图 9-32　反向效果

（3）分别对其他音轨的歌曲执行步骤（2）同样的操作，选择所需的音块。

（4）使用鼠标右键移动色块到拼接位置，就得到了一首歌曲。效果如图 9-33 所示。

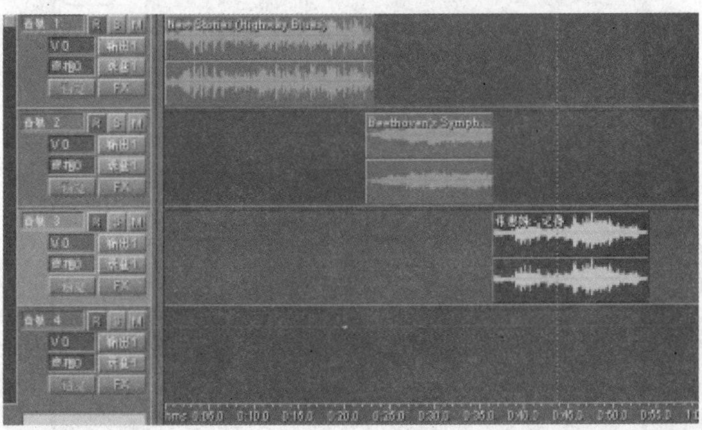

图 9-33　拼接音块

相关知识

只能在多轨编辑模式下使用【混缩另存为】命令，“混缩另存为”是将多轨道的声音混缩保存为一首歌曲。

（5）实现歌曲之间的过渡（淡入/淡出效果）。在实现两首歌曲之间的过渡时，通过简单的拼接往往是不够的，我们需要在拼接位置分别实现前音块的淡出和后音块的淡入效果。

① 淡出效果的添加：选择需要添加效果的音块末端的一部分波形，如图 9-34 所示，单击鼠标右键，在弹出的快捷菜单中选择【编辑波形】命令，即可切换到该波形的单轨模式下，单击【效果】菜单项，选择【波形振幅】中的【渐变】命令，即可弹出【声道重混缩】对话框。如图 9-35 所示，在【预置】中选择【fade out】效果，单击【确定】按钮即可完成淡出效果的添加。

② 淡入效果的添加：选择需要添加效果的音块首部的一部分波形，步骤如同淡出效果的添加，但需在【预置】中选择【fade in】效果，如图 9-36 所示，单击【确定】按钮即可完成淡入效果的添加。

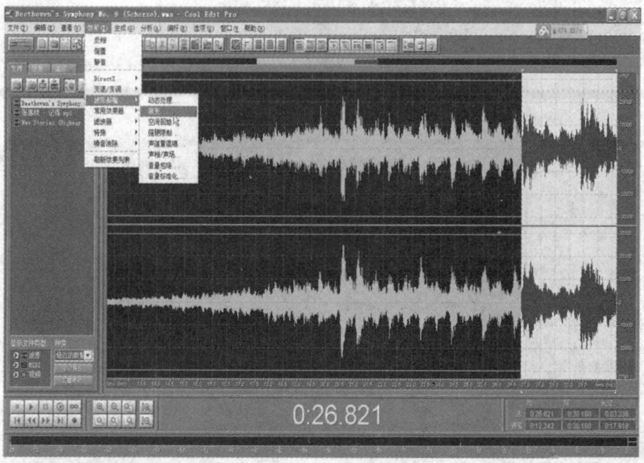

图 9-34　淡出效果的制作过程

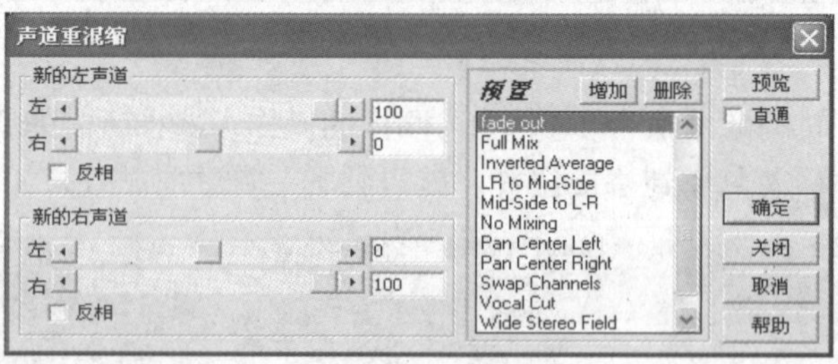

图 9-35　添加淡出效果

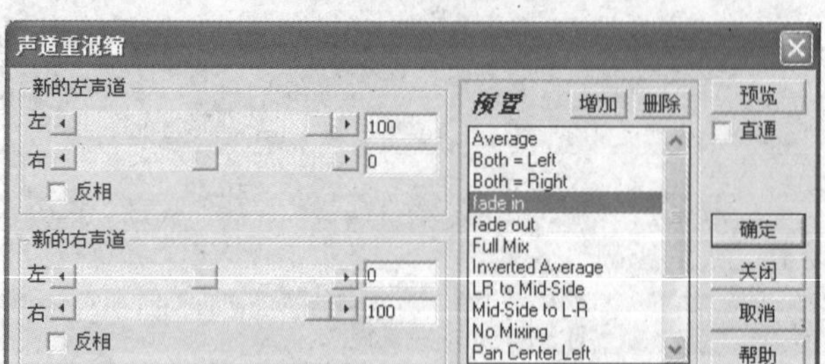

图 9-36　添加淡入效果

（6）选择【文件】菜单项下的【混缩另存为】命令，选择需要保存的文件类型，将处理后的歌曲文件保存到计算机中。

5. 录制自己的歌曲

Cool Edit 可以对声音进行多种处理。利用它录音前，必须确定计算机中有声音输入和输出设备，也就是说必须有音箱和麦克风或者耳机、耳麦之类的设备。

使用 Cool Edit 录制自己唱片的具体步骤如下。

（1）单击进入【多轨编辑模式】界面，导入伴奏（在【文件】选项卡中单击【打开文件】按钮）放置于音轨 1，本例以上例提取的伴奏曲目为例。

（2）选择将录音放置在音轨 2，按下【R】按钮准备录音，效果如图 9-37 所示。

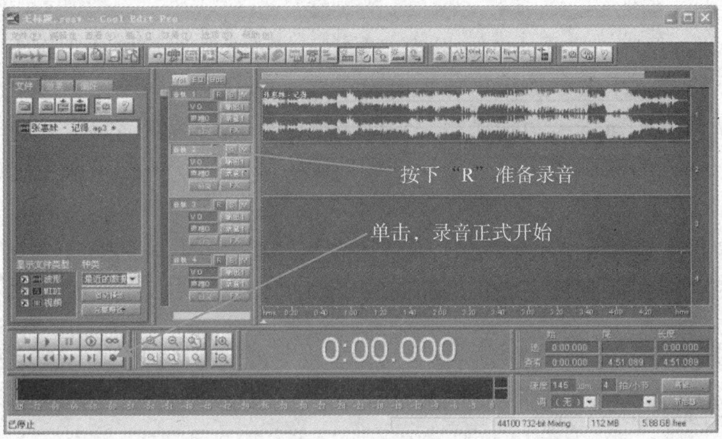

图 9-37　录音前的准备

（3）单击【录音】按钮 正式开始录音，如图 9-38 所示。录制完成后再次单击【录音】按钮停止录音。

图 9-38　录音中

相关知识

录制时要关闭音箱，通过耳机来听伴奏，跟着伴奏进行演唱，录制前，一定要调节好总音量及麦克风音量，这点至关重要！麦克风的音量最好不要超过总音量，略小一些为佳。

由于录音设备和周围环境的限制，往往录制的声音过小或者杂音过大。录音完成后也可对录取的音块进行编辑，双击音轨 2 中的音块，即可进入人声的单轨编辑模式。

① 如录取的声音较小，可以通过单击【效果】菜单项，选择【波形震荡】中的【音量标准化】命令实现音量的增大。我们可以通过图 9-39 所示的波形进行人声音量标准化编辑前后的比较。

图 9-39　录音音量标准化前后波形比较

② 如录取的杂音过大，可单击【效果】菜单项，选择【噪声消除】中的【降噪器】命令，准备进行噪声采样，降噪器中的参数按默认数值设置后，单击【噪声采样】按钮进行采样，完成采样后单击【保存采样】按钮，关闭降噪器及这段波形。回到处于波形编辑界面的人声文件，打开降噪器，加载之前保存的噪声采样进行降噪处理，确定降噪前，可先单击【预览】按钮试听一下降噪后的效果。

（4）选择【文件】菜单下的【混缩另存为】命令，选择需要保存的文件类型，便可将伴奏和处理过的录音混缩合成在一起，完成自己歌曲的录制。

9.3.3　使用绘声绘影制作影集

1. 绘声绘影界面简介

绘声绘影是一款功能强大的视频剪辑软件，它可以非常方便地对多媒体素材进行处理。绘声绘影的完整中文界面如图 9-40 所示，它分为三个区块。

① 效果预览区：我们可以在制作和编辑视频的时候实时观看和预览效果，也可通过这个区块编辑修整素材位置、形状等内容。

② 素材库及素材属性区：我们可以在此区块内选择要套用到的各种素材，例如字幕及滤镜等；此外，我们还可以通过这个区块来设置更详尽的素材参数等，例如要在视频中添加一段文字，就可以在属性区块具体设置要显示文字的时间，字体等。

③ 轨道编辑区：这里主要是编辑视频的轨道及工作区。

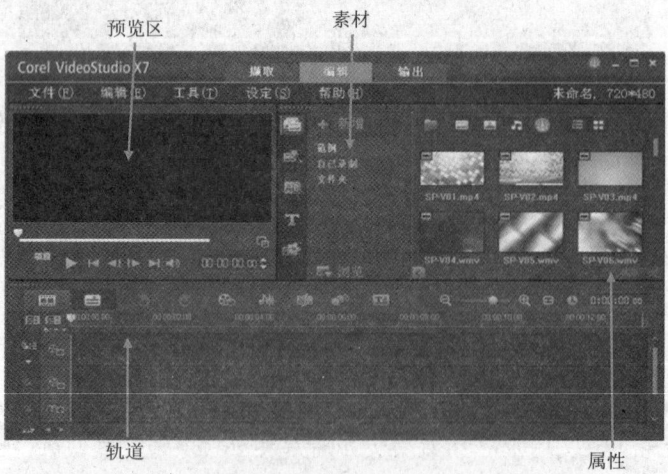

图 9-40　绘声绘影 X7 界面

技巧

按住 Ctrl 键同时再滚动鼠标滚轮即可对轨道进行缩放操作。

2. 工作轨道简介

视频轨：该轨道可将素材放于最底层，起到背景衬托的作用，该轨道中，部分滤镜不能使用。

覆迭轨：最多可扩展到二十轨，此轨是可以将素材覆迭到视频轨之上的。

标题轨：最多可扩展二轨，顾名思义，此轨为标题与字幕专用轨。

语音轨：与视频轨一样属于不可扩展，此轨道只能放音频素材，通常用来放配音文件，例如，视频后期追加人声配音等。

音乐轨：最多可扩展三个音轨，通常用来配背景音乐、音效等。本音轨和声音轨一样，只能添加音频文件，其他如图片、字幕等均不可用。

3. 制作简易电子相册

使用绘声绘影制作简易电子相册的具体操作步骤如下。

（1）插入制作需要的所有图片素材。通过在【视频轴】中单击鼠标右键，在弹出的快捷菜单中选择【插入照片】命令，如图 9-41 所示。

图 9-41 插入图片

提示

如果想调整照片的时间长度，绘声绘影在默认情况下插入照片的时长是 3 秒，如果要制作电子相册，显然 3 秒是不够的，所以需要对这些照片素材的时间长度重新调整。在要调整的照片上双击，然后在素材库和属性区块的位置会出现一个可调整参数的板块，直接在照片时间长度的位置输入该照片及素材的时间长度，例如将视频轨上第一张图片素材的时长调整为 30 秒，即直接在 0:00:03.00 位置将“03”替换为“30”即可。

（2）插入制作需要的所有音频素材（在声音轨中单击鼠标右键，在弹出的快捷菜单中选择【插入音频】|【声音轨】命令），并将音频文件拖曳到和照片一样的长度，如图 9-42 所示。

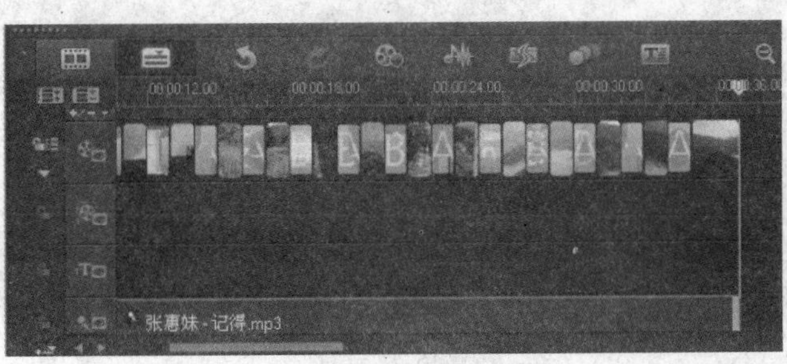

图 9-42 插入音频文件

（3）单击【转场】图标，给每个照片之间插入转场效果。接着选择【相簿】命令，把转场效果（即从第一张图过渡到第二张图之间展示的动画效果）中的【翻转】效果依次拖曳到每个照片之间，如图 9-43 所示。

图 9-43　为图片设置【翻转】转场效果

（4）在相册的开头添加动画效果，如图 9-44 所示，单击【快速模板】图标，选择【开始】选项，选择需要添加的开头动画，直接拖曳到相册的开始部分。

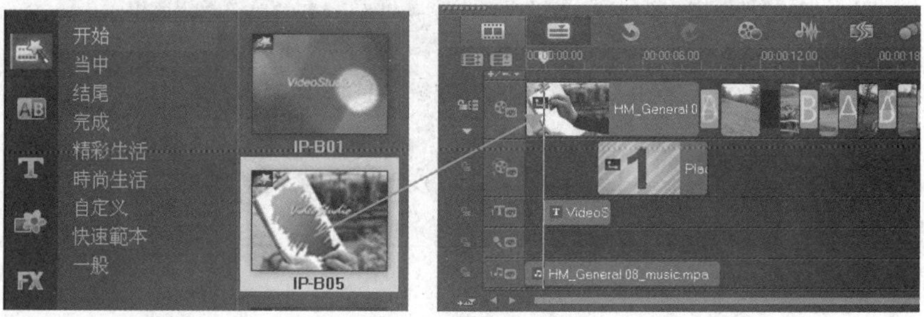

图 9-44　为影片设置片头

相关知识

编辑片头的文字和音乐。

① 编辑片头的文字：双击片头视频对应的标题轨标题，在【预览区】中的标题位置对其进行编辑，如图 9-45 所示。

图 9-45　编辑片头标题

② 编辑片头的音频文件：片头视频对应的音乐轨音频文件如图 9-46 所示，单击鼠标右键，在弹出的快捷菜单中选择【取代素材...】命令替代所需的音频素材。

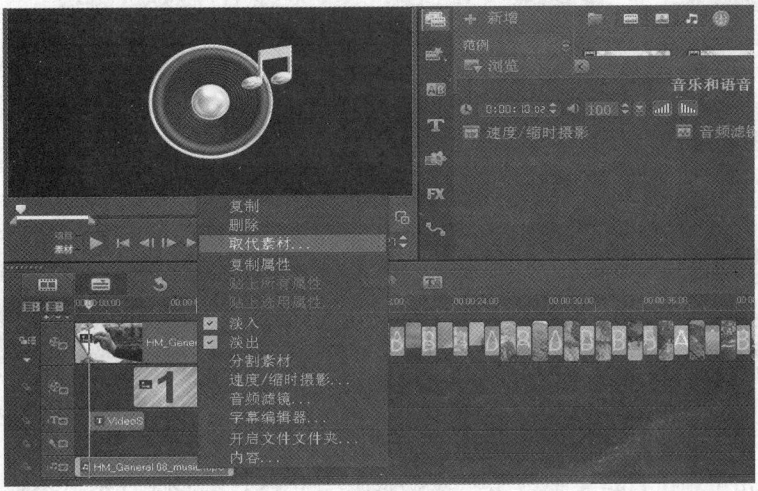

图 9-46　编辑片头音乐

（5）在相册的结尾添加动画效果。单击【快速模板】图标，选择【结尾】选项，选择需要添加的结尾动画，直接拖曳到相册的结尾部分。其编辑方法与片头相同。

（6）添加标题文字，各个图片描述显示的字就是通过标题实现的。

① 单击【标题】图标，在标题素材库中选择需要添加的标题动画。

② 按住鼠标左键直接将其拖曳到标题轨相应图片的对应地方，如图 9-47 所示。标题不仅可以使用预制的字体动画样式，也可以发挥自己的想象去创作自定义文字标题的动画效果，甚至连视频的滤镜也可以应用到文字的显示效果中。它们的使用和步骤（2）中图片的转场快速模板相同，标题文字可应用到除音频轨以外的所有轨道。

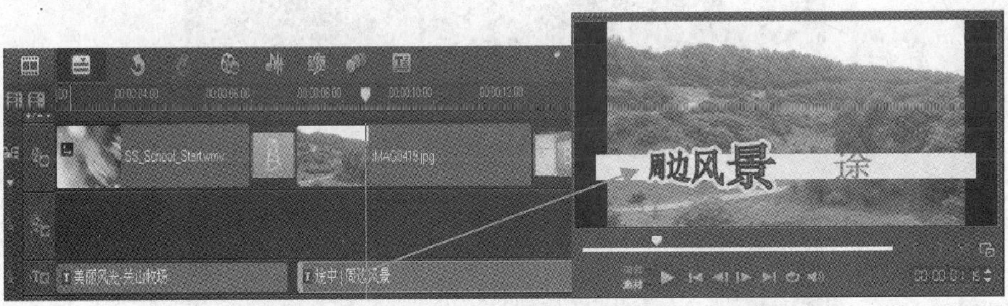

图 9-47　为图片设置标题文字

（7）如果前面都是一张一张图片进行转换，未免单调，现在要将一张图片作为背景，可以在覆叠轨中插入照片，效果如图 9-48 所示。将原本的一个覆叠轨增加到三个覆叠轨（单击【轨道管理员】图标，将其中的覆叠轨个数增加到 3，操作如图 9-49 所示），并在每个覆叠轨中插入一张照片。通常该轨道是用来增加一些覆叠效果的素材的，例如制作一张风景图册，为了让风景图册变得有点生机，可以找一些 Flash 鸟儿或者纯背景色的动态视频作为点缀。默认插入的照片或者视频素材尺寸的比例都是原始尺寸，可直接通过在预览窗口的照片上单击鼠标右键，选择【显示全图】命令即可。如图 9-50 所示，如需给照片素材添加滤镜效果，可单击【滤镜】按钮 FX 逐个添加滤镜效果。

图 9-48　覆叠轨应用

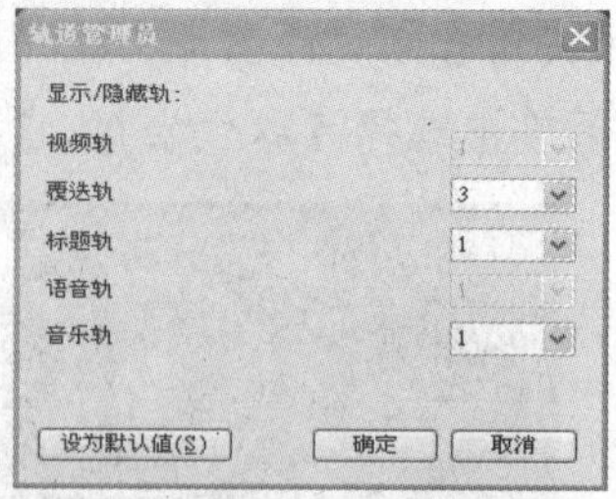

图 9-49　增加覆叠轨

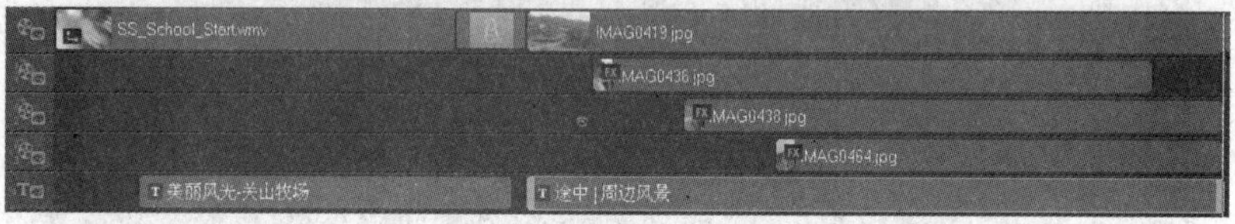

图 9-50　为照片添加滤镜

（8）输出保存。单击【输出】菜单项，选择要输出的文件类型，预置了 AVI、AVC、MPEG-4 等，如不够用，可单击【自定】来选择更多输出项，如图 9-51 所示，以 MPEG-4 为例配置参数，对要输出的文件配置详细参数，如图 9-52 所示，例如视频尺寸，码率等信息。参数全部设置完毕后就是视频的渲染，确认无误后单击【开始】按钮进行视频渲染。耐心等待片刻即可完成。

相关知识

渲染的速度和素材中添加的效果多少及视频的尺寸等信息有密切关系，此外，与计算机硬件的配置也有非常大的关系。

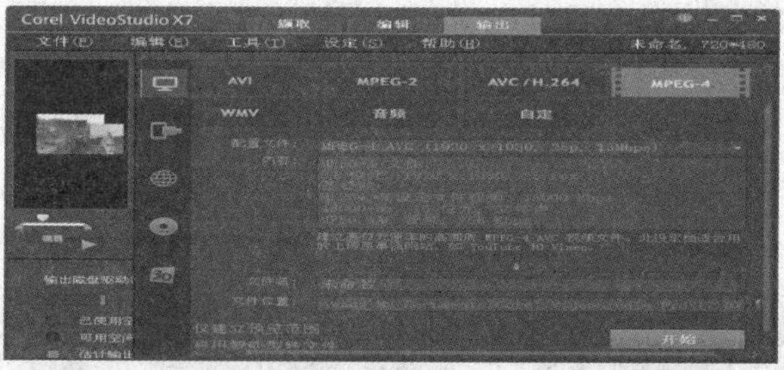

图 9-51　输出视频文件

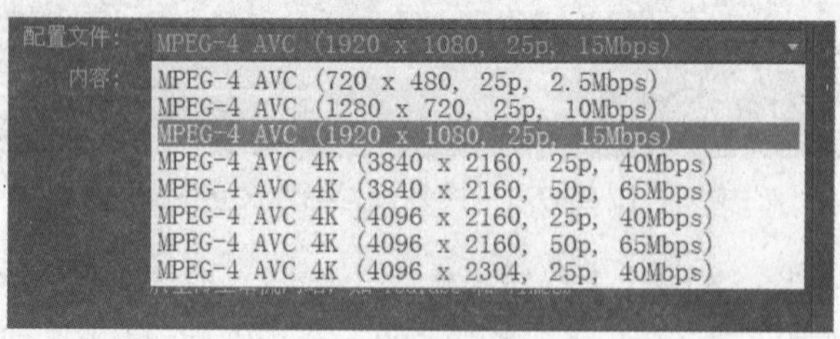

图 9-52　设置输出参数

拓展实训

实训 1　浪琴手表宣传广告的制作

根据素材提供的背景、手表、人物和手的 4 张图片素材，利用矢量蒙版制作一张背景大小相同，效果图如图 9-53 所示的浪琴手表广告。

图 9-53　实训 1 效果图

技巧

将一张“手”图片添加为“手”的自定义形状，具体操作步骤如下。

打开“手”的图片，使用【魔棒工具】选择白色背景处。按住 Shift 键的同时，使用【矩形选框工具】添加背景文字部分，最后反选（可执行【选择】|【反选】命令或使用快捷键“Ctrl+Shift+I”）手的部分，如图 9-54 所示。

① 在选中部分单击鼠标右键，在弹出的快捷菜单中执行【建立工作路径】命令，如图 9-55 所示，容差值为“0.5”（这里的容差是指选区转换为路径时的平滑程度，容差越大，平滑度越低；容差越小，原选区越精确，更接近画的选区。此处 0.5 像素为最小可定义容差值），单击【好】按钮，如图 9-56 所示。

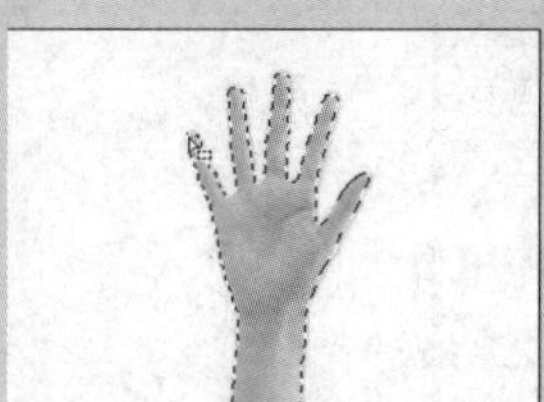

图 9-54　选中手的部分

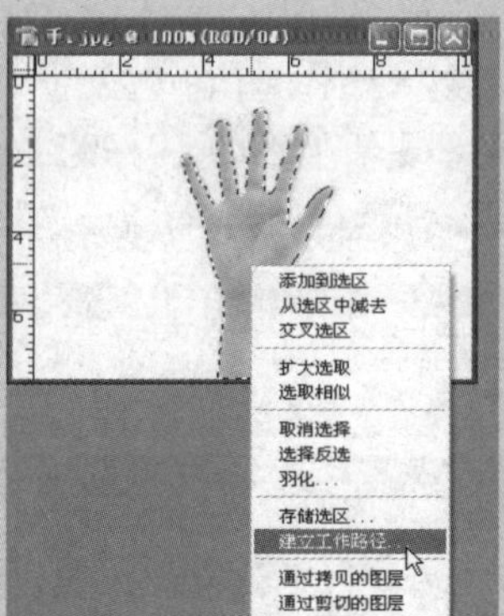

图 9-55　建立工作路径

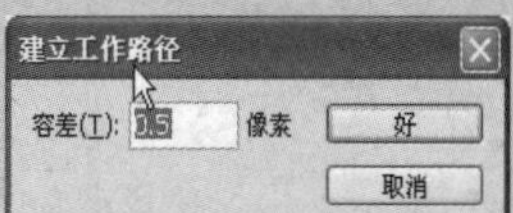

图 9-56　设置容差值

② 使用【路径选择工具】在建立的路径上单击鼠标右键，在弹出的快捷菜单中执行【自定义形状】命令。在【形状名称】窗口的【名称】处填入自定义形状的名称“手”，如图 9-57 所示。

③ 添加自定义形状已完成，要查看已添加的形状，可单击【自定形状工具】，在选项窗口单击【形状】按钮，如图 9-58 所示。

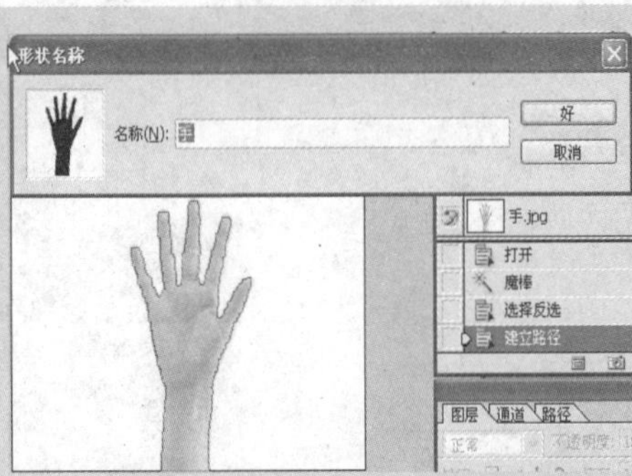

图 9-57 建立自定义形状

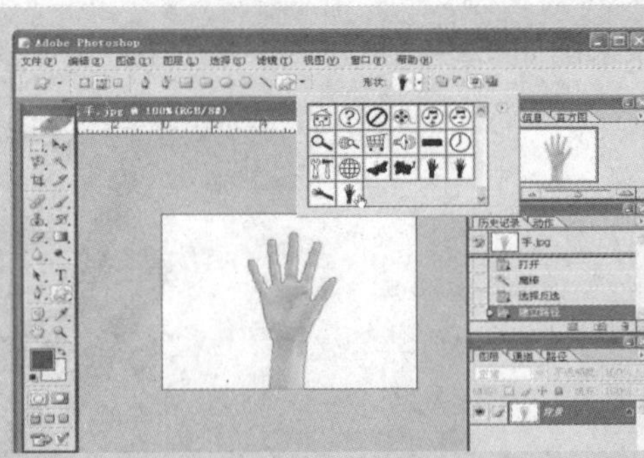

图 9-58 选择自定义形状

实训 2 制作夕阳中的女孩

根据素材提供的背景和人物图片素材，利用图层蒙版和矢量蒙版制作夕阳中的女孩，效果图如图 9-59 所示。

图 9-59 实训 2 效果图

技巧

同时添加图层蒙版和矢量蒙版，具体操作步骤如下。

① 打开两张素材图片（单击【文件】菜单中的【打开】命令或双击工作区域），并使用【移动工具】拖动人物图片到夕阳背景上，调整大小和位置，直至完全遮盖，如图 9-60 所示。

图 9-60 拖动图片

② 在图层面板上单击【添加图层蒙版】按钮，使用【渐变工具】的【径向渐变】效果对上方人物图片进行填充，显示出人物脸部，如图 9-61 所示。

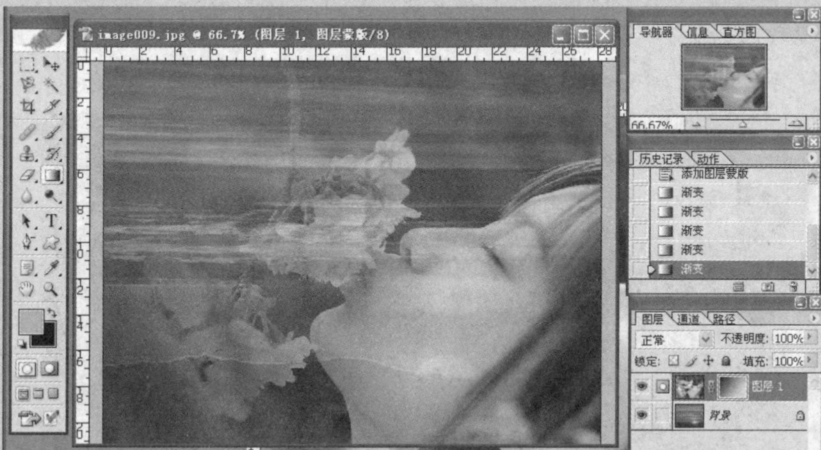

图 9-61　添加图层蒙版

③ 选择【自定形状工具】，在图层面板上单击【添加矢量蒙版】按钮，选择效果图所需的自定义形状进行添加即可。如需改变位置，可单击【路径选择工具】，对其矢量蒙版的图形进行移动、缩放等操作，如图 9-62 所示。

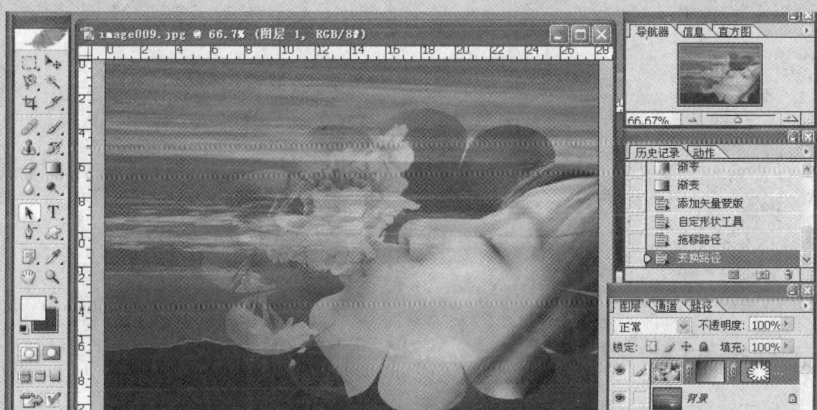

图 9-62　添加矢量蒙版

实训 3　录制配乐诗朗诵《满江红》

学校组织元旦晚会，小王班级准备演出广播剧《岳飞传》，需要制作相关背景音乐和录制的配乐诗朗诵《满江红》。

要求：配乐合理、录音吐字清楚；进行降噪和音量标准化操作。

实训 4　制作所在学校的宣传片

学院首页需要宣传短片来介绍本校特色，小王已有本校相关介绍照片、本学院校歌等素材，需要制作一个内容丰富的宣传片，效果图如图 9-70 所示。

要求：内容丰富、画面生动、配色合理；能反映学院各个亮点，包含文字、图片、音乐和精彩视频等素材，并能合理应用素材。

技巧

为素材添加外框的具体步骤如下。

① 在【视频轨】中导入背景素材图像，如图 9-63 所示，设置素材的【照片区间】参数为 8 秒。

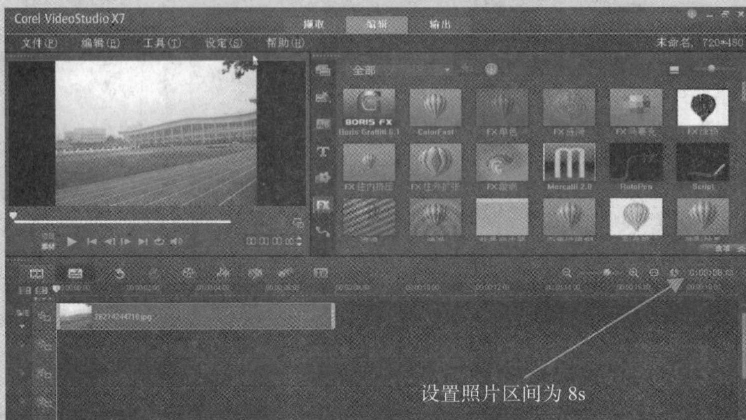

图 9-63　设置背景及区间

② 将其中的【覆叠轨】个数增加到 3，分别在三个【覆叠轨】中单击鼠标右键，在弹出的快捷菜单中执行【插入照片】命令，打开三张素材图片，分别设置照片区间为 6 秒、4 秒、2 秒，如图 9-64 所示。

图 9-64　添加覆叠轨及设置区间

③ 双击【覆叠轨 1】的素材图像，放置到合适位置，对图片进行大小调节和斜切（改变图片形状：将鼠标移至图片四个绿色调节点上，按住鼠标左键并拖动到相应位置）后即可得到图 9-65 所示的效果。展开【编辑】选项卡，设置【方向/样式】为“从右下进入”，如图 9-66 所示。

图 9-65　调节图片大小、位置并斜切

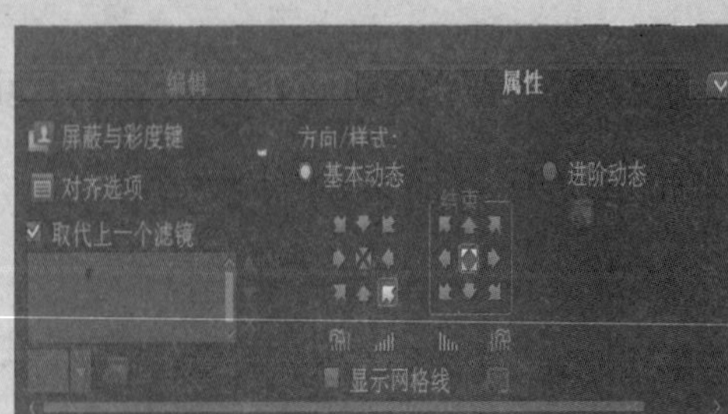

图 9-66　设置图片的动画效果

④ 双击【覆叠轨2】的素材图像，放置到合适位置，调整图片大小，展开【编辑】选项卡，单击【淡入动作特效】按钮，如图9-67所示。

⑤ 双击【覆叠轨3】的素材图像，放置到合适位置，调整图片大小，展开【编辑】选项卡，设置【方向/样式】为“从下方进入”，如图9-68所示。

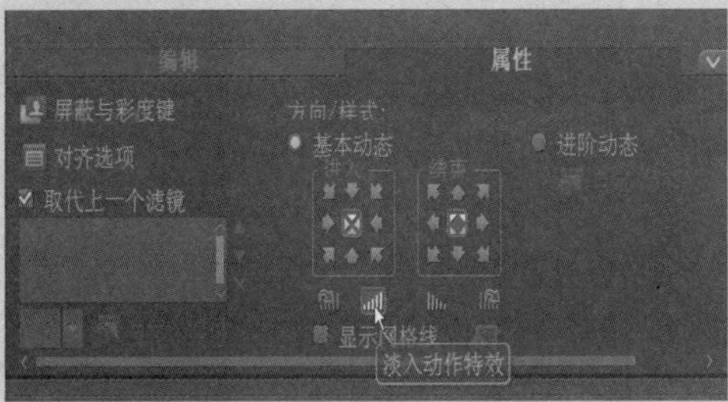

图9-67　添加淡入效果

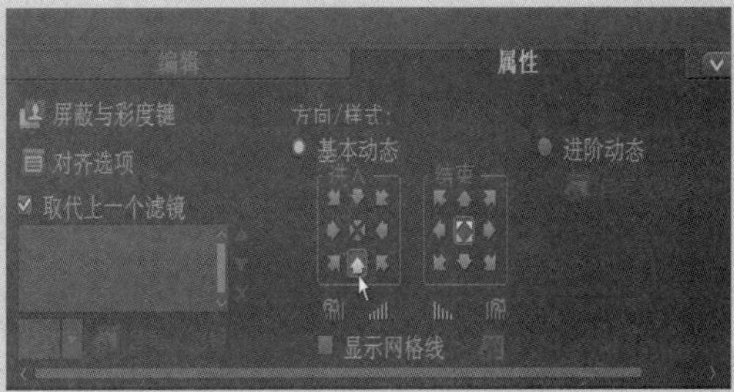

图9-68　图片进入方式设置

⑥ 双击【覆叠轨1】的素材图像，选择【编辑】选项卡，单击【屏蔽和彩度键】按钮，选中【套用覆叠选项】复选框，选择类型选项为【屏蔽帧】，在弹出的【属性】选项卡中选择所需的遮罩图像，如图9-69所示。

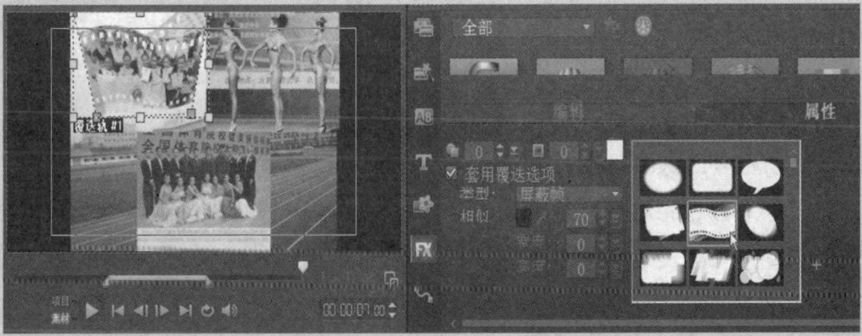

图9-69　为图片设置相框

⑦ 使用步骤⑥的方法，为【覆叠轨2】、【覆叠轨3】添加相应的屏蔽相框。预览制作的效果，如图9-70所示。

图9-70　预览制作的效果

任务 10

常用工具软件——压缩、看图、截屏、阅读软件的应用

常用工具软件是指目前流行的计算机常用工具软件，主要包括文件文档工具、图片浏览与格式转换工具、多媒体工具、反病毒工具、网络工具、翻译和词典工具、光盘刻录工具、系统工具等。掌握计算机工具软件的使用规律，提高计算机的使用水平，可以更方便、更有效地利用计算机解决工作当中遇到的问题，大大提高工作效率。

10.1 任务情境

在办公室负责行政工作的小李，经常要使用常用办公软件帮助日常工作，如文档工具、翻译转换工具、图形图像工具、音频视频工具、翻译工具等。

知识目标

- 掌握压缩软件 WinRAR 的使用方法；
- 浏览图片工具 ACD See 的使用方法；
- 掌握截图软件 HyperSnap 的使用方法；
- 掌握 PDF 阅读软件 Adobe Acrobat 的使用方法；
- 掌握翻译软件金山词霸的使用方法。

10.2 任务分析

小李作为办公室行政人员，需要经常压缩文件，从而使文件更便于传送；还要浏览和编辑多媒体素材；阅读 PDF 等格式的文件文档；使用翻译软件对文稿进行翻译处理。

经过分析，小李在办公室需要完成以下日常工作。

（1）使用 WinRAR 对压缩文件进行解压缩、对文件进行压缩；

（2）熟悉使用浏览图片工具 ACDSee 2009 浏览和编辑图片；

（3）使用截图软件 HyperSnap 进行截图；

（4）使用 PDF 阅读软件 Adobe Acrobat 浏览 PDF 文件；

（5）使用翻译软件金山词霸对文稿进行翻译。

10.3 任务实现：常用办公软件的应用

10.3.1 压缩软件——WinRAR

WinRAR 是目前比较流行的压缩工具，支持鼠标拖放及外壳扩展，内置压缩算法可以解开 CAB、ARJ、LZH、TAR、GZ、ACE、UUE、BZ2、JAR、ISO 等多种格式的压缩文件。WinRAR

具有估计压缩比率的功能，用户可以在压缩文件之前得到用 ZIP 和 RAR 两种压缩工具、压缩算法下的大概压缩率。WinRAR 的压缩率比较高，且资源占用相对较少。它的固定压缩、多媒体压缩和多卷自释放压缩功能是很多压缩工具所不具备的。

1. 文件的压缩

小李要执行压缩和解压缩操作，不需要打开 WinRAR 程序的主窗口，可以在我的电脑或资源管理器中直接对目标文件进行操作，操作步骤如下。

（1）右键单击要压缩的文件，在弹出的快捷菜单中选择【添加到压缩文件】命令，弹出【压缩文件名和参数】对话框，如图 10-1 所示。

（2）在【压缩文件名】下拉列表框中设置压缩文件的名称。默认采用与原文件同名，只是扩展名变为“*.rar”。

（3）在【压缩文件格式】选项组中选择压缩文件的格式，这里提供最常用的 RAR 和 ZIP 两种格式。当然对一般用户来说，两种格式都是可以的。

（4）在【压缩方式】下拉列表框中选择压缩方式，包括“存储”“最快”“快速”“标准”“较好”和“最好”。采用“最好”方式压缩文件，压缩比最高，但压缩速度最慢。而采用“最快”方式压缩文件，压缩比最低，但压缩速度最快。“存储”方式则将全部文件结合成单个文件，但是不压缩。因此，如果压缩文件是为了发布或是长久性保存，应该忽略时间因素而使用“最好”方式来尽可能减小压缩文件的大小。但是如果只是用来做日常备份，推荐使用兼顾两方面因素的【标准】压缩方式。

注意

WinRAR 可以创建两种不同的压缩文件格式：ZIP 和 RAR。

ZIP 压缩文件具有以下优点。

- ZIP 文件的最大优点就是普及率。比如说，在 Internet 中的大部分压缩文件都是 ZIP 压缩文件，所以如果你要传送压缩文件给某一个人，但你无法确定你的收件人是否有 WinRAR 来解压压缩文件的内容时，建议使用 ZIP 格式。除此之外，也可以发送自解压文件，此类压缩文件稍微大了一点，但不需要任何外部程序便可以解压。
- ZIP 的另一个优点便是速度。ZIP 压缩文件在创建时通常会比 RAR 快一些。

RAR 压缩文件具有以下优点。

- RAR 格式能够比 ZIP 格式提供更好的压缩率，特别是在固实模式时。另外一个 RAR 的重要功能是支持多卷压缩文件。它们比 ZIP 的“跨磁盘”压缩文件更加便利和简易。WinRAR 不支持 ZIP 的磁盘拆分，如果要创建分卷压缩文件，请使用 RAR 的分卷压缩来代替。
- RAR 格式也有一些在 ZIP 中所缺乏的重要功能。例如，恢复记录，它允许物理受损数据的恢复，还能锁定重要的压缩文件，以防止它们被别人意外地更改。
- RAR 格式可以管理的文件大小几乎是无限制的（最大到 8 589 934 591 GB），而 ZIP 压缩文件的单个文件的最大值为 4 GB。需注意的是，旧式文件系统不支持大于 4 GB 的文件，此类文件必须使用 NTFS 磁盘格式才能正常工作。

（5）在【压缩选项】选项组中根据需要选择相应选项。如希望在压缩后删除原来的文件，可选中【压缩后删除原来的文件】复选框。

（6）单击【确定】按钮，开始进行压缩。根据文件大小的不同，可能需要不同的压缩时间。

（7）压缩结束后，会在同一目录中新产生一个压缩文件。如果没有修改文件名的话，压缩文件应该保持原来的名称，只是格式不同，如图 10-2 所示。压缩完成后对比两个文件，原来的文件大小为 43.5KB，压缩文件大小变为 12.7KB，压缩比为 29%。

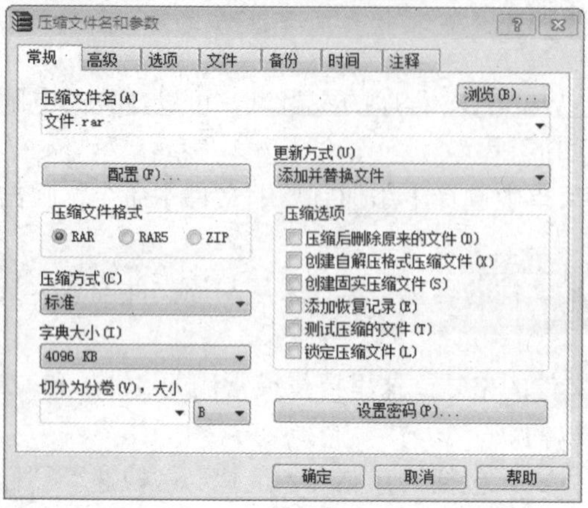

图 10-1 【压缩文件名和参数】对话框

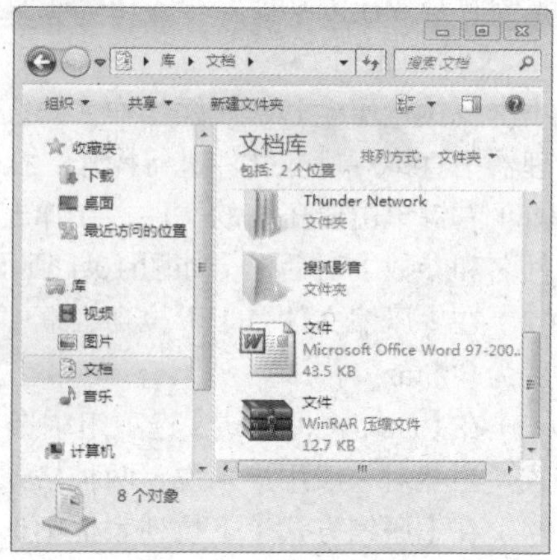

图 10-2 创建压缩文件

注意

RAR 支持一种影响压缩率的更重要的功能——固实压缩方式。如果需要最大的压缩性能，请使用固实模式，但如果需要最大的压缩文件更新速度，或者在压缩文件受损时想要让数据损失减至最低时，不要使用固实模式。

在一些情况下，可以在【高级压缩参数】对话框中调整 RAR，以便更好地压缩，在【压缩文件名和参数】对话框中的【高级】选项卡中单击【压缩】按钮打开该对话框。但是通常都是不必要的。

还有一些主要的设置值也会影响压缩率和速度。实际上，在每次压缩之前，不需要事先设置它们，只需要简单地选择默认的压缩配置。

（8）还有一个更为快捷的创建压缩文件的方法。以“文件.doc”为例，右键单击该文件，在弹出的快捷菜单中选择【添加到“文件.rar”】命令。此时不会弹出【压缩文件名和参数】对话框，而是直接开始压缩，并最终产生同名的压缩文件。

对于文件夹，不论其中包含什么样的文件或子文件夹，都可以像压缩单个文件一样进行压缩，创建出与文件夹同名的压缩文件。

通过这种压缩操作，提供了将文件夹转换为单个文件进行保存的方法。例如想要通过网络将文件夹内的多个文件传送过去，如果每次传送一个文件，十分麻烦，将文件夹压缩后，直接传送压缩文件就可以了，十分方便。网上很多网站提供的免费软件下载，一般都以这种压缩文件的形式提供。

2. 文件的解压缩

不论压缩的是文件还是文件夹，要使用其中的内容，都必须首先进行解压。解压步骤如下。

（1）右键单击要解压的压缩文件，在弹出的快捷菜单中选择【解压文件】命令，弹出【解压路径和选项】对话框，如图 10-3 所示。

（2）在对话框中指定解压文件保存的目标路径，这样就可以将解压后的文件保存在其他指定的位置，而不一定是默认的与压缩文件同一目录。

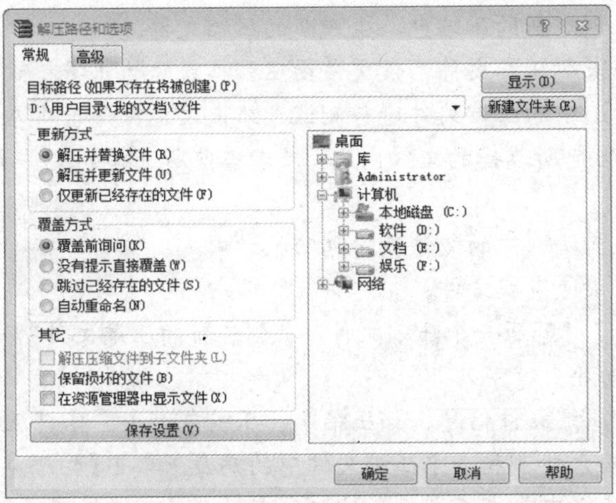

图 10-3 【解压路径和选项】对话框

（3）在【更新方式】选项组中选择解压更新方式。默认选择的【解压并替换文件】单选项将解压全部选定的文件；选择【解压并更新文件】单选项，将解压选定的文件，然后复制目标文件夹不存在的，或是比解压文件还要旧的文件；选择【仅更新已经存在的文件】单选项，将只解压已存在的目标文件夹和比压缩文件还旧的相同文件，如果文件在磁盘上不存在，它将会被跳过。

（4）在【覆盖方式】选项组中设置解压时如何处理同名文件覆盖问题。默认选择的是【覆盖前询问】单选项，则解压时遇到同名文件时，将会弹出对话框询问如何处理；选择【没有提示直接覆盖】单选项，将不进行提示而直接覆盖；选择【跳过已经存在的文件】单选项，将会直接跳过而不解压；选择【自动重命名】单选项，可自动重新命名。

（5）设置完毕后，单击【确定】按钮即可开始解压。

（6）对于压缩的文件夹，可用同样的操作解压出原来的文件夹。

相关知识

文件的解压缩还有一种更为便捷的方法：

在硬盘中选择并双击要进行解压的文件，就可以启动 WinRAR 应用程序，如图 10-4 所示。

图 10-4 WinRAR 应用程序窗口

为了方便操作，在 WinRAR 中的基本功能都在工具栏中，以按钮的形式表现出来。这些工具按钮的主要功能如下。

【添加】按钮：用来创建新的压缩包，生成新的压缩文件。

【解压到】按钮：用来解压缩文件，使文件由压缩格式转为正常格式。

【测试】按钮：对所选中的压缩文件进行测试，给出该文件是否存在错误的信息。

【查看】按钮：查看当前所选择的文件内容，或者当前所选择的文件夹中所包含的文件和子文件夹内容。

【删除】按钮：将当前所选中的文件删除到回收站中。

【查找】按钮：用来快速查找文件。

【向导】按钮：提供了“解压一个压缩文件”“创建新的压缩文件”“把文件添加到已存在的压缩文件中”3 个操作向导。

【信息】按钮：统计压缩文件信息，如压缩率、压缩包大小、估计压缩时间等。

【扫描病毒】按钮：用来检测和查杀压缩文件中的病毒。单击【扫描病毒】按钮，在弹出的【扫描压缩文件内病毒】对话框中单击【浏览】按钮。在弹出的【选择病毒扫描软件】对话框中选择一个杀毒软件的 EXE 可执行文件，单击【打开】按钮。最后单击【确定】按钮对当前压缩文件进行病毒查杀，如图 10-5 所示。

【注释】按钮：为压缩文件添加注释说明。图 10-6 所示为给压缩文件添加注释。单击【注释】按钮，在弹出的【压缩文件文件.rar】对话框中输入对压缩文件的文字注释，如图 10-7 所示，单击【确定】按钮，即可在【文件.rar-WinRAR】窗口中看到添加的文件注释。

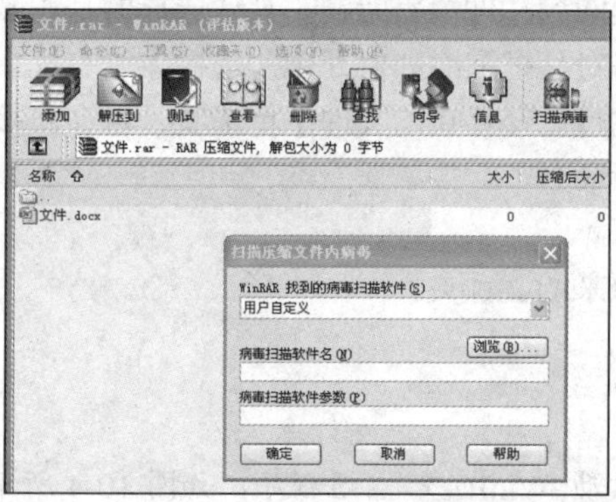

图 10-5　设置扫描病毒选项

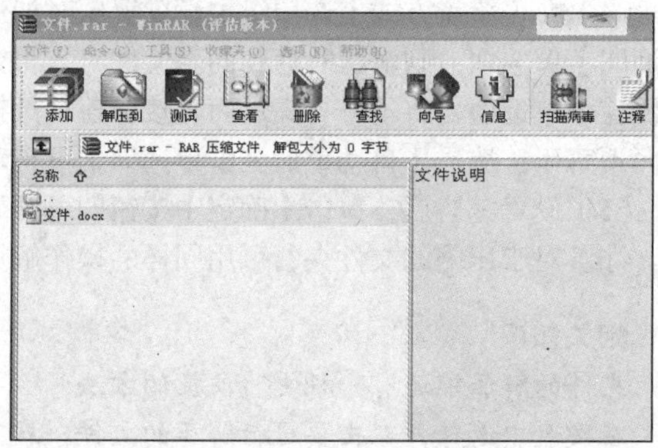

图 10-6　添加注释的文件

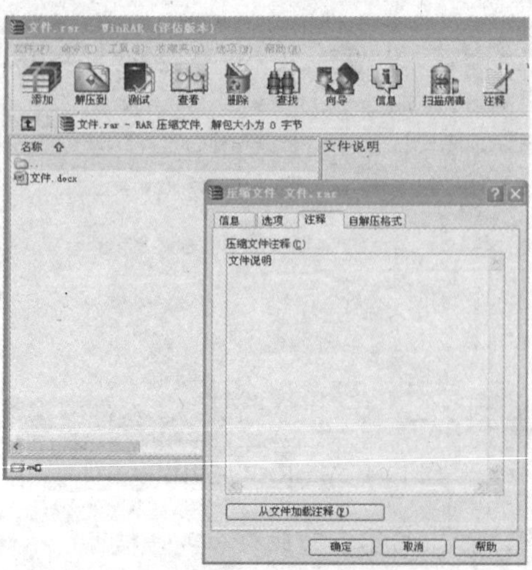

图 10-7　添加文字注释

【保护】按钮：用以保护压缩文件，防止损坏。当 WinRAR 是用在文件管理和压缩文件管理模式时，如果你在压缩文件，不需要选择任何文件，只需使用命令菜单、工具栏中的【保护】按钮或按 Alt+P 组合键运行【保护压缩文件防止损坏】命令。如果在文件管理模式下浏览未压缩的文件，需要首先选择要保护的文件和文件夹。

【添加恢复记录】命令可以在压缩文件数据有小的物理损坏时修复它。这个功能只被 RAR 压缩文件支持。

【自解压格式】按钮：用于创建当前文件的自解压文件，如图 10-8 所示。

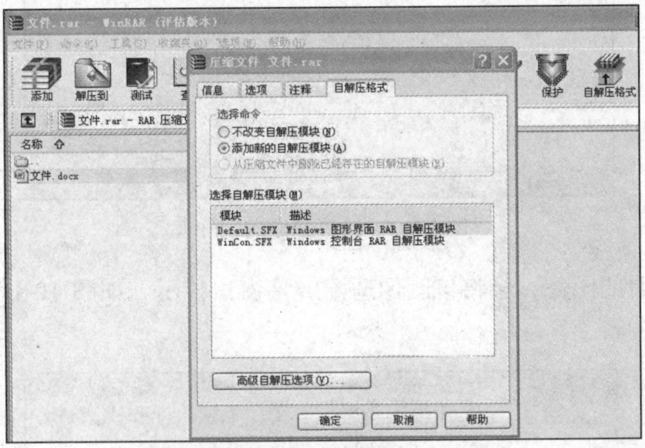

图 10-8　设置压缩文件的自解压格式

10.3.2　看图软件——ACDSee

ACDSee 2009 是最常用的图片编辑工具之一，能够轻松处理数码影像，具有去除红眼、剪切图像、锐化、曝光调整、旋转、镜像等功能，还能进行批处理。ACDSee 2009 能广泛应用于图片的获取、管理、浏览、优化，甚至和他人的分享。使用 ACDSee 2009 可以从数码产品中高效地获取图片，并进行查找、组织和预览，也能处理多种常用视频文件。

使用 ACDSee 2009 查看图片的基本操作步骤如下。

（1）运行 ACDSee 2009，如图 10-9 所示。

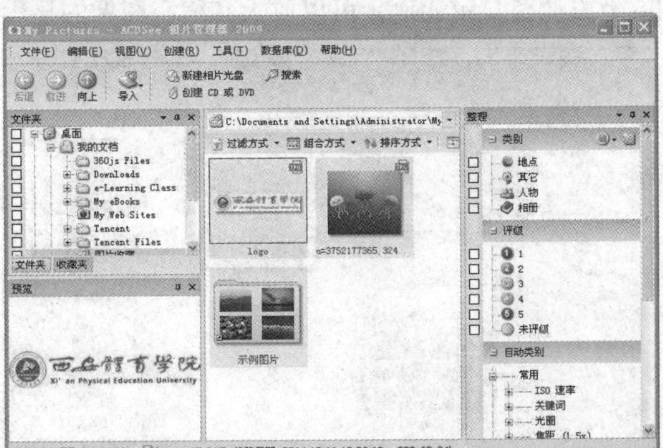

图 10-9　运行 ACDSee

（2）在左侧的文件夹窗口中选择需要浏览图片的文件夹，将鼠标指针放置到需要查看的图像上时，会在窗口左下角出现该图片的放大浏览图，如图 10-10 所示。

图 10-10　选择相应的文件夹

（3）双击需要查看的图像，会将该图像适配屏幕窗口显示，如图 10-11 所示。双击放大显示的图像返回缩览图。

图 10-11　查看图片

（4）在图片缩览图的上方调整显示比例，可以放大和缩小图像的显示，如图 10-12 所示。

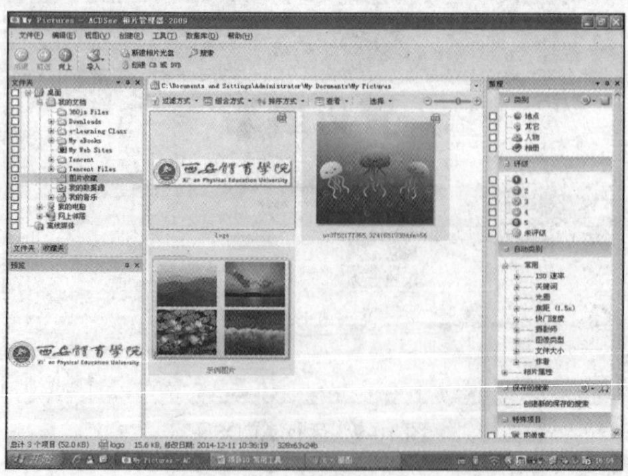

图 10-12　放大和缩小缩览图

（5）双击查看的图像，滚动鼠标滚轴可以查看上一张或下一张图片，如图 10-13 所示。

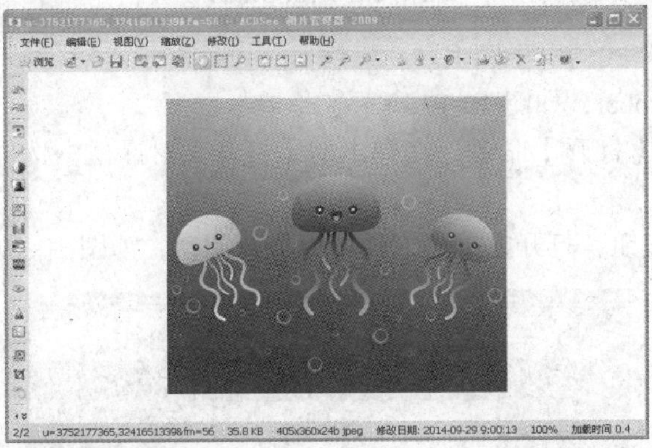

图 10-13　查看图片的上一张或下一张

10.3.3　屏幕截图软件——HyperSnap

HyperSnap 是 Windows 中使用最广泛的一种抓图软件，它功能强大，使用方便，支持 DirectX 和 3dfx Glide 游戏，以及 DVD 影像技术，它不仅能抓取标准桌面程序，还能抓取 DirectX、3dfx Glide 的游戏视频或 DVD 屏幕图。它能以 20 多种图形格式（包括 BMP、GIF、JPEG、TIFF、PCX 等）保存并阅读图片，并可以用快捷键或自动定时器从屏幕上抓图。它的功能还包括：在所抓取的图像中显示鼠标轨迹，有调色板功能并能设置分辨率，还能选择从 TWAIN 装置（扫描仪和数码相机）中抓图。

使用 HyperSnap 进行截图的操作如下。

（1）启动 HyperSnap。

（2）如运行了暴风影音，如图 10-14 所示，按 F6 键开始捕捉，在暴风影音窗口上单击捕捉该窗口，如图 10-15 所示。

（3）按 F8 键，在暴风影音窗口上单击，捕捉多窗口，如图 10-16 所示。

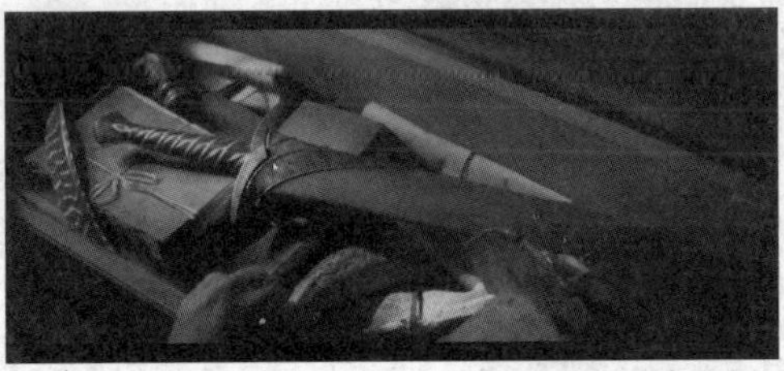

图 10-14　运行的软件

图 10-15　捕捉窗口

图 10-16　多窗口捕捉

10.3.4 PDF 阅读软件——Adobe Acrobat

小李需要阅读 PDF 格式的电子图书。

（1）启动 Adobe Acrobat，如图 10-17 所示。

（2）选择【文件】|【打开】命令，在弹出的【打开】对话框中选择 PDF 文件，如图 10-18 所示。

（3）单击【开始】按钮，打开电子书，便可以进行阅读，如图 10-19 所示。

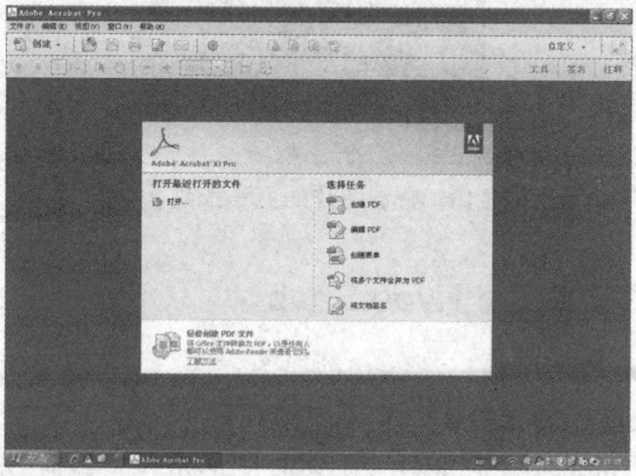

图 10-17 启动 Adobe Acrobat

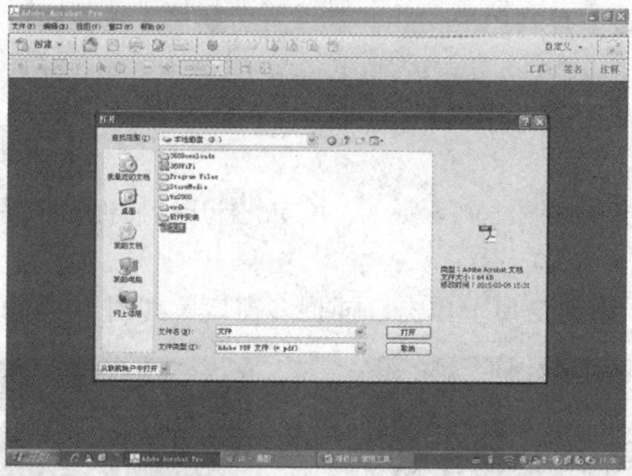

图 10-18 选择 PDF 文件

图 10-19 阅读电子书

10.3.5　使用翻译软件——金山词霸

在如今的生活中，经常需要多种语言相互转换，对语句权威的解释，对读音进行标准化。本任务主要介绍如何使用金山词霸对文本进行语言转换、解释和发音。

金山词霸是一款经典、权威、免费的词典软件，完整收录了柯林斯高阶英汉词典中的词汇；整合了 500 多万双语及权威例句，141 本专业版权词典；并与 CRI 合力打造 32 万条纯正真人语音。同时支持中文与英语、法语、韩语、日语、西班牙语、德语六种语言互译。采用更年轻、时尚的用户界面设计风格，界面简洁清新，在保证原有词条数目不变的基础上，将安装包压缩至原来的 1/3，运行内存也大大降低。

使用金山词霸翻译语句的操作如下。

（1）运行金山词霸 2012，如图 10-20 所示。

（2）选择【翻译】选项卡，从中输入想翻译的词语，选择【中文（简体）】到【英语】，单击【翻译】按钮，翻译的词语出现在下面的文本框中，如图 10-21 所示。

图 10-20　运行金山词霸

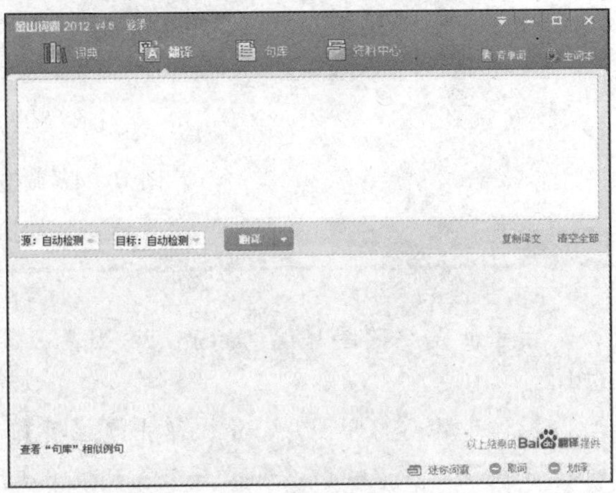

图 10-21　翻译语句

（3）金山词霸还可以翻译多行文本，如图 10-22 所示。

（4）可以将外语翻译为中文，如图 10-23 所示。

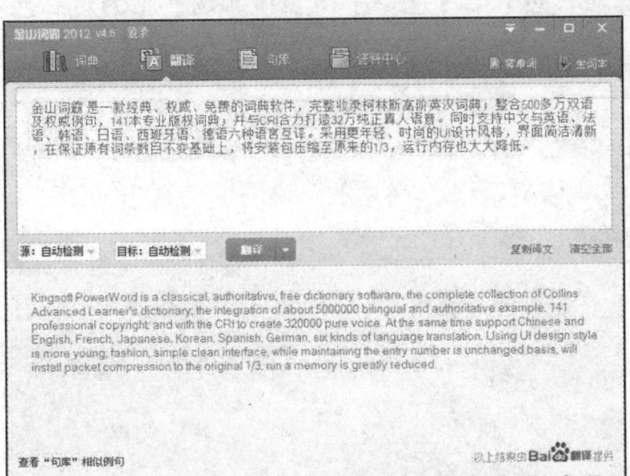

图 10-22　翻译多行文本

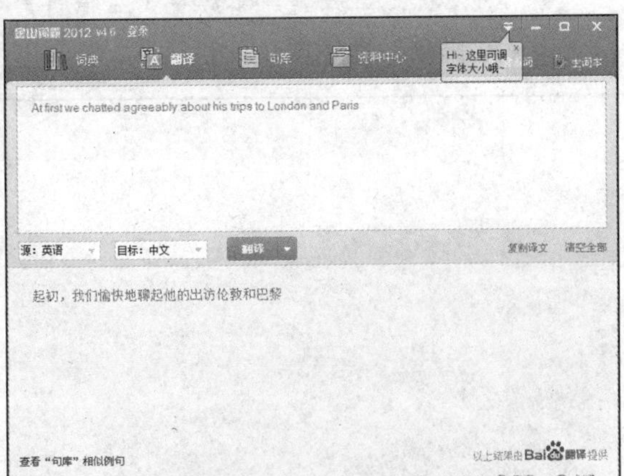

图 10-23　将外语翻译成中文

拓展实训

实训 使用 ACDSee 调整图片的颜色

办公室助理小李需要调整图片的颜色，使用 ACDSee 2009 很方便快捷。调整颜色前后对比如图 10-24 所示。

图 10-24 调整颜色前后对比图

提示

1. 调整白平衡

白平衡是导致图片偏色的最基本因素，通常偏色图片都可以通过调整白平衡让图片颜色正常。

操作步骤：打开图片，依次单击【编辑】|【颜色】|【白平衡】项，进入白平衡设置界面。直接在图片中的白色部位或灰色部位单击即可调整白平衡。左侧颜色方块就代表调整前后白色的变化。

2. 色彩平衡

有时我们需要图片的整体颜色符合使用环境，这时可调整色彩平衡。

操作步骤：打开图片，依次单击【编辑】|【颜色】|【色彩平衡】项，调整左侧的红色平衡滑块，增加红色值即可得到效果。